桥梁工程

李 睿 等编著

科学出版社

北 京

内 容 简 介

本书系统介绍国内外桥梁的发展概况、桥梁分类、桥梁组成、桥梁的构造原理和计算方法,包括梁式桥、拱式桥、缆索承重桥、墩台基础等内容。内容涉及常用的中小跨径混凝土梁桥、拱桥和桥梁墩台的构造和设计计算,以及大跨径桥梁的构造、设计计算方法和施工监控技术。全书内容以公路桥为主,同时对城市桥梁、铁路桥梁相关荷载做了简要介绍,公路桥梁的作用和铁路桥梁设计荷载分别按交通运输部颁布的规范和国家铁路局发布的铁路桥涵设计规范编写。另外,对特殊荷载也有提及,学生或者工程技术人员可以按本书介绍查阅相关规范。

本书内容可供桥梁工程、建筑相关领域的高校科研工作者及科研机构参阅。

图书在版编目(CIP)数据

桥梁工程 / 李睿等编著. —北京:科学出版社,2023.7 (2025.1 重印)
IISBN 978-7-03-075740-1

Ⅰ.①桥… Ⅱ.①李… Ⅲ.①桥梁工程 Ⅳ.①U44

中国国家版本馆 CIP 数据核字(2023)第 105395 号

责任编辑:陈丽华 / 责任校对:彭 映
责任印制:罗 科 / 封面设计:墨创文化

科 学 出 版 社 出版

北京东黄城根北街16号
邮政编码:100717
http://www.sciencep.com

成都锦瑞印刷有限责任公司印刷
科学出版社发行 各地新华书店经销
*

2023 年 7 月第 一 版 开本:787×1092 1/16
2025 年 1 月第二次印刷 印张:23 1/4
字数:552 000
定价:87.00 元
(如有印装质量问题,我社负责调换)

前　　言

　　"桥梁工程"是土木工程专业的一门专业课程。本教材是根据高等学校土木工程专业指导委员会制定的土木工程专业本科培养目标、培养方案和教学大纲要求，并按照"实用创新型"系列教材编写指导思想编写的。按照教学大纲要求，本教材着重系统阐明桥梁工程的基本概念、设计理论和方法。通过本课程的学习，要求学生熟练掌握中小型桥梁的设计方法，并了解大跨度桥梁的构造、设计计算特点。本教材主要按照交通运输部的最新规范编写，同时适当对城市桥梁、铁路桥梁等相关规范的荷载进行了简要介绍，并尽可能反映近年来桥梁科学技术的新成果和新的结构型式。

　　全书共有十五章，全面介绍了混凝土梁式体系桥、混凝土拱桥、缆索承重体系桥梁，以及梁桥支座、桥梁墩台等，为符合读者学习和认知规律，各种体系桥梁独立成章，同时，为使读者对组合体系桥有较为全面的认识，专门设置了第十三章的内容。

　　第一章绪论主要介绍桥梁的组成与分类、国内外桥梁建筑的发展概况；第二章主要介绍桥梁的设计程序和设计基本原则、桥梁的作用，并简要介绍了桥梁的造型与美学原则；第三章介绍桥面布置与构造；第四章较为详细地介绍了桥梁上的作用，包括公路桥、城市桥梁上的作用，以及铁路桥上的荷载；第五章对桥梁结构的材料和耐久性设计做了简要的介绍；第六章、第七章较为详细地介绍了中小跨径简支体系梁桥的构造和设计计算方法；第八章、第九章分别介绍悬臂梁桥和连续体系梁桥、连续刚构桥等超静定体系梁桥的主要构造和力学特点；第十章对梁式桥支座的构造和计算做了简要的介绍；第十一章主要介绍上承式拱桥构造和设计与计算，并对中下承式钢管混凝土和钢结构拱桥做了简要介绍；第十二章介绍斜拉桥、悬索桥等缆索承重体系桥梁的构造和计算特点；第十三章主要介绍了梁拱组合体系桥、部分斜拉桥等组合体系桥的特点和适用范围；第十四章介绍桥梁墩台的构造和设计计算；第十五章对桥梁施工监控进行了简单介绍。

　　本书编写过程中，尽量摒弃不合时宜的内容，将最新的设计理论和方法融入其中。

　　本书第一章至第十四章由昆明理工大学李睿编写，第十五章桥梁施工监控简介由云南大学冉志红编写。考虑到土木工程施工是单独的一门课程，桥梁施工部分内容包含在该课程里面，因此，在本教材中不包含桥梁施工技术介绍的内容。全书由李睿统稿。

　　由于编者水平有限，书中难免有不足之处，敬请读者批评指正。若有疑问，请联系13382441@qq.com。

目　　录

第一章 绪 论

1.1 桥梁工程的地位和作用

桥梁是人类在生活和生产劳动中,为克服天然障碍而建造的建筑物,也是人类最古老、最壮观、最美丽的建筑工程,它体现了一个时代的文明与进步。桥梁是各类路线中的控制性工程,在公路和城市道路中,桥梁与普通结构物不同,具有涉及面广、跨径(规模)大、空间性极强、设计与施工密切相关、施工难度与风险极大等特点。在山区高等级公路上,桥梁和隧道是保证全线早日通车的关键,其造价可能会占总造价的80%以上。

桥梁是供汽车、火车、行人及其他交通流跨越河流、山谷或其他线路障碍,具有承载能力的构筑物。按照其使用的功能区分为:公路桥梁、铁路桥梁、城市桥梁、水渠桥梁(渡槽)、厂(场)内运输桥梁、管线桥梁等。桥梁是各种道路工程或线路工程的关键节点。

桥梁既是一种交通功能性的结构物,也是一座立体的造型艺术工程。随着科学技术的进步,桥梁设计理论和建造技术不断发展,人们建造了许多高大的立交桥、城市高架桥及跨越江河和海湾(或海峡)的大桥。如港珠澳大桥的建成,成为世界瞩目的超级工程,同时也成为伶仃洋海域一道美丽的风景线。这些巨大的实体工程常常使人们不自觉地产生对美的感知,激发人们的自豪感,成为人们生活环境中使人印象深刻的标志性建筑物。有时桥梁会成为一个城市或一个国家(地区)的象征。

随着现代科学技术的进步、城市的发展、国民经济的提升,以及人们对交通出行需求量的提升,城市交通中各种型式的立交桥如雨后春笋般矗立在城市中。但是对于桥梁工程的探索仍在继续,结构的创新性、对美学的要求、桥梁的维修加固技术等,都不断地在提高。

1.2 桥梁建设的成就与展望

1.2.1 国内桥梁建设成就

我国历史、文化悠久,是世界文明古国之一。就桥梁建造来讲,我们的祖先在世界桥梁建筑史上曾写下光辉灿烂的一页。随着国家经济建设和交通事业的发展,当代的桥梁工作者正在创造桥梁建筑的新篇章。

据史料记载,远在约3000年前的周朝,宽阔的渭河上就出现过浮桥。鉴于浮桥的架设具有快捷简便的特点,常被用于军事。汉唐以后,浮桥的运用更加普遍。

在公元前550年左右,汾水上建有木桩木梁桥;秦代在长安(今西安)所修建的渭河桥、灞河桥等,在史书中均有确凿记载。这些桥屡毁屡建,多采用木桩木梁和木梁石柱桥式。

公元前256～251年，（秦蜀守）李冰建成都七星桥；公元35年，东汉光武帝在长江上架浮桥；北宋时，喻皓的《木经》、李诫的《营造法式》问世，其中已有桥梁建造内容。

在拱式木桥中，宋代虹桥构造奇特。宋代画家张择端在其名画《清明上河图》中所描绘的就是汴京（今河南开封）的虹桥。该桥采用两套木拱（一套由3根长木按梯形布置，另一套由5根短木组成），并配以横木，形成稳定的拱架。后来这一桥式传至浙江和福建等地，其结构与虹桥相似但有所改进（在拱架两端增加了形成水平桥面的梁柱构件以便通行，在桥上修建廊屋以保护木结构）。

古代木桥的另一种型式是悬臂木梁桥，其是由两岸向河心依次伸出悬臂木梁多层（上层比下层长），在中间处再以平置木梁连接两悬臂端。例如，甘肃渭源灞陵桥，始建于明洪武年间（1368～1398年），全长约40m，从两岸向跨中以四层悬臂梁伸出，跨越12m；兰州卧桥（又称握桥），始建于明永乐年间（1403～1424年，清代两次重建，现已不存在），此桥由两岸向内斜向上伸出重叠的悬臂梁各五层，中接平梁，全长27m。

在秦汉时期，我国就已广泛修建石拱桥。在1957年出土的东汉画像砖上，刻有石拱桥图形，桥上有马车，桥下有两叶扁舟，证明当时已经能修建跨河石拱桥。在隋大业元年（公元605年左右），李春在河北赵县修建了赵州桥（图1.1），又称安济桥，净跨37.02m，宽9m。该桥构思巧妙，造型美观、工艺精致，历经1400余年而保存完好，举世闻名，被誉为"国际土木工程里程碑建筑"，为桥梁文物宝库中的精品。江苏苏州的宝带桥，始建于唐元和十一年（816年），桥长约317m，宽4.1m，拱53孔。该桥以其长度闻名，远望犹如长龙卧居，又似玉带浮于水面，显得秀丽精致。1192年建成的位于北京西南的卢沟桥（图1.2），共有11个拱跨，每孔跨度为11.4～13.5m不等，栏杆上配有栩栩如生的大小石狮485个，世所罕见。北京颐和园内的十七孔桥建于清乾隆年间（1736～1795年），玉带桥建于乾隆十五年（1750年），前者的拱洞随桥面的缓和下坡从桥中向两端逐渐收小，后者则以两端有反曲线的玉石穹背高出绿丛。

图1.1　赵州桥　　　　　　　　　　　　　　　图1.2　卢沟桥

古代石梁桥也同样杰出。我国建于宋朝的福建泉州万安桥（又称洛阳桥，1053～1059年）现长834m，共47孔，位于洛阳江口上，见图1.3。目前世界上最长的石梁桥，是福建泉州安平桥。该桥始建于南宋绍兴八年（1138年），前后耗时13年建成，长约五华里①（俗称五里桥），共352孔，现存2070m，享有"天下无桥长此桥"之誉，见图1.4。

———————————

① 1华里=500米。

图 1.3　万安桥　　　　　　　　　　　图 1.4　安平桥

我国是公认的最早有索桥的国家。据记载，至迟在唐朝中期，我国就从藤索、竹索发展到用铁链建造索桥，而西方国家在 16 世纪才开始修建铁索桥。著名的古代索桥有修建于宋朝位于四川灌县(现都江堰)的竹索桥(世界上最古老的索桥)，还有修建于明成化年间位于云南保山的霁虹桥和修建于清康熙年间位于四川泸定县的大渡河铁索桥，目前大渡河铁索桥作为革命文物保存。

近代中国由于内忧外患，致使我国桥梁工程发展缓慢。到新中国成立之后，在国民经济恢复时期和第一个五年计划期间，我国迅速修复并加固了不少旧桥，也修建了不少重要大桥。在 20 世纪 50～60 年代，修订了桥梁设计规范，编制了桥梁标准设计图，逐步培养并形成了一支桥梁工程设计与施工队伍，为桥梁工程稳定发展创造了有利条件。1978 年，我国实行改革开放新政策，随着国家经济的迅猛发展和国力的提升，桥梁工程出现了前所未有的好局面。下面介绍几种主要桥梁体系在我国的建设成就。

1. 混凝土梁桥(concrete beam bridge)

桥梁建设中，中小跨径的桥梁占了大多数。在我国，跨径 30m 以下多采用标准跨径。随着跨度的增加，采用现浇连续梁或者连续刚构桥。重庆石板坡长江大桥复线桥(图 1.5)是目前我国跨度最大的预应力混凝土连续刚构桥，建成于 2006 年，主跨为 330m，跨中设置 108m 钢梁。

图 1.5　重庆石板坡长江大桥复线桥

大跨度混凝土梁桥主要桥型有预应力混凝土连续梁桥和预应力混凝土连续刚构桥。近年，我国修建了许多大跨度混凝土梁桥(表 1.1)。

表 1.1　大跨度混凝土梁桥

排序号	桥名	主跨/m	桥址	建成年份
1	重庆石板坡长江大桥复线桥	330	重庆	2006
2	广东虎门大桥辅航道桥	270	广东	1997
3	苏通长江大桥专用航道桥	268	江苏省	2008
4	云南红河大桥	265	云南省元江县	2003
5	泸州长江大桥	252	泸州	2000

2. 拱桥(arch bridge)

由于拱桥造型优美、跨越能力强，长期以来一直是大跨桥梁的主要型式之一。

2017 年建成的贵州省关岭自治县与晴隆县交界处的沪昆高铁北盘江特大桥(图 1.6)，为主跨 445m 的上承式劲性骨架钢筋混凝土拱桥。目前全世界跨度最大的钢桁架拱桥为重庆朝天门长江大桥(图 1.7)，2009 年 4 月 25 日建成通车，主跨达 552m。

图 1.6　沪昆高铁北盘江特大桥

图 1.7　重庆朝天门长江大桥

钢管混凝土拱桥是一种采用内注高强混凝土的钢管作为主拱圈的拱桥，它具有经济、省料、安装方便等特点，近年来在我国发展很快。2000 年建成主跨 360m 的广州丫髻沙大桥(图 1.8)，2005 年建成主跨 492m 的巫山长江大桥(图 1.9)，都是当时世界上第一大跨径的钢管混凝土拱桥。2020 年建成主跨 575m 的广西平南三桥，为目前世界上最大跨径的钢管混凝土拱桥。正在修建的广西天峨龙滩特大桥为主跨 600m 的钢管混凝土拱桥，建成后将成为世界上跨度最大的拱桥。

图 1.8　丫髻沙大桥

图 1.9　巫山长江大桥

大跨度拱桥由于其跨越能力强、技术成熟，在大跨度桥型的方案比选中竞争力突出。世界十大拱桥中有 6 座桥位于中国，见表 1.2。

表 1.2　我国大跨度拱桥前六

排序号	桥名	主跨/m	桥址	建成年份
1	平南三桥	575	广西	2020
2	朝天门长江大桥	552	重庆	2008
3	卢浦大桥	550	上海	2003
4	巫山长江大桥	492	重庆	2005
5	大瑞铁路怒江四线特大桥	490	云南	2020
6	沪昆高铁北盘江特大桥	445	贵州	2017

3. 斜拉桥（cable-stayed bridge）

斜拉桥具有优美的外形、良好的力学性能和经济指标，比梁桥有更大的跨越能力，是大跨度桥梁最主要桥型。我国第一座斜拉桥为云安斜拉桥，1975 年竣工，地处长江支流汤溪河上的云安镇，主跨 75.84m。

20 世纪 90 年代以后，我国斜拉桥建设发展很快，至今我国已建成各种类型斜拉桥 100 多座。1991 年建成了上海南浦大桥，为结合梁斜拉桥，主跨 423m，开创了我国修建 400m 以上大跨度斜拉桥的先河。此后我国相继修建了许多斜拉桥，已成为拥有斜拉桥最多的国家，其中苏通长江公路大桥（图 1.10）主跨 1088m，为世界上首座跨度突破 1000m 斜拉桥。据统计，截至 2023 年，跨度 1000m 以上的斜拉桥全世界已超过 5 座，其中俄罗斯岛大桥主跨 1104m，为目前世界上跨度最大的斜拉桥。江苏省常泰过江通道目前在建中，该桥为公铁两用桥，主跨为 1176m，建成后将成为世界上跨径最大的斜拉桥。

图 1.10　苏通长江公路大桥

目前我国部分主跨 800m 以上的斜拉桥见表 1.3。

表 1.3　我国主跨 800m 以上的斜拉桥

排序号	桥名	主跨长度/m	桥塔数	建成年份
1	沪苏通长江公铁大桥	1092	2	2020
2	苏通长江公路大桥	1088	2	2008
3	昂船洲大桥	1018	2	2009
4	鄂东长江大桥	926	2	2010
5	九江二桥	818	2	2013
6	荆岳大桥	816	2	2010
7	芜湖长江公路二桥	806	2	2017
8	鸭池河大桥	800	2	2016

4. 悬索桥(suspension bridge)

悬索桥造型优美,规模宏大,是特大跨径桥梁的主要型式之一。当跨径大于 800m 时,悬索桥具有很大的竞争力,而当跨径超过 1000m 时,悬索桥普遍被认为是最经济的桥型。

我国修建现代大跨度悬索桥起步较晚,然而在 20 世纪 90 年代却已取得了巨大的建设成就,相继建成了多座悬索桥,著名的有汕头海湾大桥(主跨 452m)、西陵长江大桥(主跨 900m)、虎门大桥(主跨 888m,图 1.11)、青马大桥(主跨 1377m)和江阴长江公路大桥(主跨 1385m,图 1.12)、润扬长江公路大桥南汊桥(主跨 1490m)、西堠门大桥(主跨 1650m)、杨泗港长江大桥(主跨 1700m)等。

图 1.11　虎门大桥

图 1.12　江阴长江公路大桥

世界十大跨径悬索桥,我国有 6 座,见表 1.4。正在修建的江苏省张皋过江通道桥,为主跨 2300m 的悬索桥,建成后将成为世界上跨度最大的桥梁。

表 1.4　我国主跨 1400m 以上的悬索桥

排序号	桥名	主跨/m	桥址	建成年份
1	杨泗港长江大桥	1700	湖北	2019
2	南沙大桥	1688	广东	2019
3	西堠门大桥	1650	浙江	2009
4	润扬长江公路大桥	1490	江苏	2005
5	洞庭湖二桥	1480	湖南	2018
6	栖霞山大桥	1418	江苏	2008

1.2.2 国外桥梁建设成就

纵观世界桥梁建筑发展的历史，与社会生产力的发展、工业水平的提高、施工技术的进步、力学理论的进展、计算能力的提高等方面都有关系，但与建筑材料的革新关系最为密切。

19 世纪中期钢材的出现，促进了土木工程的第一次飞跃。随后又产生了高强度钢材、钢丝，于是钢结构得到快速发展。结构的跨度也不断扩大，以至能修建千米级特大跨度的跨海大桥。

20 世纪初，钢筋混凝土的广泛应用，以及至 30 年代开始兴起的预应力混凝土技术，大大提高了混凝土结构的抗裂性能、刚度和承载能力，使土木工程发生了又一次飞跃。实践证明，预应力混凝土桥梁已经能与 200～300m 甚至更大跨径的钢桥相抗衡。

世界上各国的桥梁工作者始终在寻求结构合理、造价更经济、跨越能力更强的桥梁型式，推动了桥梁工程的发展。

19 世纪后期，预应力混凝土桥梁迅速发展之前，在发达国家曾风行修建钢桥并已达到相当高的技术水平。1947 年联邦德国莱昂哈特（Leanhardt）首创各向异性钢桥面板新结构，为钢桥的发展作出了贡献。

悬索桥是能充分发挥高强钢材优越性的独特桥型，在国外发展甚早。美国在 19 世纪从法国引进了近代吊桥技术后，于 19 世纪 70 年代移居美国的瑞士桥梁大师罗布林（Roebling）就发明了主缆的"空中纺线法"编纺桥缆。1937 年建成的旧金山金门大桥（Golden Gate Bridge）（图 1.13），主跨达 1280m，一直保持了 27 年的世界纪录，至今仍是一座举世闻名的集工程技艺和建筑艺术于一体的宏伟美观的桥梁建筑。

图 1.13　美国旧金山金门大桥

1988 年日本在建造 1100m 的南备赞悬索桥（Minami Bisan-Seto Bridge）时，首创新型的平行钢丝索股代替美国的"空中纺线法"编制主缆，大大提高了施工效率。日本为建造本州四国联络线上的明石海峡大桥（Akashi Kaikyo Bridge）（主跨 1991m，1999 年），专门研制了 1800MPa 的高强钢丝，此桥可誉为当今世界"桥梁之王"（图 1.14）。英国在设计 988m 的塞文桥（Severn Bridge）时，发现采用简单的流线型扁箱截面加劲梁具有很好的气动性能，而且由于自重轻，不仅节省造价，又便于施工安装，加上用钢筋混凝土桥塔替代钢桥塔，于是就诞生了新一代的英国式悬索桥，并且成为当今悬索桥结构型式的主流。其他比较著名的悬索桥有英国 1974 年建成主跨为 1410m 的亨伯大桥（Humber Bridge）（图 1.15）、丹麦的大贝尔特桥(Great Belt Bridge)(主跨1621m，1998年)等。随着结构理论、建造水平和材料技术的发展，悬索桥的跨径不断刷到新的高度。2022年3月建成的土耳其1915恰纳卡莱大桥(1915 Canakkale Bridge)，主跨跨径达到2023m，又刷新了悬索桥跨度的纪录。

图1.14　明石海峡大桥　　　　　　　　　　　　图1.15　亨伯大桥

世界上第一座现代公路斜拉桥是1956年联邦德国迪辛格尔（Dishinger）在瑞典建成的斯特罗姆海峡桥(Stromsund Bridge)（图1.16），主跨为182.6m。1958年，联邦德国莱昂哈特(Leonhardt)在杜塞尔多夫北桥(Nordbrücke)中首创斜拉桥"倒退分析法"施工控制新技术。之后，1962年意大利结构专家莫兰第(Morandi)设计了世界上第一座预应力混凝土斜拉桥，即委内瑞拉马拉开波湖桥(Maracaibo Lake Bridge)（图1.17），其主跨跨度为160m+5×235m+160m，之后于1966年联邦德国霍姆贝格(Homberg)又设计了第一座密索体系的斜拉桥——主跨280m的波恩莱茵河桥。经过几十年的建桥实践，充分证明斜拉桥这种桥型(包括各种混凝土与钢结合形式的斜拉桥)对于大跨桥梁有很大的适应性，可以相信，在设置锚碇比较困难的情况下，在1000m左右的跨度范围，它将能与常用的悬索桥竞争。1977年法国工程师穆勒(Muller)建造了世界上第一座单索面的混凝土斜拉桥——主跨320m的布鲁东纳大桥(Brotonne Bridge)。1987年在美国佛罗里达州坦帕海湾上建成的阳光高架桥(Sunshine Skyway Bridge)（图1.18），此桥为主桥跨径达164.6m+365.8m+164.6m的单索面混凝土斜拉桥，桥面总宽度29.0m。2012年建成的俄罗斯岛大桥(Russky Island Bridge)，主跨达到1104m(图1.19)。此外，法国在1995年建成的诺曼底大桥(Nomandy Bridge)（图1.20），跨度也达到856m，此桥首先采用平行钢绞线拉索和防雨振的螺旋表面处理，在构造处理和施工工艺方面都很优秀。

图1.16　斯特罗姆海峡桥　　　　　　　　　　　图1.17　马拉开波湖桥

图 1.18 阳光高架桥

图 1.19 俄罗斯岛大桥

图 1.20 诺曼底大桥

　　另外值得一提的是，土耳其在马尔马拉海东部曾做过跨径为 600m+2000m+600m 的新伊兹米特海湾大桥(New Izmit Bay Bridge)的设计方案，其中孔跨中 800m 范围内全部由悬索承重。这种将自锚式的斜拉桥与地锚式的悬索桥两种体系结合在一起的方法，是进一步扩大斜拉桥跨度的一种很有前途的方法。

　　圬工拱桥在国外也有较长的发展历史。1855 年法国建造了第一批应用水泥砂浆砌筑的石拱桥。大约在 1870 年时，德国建造了第一批采用硅酸盐水泥的混凝土拱桥。目前世界上跨度最大的用石料镶面的混凝土拱桥是 1946 年瑞典建成的绥依纳松特桥(The Old Svinesund Bridge)，跨度达 155m。而世界上跨度最大的完全由石料建造而成的石拱桥，是中国山西的丹河大桥，主跨达到 146m。由于石料开采加工和砌筑所费劳力巨大，以致几十年来国外很少修建大跨度的石拱桥。

　　钢筋混凝土材料具有突出的受压性能，促进了大跨度拱桥的发展。从 19 世纪末到 20 世纪 50 年代间，钢筋混凝土拱桥的跨越能力、结构体系和主拱截面型式均有很大的发展。法国于 1930 年建成的 3 孔均为 171.7m 跨径的普卢加斯泰勒桥(Plougastel Bridge)和瑞典于 1943 年建造的跨径 264m 的桑多桥(Sando Bridge)，均达到了很高的技术水平。鉴于修建钢筋混凝土拱桥的支架、模板的复杂性，加之耗费劳动力过大，故在之后的 10 多年中，国外已较少采用。直至 1980 年，南斯拉夫用无支架悬臂施工方法建成了跨度达到 390m 的克尔克大桥(Krk Bridge)，打破了当时帕拉马塔河桥(Parramatta River Bridge)保持了 15 年的世界纪录。

　　钢筋混凝土梁式桥，限于材料本身所固有的特性，其跨越能力远逊于拱桥。1928 年法国结构工程师弗雷西内(Freyssinet)首创了预应力混凝土的概念和设计理论，直到 19 世纪中期，预应力技术的渐趋成熟，又促进了预应力混凝土梁式桥的迅速发展。1977 年奥地利建成了简支梁跨径达 76m 的阿尔姆桥(Alm River Bridge)。1950 年在联邦德国建成的内卡运河桥(Neckar Canal Bridge)主跨 96m，看上去像座刚构桥，但实际上是一座三跨连续梁桥，两边跨 19m 藏在两端的翼墙后面。

1953 年联邦德国芬斯特瓦德（Finsterwald）首创了采用挂篮的平衡悬臂法建造预应力混凝土桥梁的新技术，在莱茵河上成功地建成了沃尔姆斯桥(Worms Bridge)（跨度为101.5m+114.20m+104.20m，具有跨中剪力铰的连续刚架桥），之后这种方法就传播到了全世界。后来莱茵河另一座桥本多夫桥(Bendorf Bridge)的问世，将这类桥的跨度推进到208m，平衡悬臂节段施工技术也更加完善。之后，日本于 1976 年建成了跨度达 240m 的浜名大桥，1980 年在美国太平洋托管区的帕劳群岛建了主跨 240.8m 的科罗尔-巴伯尔达奥布(Koror-Babeldaob Bridge)。目前在国外跨度最大的预应力混凝土连续梁桥是瑞士的莫塞尔桥(Mosel Bridge)（主跨 192m，1974 年）；跨度最大的悬臂梁桥是北爱尔兰的马丹桥(Martin Bridge)（主跨 252m）；跨度最大的 T 形刚架桥是巴拉圭的亚松森桥(Asunción Bridge)（主跨 270m，1978 年）。1979 年瑞士结构大师克里斯汀·梅恩(Christian Menn)教授设计建造了利用双薄壁墩的柔性克服温度效应并可削去负弯矩尖峰的连续刚架桥，使预应力混凝土梁式桥的跨越能力得到进一步提高。1986 年澳大利亚建成的门道桥(Gateway Bridge)跨度达 260m，是当时国外跨度最大的连续刚架桥；1998 年在挪威建成的斯道尔玛桥(Stolma Bridge)（主跨 301m）和拉夫特松德桥(Raftsundet Bridge)（主跨 298m），又刷新了连续刚架桥的世界纪录。荷兰 1969 年建成的造型特别美观的 V 形墩三跨连续刚架桥，跨度为 80.5m+112.5m+80.5m。

综上，德国、法国、英国、美国、瑞士、日本和丹麦等国，从二十世纪六七十年代以来，对现代桥梁的发展贡献了大部分创新技术。不仅在新材料、新结构和新工艺上有许多贡献，而且在桥梁设计理论和方法方面，如钢桥的正交异性桥面、结合梁、斜拉桥的施工控制、预应力混凝土桥的配索原理、桥梁稳定和振动等方面都做出了突出的贡献。

1.2.3　桥梁工程展望

从英国福思湾铁路桥(Forth Bridge)（1890 年）算起，现代桥梁走过了百余年的发展历程。人类对陆地交通的不断需求、科学与技术的不断进步是桥梁工程得以发展的强大动力。20 世纪后期，通过对结构型式、工程材料、设计理论、施工设备、制造工艺等的不断研究与创新，使桥梁工程在技术上取得了长足的进步。纵观中外桥梁在最近几十年的发展情况，可以预见 21 世纪的桥梁建设会表现出以下几个特点。

1. 桥跨结构继续向大跨度发展

在具有一定承载能力的条件下，跨越能力仍然是反映桥梁技术水平的主要指标。为避免修建或少建深水桥墩，加大通航能力，各种桥型的跨度一再被刷新。一方面，为适应陆地交通发展，需要建造跨越能力更强的桥梁；另一方面，建造前所未有的大跨度桥梁，需要渊博的技术知识、卓越的才能和创造性的勇气，是对自然和人类自身的挑战，因此具有极大的吸引力。据统计，在过去的 50 年间，悬索桥的主跨增长了近一倍，而斜拉桥主跨增长了三倍多。

随着人类对交通需求的日益增长和全球化的发展，对跨海大桥的需求正在日渐凸显。各国桥梁工程师也在积极探索跨海大桥的设计与施工，我国独立自主设计和施工的港珠澳大桥成功通车，预示着我国在桥梁建设方面已经走在世界前列。

2. 新桥设计理论与旧桥评估理论更趋完善

桥梁设计理论是现代桥梁工程的基石。随着桥跨的增加、建桥环境的变化（如海洋环境）、结构体系的多样性和复杂性，桥梁的设计会面临许多新的课题和难题，因此需要适应桥梁发展的需要，开展设计理论研究，完善设计规范。

自 20 世纪 70 年代以来，国际上开始逐步采用以结构可靠性理论为基础，以分项系数表达的概率极限状态设计法，如欧洲结构规范 EUROCODE、英国桥梁规范 BS5400、美国桥梁规范 AREA（铁路）和 AASHTO（公路）、加拿大桥梁规范 CAN/CSA-S6 等。与过去采用的容许应力设计和破坏强度设计等方法相比，极限状态设计理论更趋完善和合理。我国公路桥梁已从 1985 年开始采用极限状态法进行结构设计，并正在逐步颁布新的设计规范。

结构工程的发展大致要经历以下三个阶段：大规模新建阶段、新建与技术改造并重阶段、既有结构的维修加固和改造替换阶段。由于不利的环境影响、结构的自然老化、车辆荷载的增加以及养护维修的欠缺，一部分桥梁不可避免地要暴露出各种结构损伤。这导致结构的承载能力和耐久性降低，运营状况不能完全满足规定的要求。评估既有桥梁的运营条件和承载能力，对已损伤桥梁进行修复加固，是保证线路安全畅通的重要方面，已引起世界性的关注。自 20 世纪 80 年代起，在一些工业发达国家，桥梁工程的重点已逐步转移到其养护维修、鉴定评估和加固改造方面。在公路桥梁方面，美国、英国、加拿大等国家先后颁布了基于结构可靠性理论的评估规范。

开展旧桥评估的理论研究和实践，一方面对准确评估桥梁的承载能力、尽量避免加固替换的高昂费用和延长桥梁的使用寿命，具有明显的技术意义和经济意义；另一方面，可针对旧桥暴露出来的问题，完善桥梁设计的理论和方法。今后的设计规范应基于全寿命设计思想，并使桥梁构件具备可检性、可换性、可修性、可控性等特征。

3. 建桥材料向高强、轻质、多功能方向发展

材料科学的进步是推动桥梁工程发展的重要动力之一。当代桥梁向大跨度发展的趋势，对建桥材料提出了高强、轻质和多功能的要求。在材料强度方面，世界各国都很注重提高建桥材料的强度。钢材和混凝土的强度提高是推动大跨度桥梁不断发展的重要因素。

轻质材料的应用对减轻结构重力、增大桥梁跨越能力有明显作用。轻质混凝土（密度为 $1.6 \sim 2.0\text{t/m}^3$）在国外桥梁上时有应用，而在我国还需发展。另外，用于航天工业的高强度轻质铝合金等也得到了桥梁工程界的重视和研究，有些已在国外军用桥上得到应用。这些材料的特点是重量轻、刚度大、热膨胀系数低、耐疲劳、抗腐蚀等。

在钢材的功能方面，抗腐蚀性能好、结构表面不需油漆的耐候钢（weathering steel）逐

步得到应用。美国早在 20 世纪 70 年代就在桥梁上应用耐候钢，1991 年我国采用武钢生产的耐候钢，在京广线巡司河上建成第一座耐候钢桥。在国外，高性能钢（high performance steel）的种类及其应用逐步增加。它不仅保持了较高的强度，而且在材料的抗腐蚀和耐候性能、可焊性、抗脆断和疲劳性能等方面都比传统钢材有明显的提高和改善。其他具备多功能的钢材有：按热力控制加工生产的高质量、高强度的厚钢板（该钢材在 40～100mm 厚度内不需要降低标准设计强度）；能大幅度减轻焊接时的预热作业的抗裂钢；抗层裂钢；变厚度钢；波纹钢板（用于结合梁桥的腹板）；树脂复合型减振钢板等。在混凝土方面，具备高强、早强、缓凝、微膨胀、不离析、自密实等性能的混凝土得到广泛应用，通过掺入高效减水剂及活性矿物掺和料，混凝土的耐久性得到改善。

近年来，纤维增强塑料（fiber reinforced plastics，FRP）在桥梁工程中的应用发展迅猛。FRP 材料具有轻质、高强、耐腐蚀和抗疲劳、易于维修等特性，可以布材、板材和构件的形式用于旧桥维修加固和新桥建造。在旧桥加固方面，可采用粘贴碳纤维布的方法来补强混凝土结构。在新桥梁建造中部分传统材料可被 FRP 材料取代，比如拉索和桥面板等。1996 年，瑞典首次将 FRP 拉索用于悬索桥；20 世纪 90 年代以来，采用 FRP 桥面板与钢梁或钢筋混凝土梁组合的桥梁结构在中国、美国等国得到应用。

4. 信息技术在桥梁工程中的应用更趋广泛

在 21 世纪，随着信息技术和智能材料的广泛应用，桥梁结构会变得"灵敏"，其设计、施工和管理也将更为科学合理。

建筑信息模型（building information modeling，BIM）技术已经逐步进入应用阶段。BIM 技术可以帮助实现建筑信息的集成，从建筑的设计、施工、运行直至建筑全寿命周期的终结，各种信息始终整合于一个三维模型信息数据库中，设计团队、施工单位、设施运营部门和业主等各方人员可以基于 BIM 进行协同工作，有效提高工作效率、节省资源、降低成本，以实现可持续发展。

在制造方面，可采用智能化制造系统加工结构构件，利用遥控技术进行施工控制和管理，利用 GPS 技术进行定位与测量，利用机器人技术进行结构体安装或复杂环境下的施工等。

在健康监测和管理方面，可综合应用计算机技术（网络数据库、图像图形技术）、人工智能技术、传感器技术及计算数学、有限元分析等多学科建立一套桥梁设计、施工及养护维修的科学评价体系。

随着桥梁行业的进步，"互联网+"、机器人、人工智能等高新技术也在与桥梁的检测评估、养护设备研发以及全生命周期管理等工作深度融合，共同为桥梁的长久稳固保驾护航。

5. 日益重视桥梁美学、建筑造型和景观设计

桥梁作为建筑实体，除向社会大众提供使用功能外，还凸显出其作为建筑审美客体的作用。在历史上，许多著名的桥梁建筑，如旧金山-奥克兰海湾大桥、悉尼港湾大桥、武汉长江大桥等，以其宏大的气势和造型，为人们带来壮美的共鸣，成为城市或地区的象征。

国家经济的持续发展、大众审美要求的提高，以及社会不断增强的自我标志意识，将会导致桥梁建筑设计理念的逐步改变。桥梁作为可定量计算分析的设计产品，一直是工程师独占的领域。随着传统设计学科之间的交叉，现在有更多的建筑师、艺术家以及景观和环境方面的专家参与到桥梁设计中来，通过合作，把技术(材料、结构、施工)与美学、造型和景观密切联系起来，共同创造出既保证安全适用，又体现美学魅力的桥。

概括地讲，桥梁建设的基本目标是安全、耐久、适用、环保、经济、美观。围绕这一基本目标，桥梁技术的发展应表现在：桥梁具有较大的跨越能力和承载能力；足够的耐久性；车辆能安全运行于桥上并使旅客有舒适感；讲求经济效益，力图降低造价；结构优美并考虑其与环境的协调。

总之，今后我国桥梁的发展方向大致有以下几方面：

(1)发展大跨度桥梁，进一步研究与之相关的动力和稳定等问题；

(2)研究超长的跨海(峡)桥的设计、施工和环保技术；

(3)开发中小跨度钢、混凝土以及钢-混结合桥梁的新截面型式，完善桥梁的标准设计；

(4)注重施工技术的发展，提高桥梁建造的机械化、自动化、大型化水平；

(5)广泛采用以极限状态法和可靠性理论为基础的方法指导桥梁设计与评估；

(6)更多地将高强轻质材料和新型材料应用于桥梁工程；

(7)建立和完善桥梁健康监测与管理系统，提高既有桥梁的养护、评估和加固水平；

(8)开展桥梁美学、建筑造型和景观设计的系统研究。

1.3　桥梁的基本组成和分类

1.3.1　桥梁的组成

如图 1.21 所示为一座公路桥梁的概貌，桥梁主要由桥跨结构(superstructure)、支座(bearing)、桥墩(pier)、桥台(abutment)和基础(foundation)等组成。

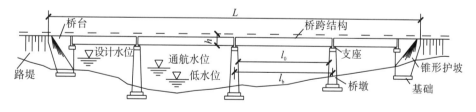

图 1.21　梁式桥概貌

l_0.净跨径；l_b.标准跨径；L.桥梁全长

桥跨结构(superstructure)也称为上部结构，是在线路中断时跨越障碍的主要承重结构。它包括桥面板、桥面梁以及支撑它们的结构构件，如主梁(板)、拱、悬索等，其作用是承受桥上的行人和车辆所产生的荷载。在跨越幅度比较大，并且除恒载外要求安全地承受很大车辆荷载的情况下，桥跨结构的构造也就相对复杂，施工也较困难。

桥墩和桥台(pier and abutment)是支承桥跨结构并将恒载和活载(车辆、行人等荷载)传递至地基的建筑物。通常设置在桥两端的称为桥台,桥台与路堤相衔接,以抵御路堤土压力,防止路堤填土的滑坡和塌落。单孔桥没有中间桥墩。桥墩和桥台中使全部荷载传至地基的底部结构部分,通常称为基础(foundation),它是确保桥梁能安全使用的关键。由于基础往往深埋于土层之中,并且有时候需在水下施工,故也是桥梁建筑中建造比较困难的一个部分。桥墩和桥台及基础通常被称为下部结构(substructure)。

支座(bearing)是连接桥梁上部结构和下部结构的重要结构部件。它能将桥梁上部结构的反力可靠地传递给桥梁下部结构,并且保证桥跨结构能产生足够的变形(位移和转角),从而使结构的实际受力情况与计算的理论图式相符合。

在路堤与桥台的衔接处,通常在桥台两侧设置石砌的锥形护坡(conical slope protection),以保证迎水部分路堤边坡的稳定。为了防止桥端连接部分的沉降,须设置桥头搭板(bridge end transition slab),桥头搭板搁置在桥台或悬臂梁板端部和填土之间,随着填土的沉降而转动。车辆行驶时可起到缓冲作用,即使台背填土沉降也不至于产生凹凸不平。

此外,桥梁还有一些附属设施(accessory),包括桥面铺装、排水防水系统、栏杆(或防撞栏杆)、伸缩缝及灯光照明等,对于城市桥梁,如果有管线过桥,还需要预留过桥管线的构造。有时候还根据需要修筑护岸、导流结构物等附属设施。附属设施的主要作用是提高桥梁的服务功能。

下面介绍一些与桥梁布置及计算有关的术语。

河流中的水位在不同的时期是变动的,在枯水季节的最低水位称为低水位(low water level),洪峰季节河流中的最高水位称为高水位(high water level)。桥梁设计中按规定的设计洪水频率计算所得的高水位,称为设计洪水位(designed water level);在各级航道中,能保持船舶正常航行时的水位,称为通航水位(navigable water level)。

净跨径(clear span),对于设支座的桥梁为在设计洪水位线上相邻两墩、台身顶内缘之间的水平净距,不设支座的桥梁为上、下部结构相交处内缘间的水平净距,用 l_0 表示(图 1.21、图 1.22)。

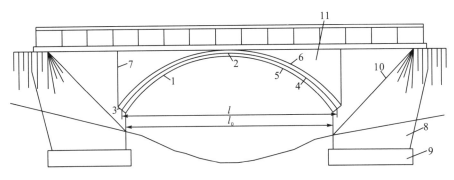

图 1.22 拱桥概貌

1.拱圈;2.拱顶;3.拱脚;4.拱轴线;5.拱腹;6.拱背;7.变形缝;8.桥台;9.基础;10.锥坡;11.拱上结构

总跨径(total span)是多孔桥梁中各孔净跨径的总和($\sum l_0$)，它反映了桥下宣泄洪水的能力。

计算跨径(computed span)，对于设支座的桥梁，为相邻两支座中心的水平距离，对于不设支座的桥梁(如拱桥、刚构桥等)，为上、下部结构的相交面中心间的水平距离，用 l 表示，桥梁结构的力学计算是以 l 为准的。

标准跨径(standard span)用 l_b 表示，对于梁式桥、板式桥，以两桥墩中线间距离或桥墩中线与桥台背墙前缘伸缩缝中心之间的距离为准，拱式桥和涵洞以净跨径为准。

桥梁全长(total length of bridge)，简称桥长，对于有桥台的桥梁为两岸桥台翼墙尾端间的距离，对于无桥台的桥梁为桥面系行车道长度，用 L 表示。

桥下净空(clearance of span)是为满足通航(或行车、行人)的需要和保证桥梁安全而对上部结构底缘以下规定的空间界限。

桥梁建筑高度(construction height of bridge)是上部结构底缘至桥面顶面的垂直距离(图 1.21 中的 h)。线路定线中所确定的桥面高程，与通航(或桥下通车、人)净空界限顶部高程之差，称为容许建筑高度(allowable construction height)。显然，桥梁建筑高度不得大于容许建筑高度，为控制桥梁建筑高度，可以通过在桥面以上布置结构(如斜拉桥，悬索桥，中、下承式拱桥等)的方式加以解决。

桥面净空(clearance above bridge floor)是桥梁行车道、人行道上应保持的空间界限，公路、铁路和城市桥梁对桥面净空都有相应的规范。

1.3.2　桥梁的分类

无论是从外观、使用功能、服务对象还是从结构受力特点等来看，桥梁的种类都是非常多的，为了便于区分，一般桥梁有以下几种划分方法。

(1)按照跨径划分。我国《公路桥涵设计通用规范》(JTG D60—2015)规定了特大、大、中、小桥、涵洞按多孔跨径总长和跨径划分的方法，见表 1.5 所示。

表 1.5　公路桥梁按总长 L 和单孔跨径 L_k 分类

桥梁分类	多孔跨径总长 L/m	单孔跨径 L_k/m
特大桥	$L>1000$	$L_k>150$
大桥	$100 \leqslant L \leqslant 1000$	$40 \leqslant L_k \leqslant 150$
中桥	$30<L<100$	$20 \leqslant L_k<40$
小桥	$8 \leqslant L \leqslant 30$	$5 \leqslant L_k<20$
涵洞	—	$L_k<5$

表 1.5 中，单孔跨径指标准跨径；梁式桥、板式桥的多孔跨径总长为多孔标准跨径的总长，拱式桥为两岸桥台内起拱线间的距离，其他型式桥梁为桥面系行车道长度。

对于铁路桥，按照我国《铁路桥涵设计规范》(TB 10002—2017)，规定了特大、大、中、小桥按桥梁多孔跨径总长划分，见表 1.6。关于铁路桥长，梁桥指的是桥台挡砟前墙之间的长度，拱桥指的是拱上侧墙与桥台侧墙间两伸缩缝外端之间的长度，刚架桥指的是刚架顺跨度方向外侧间的长度。

表 1.6　铁路桥梁按桥梁多孔跨径总长 L 分类

桥梁分类	多孔跨径总长 L/m
特大桥	$L>500$
大桥	$100<L\leqslant500$
中桥	$20<L\leqslant100$
小桥	$L\leqslant20$

上述分类在一定程度上反映了桥梁的建设规模，但不能反映桥梁的复杂性。国际上一般依据美国和欧洲规范，认为单孔跨径不超过 150m 的属于中小桥，大于 150m 即为大桥，而特大桥的起点跨径与桥型有关，悬索桥为 1000m，斜拉桥和钢拱桥为 500m，其他桥型为 300m。

(2)按用途划分，有公路桥(highway bridge)、铁路桥(railway bridge)、公路铁路两用桥(highway and rail transit bridge)、农用桥(rural bridge)、人行桥(foot bridge)、水运桥(aqueduct bridge，又称渡槽)和管线桥(pipeline bridge)等。

(3)按照主要承重结构所用的材料划分，有圬工桥(masonry bridge，包括砖、石、混凝土桥)、钢筋混凝土桥(reinforced concrete bridge)、预应力混凝土桥(prestressed concrete bridge)、钢桥(steel bridge)、钢-混凝土组合桥(steel-concrete composite bridge)和木桥(timber bridge)等。木材易腐，一般不用于永久性桥梁，但是也有用特殊的木材建造的永久桥梁，如缅甸的柚木大桥，其建于 1851 年，至今仍在使用。组合梁桥指钢梁和混凝土桥面板共同受力的一种梁桥。

(4)按跨越障碍的性质，可分为跨河桥(river bridge)、跨海桥(sea-crossing bridge)、跨线桥(overpass bridge)、立交桥(interchange)、高架桥(viaduct)和栈桥(trestle bridge)等。高架桥一般指城市桥梁中沿着道路走向，架立在道路上方用以交通分流的桥梁。栈桥指的是装卸货物、运送材料或者供人行的形似桥梁的建筑物，多用于临时结构。

(5)按桥跨结构的平面布置，可分为正交桥(right bridge)、斜交桥(skew bridge)和弯桥(curved bridge)。

(6)按上部结构行车道的位置，分为上承式桥(deck bridge)、中承式桥(half-though bridge)和下承式桥(though bridge)。

(7)按照桥梁的可移动性，可分为固定桥(fixed bridge)和活动桥(movable bridge)。活动桥包括开启桥(bascule bridge)、升降桥(lift bridge)、旋转桥(swing bridge)和浮桥(floating bridge)等。浮桥随水位升降，多为临时性桥梁。当河道两岸不容许修建较高的路堤，而桥下通航又需要保持必要的净空高度时，可建造活动桥。活动桥开启方式可以是平转、立转或升降。活动桥水陆交通互相干扰，养护困难，只有在特殊情况下采用。

(8)根据桥梁承重构件的受力情况，一般分为梁式桥(girder bridge)、拱桥(arch bridge)、刚架桥(rigid frame bridge)、悬索桥(suspension bridge)、斜拉桥(cable-stayed bridge)和组合

桥(combined system bridge)。

下面简单介绍各种体系桥的特点。

1)梁式桥

梁式桥(beam bridge)分为简支梁桥［图1.23(a)］、悬臂梁桥［图1.23(b)］、连续梁桥［图1.23(c)］。不同的梁式桥有不同的受力特征。梁式桥在竖向荷载作用下，支座只产生竖向反力，桥跨结构承受弯矩和剪力，以受弯为主，通常选用抗弯能力强的材料(钢、配筋混凝土、钢-混凝土组合结构等)来建造主梁。

简支梁桥受力简单，施工方便，在小跨度桥梁中得到广泛应用。连续梁桥受力较合理，行车平顺，是大跨度桥梁常采用的桥式。将简支梁梁体加长至支点外就成为悬臂梁桥，悬臂梁桥的跨中弯矩比简支梁桥小，但构造较复杂，行车不够平顺，目前已较少采用。

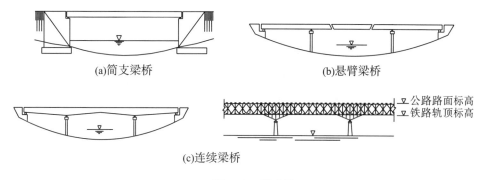

(a)简支梁桥　　　　　　　　　　(b)悬臂梁桥

(c)连续梁桥

图1.23　梁式桥

2)拱式桥

拱式桥(arch bridge)的基本图式和力学图式如图1.24所示，其主要承重结构是拱圈或拱肋(拱圈横截面设计成分离形式时称为拱肋)，最大受力特点是在竖向荷载的作用下存在水平反力(拱脚推力)。同时，根据作用力与反作用力原理，墩台向拱圈(或拱肋)提供一对水平反力，这种水平反力在拱圈(或拱肋)内产生的弯矩与荷载所产生的弯矩符号相反，相互抵消。因此，与同跨径的梁桥相比，拱的弯矩、剪力和变形都要小得多，基于拱桥的承重结构以受压为主，通常可以采用抗压能力较强的圬工材料(如砖、石、混凝土)和钢筋混凝土等来建造。拱桥跨越能力强、造型美观，但对地基的承载力要求较高，在条件允许的情况下，修建拱桥往往是经济合理的，一般跨径在500m以内均可作为比选方案。

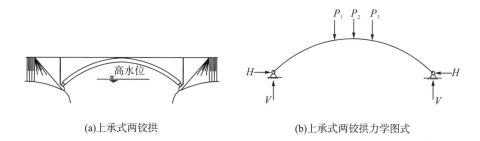

(a)上承式两铰拱　　　　　　　　(b)上承式两铰拱力学图式

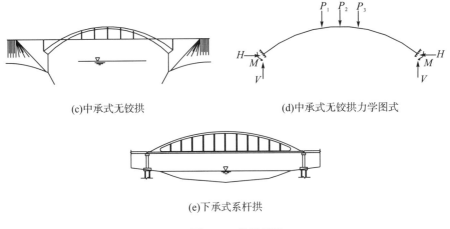

(c)中承式无铰拱   (d)中承式无铰拱力学图式

(e)下承式系杆拱

图1.24 拱桥桥型

由拱桥的受力特征知,拱脚承受巨大的水平推力,下部结构和地基(特别是桥台)必须能承受住很大的水平推力。系杆拱桥属于无推力拱桥,由于拱上荷载所产生的拱脚水平推力由系杆所承受,所以拱脚和地基无水平推力。系杆一般选择抗拉性能较好的材料,如钢材、预应力钢筋混凝土或高强钢筋。

3)刚构桥

刚构桥(rigid frame bridge)又称刚架桥,其主要承重结构是梁(或板)与立柱(或竖墙)整体结合在一起的刚架结构,梁和柱的连接处具有很大的刚性,以承担负弯矩的作用。刚构桥分为门式刚构桥、斜腿刚构桥、连续刚构桥、刚构-连续组合体系桥型和T形刚构桥等。T形刚构桥是修建较大跨径混凝土桥梁曾采用的桥型,属于静定或低次超静定结构。对于这种桥型,由于T形刚构桥长悬臂处于不受约束的自由变形状态,在车辆荷载的作用下,极易产生下挠,因而各个方向均易产生裂缝,同时由于悬臂端的下挠,致使挂梁与悬臂梁结合处产生一定的折角,影响行车舒适性,对桥梁受力也极其不利,所以这类桥型目前已极少采用,或者对其进行改良,在悬臂端设置活动支座,规避悬臂结构的不良影响。

门式刚构桥如图1.25(a)、(b)所示,在竖向荷载的作用下,柱脚处具有水平反力,梁部主要受弯,但弯矩值较同跨径的简支梁小,梁内还有轴压力,因而其受力状态介于梁桥与拱桥之间,刚构桥跨中的建筑高度可做得较小。但普通钢筋混凝土修建的刚构桥在梁柱刚结处极易产生裂缝;另外,门式刚构桥在温度变化下,内部极易产生较大的附加内力。

斜腿刚构桥如图1.25(c)所示,由于其跨越能力强、经济合理、造型轻巧美观的优点,可用于跨越陡峭河岸、深谷和道路等障碍。由于斜腿刚构桥的墩柱设置在岸坡上,有较大的斜角,所以斜腿的施工难度较大。

连续刚构桥如图1.25(d)所示,它事实上是刚构桥与连续梁桥的组合体系,属于多次超静定结构,温度的变化使其极易产生内力,为使温度变化下在结构内不产生较大的附加内力,一般将连续刚构桥墩柱做得很柔,弯矩主要由上部结构承担,桥墩分担的弯矩较小,在竖向荷载下,桥墩处于小偏心受压,且偏心距很小,基本接近轴向受压状态,因此,人们也常把它归纳在梁桥范畴。连续刚构桥比较适合用于大跨高墩桥梁。对于很长的桥,为了减小因温度变化引起的内力，通常在两侧的一个或数个桥墩上设置滑动支座，从而形成刚构-连续组合体系。

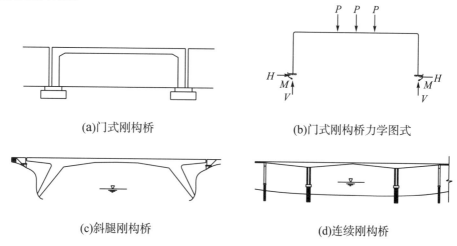

(a)门式刚构桥　　　　　　　　　　　　　　　　(b)门式刚构桥力学图式

(c)斜腿刚构桥　　　　　　　　　　　　　　　　(d)连续刚构桥

图 1.25　刚构桥

4) 斜拉桥

斜拉桥(cable stayed bridge)又叫斜张桥，是一种用斜拉索直接将主梁悬吊在塔柱上的桥梁，是一种组合受力体系桥梁，外荷载主要靠主梁受压弯(有时受弯拉)、斜拉索拉力来承担。斜拉桥的结构体系有漂浮体系、支承体系、塔梁固结体系、刚构体系。斜拉桥的主要组成部分有斜拉索、主梁、塔柱。基本受力特点是：受拉的斜索将主梁多点吊起，并将主梁的恒载和车辆等其他荷载传至塔柱，再通过塔柱基础传至地基。塔柱基本上以受压为主。跨度较大的主梁就像一条多点弹性支承(吊起)的连续梁一样工作，从而使主梁内的弯矩大大减小。由于同时受到斜拉索水平分力的作用，主梁截面的基本受力特征是偏心受压(偶尔有偏心受拉)构件。斜拉桥属于高次超静定结构，主梁所受弯矩大小与斜拉索的初张力密切相关，存在着一定最优的索力分布，使主梁在各种状态下的弯矩(或应力)最小。

由于受到斜拉索的弹性支承，弯矩较小，使得主梁梁高大大减小，结构自重显著减小，大幅度提高了斜拉桥的跨越能力。此外，由于塔柱、拉索和主梁构成稳定的三角形，斜拉桥的结构刚度较大，斜拉桥的抗风能力较悬索桥要好得多。但是，当跨度很大时，悬臂施工的斜拉桥因主梁悬臂长度过长，承受压力过大，因而风险较大，塔高也过高，外索过长，索垂度的影响使索的刚度大幅度下降，这些问题都需要认真地研究和解决。

斜拉索的组成和布置、塔柱型式及主梁的截面形状是多种多样的，主梁的截面形态与拉索的布置情况要相互配合。我国之前修建的斜拉桥的拉索防腐能力不够，致使拉索在使用 7～8 年后出现索内高强钢材锈蚀的现象，严重影响大桥的安全，目前已有几座斜拉桥更换拉索。目前常用的平行钢丝斜拉索系完全在工厂内制成，在钢丝束上包一层高密度的聚乙烯(polyethylene，PE)外套进行防护，还可以采用高密度聚乙烯制成彩色索。除防锈外，斜拉索的疲劳和 PE 套的老化是两个需要认真对待的问题。

常用的斜拉桥是三跨双塔式结构(图1.26),但独塔双跨式也较为常见(图1.27),具体型式及布置的选择应根据河流、地形、通航、美观等要求加以论证。

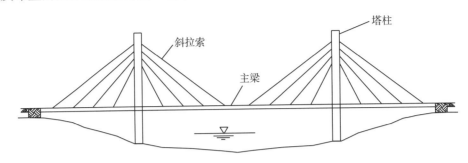

图1.26 三跨双塔式斜拉桥

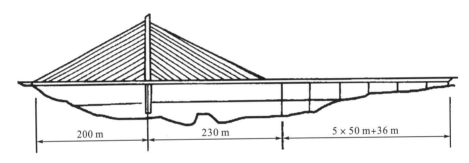

图1.27 独塔双跨式斜拉桥(重庆石门嘉陵江大桥)

5) 悬索桥

悬索桥(suspension bridge)的构造方式是19世纪初被发明的,现代悬索桥(图1.28)是由索桥演变而来,现在许多大跨径和超大跨径桥梁使用这种桥型。现代悬索桥通常由桥塔、锚碇、主缆、吊索、加劲梁及鞍座等结构组成。桥塔是支承主缆的重要构件;锚碇是主缆的锚固体,通常采用的锚固形式有重力式和自锚式;主缆是悬索桥的主要承重构件;吊索是将活载和恒载传递至主缆的构件;加劲梁的主要功能是防止桥面发生过大的挠曲变形和扭曲变形;鞍座是支承主缆的主要构件。悬索桥的结构类型有柔性悬索桥、单跨悬吊、三跨悬吊简支体系、三跨悬吊连续体系、自锚式悬索桥等。有些柔性桥梁,如预应力悬带桥、索托桥、索道桥等,也属于悬索桥的范畴。

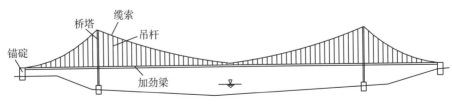

图1.28 悬索桥

悬索桥的结构受力形式简单明确,桥面板及铺装层等自重、车辆等移动荷载通过吊杆传至主缆,主缆承受拉力并锚固在锚碇上。而自锚式悬索桥是将主缆锚固在梁端,将水平力传递给主梁，由于悬索桥的水平力大小与主缆的矢跨比有关，所以可以通过调整矢跨比来调整主梁内水平力的大小，一般来讲，跨度较大时，可以适当增加其矢跨比，使混凝土主梁内的预压力适当提高。另外，自锚式悬索桥中主梁的型式采用具有一定抗扭刚度的箱形截面较为合适。

在所有桥梁体系中，悬索桥的刚度最小，属柔性结构，在车辆荷载的作用下，悬索桥将产生较大的变形。另外，悬索桥风致振动及稳定性在设计和施工中也需要特别关注。同样，悬索桥也有主缆和吊杆的防锈蚀问题，由于主缆的不可更换性，所以要特别注意主缆的受损检测和防锈蚀问题。

6)组合体系桥

主要承重构件由几种不同的结构体系组合而成的桥梁称为组合体系桥(combined bridge)。目前常见的组合体系有梁-拱组合体系、部分斜拉桥(又称矮塔斜拉桥)、斜拉-悬索组合体系。

图 1.29(a)为拱置于梁的下方，通过立柱对梁起辅助支承作用的组合体系桥，为梁-拱组合体系。图 1.29(b)为钢管混凝土系杆拱桥，拱肋为钢管混凝土结构，拱肋与系杆固结，由系杆来平衡拱脚的推力。

斜拉桥本身就是组合体系桥梁，是梁、索组合体系，梁和索共同承受荷载，斜拉索使主梁像多点弹性支承的连续梁一样工作。图 1.29(c)为矮塔斜拉桥，为斜拉与连续刚构桥或者斜拉与连续梁桥的组合，部分斜拉桥的行为特征介于连续梁桥与斜拉桥之间，一定程度地弥补了连续梁桥与斜拉桥的不足。

图 1.29(d)为刚构-连续组合体系桥。刚构-连续组合体系桥是在连续刚构桥的某些墩上设置滑动支座，降低温度变化时结构内产生的较大附加内力，它适合于桥长很长而桥墩又不够高的桥梁。

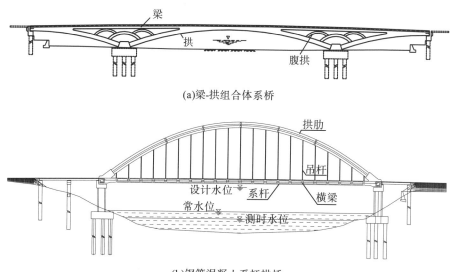

(a)梁-拱组合体系桥

(b)钢管混凝土系杆拱桥

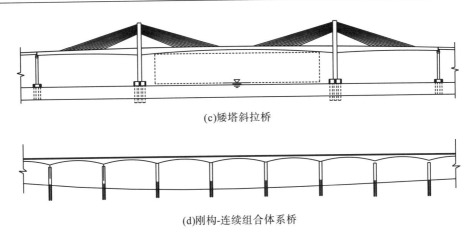

(c)矮塔斜拉桥

(d)刚构-连续组合体系桥

图 1.29　组合体系桥

第二章 桥梁总体规划与设计程序

2.1 桥梁设计程序简介

桥梁设计是一个分阶段、循序渐进的工作过程。根据国家基本建设程序要求，我国大型桥梁的设计程序分为前期工作和设计阶段(图 2.1)。前期工作包括编制预可行性研究报告和可行性研究报告；设计阶段按"三阶段设计"进行，即初步设计(preliminary design)、技术设计(technical design)与施工图设计(constructional drawing design/execution design)。各阶段的设计目的、内容、要求和深度均不同，分述如下。

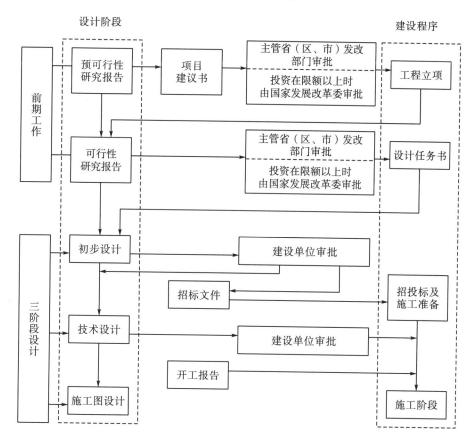

图 2.1 设计阶段与建设程序关系图

1. 预可行性研究报告的编制

此阶段简称为"预可"阶段。预可行性研究报告即项目建议书，是在工程可行的基础上，着重研究建设上的必要性和经济上的合理性，解决要不要修建桥梁的问题。对于区域性桥梁，应对准备建桥地点附近的渡口车辆流量进行调查，并从发展的角度以及桥梁修建后可能引入的车流，科学分析和确定通过桥梁的可能车流量，论证工程的必要性。

在预可行性研究报告中，应编制几个可能的桥型方案，对工程造价、投资回报、社会效益、政治意义和国防意义等进行分析，论述经济上的合理性，并对资金来源有所设想。

设计方将预可行性研究报告交业主后，由业主报上级主管审批。

2. 可行性研究报告的编制

此阶段简称为"工可"阶段。"工可"阶段与"预可"阶段的内容和目的基本一致，只是研究的深度不同，可行性研究报告是在预可行性研究报告审批后，着重研究工程上和投资上的可行性。

在本阶段，要研究和制定桥梁的技术标准，包括设计荷载、允许车速、桥梁坡度和曲线半径等，同时，还应与河道、航运、城市规划等部门共同研究和协商确定相关技术标准。

在"工可"阶段，应提出多个桥型方案，并按交通运输部发布的《公路工程建设项目投资估算编制办法》(JTG 3820—2018)估算造价，对资金来源和投资回报等问题应基本落实。

3. 初步设计

可行性研究报告批复后，即可进行初步设计。在本阶段要进一步开展水文、勘测工作，以获取更详细的水文资料、地形图和工程地质资料。在初步设计阶段，应拟定桥梁结构的主要尺寸、估算工程数量和主要材料的用量、提出施工方案的意见和编制设计概算。初步设计的概算成为控制建设项目投资的依据。

初步设计的目的是确定设计方案，应拟定几个桥型方案，综合分析每个方案的优缺点，通过对每个方案的主要材料用量、总造价、劳动力数量、工期、施工难易程度、养护费用等各种技术经济指标以及美观性进行比较，选定一个最佳的推荐方案，报建设单位审批。

4. 技术设计

技术设计的主要内容是对选定的桥型方案中重大、复杂的技术问题通过科学试验、专题研究、加深勘探调查及分析比较，进一步完善批复的桥型方案的总体和细部各种技术问题，提出详尽的设计图纸，包括结构断面、配筋、细节处理、材料清单及工程量等，并修正工程概算。

5. 施工图设计

施工图设计是在批复的技术设计(三阶段设计时)或初步设计(二阶段设计时)所有技术文件基础之上，进一步进行具体设计。此阶段工作包括详细的结构分析计算、配筋计算、验算并确保各构件强度、刚度、稳定和裂缝等各种技术指标满足规范要求，绘制施工详图、编制施工组织设计和施工图预算。

目前，国内一般的(常规的)桥梁采用二阶段设计，即初步设计和施工图设计；对于技术上复杂的特大桥、互通式立交或新型桥梁结构，需增加技术设计，即三阶段设计；对于技术简单、方案明确的小桥，也可采用一阶段设计，即施工图设计。

国外施工设计由施工承包商完成，而国内所有设计由设计单位完成，但是国内设计施工呈现一体化趋势。

2.2　桥梁总体规划

桥梁作为道路的重要组成部分，是促进当地经济发展的重要通道。桥梁总体规划（master plan of bridge）是一项综合性很强的科学工作，既要立足于现实，又要有预见性。随着社会经济和科学技术的发展，桥梁总体规划是一项长期性和经常性的工作，也须进行不断修改和补充。为规范公路桥梁设计，应根据公路功能和技术等级，考虑因地制宜、就地取材、便于施工和养护等因素进行总体设计，在设计使用年限内应满足规定的正常交通荷载通行的需要。

2.2.1　桥梁设计的基本原则

桥梁设计应遵循安全、耐久、适用、环保、经济、美观的原则，对结构物进行性能设计，其内容包括结构的变形、裂缝、振动、稳健性、美观、耐久性能、疲劳性等，使结构在运营过程中除了保证最低的安全性要求外，尚应有良好的使用性能（包括寿命和耐久性、抗腐蚀、耐疲劳性、美观等）。

1. 安全

所设计的桥梁结构，在制造、运输、安装和使用过程中应足够安全。根据桥上交通和行人情况，桥面应考虑设置人行道（或安全带）、缘石、护栏、栏杆等设备，以保证行人和行车安全。桥上还应设有照明设施，引桥纵坡不宜过陡，地震区桥梁应按抗震要求采取防震措施。

对于结构安全性，现有设计规范是通过承载能力极限状态来保证，即控制结构在丧失服务能力临界状态时的承载能力，要求荷载效应不利组合的设计值必须小于结构抗力的设计值。通过荷载安全系数、材料安全系数及工作条件系数来考虑不确定因素作用下结构总体的安全储备。

事实上，对于重要的桥梁结构，还应该考虑破坏-安全极限状态（也称条件极限状态），保证结构的稳健性（robustness，又称鲁棒性）。破坏-安全极限状态要求结构不因偶然事件（火灾、爆炸、撞击、人为事故等）导致由局部或初始破坏向严重或全部破坏发展。因此，在结构设计时应考虑到：①避免、消除或减少结构可能会遭遇的风险（上述偶然事件）；②选择对风险不太敏感的结构型式；③选择的结构型式可以在其单个构件或有限部分偶然移走后，结构仍能保持适当的稳定性和强度，或只受到局部损伤；④尽可能避免结构体系在无先兆的情况下倒塌；⑤处理好结构或构件之间的连接。破坏-安全结构是结构元件在出现严重损伤时，其剩余结构能承受损伤件原来承受的荷载而不会发生灾难性破坏的结构。它是从整体结构的观点来考虑安全的，破坏-安全结构的特点是多路传力或冗余载荷路径。

2. 耐久

按《公路工程混凝土结构防腐技术规范》(JTG/T B07-01—2006)解释,耐久性是指"结构在预期作用和预定的维护条件下,能在规定期限内长期维持其设计性能要求的能力"。在设计规范中,要求桥梁结构在设计荷载作用下不出现过大的变形和过宽的裂缝,保证结构在正常使用条件下极限状态的各种指标,并对结构进行抗疲劳设计来实现结构的耐久性。然而,暴露在野外环境中的桥梁受到各种水侵腐蚀、冻融破坏、正常和非正常荷载的作用,需要从设计计算、结构构造、材料选择、规范施工、严格管理等各方面,提高桥梁结构对气候作用、化学侵蚀、物理作用或任何破坏过程的抵抗能力。

3. 适用

桥梁宽度应能满足车辆和人群的交通流量要求,并应满足今后规划年限内交通量增长的需要。桥下应满足泄洪、通航(跨河桥)或通车(旱桥)等要求。桥梁两端方便车辆进出,以防止出现交通堵塞。此外,还要便于今后检查和维修。

控制结构在正常使用状态时应力、裂缝和变形小于一定的限值,这也是对应于适用性的要求。应使桥梁在荷载作用下的变形不超过规定的容许值,过大的变形会使结构的连接松弛,而且挠度过大会导致高速行车困难,引起桥梁剧烈的振动,使行人不适,严重者会危及桥梁结构的安全。

4. 环保

桥梁设计应考虑环境保护和可持续发展的要求,注重节能环保。桥梁设计时,工作人员应该根据桥梁工程的实际情况,结合节能环保的理念,制定出一套优质的设计方案。通过科学地运用节能环保材料和减少能源消耗,从根本上减少我国交通行业的发展对于能源的消耗和环境的污染,提高我国交通行业的能源利用效率,促进我国社会的可持续发展。

5. 经济

桥梁设计应体现经济上的合理性,在设计中必须进行详细周密的技术经济比较,使桥梁的总造价和材料等的消耗最少。应注意的是,要全面而精确地计及所有的经济因素往往是困难的,在技术经济比较中,应充分考虑桥梁在使用期间的营运条件以及养护和维修等方面的问题。此外,能满足快速施工要求以达到缩短工期的桥梁设计,不仅能降低造价,而且提早通车在运输上将带来很大的经济效益。

6. 美观

一座桥梁,尤其是城市桥梁和游览地区的桥梁,应具有优美的外形,结构布置精练,空间比例和谐,与周围环境相协调。合理的结构布局和轮廓是美观的主要因素,此外,施工质量也会影响桥梁美观性。

2.2.2　野外勘测与调查研究

一座桥梁的规划设计涉及的因素很多,必须充分地调查研究,收集相关资料,从客观实际出发,提出合理的设计建议及计划任务书。

（1）调查研究桥梁交通要求。对于公路或城市桥梁，需要调查研究桥上交通种类及其要求，如汽车荷载等级、实际交通量和增长率，需要的车道数目或行车道宽度，以及人行道的要求等。

（2）选择桥位。各级公路上的小桥及其与公路的衔接，一般应符合路线布设的要求，桥中线与洪水流向应尽量正交。各级公路上的特大、大、中桥的桥位，原则上应服从路线上的总方向，根据路桥综合考虑。对于特大、大、中桥一般选择2~5个可能的桥位，对每个可能桥位进行相应的调查、勘测工作，包括：搜集洪水、地形和地质资料；实地调查历史洪水位；做必要的地形、地貌和地质等测绘工作。经综合分析比较，选择最合理的桥位。

（3）桥位的详细勘测和调查。对确定的桥位要进一步搜集资料，为设计和施工提供可靠依据。这时的勘测和调查工作包括绘制桥位附近大比例地形图、桥位地质钻探并绘制地质剖面图、实地水文勘测调查等。为使地质资料更接近实际，宜将钻孔布置在拟定的桥孔方案墩台附近。

（4）调查其他有关情况。调查了解地震资料、当地建筑材料来源及供应情况、运输条件、是否需要拆迁建筑物或占用农田、桥上是否需要铺设电缆或各种管线等。

2.2.3　桥梁总体布置设计

1. 桥梁纵断面设计

桥梁纵断面设计（vertical-sectional design of bridge）包括桥梁总跨径的确定、桥梁分孔、确定桥面标高和桥下净空、桥梁纵坡及基础埋置深度等。

1）桥梁总跨径的确定

桥梁总跨径一般根据水文计算确定。桥梁墩台和桥头路堤压缩河床，使桥下过水断面减少，流速增大，引起河床冲刷和桥上游壅水，因此，桥梁总跨径必须保证桥下有足够的排洪面积，河床不产生过大的冲刷，避免壅水淹没耕地和建筑物等。此外，尚应注意河床地形，不宜过分压缩河道、改变水流的天然状态。

2）桥梁分孔

桥梁总跨径确定后，下一步是分孔布置，解决一座桥分成几孔和各孔的跨径多大的问题。桥梁孔径的设计必须保证设计洪水位以内的各级洪水及流冰、泥石流、漂浮物等安全通过，并应考虑壅水、冲刷对上下游的影响，确保桥涵附近路堤的稳定。还应考虑桥位上下游已建或拟建桥涵和水工建筑物的状况及其对河床演变的影响。桥涵孔径设计要因地制宜，应注意河床地形，不宜过分压缩河道、改变水流的天然状态。对于通航河流，首先根据通航净空要求，确定通航孔跨径，并布置在稳定的主河槽位置，对于变迁性河流，还需加设通航孔；桥基位置尽量避开复杂的地质和地形区段；分孔布置还要考虑上部结构采用的结构体系类型，有些结构体系各桥孔的跨径应有合适的比例，以保证结构受力合理；要考虑基础施工因素，若基础施工困难、航运繁忙，则宜加大孔径；从经济上考虑，一般来说，采用大跨度时上部结构造价大，而下部结构造价则比小跨度时小。在满足通航前提下，通过经济技术比较，最后确定分孔布置方案。

3) 桥面标高的确定

桥面标高的确定主要考虑三个因素:路线纵断面设计要求、排洪要求和通航要求。对于中、小桥梁,桥面标高一般由路线纵断面设计确定;对于跨河桥,为保证结构不受毁坏,桥梁主体结构必须比计算水位(设计水位计入壅水、浪高等)或最高流冰水位高出一定距离,满足《公路桥涵设计通用规范》(JTG D60—2015)对非通航河流桥下净空的要求(表 2.1);对于通航河流,通航孔还必须满足通航净空要求,通航净空尺寸按《内河通航标准》(GB 50139—2014)确定;对于跨越铁路或公路的桥梁,应满足相应的铁路或公路的建筑界限规定。

表 2.1 非通航河流桥下净空

桥梁的部位		高出计算水位/m	高出最高流冰面/m
梁底	洪水期无大漂流物	0.50	0.75
	洪水期有大漂流物	1.50	—
	有泥石流	1.00	—
支承垫石顶面		0.25	0.5
有铰拱拱脚		0.25	0.25

注:①无铰拱的拱脚可被设计洪水水位淹没,但不宜超过拱圈高度的 2/3,且拱顶底面至计算水位的净高不得小于 1.0m。②在不通航和无流筏的水库区域内,梁底面或无铰拱顶底面离开水面的高度不应小于计算浪高的 0.75 倍加上 0.25m。

4) 桥梁纵坡布置

桥梁标高确定后,就可根据两端桥头的地形和线路要求来设计桥梁的纵断面线形。按照《公路工程技术标准》(JTG B01—2014)规定,公路桥梁的桥上纵坡坡度不宜大于 4%,桥头引道纵坡坡度不宜大于 5%;位于城镇混合交通繁忙处,桥上纵坡和桥头引道纵坡坡度均不得大于 3%,桥头两端引道线形应与桥上线形相配合。对于易结冰、积雪的桥梁,桥上纵坡坡度不超过 3%。

2. 桥梁横断面设计

桥梁横断面的设计,主要是确定桥面的宽度和桥跨结构横截面的布置。桥面宽度由行车和行人的交通需要决定。桥面净空应符合《公路桥涵设计通用规范》(JTG D60—2015)第 3.4.1 条公路建筑限界的规定,在规定的限界内,不得有任何结构部件等侵入。确定桥面净宽时,应首先考虑与桥梁相连的公路路段的路基宽度,保持桥面净宽与路基同宽,使桥梁与公路更好地衔接,公路上的车辆可维持原速通过桥梁,满足车辆在公路上无障碍地行驶的现代交通最基本的要求。

行车道宽度为车道数乘以车道宽度,车道宽度与设计车速有关,车速越高,车道宽度越大,其值为 3~3.75m,应满足前述规范的要求。

自行车道和人行道的设置,应根据需要而定,与前后路线布置协调。人行道、自行车道与行车道之间,应设置护栏或路缘石等分隔设施。一个自行车道的宽度为 1.0m,单独设置自行车道时,一般不宜小于两个自行车道的宽度。人行道的宽度宜为 1.0m,大于 1.0m 时,按 0.5m 的级差增加。高速公路上的桥梁,不宜设人行道。漫水桥和过水路面可不设人行道。

高速公路、一级公路上的桥梁必须设置护栏。二、三、四级公路上特大、大、中桥应设护栏或栏杆和安全带，小桥和涵洞可仅设缘石或栏杆。不设人行道的漫水桥和过水路面应设护栏或栏杆。人行道栏杆扶手离人行道顶面高差不小于 1.1m，且不宜采用横线条栏杆；自行车道栏杆高度不小于 1.4m。路缘石和护栏的设置、构造和尺寸，须满足《公路交通安全设施设计规范》(JTG D81—2017)的规定。

城市桥梁以及位于大、中城市近郊的公路桥梁的桥面净空尺寸，应结合城市实际交通量和今后发展的要求来确定。在弯道上的桥梁应按路线要求予以加宽。

公路和城市桥梁，为了利于桥面排水，应设置横坡。

3. 桥梁平面布置

桥梁及桥头两端引道的线形应与桥梁的线形相匹配，要与路线布设相互协调，各项技术指标应符合路线布设的规定。高速公路和一级公路上行车速度快，桥梁与道路衔接必须舒顺才能满足行车要求，因此，对于二级及以上等级公路的各类桥梁，除特殊大桥外，其布设应满足路线总体布设的要求，桥梁的布置和选型服从路线走向的需要。对于三级及以下的低等级公路，为降低造价，可以将路线调整以适应桥梁的布置，减少弯桥、斜交桥、高桥墩桥梁的建设。

从桥下泄洪要求及桥梁安全角度考虑，桥梁纵轴线应尽可能与洪水主流流向正交。对通航河流上的桥梁，为保证航行安全，通航河道的主流应与桥梁纵轴线正交。当斜交不能避免时，交角不宜大于 5°；当交角大于 5°时，应增大通航孔跨径。对于一般小桥，为了改善路线线形，或城市桥梁受原有街道的制约时，也允许修建斜交桥，但从桥梁本身的经济性和施工方便来说，斜交角通常不宜大于 45°。

2.3　桥梁设计方案比选

桥梁设计必须遵照"安全、耐久、适用、环保、经济、美观"的基本原则。设计者须运用丰富的理论和实践知识，进行深入细致的分析和研究，结合桥位处地形、地貌、水文、地质、气象、地震等建设条件，以及交通功能需要等条件，并综合考虑各种桥型的受力特点，进行桥型方案设计和比选，最终选定一种构造合理、造价经济、优美适用的桥型。设计方案力求结构安全可靠，具有特色，同时要保证结构受力合理，施工方便、可行，工程总造价经济。桥梁结构造型应简单、轻巧，并能体现地域风格，与周围环境协调。

1. 方案设计

根据当地的地形地质条件、水文条件、气象条件、防洪等建设条件和技术标准，结合桥梁建设工期、施工条件、桥面宽度、景观要求等实际情况，考虑所建桥梁是否有通航要求，若有通航要求，则在布跨的时候桥墩的位置不能影响通航，拟定出几个初选方案。图 2.2 表示某大桥所编制的方案设计和比较实例。

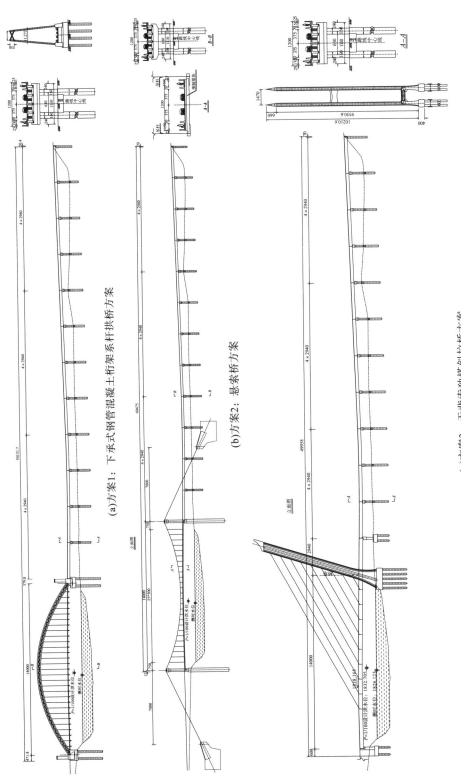

(a)方案1：下承式钢管混凝土桁架系杆拱桥方案

(b)方案2：悬索桥方案

(c)方案3：无背索独塔斜拉桥方案

图2.2　方案设计（单位：cm）

2. 方案比较

从总体布局、环境协调、技术先进性、施工可能、景观要求、技术经济等多方面考虑，可选择前述备选方案作工程量计算，并进一步比较。从桥梁孔径布置、桥跨结构构造、下部结构、施工方法等方面进行计算比选。

3. 方案确定

从结构受力、材料用量、材料费用、施工工序、维修养护的角度进行预选方案比较，确定出最后方案，见表 2.2。

表 2.2　方案比较表

方案	桥型方案一 下承式钢管混凝土桁架系杆拱桥	桥型方案二 悬索桥	桥型方案三 无背索独塔斜拉桥
投资估算/万元	6061.9	10087.8	7551.3
施工工期/月	22	25	30
施工难易程度	钢管拱圈采用现场焊接合龙，整体吊装施工；施工方便，成本较低	下部结构及主塔采用现浇混凝土结构，主梁采用预制吊装，架设安装方便，对吊杆及主要节点进行刚性处理要求较高	主塔为预应力构件，结构特殊，施工工艺复杂；钢箱梁对施工工艺要求高，且钢箱梁高度随着与独塔水平距离的增大而变高，增加了钢箱的制造难度
安全、适用性	整体刚度大，桥面连续性好，行车舒适，水平内力较大，对基础要求较高	结构整体刚度要求高，缆索作为主要的承重构件，活载所需刚度由恒载和刚性吊杆及主索节点刚度决定，主梁对主索变形较为敏感，索塔对地基承载力要求较高	能够满足所有功能的要求，但梁高较大，意味着桥面标高需提高
美观性	采用拱形结构，桥型优美，可在主跨两端拱座上设置藏族元素，增强地方民族色彩	采用悬索结构，为抛物线线形，桥型优美	造型时尚大气，现代感十足
后期养护	主拱圈及吊杆均为钢结构构件，需定期检查及防腐处理，养护工艺相对简单，成本较低	主要承重构件均采用钢结构，必须每年养护一次。对重点部位如索鞍、主缆、主索刚性节点、刚性吊杆及锚碇拉杆必须每年进行定期检测及涂刷防腐。后期养护检测频率较高，维护困难	桥型采用预应力钢筋混凝土结构和钢结构，后期维护频繁，维护成本较高

2.4　桥梁建筑造型与美学

2.4.1　概述

桥梁作为人类建造的结构物，不仅具有交通功能，而且能满足人们到达彼岸的心理希望，同时也是生活环境中使人印象深刻的标志性结构物，常常成为审美的对象和文化的遗产，因此，对桥梁造型的美学要求应是桥梁设计中必须考虑的因素，即桥梁结构本身的协调、和谐以及桥梁和周围环境的协调，从而给人们美的享受。

桥梁建筑空间形态一般称为形体。当人们靠近一个卓越的桥梁建筑时，由于其结构形体的影响而使人产生感动和联想，我们把具有这种艺术感染力的建筑结构形体称为建筑造型，把获得这种建筑造型的工作过程称为建筑造型设计。

下面将简要介绍与桥梁建筑造型设计有关的美的法则。

2.4.2　桥梁建筑造型美的法则

1. 协调与统一

协调与统一，主要指两方面：其一是桥梁与桥位处的自然景观和附近的人工建筑物一起，处在人们的生活空间中，故要求桥梁建筑造型要达到与环境的协调；其二是桥梁建筑本身由若干部分组成，其各自功能和造型不同，这种差异和变化，必然在和谐和秩序中得到有机统一，否则不是呆板单调，便是杂乱无章，唤不起人们的美感。

桥梁建筑环境设计，不是装饰自然，而是希望桥梁建筑同周围自然景色一起发挥作用。一般采用的手法：①隐蔽法，即尽可能做到藏桥于景中。此法主要用于山区或风景区的小跨径桥梁。②融合法，即使桥梁构成新环境中的一个要素，组合于周围总体景观和环境的画面中。融合法是常用的方法。③强调法，这是一种突出桥梁建筑，使其成为景观主体的手法，一些城市跨越江河的大桥或特大桥往往属于此类。

桥梁结构造型统一，首先要注意各结构部分的协调统一。一般来说，要避免不同结构体系混杂使用，主桥和引桥应是相一致或相近的体系，下部桥墩造型力求简单划一，以免显得杂乱无章。

2. 主从与重点

桥梁建筑从功能特点考虑有主体和附属之分，而从结构受力体系来说，有主要受力构件和次要受力构件之分。主桥与引桥、主孔与边孔、主体与附属存在主从差异，这种差异与对立，使桥梁建筑形成一个完整协调的有机整体。

桥梁的主从首先从布孔上考虑。如果一座桥梁有主孔与边孔之分，则主孔不仅跨径大、标高高，而且有时为了适应大跨而采用不同的结构型式，突出了主孔位置和造型，视觉重点突出，引人注意，从而获得主从分明的效果。

斜拉桥、悬索桥的结构图形简洁，主塔将竖向及斜向心理引诱线引向塔顶，形成引人瞩目的重要部位，突出了高耸挺拔、气势夺人的塔作为主体的主导地位，配以轻柔的拉索、无限延伸的水平加劲梁，视觉上主次分明，构成了索结构桥型所独有的形态和美感。

3. 对称与均衡

对称是指以某一线为中轴线，左右、前后或上下两侧建筑同形同量。对称桥梁建筑造型是最常见的表现形式，以桥梁中线为对称轴，桥梁结构对称，孔数相同，跨度及结构尺度均对称。对称的造型统一感好，规律性强，易使人产生庄严、整齐的美感，同时也能满足简化施工、降低造价的要求。

均衡则是在非对称的构图中，以不等的距离形成力量(体量)的平衡感。均衡具有变化的美，其结构特点是生动活泼、有动感。有些桥梁受地形、河流主航道、主河槽的影响无法采用对称布置，因此布孔不对称或结构型式不对称。对于布孔的不对称情况，为了达到造型上的均衡性，可采用斜塔、疏密与长度不等的拉索和大小悬殊的跨径来调整，从而达到均衡的目的，使桥梁从构造、功能和景观方面得到协调一致的处理。如果结构的非对称造型处理得当，有时也会产生令人难以料想的效果。

4. 比例与尺度

比例主要表现桥梁建筑物各部分数量关系，是相对的，不涉及具体尺寸，它包括三个方面的内容：一是桥梁结构各部分本身的三维尺寸的关系；二是桥梁结构整体与局部或局部与局部之间的三维尺寸关系；三是桥梁结构实体部分与空间部分的比例关系，也称为虚实比例关系。

桥梁建筑中各部分尺寸比，主要服从于结构刚度、变形和经济要求，但需使人们从视觉上获得协调匀称及满意的感受；主梁实体部分与桥下空间部分的比例关系是虚实比例关系，在桥下净空或桥面标高要求固定的情况下，可通过调节跨度，进而增加或减小梁高，使桥梁的虚实透视存在一个最佳的比例。

与比例不同，尺度涉及真实尺寸的大小，但是一般又不是指要素真实尺寸的大小，而是指建筑要素给人感觉上的大小和实际大小之间的关系。如果两者一致，则建筑形象正确地反映了建筑物的真实大小；如果不一致，则表明建筑形象歪曲了建筑物的真实大小，通常称为建筑物失掉了应有的尺度感。

比例和尺度是两个密切相关的建筑造型特征，如果一座桥梁某些部位的尺度不当或比例失调，都会影响它的整体形象，只有各部的比例和尺度达到匀称和协调，才能展现优美形象。

5. 稳定与动势

安全稳定是对桥梁建筑最基本的使用要求，同时桥梁建筑必须给人以稳定可靠的感觉，即使在力学上是安全合理的，如果给使用者不安全感觉，就不可能让人感受到其造型之美。所以，只有使人在直观上能感受到桥梁的强度和稳定性，其型式美和功能美才能在人的心理上产生统一。

桥梁是一个承重结构，人们首要的心理活动是通过视觉看出它是如何承受荷载的、荷载是如何传递的，简洁的承载和传力结构会形成一个紧凑严密、蕴藏着巨大力量的结构物，任何一座设计合理、造型优美的桥梁都会显示出安静、自信、坚固的形象，给人一种坚定、不可动摇的稳定感。

人们观赏桥梁结构物是多视角的。在桥上高速行驶的车或移动的人，由于视点的变化，使观看到的实际桥梁建筑形象有规律地变化，仿佛是桥梁在运动，给人一种动感；若人们在桥外沿着桥梁水平方向目视多跨桥梁，由于其跨越方向的延伸长度要比宽度和高度大得多，自然就会使人感到桥梁结构上的强烈运动延伸的动势。此外，拱桥外形在纵向与竖向的起伏变化，以及弯桥在水平面的蜿蜒变化，均会给人以深刻的感受。

6. 韵律与节奏

韵律与节奏是重要的造型手法，设计者可将桥梁构成一个系统，通过有规律的重复或有秩序的变化形成韵律和节奏，激发人们的美感。几乎所有的桥梁结构都具有韵律和节奏的因素，从栏杆设计到灯柱的布置，从结构细部到分孔规律，一般都蕴涵着韵律和节奏的效果。

桥梁建筑韵律形式主要有连续韵律和变韵律。连续韵律指桥梁建筑部分重复连续出现，例如等跨连续拱桥，由于其曲线的造型呈动态的趋势、虚实的交替，可以形成强烈的韵律感；变韵律则是指连续的部分按一定的秩序变化，逐渐加长或缩短、变宽或变窄、变密或变疏等，大跨拱桥上腹拱的变化即是一种渐变韵律，多孔拱桥的重复又形成连续的韵律，形成一种韵律美。某些多跨桥梁，各孔跨径和桥下净高以中孔最大，向两边渐小，形成规律性变化，通过渐变韵律的美学表现，使观赏者赏心悦目。

第三章　桥面布置与构造

桥面构造通常包括桥面铺装（deck pavement）、防水与排水系统、桥面伸缩缝（expansion joint）、人行道（或安全带）、缘石、栏杆、护栏和照明灯柱等，其一般构造如图 3.1 所示。

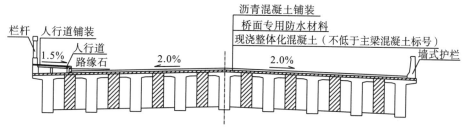

图 3.1　桥面的一般构造

桥面构造多属外露部位，直接与外界（包括车辆、行人、大气等）接触，对桥梁的主要结构起保护作用，使桥梁能够正常发挥功能，同时也对行车安全和桥梁的美观起着重要的作用。对于现代高速交通体系中的桥梁，更显示出桥面构造的重要性。

桥面构造本身对环境的影响十分敏感，属于桥梁工程的薄弱环节。但由于桥面构造工程量小、项目繁杂，以及其附属性的地位，往往在设计和施工中得不到应有的重视，从而有可能导致运营过程中产生弊病，影响桥梁的正常使用，增加维修费用，甚至被迫中断交通。因此，必须全面了解桥面构造各部件的工作性能，合理选择，认真设计，精心施工。

3.1　桥面铺装

3.1.1　桥面铺装作用

桥面铺装也称行车道铺装，或桥面保护层，它是车轮或者行人直接作用的部分，主要是对桥梁的主体结构起保护作用，并满足桥梁的正常使用功能、布局和美观要求。具体而言，其作用在于防止车辆轮胎直接磨耗属于主梁整体部分的行车道板，防止主梁遭受雨水的侵蚀，并对车辆轮重的集中荷载起一定的分散作用。因此，桥面铺装要求有抗车辙、行车舒适、抗滑耐磨、低温抗裂、不透水、刚度好等性能。对于柔性铺装，可以在一定程度上缓和车辆对桥梁的冲击。对于混凝土铺装，可以参与结构受力，提高结构的承载力和刚度。桥面铺装中应设置防水层。

《公路桥涵设计通用规范》（JTG D60—2015）规定，水泥混凝土桥面铺装面（不含整平层和垫层）要有足够的密实度，厚度不宜小于 80mm，混凝土强度等级不应低于 C40，水泥混凝土桥面铺装内应配置钢筋网。钢筋直径不小于 8mm，间距不大于 100mm。水泥混凝土桥面铺装应符合《公路水泥混凝土路面设计规范》（JTG D40—2011）的有关规定。为了防滑和减弱光线的反射，最好将混凝土做成粗糙表面。二级公路及以上的桥梁，沥青混凝土桥面铺装厚度不宜小于 70mm；二级公路以下的桥梁，沥青混凝土桥面铺装厚度不小于 50mm。沥青混凝土桥面铺装应符合《公路沥青路面设计规范》（JTG D50—2017）的相关规定。

桥面铺装部分在桥梁恒载中占有相当的比重，尤其对小跨径桥梁更为显著，故还应尽量减小铺装的重量。在桥梁设计时，一般计算时不考虑桥面铺装参与主梁受力，但构造上要求桥面铺装混凝土参与主梁受力，作为安全储备。因此，一般要求桥面铺装中现浇整体化混凝土标号不低于行车道板混凝土，并在施工中能确保铺装层与桥面板紧密结合成整体，以充分发挥这部分材料的作用。有些桥梁设计本来计算时就考虑了桥面铺装混凝土参与受力，甚至有些先简支后连续梁桥的墩顶位置负弯矩钢筋或钢束布置在桥面铺装混凝土中，此时更应该对桥面铺装混凝土材料及其与主梁行车道板之间的结合提出相应的要求。

3.1.2　桥面铺装的类型

桥面铺装的结构形式应与其所在位置的公路路面相协调，常采用沥青混凝土、水泥混凝土。对于欠发达地区的低等级公路，考虑到经济因素，也会采用碎(砾)石、沥青表面处治，但是碎(砾)石和沥青表面处治的桥面铺装耐久性较差。对于抗裂性要求较高的桥面铺装，也会采用钢纤维混凝土，但是其造价较高，因此也很少采用。目前桥面铺装主要采用以下几种形式。

(1) 具有防水层的水泥混凝土或沥青混凝土铺装。在防水要求高，或在桥面板位于结构受拉区而可能出现裂纹的桥梁上，往往采用柔性贴式或涂料防水层。防水层设置在桥面现浇整体化混凝土与沥青混凝土铺装之间，如图 3.1 所示。

(2) 防水混凝土铺装。对位于非冰冻地区的桥梁，可在桥面板上铺筑不少于 80mm 厚的防水混凝土作为铺装层。防水混凝土的标号一般不低于桥面板混凝土的标号，其上一般可不另设面层，但为延长桥面的使用年限，宜在上面铺筑 20～30mm 厚的沥青表面处治作为可修补的磨耗层。

此外，有些地方也使用环氧树脂涂层来达到抗磨耗、防水和减轻桥梁恒载的目的。这种铺装层的厚度通常为 5～20mm。为保证其与行车道板牢固结合，涂抹前应将行车道板的表面清刷干净。显然，这种铺装的费用昂贵。

3.2　桥面防水与排水系统

为避免水流下渗对桥梁结构耐久性造成影响，保障桥面行车通畅、安全，应设置完善的桥面防水和排水系统。桥面的防水主要通过设置防水层来完成，排水系统主要由桥面纵横坡、一定数量的泄水管和排水管等组成，桥面排水系统应与桥梁结构及桥下排水条件相适应，大桥和特大桥的桥面排水系统应与桥面铺装设计相协调。当桥面纵坡坡度小于 0.5%

时，宜在桥面铺装较低侧边缘设置纵向渗沟排水系统。桥面排水应满足《公路排水设计规范》(JTG/T D33—2012)的相关规定。

3.2.1 防水层的设置

防水层的作用是将透过铺装层渗下的雨水汇集于排水系统(泄水管)排出。桥面的防水层设置在桥面铺装层下面(图 3.1)。

《公路桥涵设计通用规范》(JTG D60—2015)规定，桥面铺装要设置防水层，但其形式和方法应视当地的气候、雨量和桥梁结构型式等具体情况而定。

可用作铺设防水层的材料很多，有各类防水卷材、防水涂料及各种堵漏材料等。防水层应采用便于施工、坚固耐久、质量稳定的防水材料。当前，桥梁中常用的防水层有以下两种类型。

(1)涂刷防水涂料。防水涂料是指涂料形成的涂膜能够防止雨水渗入。一般防水涂料有两大类：一是聚氨酯类防水涂料，这类材料一般含有毒性，不建议使用；另一类为聚合物水泥基防水涂料，它由多种水性聚合物合成的乳液与掺有各种添加剂的优质水泥组成，聚合物(树脂)的柔性与水泥的刚性结为一体，使得它在抗渗性与稳定性方面表现优异，它的优点是施工方便、综合造价低、工期短，且无毒环保。因此，聚合物水泥基已经成为防水涂料市场的主角。

(2)铺装沥青或改性沥青防水卷材，以及浸渍沥青的无纺土工布等。桥面防水卷材应抗冻融、耐融冰盐、耐高温、耐刺穿、抗碾压；与水泥混凝土及沥青混凝土黏接力强，不起泡、不分层、不滑动；应有良好的延伸率及低温柔性。桥面防水层上摊铺改性沥青混凝土时，宜采用高聚物改性沥青防水卷材，其性能应符合《道桥用改性沥青防水卷材》(JC/T 974—2005)或《路桥用塑性体改性沥青防水卷材》(JT/T 536—2018)标准要求。沥青防水卷材用作防水层，其造价高，施工麻烦、费时。由于将行车道和铺装层分开，削弱了其间的连接，如施工处理不当，将使桥面铺装层似有一弹性垫层，在车轮荷载作用下，铺装层容易起壳开裂。

当采用柔性防水层(适用卷材)时，为了加强接缝处的强度以免混凝土沿纵向裂开，就需要在接缝处的混凝土铺装层内或保护层内设置一层小直径($\phi 3 \sim \phi 6$)的钢筋网，网格尺寸为 15cm×15cm～20cm×20cm。

3.2.2 桥面横坡的设置

桥面应设置足够的纵、横向坡度，以便于雨水迅速排除，防止或减少雨水对铺装层的渗透，从而保护行车道板，延长桥梁使用寿命。

桥面横向排水坡度宜与路面横坡度一致，当设有人行道时，人行道应设置倾向行车道 0.5%～1.5%的横坡。行车道路面一般采用抛物线形横坡，人行道则用直线形。桥面横坡通常有以下四种设置形式。

(1)为节省铺装材料并减小恒载重力，可以将墩台顶部做成倾斜，横坡直接设在墩台顶部，而使桥梁上部构造形成双向倾斜，此时，铺装层在整个桥宽上做成等厚，如图 3.2(a)所示。

（2）对于宽度较窄的桥梁，可直接通过主梁上方现浇整体化混凝土的厚度来实现横坡的设置，如图 3.2(b)所示。

（3）对于位于路线缓和曲线段的预制装配式桥梁，通过墩台的倾斜不能完全满足横坡设置的要求，须调整墩台帽顶面垫石高度来实现横坡的设置，如图 3.2(c)所示。

（4）对于宽度较宽的现浇桥梁，可将行车道板按照横坡设置的方向进行设置，如图 3.2(d)所示。

需要说明的是，无论是预制装配式桥梁还是现浇桥梁，均应在行车道板顶面设置横坡，与桥面横坡相等或相近，以使桥面现浇整体化混凝土及桥面铺装的厚度尽量均匀。实际桥梁设计中，上述方法往往组合起来使用。

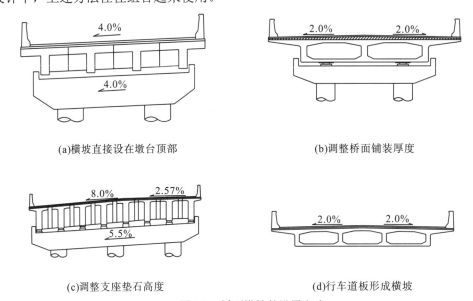

(a)横坡直接设在墩台顶部　　　　　　　　　　　(b)调整桥面铺装厚度

(c)调整支座垫石高度　　　　　　　　　　　　(d)行车道板形成横坡

图 3.2　桥面横坡的设置方式

3.2.3　泄水管和排水管的设置

梁式桥上常用的泄水管宜设置在桥面行车道边缘处(图 3.3)，沿行车道两侧可以对称排列，也可交错排列。

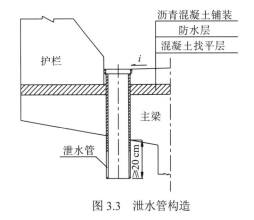

图 3.3　泄水管构造

泄水管的设置应依据设计径流量计算确定，但最大间距不宜超过20m，以避免长流水长距离输送，造成桥面壅水，危及行车安全。另外，在桥梁伸缩缝的上游方向应增设泄水管，在凹曲线的最低点及其前后3～5m处也应各设置一个泄水管。事实上，因为常规的泄水管造价较低，泄水管的设置对桥梁的结构受力影响也不大，可以适当增加泄水管的设置，以便获得较好的桥面排水效果，因此，现在桥面泄水管一般采用内径不小于15cm的圆管或者同等过水面积的方管，间距一般为3～5m。泄水管口顶部采用格栅盖板，其顶面应比周围路面低5～10mm。泄水管伸入铺装结构内部的部分应做成孔隙状以利于铺装结构内部水的排出。泄水管周围的桥面板配置补强钢筋网。

泄水管也可布置在人行道下面(图3.4)，桥面水通过设在缘石或人行道构件侧面的进水孔流入泄水孔。泄水管下端应伸出行车道板底面以下至少20cm(图3.3)，以防止浸润桥面板。管道与防水层紧密结合，以便防水层上的渗水能通过泄水管道排出桥外。

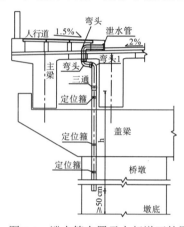

图3.4 泄水管布置于人行道下的图式

对于无须采用封闭式排水的系统桥梁，桥面水流入泄水管后可以直接向下排放(图3.3)，或者在行车道两侧的护栏底部预留横向孔道，用泄水管将水排出桥外，管口要伸出桥外不少于5cm以便滴水，但这种做法因孔道坡度较缓易于阻塞。

对于城市桥梁，或者桥梁跨越公路、铁路、通航河流以及其他有环保要求的河流或水库，为保证桥下行车、行人安全及环保的需要，应像建筑物那样设置封闭式的排水系统，将流入泄水管中的雨水汇集到纵向排水管或排水槽中，并通过设在墩台处的竖向排水管(落水管)流入地面排水设施或河流中(图3.5)。竖向排水管出口处应设置排水沟，并适当加固，避免冲刷和漫流。当桥长较短时，纵向排水管的出水口可以设在桥梁两端的桥台处；对于长大桥，除了在桥台处设置出水口外，还需在某些桥墩处布置出水口，并利用竖向管道将水引到地面。排水管或排水槽宜设置在悬臂板外侧，并与周围景观相协调。

泄水管可采用铸铁管、PVC管或复合材料管等，排水管一般采用铸铁管、PVC管、PE管、玻璃钢管或钢管，其内径应等于或大于泄水管的内径。排水槽宜采用铝、钢或玻璃钢材料，其横截面为矩形或U形，宽度和深度均不宜小于20cm。纵向排水管或排水槽的坡度不得小于0.5%。桥梁伸缩缝处的纵向排水管或排水槽应设置可供伸缩的柔性套筒。寒冷地区的竖向排水管，其末端宜距地面50cm以上，如图3.5所示。

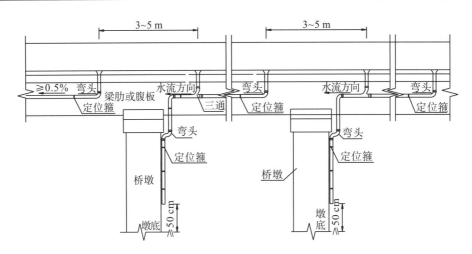

图 3.5　城市桥梁桥面排水设施

3.3　桥梁伸缩缝

为保证在气温变化、混凝土收缩与徐变以及荷载作用等因素影响下，桥跨结构能够按静力图式自由地变形，并保证车辆平稳通过，应在两相邻梁端之间、梁端与桥台背墙之间设置伸缩缝装置。在伸缩缝附近的栏杆、人行道等结构也应断开，以满足梁体的自由变形。

桥梁伸缩装置直接暴露在大气中，承受车辆、人群荷载的反复作用，很小的缺陷和不足就会引起跳车等不良现象，从而使其承受很大的冲击，甚至影响到桥梁结构本身和通行者的安全，是桥梁结构中最易损坏又较难修缮的部位。在设计与施工过程中，应给予足够的重视。

3.3.1　对伸缩缝的要求

桥梁伸缩缝应满足下列要求：

(1) 能够满足桥梁自由伸缩的要求，保证有足够的伸缩量。

(2) 伸缩装置牢固可靠，与桥梁结构连为整体，抗冲击，经久耐用。

(3) 桥面平坦，行驶性良好，车辆驶过时应平顺，无突跳和噪声。

(4) 具有能够安全防水和排水的构造，有效防止雨水渗入。

(5) 能有效防止垃圾渗入阻塞。对于敞露式的伸缩缝要便于检查和清除缝下沟槽的污物。

(6) 构造简单，施工、安装方便，且养护、修理与更换方便。

(7) 价廉。

此外，伸缩缝结构应能避免桥面水下落至梁端、盖梁和墩台等结构上。伸缩缝两端的现浇混凝土应采取浇筑微膨胀混凝土、抗渗混凝土等防渗漏的措施，避免雨水下渗到梁端、盖梁和墩台等桥梁结构。

伸缩缝类型的选择，主要依据伸缩缝所需要的变形量 Δl 的大小和活载轮重而定。计算变形量时，主要以安装伸缩缝时的温度为基准，将温度变化引起的伸长量 Δl_t^+ 和缩短量

$\Delta l_{\mathrm{t}}^{-}$，以及混凝土徐变和干燥收缩引起的收缩量 $\Delta l_{e} + \Delta l_{s}$ 作为基本的伸缩量。对于其他因素，如制造与安装误差等，一般作为安全富裕量 Δl_{E} 考虑，Δl_{E} 通常可按计算变形量的 30% 估算。因而总的变形量为

$$\Delta l = \Delta l_{\mathrm{t}}^{+} + \Delta l_{\mathrm{t}}^{-} + \Delta l_{e} + \Delta l_{s} + \Delta l_{E}$$

注意此式是取各项的绝对值之和，不是代数和。

对于大跨度桥梁，应计入因荷载作用和梁体上、下温差等所引起的梁端转角产生的变形量。

3.3.2　伸缩缝的类型

按照伸缩体结构不同，桥梁伸缩缝一般有对接式、剪切式(板式)、钢制支承式、模数支承式以及无缝式 TST 弹性装置。

1. 对接式

根据构造形式和受力特点的不同，对接式伸缩缝装置可分为填塞对接型和嵌固对接型两种。填塞对接型伸缩装置是以沥青、木板、麻絮、橡胶等材料填塞缝隙，伸缩体在任何情况下都处于受压状态。该类伸缩装置一般用于伸缩量在 40mm 以下的常规桥梁工程，且已不多见。嵌固对接型伸缩缝装置(图 3.6)利用不同形态的钢构件将不同形状的橡胶条(带)嵌牢固定，并以橡胶条(带)的拉压变形来吸收梁体的变形，其伸缩体可以处于受压状态，也可以处于受拉状态。

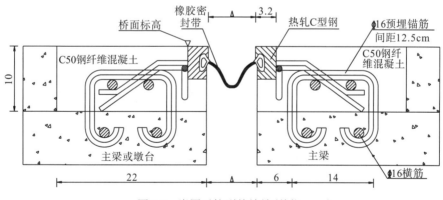

图 3.6　嵌固对接型伸缩缝(单位：cm)

2. 剪切式

该装置是利用各种不同断面形状的橡胶带作为填嵌材料的伸缩装置。橡胶富有弹性，易于粘贴，能满足变形要求且具备防水功能，但是伸缩量较小。

3. 钢制支承式

钢板式伸缩缝是用钢材作为跨缝材料，能直接承受车轮荷载的一种构造。过去，这种伸缩装置多用于钢桥，现也用于混凝土桥梁。

钢板式伸缩缝的种类繁多，构造复杂，能够适应较大范围的梁端变形。为了同时满足梁端变形和支承承受车轮荷载的需要，往往采用梳齿形钢板伸缩缝(图 3.7)。梳齿形钢板伸缩缝行驶性好，伸缩量大(可达 400mm 以上)，在大、中型桥梁中得到普遍应用。梳齿形钢板伸缩缝的缺点在于造价较高、制造加工困难、防水能力弱、清洁工作复杂。

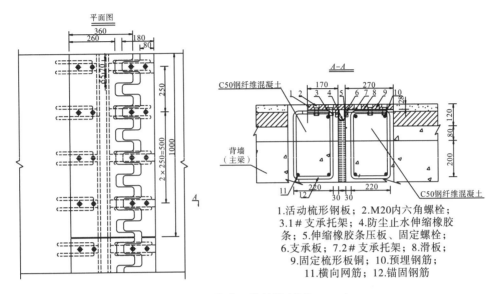

1.活动梳形钢板；2.M20内六角螺栓；
3.1# 支承托架；4.防尘止水伸缩橡胶
条；5.伸缩橡胶条压板、固定螺栓；
6.支承板；7.2# 支承托架；8.滑板；
9.固定梳形板铜；10.预埋钢筋；
11.横向网筋；12.锚固钢筋

图 3.7　梳齿形伸缩缝(单位：mm)

4. 模数支承式

板式橡胶制品这一类伸缩装置很难满足大位移量的要求，钢制型的伸缩装置很难做到密封不透水，而且容易造成对车辆的冲击，影响车辆的行驶性。因此，出现了利用吸震缓冲性能好且容易做到密封的橡胶材料，与强度高、性能好的异型钢材组合，在大位移量情况下能承受车辆荷载的各类型模数支承式(模数式)桥梁伸缩装置系列。组合伸缩缝(或模数式伸缩缝)是采用橡胶与钢板或型钢组合而成的，能够适应更大的变形量。特大桥和大桥应采用这种伸缩缝。组合伸缩缝有多种形式，构造也较复杂。这类伸缩装置，其构造的共同点在于均是由 V 形截面或其他截面形状的橡胶密封条(带)嵌接于异形边钢梁和中钢梁内组成可伸缩的密封体。异形钢梁直接承受车辆荷载，其高度应根据计算确定，但不应小于 70mm，并应具有强力的锚固系统。根据需要的伸缩量，可随意增加中钢梁和密封橡胶条(带)的数量，加工组装成各种伸缩量的系列产品。图 3.8 为某桥的模数式伸缩缝构造，该伸缩缝一侧为预应力混凝土主梁，另一侧为钢结构主梁。

当桥梁的伸缩变形量超过 50mm 时，常采用钢质伸缩装置。该伸缩装置在车辆驶过时往往由于梁端转动或挠曲变形而产生拍击作用，噪声大，而且容易使结构损坏。因此，需采用设有螺栓弹簧的装置来固定滑动钢板，以减少拍击和噪声，从而导致该伸缩缝的构造相对复杂。

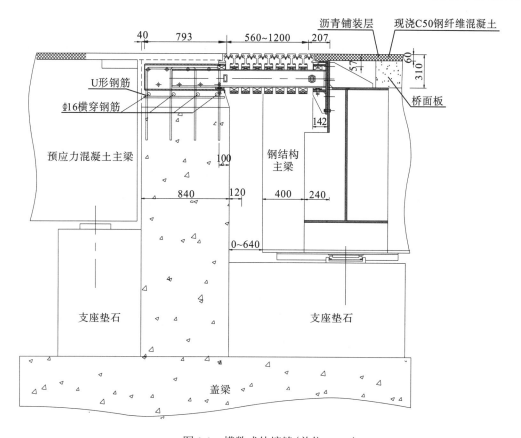

图 3.8　模数式伸缩缝(单位：mm)

5. 无缝式 TST 弹性装置

对于伸缩量不超过 40mm 的中、小跨径桥梁，有时候采用 TST 弹性装置作为伸缩缝。其构造形式如图 3.9 所示。在现场将特制的弹塑性复合材料 TST 加热熔融后，灌入经过清洗加热的碎石中，即形成了 TST 碎石弹性伸缩缝。碎石用以支承车辆荷载，TST 弹塑性体在-25～+60℃条件下能够满足伸缩量的要求。这种做法的耐久性还有待提高。

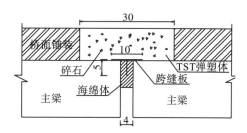

图 3.9　TST 弹性伸缩缝(单位：cm)

3.3.3　桥面连续和无缝式桥梁

桥梁的伸缩装置问题一直是公路交通的一大难题，设计、施工上稍有缺陷或不足，就会引起伸缩装置的早期破坏，在桥面形成高低不一的台阶和引发跳车，不仅直接使过桥乘车人员感到不舒适，甚至可能引发交通事故；而车辆荷载的冲击作用又反过来会加剧伸缩装置的破坏，甚至影响到桥梁结构本身的安全。针对上述弊端，有两种解决问题的思路：要么改良伸缩装置，要么尽可能减少或取消桥面伸缩装置。

由于所用的材料性能和结构性能问题，加上施工安装精度不够高、养护不到位等原因，无论伸缩装置如何改良，仍会普遍出现早期破坏。因此，尽可能少地设置桥面伸缩装置或干脆将其取消，尽量做到"标本兼治"。因此目前桥梁界的做法是：对于大、中桥，要么采用结构连续，要么采用结构简支、桥面连续，以减少伸缩装置数量；对于中小桥，干脆完全取消伸缩装置，即建造无缝桥梁，梁体的温度变形通过一些特殊措施予以吸纳，从而实现行驶顺畅、乘客舒适。

1. 桥面连续

对于多跨简支梁桥，为了减少伸缩缝数量，使得行车更为顺畅，可将 2～7 跨一联做成桥面连续构造(图 3.10)，在每一联两端设置伸缩缝，但主梁受力还是简支。桥面连续特指桥面混凝土铺装(现浇整体化混凝土)施工中，在墩顶铺装加强段，免去两跨简支桥之间安装伸缩缝的麻烦。桥面连续实际就是桥面铺装的一部分。

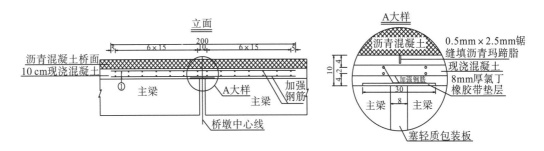

图 3.10　桥面连续构造图(单位：cm)

2. 无缝式桥梁

无缝式桥梁指通过采用整体式墩帽、连续的桥跨、活载作用下结构连续等方式取消了桥墩处接缝的桥梁结构，主要分为以下四种。

(1)柔性拱桥。它是最古老的桥梁之一，主要是通过拱的上下变形来吸收较大的温变力。只能用于跨径较小的桥。

(2)具有滑动接缝的无缝桥梁结构。它是将钢筋混凝土桥面铺装与接线路面按照连续配筋混凝土路面设计成连续无缝，从而取消了桥面伸缩装置。它是在传统的桥面连续的基础上发展而来的，具有传统的桥台和支座，对梁体的刚度要求较高，梁体与桥面铺装之间设置可滑动层以减小梁体温度变形对桥面铺装的影响，因此也称滑动接缝桥梁，如图 3.11所示。William Zuk 于 1981 年最先提出桥面连续设计概念，但是因引桥桥面板处裂缝宽度较大、桥台开裂严重等原因而被停止使用。

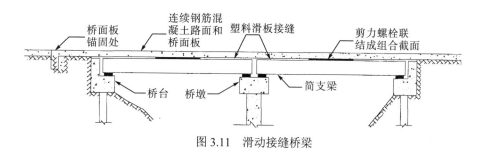

图 3.11　滑动接缝桥梁

(3)无台式桥梁结构(图 3.12)。桥跨上部结构为悬臂梁桥或刚架桥,取消了桥台结构,梁端直接伸入接线路堤中,梁体变形通过设置在梁端或梁端搭板末端的接缝予以吸纳。多用于跨线桥梁。

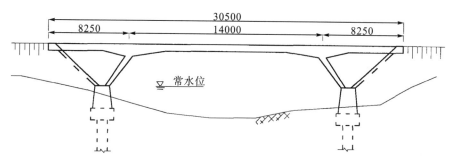

图 3.12　无台式无缝桥梁(单位:mm)

(4)整体式(半整体式)桥台结构,即取消了全桥桥面伸缩装置,梁端与桥台结构固结在一起形成整体式桥台结构,梁的伸缩变形通过搭板延至台后接线路面,如图 3.13 所示。

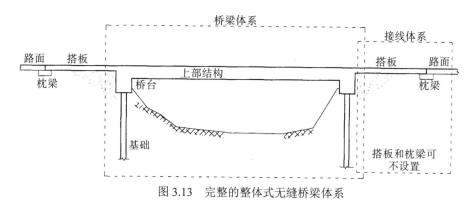

图 3.13　完整的整体式无缝桥梁体系

3.4　人行道、灯柱及安全防护设施

3.4.1　人行道和安全带

城市桥梁一般均应设置人行道(sidewalk)。高速公路上的桥梁不宜设人行道,一、二、三、四级公路上桥梁的桥上人行道的设置应根据需要而定,人行道的宽度由行人的交通量决定，其宽度宜为 1.0m，当宽度要求大于 1.0m 时，按 0.5m 的倍数增加。人行道铺装顶面应高出车行道路面 0.25～0.4m。近年来，为保证安全，人行道与车行道高差往往取上限，甚至超过 0.4m。过去，对于偏远且行人稀少的地区，桥梁也可不设人行道，只在行车道两侧设置宽度不小于 0.25m，高度为 0.25～0.35m 的护轮安全带（safety belt）。安全带的构造跟人行道类似，只是比人行道窄（图 3.14）。随着社会经济的发展和人们安全意识的提高，安全带逐渐被护栏取代。

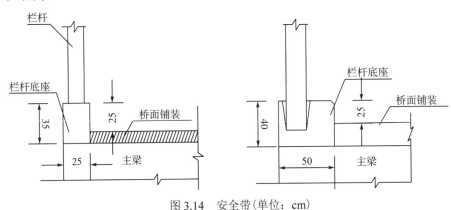

图 3.14　安全带（单位：cm）

　　人行道的构造形式多种多样，按施工的方法不同，可分为就地浇筑式、预制装配式、部分装配和部分现浇的混合式。

　　图 3.15（a）为部分现浇的混合式人行道，即在主梁上浇筑人行道底梁，然后在底梁上铺设人行道板，人行道板上方再浇筑铺装。这种做法目前较为常用。图 3.15（b）为整体预制的肋板式人行道，它搁置在主梁上，人行道下可放置过桥的管线，在起重条件较好的地方采用，施工快而方便，但是对管线的检修和更换十分困难。对于城市桥梁，人行道下方往往会作为各种管线过桥的空间。需要注意人行道宽度与泄水孔的布置关系，如果人行道较宽，泄水孔横向穿过人行道进行排水的话，因排水路径较长，横坡较小，会导致排水不畅，此时需要针对泄水管的布置进行专门的考虑。如果人行道较宽，也可将人行道部分或者人行道和非机动车道部分单独做成一座桥，与车行桥在结构上分离［图 3.15（c）］；或者将墩台在人行道处部分加高，再在其上直接搁置专门的人行道承重板。

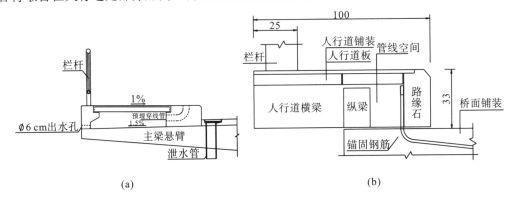

(a)   (b)

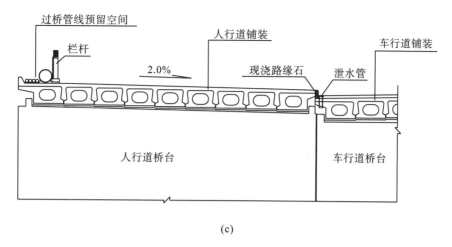

(c)

图 3.15　人行道一般构造(单位：cm)

3.4.2　栏杆和灯柱

栏杆是桥上的一种安全防护设施，要求既要坚固耐用，又要经济美观。人行道或安全带外侧的栏杆高度不应小于 1.10m。栏杆构件间的最大净间距不得大于 14cm，且不宜采用横线条栏杆。自行车道栏杆高度不应小于1.40m。栏杆结构设计必须安全可靠，栏杆底座应设置锚筋。

公路与城市桥梁的栏杆可采用混凝土、钢筋混凝土、铸铁、钢材等材料，应结合桥梁特点和美观要求进行合理的选材。

栏杆的设计首先要满足结构的受力要求，还要经济实用、施工方便、养护维修省力。城郊的公路桥、城市桥梁及重要的大桥应考虑栏杆的美观性。设计和施工时还应当注意，在靠近桥面伸缩缝处的所有栏杆均应能自由变形。

当桥梁跨越重要交通通道时，桥面人行道栏杆上应加设高度不小于 2m 的防抛网。

在城市桥上及城郊行人和车辆较多的公路桥上，均应设置照明设施，一般采用柱灯在桥面上照明(立交桥上也有采用高杆照明的)。根据人行道宽度及桥面照度要求，灯杆宜设置在人行道外侧栏杆处。当人行道较宽时，灯杆可设置在人行道内侧或分隔带中，杆座边缘距车行道路面的净距不应小于 0.25m，照明用灯一般高出车道 5m 左右。当采用金属的照明灯杆时，应有可靠接地装置。柱灯的设计要满足照明的使用要求，力求经济合理，同时全桥在立面上也应具有统一协调的艺术造型。近年来，在公路桥上有时也采用低照明和用发光建筑材料涂层标记，设计时亦可考虑选用。

跨线范围内的桥面灯杆不宜设置在桥面外侧，同时应采取防止灯杆倾覆坠落桥下的措施。

3.4.3　护栏

各等级公路桥梁必须设置路侧护栏，高速公路、一级公路桥梁须设置中央分隔带护栏。护栏的主要作用在于封闭沿线两侧，不使人畜与非机动车辆闯入公路；诱导视线，起到一些轮廓标的作用，使车辆尽量在路幅之内行驶，并给驾驶员以安全感；同时还具有吸收碰撞能量、迫使失控车辆改变方向并使其恢复到原有行驶方向，防止其越出桥外或跌落桥下的作用。根据车辆驶出桥外或进入对向车道可能造成的事故严重程度等级，按表 3.1 的规定选取桥梁护栏的防护等级，同时应满足《公路交通安全设施设计规范》(JTG D81—2017)的其他规定。

表 3.1 桥梁护栏防护等级的选取

公路等级	设计速度 /(km/h)	车辆驶出桥外或进入对向车行道的事故严重程度等级	
		高：跨越公路、铁路或饮用水水源一级保护区等路段的桥梁	中：其他桥梁
高速公路	120	六(SS、SSm)级	五(SA、SAm)级
	100、80	五(SA、SAm)级	四(SB、SBm)级
一级公路	60	四(SB、SBm)级	三(A、Am)级
二级公路	80、60	四(SB)级	三(A)级
三级公路	40、30	三(A)级	二(B)级
四级公路	20		

　　桥梁护栏按设置部位可分为(路)桥侧护栏、桥梁中央分隔带护栏和人行、车行道分界处护栏。按防护性能分为刚性护栏、半刚性护栏和柔性护栏。刚性护栏是车辆碰撞后基本不变形的护栏，混凝土护栏是主要代表形式(图 3.16)，车辆碰撞时通过爬高并转向来吸收碰撞能量。半刚性护栏是车辆碰撞后有一定的变形，又具有一定强度和刚度的护栏，波形梁护栏是半刚性护栏的主要代表形式(图 3.17)，车辆碰撞时利用土基、立柱、波纹状钢板的变形来吸收碰撞能量。柔性护栏是一种具有较大缓冲能力的韧性护栏结构，缆索护栏是柔性护栏的主要代表形式，车辆碰撞时依靠缆索的拉应力来吸收碰撞能量。随着桥梁防护等级的提高，一般桥梁上不用柔性护栏。

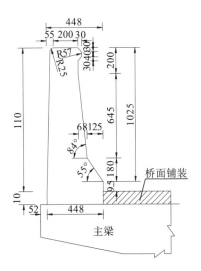

图 3.16 钢筋混凝土墙式护栏(单位：mm)

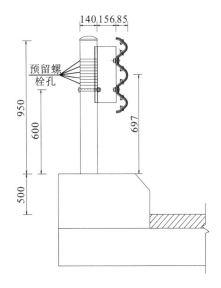

图 3.17 波形梁护栏(单位：mm)

上跨高速铁路立交桥的公(道)路桥梁,在高速铁路安全防护范围内的桥面应采用两道防护,护栏按不低于《公路交通安全设施设计规范》(JTG D81—2017)规定的最高防撞等级进行设计;上跨其余等级铁路安全防护范围内桥梁可采用一道防护,并按提高一级防撞等级设计。

第四章 桥梁上的作用

"作用"（action）是引起桥涵结构反应的各种原因的统称，它可以归纳为性质不同的两大类。一类是直接施加于结构上的外力，例如车辆、结构自重等；另一类是以间接的形式作用于结构上，例如地震、墩台变位、混凝土收缩和徐变等，它们产生的效应与结构本身的特征有关。作用种类、形式和大小的选择是否恰当，不但关系到桥梁结构在使用年限内是否安全可靠，而且还关系到桥梁建设费用是否经济合理。

值得注意的是，以往一直习惯地用"荷载"这一术语来概括引起桥涵结构反应的所有原因，包括铁路桥梁一直在采用这个术语，《公路工程结构可靠性设计统一标准》（JTG 2120—2020）采用术语"作用"来表述这一概念，而"荷载"仅表示施加于结构上的直接作用。依据上述标准编制的《公路桥涵设计通用规范》（JTG D60—2015）全面采用"作用"这一术语。

公路（城市道路）和铁路两用桥梁考虑同时承受铁路和公路（城市道路）活载时，铁路活载应按《铁路桥涵设计规范》（TB 10002—2017）有关规定计算，公路（城市道路）活载应按《公路工程技术标准》（JTG B01—2014）、《城市桥梁设计规范》（2019 年版）（CJJ 11—2011）规定的全部活载的 75% 计算，但对仅承受公路（城市道路）活载的构件，应按公路（城市道路）全部活载计算。

4.1 公路和城市桥梁上的作用

施加在桥涵上的各种作用按照随时间的变化情况可以归纳为永久作用（permanent action）、可变作用（variable action）、偶然作用（accidental action）和地震作用（earthquake action）四类。公路桥涵设计中采用的各类作用如表 4.1 所示。

表 4.1 公路和城市桥梁上的作用分类

序号	分类	名称
1		结构重力（包括结构附加重力）
2		预加力
3		土的重力
4	永久作用	土侧压力
5		混凝土收缩、徐变作用
6		水浮力
7		基础变位作用
8	可变作用	汽车荷载
9		汽车冲击力

续表

序号	分类	名称
10		汽车离心力
11		汽车引起的土侧压力
12		汽车制动力
13		人群荷载
14		疲劳荷载
15	可变作用	风荷载
16		流水压力
17		冰压力
18		波浪力
19		温度(均匀温度和梯度温度)作用
20		支座摩阻力
21		船舶的撞击作用
22	偶然作用	漂流物的撞击作用
23		汽车撞击作用
24	地震作用	地震作用

按照结构的反应情况，作用还可以分为静态作用和动态作用两类。静态作用指在结构上不产生加速度或产生的加速度可以忽略不计的作用，比如结构自重等；动态作用是使结构上产生一个不可忽略的加速度的作用，包括汽车荷载、地震作用等。对动态作用效应的分析一般比较复杂，通常在容许的情况下将它们转变成静态作用来计算。

还有必要提及的是，老规范中将永久作用称为恒载，将可变作用中对桥涵结构影响程度较大的几种称为基本可变作用(荷载)，也叫活载，通常为汽车荷载、汽车冲击力、汽车离心力、人群荷载等。

4.1.1　永久作用

永久作用是指在设计基准期内始终存在，且其量值不随时间变化，或其变化值与平均值相比可以忽略不计的作用，或其变化是单调的并趋于某个限值的作用。它包括结构重力、预加应力、土的重力、土侧压力、混凝土收缩及徐变作用、水的浮力和基础变位作用七种。

结构物自身重力及桥面铺装、附属设施等外加重力均属于结构重力。结构重力往往占全部设计荷载的大部分，随着跨径的增加，其所占的比例也会越大。因此，采用轻质高强材料能大幅度提高桥梁结构的跨越能力。

预加应力在结构正常使用极限状态设计和使用阶段构件应力计算时，应作为永久作用来计算其主、次效应，并计入相应阶段的预应力损失；在结构承载能力极限状态设计时，预加应力不作为荷载，而将预加应力作为结构抗力的一部分。但在连续梁等超静定结构中，仍需考虑预加应力引起的次效应。

对于超静定的混凝土结构、钢-混凝土组合结构等均应考虑混凝土的收缩和徐变作用的影响，预应力构件还涉及其预应力损失问题。《公路钢筋混凝土及预应力混凝土桥涵设计规范》(JTG 3362—2018)规定了混凝土的收缩应变和徐变系数的计算方法。其他永久作用均可按《公路桥涵设计通用规范》(JTG D60—2015)相关条文计算。

4.1.2　可变作用

可变作用是指在设计基准期内，其量值随时间变化，且其变化值与平均值相比不可忽略不计的作用。这些作用包括汽车荷载，汽车荷载的冲击力、离心力、制动力及其引起的土侧压力，人群荷载，风荷载，流水压力，冰压力，温度作用和支座摩阻力等。其中汽车荷载是车行桥上最主要的一种可变荷载。对于城市桥梁，除可变作用中的设计汽车荷载与人群荷载外，作用与作用效应组合均应按《公路桥涵设计通用规范》(JTG D60—2015)的有关规定执行。

对于城市桥梁，当桥面车行道内有轻轨车辆混合运行时，应按有关轻轨荷载规定进行验算，并取其最不利者进行设计。

1. 汽车荷载

公路桥梁设计中采用的汽车荷载分为公路-Ⅰ级和公路-Ⅱ级两个等级，各级公路桥涵设计的汽车荷载等级按表 4.2 取用。

表 4.2　各级公路桥涵的汽车荷载等级

公路等级	高速公路	一级公路	二级公路	三级公路	四级公路
汽车荷载等级	公路-Ⅰ级	公路-Ⅰ级	公路-Ⅰ级	公路-Ⅱ级	公路-Ⅱ级

表 4.2 中，如果二级公路作为集散公路且交通量小、重型车辆少时，其桥涵的设计可采用公路-Ⅱ级汽车荷载。对交通组成中重载交通比重较大的公路桥涵，宜采用与该公路交通组成相适应的汽车荷载模式进行结构整体和局部验算。

城市桥梁汽车荷载分为城-A 级和城-B 级两个等级，各级城市桥涵设计的汽车荷载等级按表 4.3 取用。

表 4.3　各级城市桥涵的汽车荷载等级

城市道路等级	快速路	主干路	次干路	支路
汽车荷载等级	城-A 级 或城-B 级	城-A 级	城-A 级 或城-B 级	城-B 级

车道荷载由均布荷载和集中荷载组成，如图 4.1 所示。公路-Ⅰ级和城-A 级车道荷载的均布荷载标准值 q_k=10.5kN/m，集中荷载标准值 P_k 取值见表 4.4。对于多跨连续结构，计算跨径 l 以最大跨径为基准取值。当计算剪力效应时，集中荷载标准值 P_k 应乘以 1.2 的系数，计算下部结构时也同样要乘以这个系数。

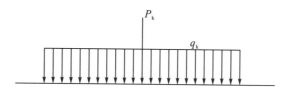

图 4.1　公路城市桥梁车道荷载

表 4.4　集中荷载标准值 P_k 取值

计算跨径 l/m	$l \leqslant 5$	$5 < l < 50$	$l \geqslant 50$
公路或城市桥梁汽车 P_k/kN	270	$2(l+130)$	360

　　公路-Ⅱ级和城-B级车道荷载的均布荷载标准值 q_k 和集中荷载标准值 P_k 按公路-Ⅰ级（城-A级）车道荷载的 0.75 倍采用。

　　需要说明的是，城市桥梁设计汽车车道荷载尚未更新，故与老规范的公路桥梁汽车车道荷载相同。在设计时，建议采用最新的公路汽车车道荷载进行计算。

　　公路桥梁车辆荷载为一辆总重 550kN 的标准车，其立面、平面尺寸如图 4.2 所示，主要技术指标列于表 4.5。公路-Ⅰ级和公路-Ⅱ级汽车荷载采用相同的车辆荷载标准值。

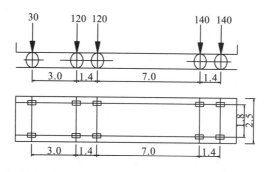

图 4.2　公路桥梁标准车辆纵、平面布置(荷载单位：kN；尺寸单位：m)

表 4.5　公路桥梁车辆荷载主要技术指标

项目	单位	技术指标	项目	单位	技术指标
车辆重力标准值	kN	550	横向轮距	m	1.8
前轴重力标准	kN	30	前轮着地宽度及长度	m	0.3×0.2
中轴重力标准值	kN	2×120	中、后轮着地宽度及长度	m	0.6×0.2
后轴重力标准值	kN	2×140	车辆外形尺寸(长×宽)	m	15×2.5
轴距	m	3+1.4+7+1.4			

　　城-A级车辆荷载为一辆总重 700kN 的标准车时，其立面、平面布置如图 4.3 所示，主要技术指标列于表 4.6 时。城-B级车辆荷载立面、平面布置及标准值与公路桥梁汽车车辆荷载相同。

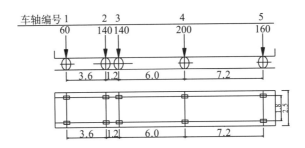

图 4.3　城-A 级车辆荷载纵、平面布置(荷载单位：kN；尺寸单位：m)

表 4.6　城市桥梁车辆荷载主要技术指标

项目	单位	技术指标	项目	单位	技术指标
车辆重力标准值	kN	700	横向轮距	m	1.8
1 号轴重力标准值	kN	60	1 号轴车轮着地宽度及长度	m	0.25×0.25
2、3 号轴重力标准值	kN	140	2~5 号轴车轮着地宽度及长度	m	0.6×0.25
4 号轴重力标准值	kN	200	轴距	m	3.6+1.2+6+7.2
5 号轴重力标准值	kN	160			

　　车道荷载用于桥梁结构的整体计算，车辆荷载用于桥梁结构的局部加载(比如桥面板计算)、涵洞、桥台和挡土墙土压力等的计算。在各计算项目中车辆荷载和车道荷载的作用效应不得叠加。车道荷载的均布荷载标准值应满布于使结构产生最不利效应的同号影响线上；集中荷载标准值只作用于相应影响线中一个最大影响线峰值处。

　　对于城市桥梁，小城市中的支路上若重型车辆较少时，设计汽车荷载采用城-B 级车道荷载的效应乘以 0.8 的折减系数，车辆荷载的效应乘以 0.7 的折减系数。小型车专用道路的设计汽车荷载可采用城-B 级车道荷载效应乘以 0.6 的折减系数，车辆荷载的效应乘以 0.5 的折减系数。

　　公路和城市桥梁车道荷载横向分布系数应按图 4.4 所示进行计算。桥涵设计车道数应符合表 4.7 的规定。

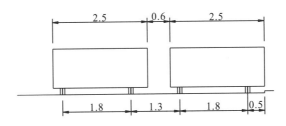

图 4.4　车辆荷载横向布置(单位：m)

　　横桥向布置多车道汽车荷载时，应考虑汽车荷载的折减；布置一条车道汽车荷载时，应考虑汽车荷载的提高。横向布载系数应符合表 4.8 的规定。多车道布载的荷载效应不得小于两条车道布载的荷载效应。

表 4.7 桥涵设计车道数

桥面宽度 W/m		桥涵设计车道数 N
车辆单向行驶	车辆双向行驶	
$W < 7.0$	—	1
$7.0 \leqslant W < 10.5$	$6.0 \leqslant W < 14.0$	2
$10.5 \leqslant W < 14.0$	—	3
$14.0 \leqslant W < 17.5$	$14.0 \leqslant W < 21.0$	4
$17.5 \leqslant W < 21.0$	—	5
$21.0 \leqslant W < 24.5$	$21.0 \leqslant W < 28.0$	6
$24.5 \leqslant W < 28.0$	—	7
$28.0 \leqslant W < 31.5$	$28.0 \leqslant W < 35.0$	8

表 4.8 横向车道布载系数

横向布载车道数/条	1	2	3	4	5	6	7	8
横向车道布载系数	1.20	1.00	0.78	0.67	0.60	0.55	0.52	0.50

当桥梁计算跨径大于 150m 时，应考虑计算荷载效应的纵向折减。当为多跨连续结构时，整个结构均应按最大的计算跨径考虑计算荷载效应的纵向折减。纵向折减系数规定见表 4.9。

表 4.9 纵向折减系数

计算跨径 l/m	$150 < l < 400$	$400 \leqslant l < 600$	$600 \leqslant l < 800$	$800 \leqslant l < 1000$	$l \geqslant 1000$
纵向折减系数	0.97	0.96	0.95	0.94	0.93

在城市特定路线上行驶的特种平板挂车，应根据具体情况，按《城市桥梁设计规范》(2019 年版)(CJJ 11—2011)附录 A 中所列的特种荷载进行验算。对既有桥梁，可根据过桥特种车辆的主要技术指标，按《城市桥梁设计规范》(2019 年版)(CJJ 11—2011)附录 A 进行验算。

上跨铁路的公路桥，其跨线及相邻桥跨结构设计除应满足公路桥涵相关规范外，还要求汽车设计荷载为相应标准设计荷载的 1.3 倍。

2. 汽车冲击力

汽车以较高速度驶过桥梁时，由于桥面不平整、发动机振动等原因，会引起桥梁结构的振动，从而造成内力增大，这种动力效应称为冲击作用。冲击影响与结构的刚度有关，一般来说，刚度越小对动荷载的缓冲作用越强。冲击影响一般用静力学的方法分析，即引入一个竖向动力效应的增大系数——冲击系数 μ，以此来计及汽车荷载的冲击作用。汽车荷载的冲击力标准值为汽车荷载标准值乘以冲击系数 μ。

冲击系数的计算采用以结构基频为指标的方法。结构的基频反映了结构的尺寸、类型、建造材料等动力特征内容，它直接体现了冲击效应和桥梁结构之间的关系。根据结构不同的基频，汽车引起的冲击系数为 0.05～0.45，其计算方法如式 (4.1) 所示。汽车荷载在局部加载及在 T 梁、箱梁悬臂板上时，μ =0.3。

$$\begin{cases} \mu = 0.05, \ f < 1.5\text{Hz} \\ \mu = 0.1767\ln f - 0.0157, \ 1.5\,\text{Hz} \leqslant f \leqslant 14\text{Hz} \\ \mu = 0.45, \ f > 14\text{Hz} \end{cases} \tag{4.1}$$

式中，f 表示结构基频，Hz。

结构基频的计算宜采用有限元法，对于常规结构，可采用《公路桥涵设计通用规范》(JTG D60—2015) 条文说明中给出的公式估算。例如简支梁桥的基频计算公式：

$$f = \frac{\pi}{2l^2}\sqrt{\frac{EI_c}{m_c}} \tag{4.2}$$

$$m_c = G/g$$

式中，l 表示结构的计算跨径，m；E 表示结构材料的弹性模量，N/m^2；I_c 表示结构跨中截面的截面惯性矩，m^4；m_c 表示结构跨中处的单位长度质量，单位为 kg/m，当换算为重力计算时，其单位应为 N·s^2/m^2；G 表示结构跨中处每延米结构重力，N/m；g 表示重力加速度，取 9.81m/s^2。

钢桥、钢筋混凝土及预应力混凝土桥、圬工拱桥等上部结构和钢支座、板式橡胶支座、盆式橡胶支座及钢筋混凝土柱式墩台，应计及汽车的冲击作用。填料厚度（包括路面厚度）等于或大于 0.5m 的拱桥、涵洞以及重力式墩台不计冲击力。支座的冲击力按相应的桥梁取用。

3. 汽车离心力

汽车离心力是车辆在弯道行驶时所伴随产生的惯性力，它以水平力的形式作用于结构上，是弯桥横向受力与抗扭设计计算所要考虑的主要因素。所有曲线桥均应计算汽车荷载引起的离心力，离心力标准值为汽车荷载（不计冲击力）标准值乘以离心力系数 C。离心力系数计算：

$$C = \frac{v^2}{127R} \tag{4.3}$$

式中，v 表示设计速度，应按桥梁所在公路等级的规定采用，km/h；R 表示曲线半径，m。

计算多车道桥梁的汽车荷载离心力时，车辆荷载标准值应乘以表 4.8 规定的横向车道布载系数。离心力的着力点在桥面以上 1.2m，为计算简便也可移至桥面上，不计由此引起的作用效应。

4. 汽车引起的土侧压力

汽车引起的土压力采用车辆荷载加载。汽车荷载作用在桥台或挡土墙后填土的破坏棱体上引起的土侧压力，可按式 (4.4) 换算成等代均布土层厚度 h 计算。

$$h = \frac{\sum G}{Bl_0\gamma} \tag{4.4}$$

式中：γ 表示土的重度，kN/m^3；B 表示桥台的计算宽度或挡土墙的计算长度，m；l_0 表示桥台或挡土墙后填土的破坏棱体长度，m；$\sum G$ 表示布置在 $B \times l_0$ 面积内的车轮的总重力，kN。

5. 汽车制动力

汽车制动力是指车辆在减速或制动时，为克服车辆的惯性力而在路面与车辆之间产生的滑动摩擦力。汽车制动力按同向行驶的汽车荷载(不计冲击力)计算，并应按表 4.9 的规定进行纵向折减。

一个设计车道上的汽车制动力标准值为车道荷载标准值布置在加载长度上计算的总重力的 10%，但公路-Ⅰ级汽车荷载的制动力标准值不得小于 165kN，公路-Ⅱ级汽车荷载的制动力标准值不得小于 90kN。计算时，要按表 4.8 考虑横向车道布载系数。

制动力的着力点在桥面以上 1.2m 处，在计算墩台时，可移至支座铰中心或支座底座面上；计算刚构桥、拱桥时，可移至桥面上，但不计因此而产生的竖向力和力矩。

6. 人群荷载

人群荷载的取值及效应组合，根据桥梁归属公路或者城市桥梁，应满足《公路桥涵设计通用规范》(JTG D60—2015)、《城市桥梁设计规范》(2019 年版)(CJJ 11—2011)和《城市人行天桥与人行地道技术规范》(CJJ 69—95)的相关规定，人群荷载标准值及其他相关取值的规定如表 4.10 所示。

表 4.10　人群荷载标准值

	公路桥梁		城市桥梁	
	计算跨径 l/m	人群荷载/(kN/m^2)	加载长度 L/m	人群荷载/(kN/m^2)
整体计算	$l \leqslant 50$	3.0	$L < 20$	$4.5 \times (20-B)/20$
	$50 < l < 150$	$3.25 \sim 0.005\,l$	$L \geqslant 20$	$[4.5-(L-20)/40](20-B)/20$
	$l \geqslant 150$	2.5		小于 2.4 时，取 2.4
人行道板块件计算		4.0		5.0kPa 或 1.5kN 的集中力，取最不利值计算
专用人行桥		3.5	$L \leqslant 20$	$(20-B)/4$
			$20 < L < 100$	$[5-(L-20)/40](20-B)/20$
			$L \geqslant 100$	$3 \times (20-B)/20$
栏杆立柱顶水平推力/(kN/m)		0.75		2.5
栏杆扶手竖向力/(kN/m)		1.0		1.2

表 4.10 中 B 为单边人行道宽度，对于专用非机动车或者人行桥，B 为 1/2 桥宽，B 大于 4m 时仍取 4m。对于城市桥梁，检修道上设计人群荷载按照 2.0kPa 或 1.2kN 的集中力取最不利值，计算与检修道相连接构件，当计及车辆荷载或者人群荷载时，可不计检修道上人群荷载。

对于非机动车、行人密集的公路桥梁，进行整体计算时，人群荷载标准值可以取表 4.10 中标准值的 1.15 倍。

需要注意的是：无论是公路桥梁还是城市桥梁，都应根据实际情况考虑"满人布载"这个工况，也就是将人群荷载满布于整个桥面，这个工况的效应有时候会比汽车荷载大。很多桥梁会临时性地成为人群聚集地，如果忽略满人布载工况，可能会导致桥梁损伤甚至出现垮塌事故。

7. 疲劳荷载

疲劳荷载计算模型 I 采用等效的车道荷载，集中荷载为 $0.7P_k$，均布荷载为 $0.3q_k$，应按表 4.8 考虑横向布载系数。

疲劳荷载计算模型 II 采用双车模型，两辆模型车轴距与轴重相同，其单车的轴重与轴距布置如图 4.5 所示。计算加载时，两模型车的中心距不得小于 40m。

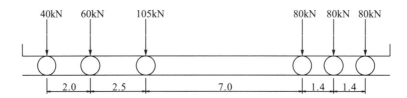

图 4.5　疲劳荷载计算模型 II（单位：m）

疲劳荷载计算模型 III 采用单车模型，模型车轴载及分布规定如图 4.6 所示。

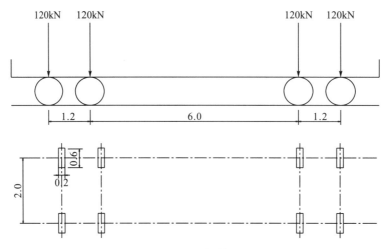

图 4.6　疲劳荷载计算模型 III（单位：m）

当构件和连接不满足疲劳荷载计算模型 I 要求时，应按模型 II 验算。桥面系构件的疲劳验算采用疲劳荷载计算模型 III。

8. 风荷载

当风以一定的速度向前运动遇到结构物阻碍时，结构就会承受风压。对于大跨径桥梁，特别是斜拉桥和吊桥，风荷载是极为重要的设计荷载，有时甚至起着决定性的作用，即对结构的强度、刚度和稳定性起控制作用。在顺风向，风压常分成平均风压和脉动风压。在横风向，风流经过结构而产生旋涡，因旋涡的特性，横风向还会产生周期风压。一般来说，风对结构作用的计算包括三个方面：对于顺风的平均风压，采用静力计算方法；对于顺风的脉动风或横风向的脉动风，则应按随机振动理论计算；对于横风向的周期性风力，产生了横风向振动，偏心时还产生扭转振动，通常作为确定荷载对结构进行动力计算。后两种计算理论属于研究结构风压和风振理论的一门新学科。

风荷载标准值应按《公路桥梁抗风设计规范》(JTG/T 3360-01—2018)的规定计算。

9. 流水压力、冰压力及波浪力

位于河流中的桥墩会受到流水压力和冰压力。规范给出的流水压力以水流速度作基准，并考虑桥墩迎水面形状的影响计算得到，当流速过大时，还应考虑水流的动力作用；规范给出的冰压力计算公式适用于通常的河流流冰情况，它是以冰抗压强度标准值为基准建立起来的。

流水压力和冰压力的大小均与桥墩的形状相关，桥墩的迎水(冰)面宜做成圆弧形或尖端形，以减小流水压力和流冰压力。

位于外海、海湾、海峡的桥梁结构，下部结构设计必要时应考虑波浪力作用影响，应开展专题研究确定波浪力的大小。对于普通河流中的波浪力，可按《港口与航道水文规范》(JTS 145—2015)的有关规定计算。

10. 温度作用

温度变化将在结构中产生影响力，它的大小应根据当地的具体情况、结构物所使用的材料和施工条件等因素计算确定。温度作用包括均匀温度和梯度温度两种，均匀温度为常年气温变化，这种温变将导致桥梁尺寸的变化，当这种变化受到约束时就会引起温度次内力；梯度温度主要因太阳辐射产生，它使结构沿高度方向形成非线性的温度变化，导致构件截面产生自应力，当这种变化受到约束时同样会引起次内力。

计算结构的均匀温度效应，应自结构物合龙时的温度算起，考虑最高和最低有效温度的作用效应。气温变化范围应根据桥梁所在地区的气温条件而定。《公路桥涵设计通用规范》(JTG D60—2015)按照全国气温分区，即严寒、寒冷和温热三类分区，规定了公路桥梁结构的最高和最低有效温度标准值，若缺乏桥址处实际气温调查资料，即可按照其规定取用。

计算梯度温度效应时，采用如图 4.7 所示的竖向温度梯度曲线，图中 T_1 和 T_2 取值见表 4.11。

表 4.11　竖向日照正温差计算的温度基数

结构类型	T_1/℃	T_2/℃
水泥混凝土铺装	25	6.7
50mm 沥青混凝土铺装	20	6.7
100mm 沥青混凝土铺装	14	5.5

混凝土结构和带混凝土桥面板的钢结构的竖向反温差为正温差的-0.5倍。对于悬臂的宽幅箱梁，宜考虑横向温度梯度引起的效应。计算坵工拱桥考虑徐变影响引起的温差作用效应时，计算的温差效应应乘以折减系数0.7。

图4.7中 t 为混凝土桥面板的厚度。对于混凝土结构梁，当 $H<400mm$ 时，$A=(H-100)mm$；当 $H\geqslant400mm$ 时，$A=300mm$。带混凝土桥面板的钢结构 $A=300mm$。对于采用钢桥面板的钢结构桥，一般不考虑温度梯度的影响。

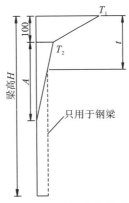

图 4.7　竖向温度梯度（单位：mm）

4.1.3　偶然作用和地震作用

偶然作用是指在设计基准期内不一定出现，而一旦出现其量值很大，且持续时间很短的作用。偶然作用包括船舶、漂流物和汽车的撞击作用。

地震作用应符合《公路桥梁抗震设计规范》（JTG/T 2231-01—2020）的规定。在老规范中，地震作用也归并到偶然作用中。对于上跨铁路的桥梁，其抗震设防类别应按不低于公路（城市）桥梁抗震设计标准中规定的 B（乙）类采用，并满足《铁路工程抗震设计规范》（2009年版）（GB 50111—2006）的相关要求。

偶然作用和地震作用会对结构安全产生巨大的影响，甚至毁坏桥梁和中断交通，因此，有可能受到船只、漂流物撞击或建造在地震区域的桥梁应谨慎进行防撞和抗震设计。

1. 船舶或漂流物撞击力

船舶的撞击作用设计值宜按专题研究确定。当缺乏实际调查资料时，四级至七级内河航道的船舶撞击、海轮撞击作用的设计值可按《公路桥涵设计通用规范》（JTG D60—2015）相关规定取值。当设有与墩台分开的防撞击防护结构时，桥墩可不计船舶的撞击作用。

有漂流物的水域中的桥梁墩台，设计时应考虑漂流物的撞击作用，其横桥向撞击力设计值按照《公路桥涵设计通用规范》（JTG D60—2015）相关规定计算。

2. 汽车撞击作用

桥梁结构必要时可考虑汽车的撞击作用。汽车撞击力设计值在车辆行驶方向取1000kN，与之垂直的方向取500kN，两个方向不同时考虑，其作用点位于行车道上1.2m

处，直接分布在撞击涉及的构件上。对于设有防撞设施的结构构件，可视设施的防撞能力予以折减，但折减后的汽车撞击力设计值不应低于上述取值的 1/6。

汽车撞击问题在我国逐渐突出，已影响到公路桥梁结构和道路行车的安全。为防止或减少因撞击产生的破坏，对易受到汽车撞击的构件部位应采取相应的构造措施，并增设钢筋或钢筋网。对于跨线桥，不应在没有中间带的公路中央设立桥墩。

4.2　铁路桥梁荷载

铁路桥梁设计荷载，可按照《铁路桥涵设计规范》(TB 10002—2017)相关规定进行取值。铁路桥涵荷载分类如表 4.12 所示。

表 4.12　铁路桥涵荷载

荷载分类		荷载名称
主力	恒载	结构构件及附属设备自重
		预加力
		混凝土收缩和徐变的影响
		土压力
		静水压力及水浮力
		基础变位的影响
	活载	列车竖向静活载
		公路(城市道路)活载
		列车竖向动力作用
		离心力
		横向摇摆力
		活载土压力
		人行道人行荷载
		气动力
附加力		制动力或牵引力
		支座摩阻力
		风力
		流水压力
		冰压力
		温度变化作用
		冻胀力
		波浪力
特殊荷载		列车脱轨荷载
		船只或排筏的撞击力
		汽车撞击力
		施工临时荷载
		地震力
		长钢轨纵向作用力(伸缩力、挠曲力和断轨力)

4.2.1　恒载

铁路桥的恒载与公路桥的永久作用定义是相同的。各种荷载的取值见《铁路桥涵设计规范》(TB 10002—2017)，其中焊接桥梁焊缝、栓焊桥梁焊缝的自重采用轧制钢材的 1.5%。土压力计算可不考虑动力作用。

刚架、拱等超静定结构、预应力混凝土结构、结合梁等，应考虑混凝土收缩的影响，涵洞可不考虑。混凝土收缩的影响可按降低温度的方法计算，整体灌筑的混凝土结构可按降低 20℃计算，整体灌筑的钢筋混凝土结构可按降低 15℃计算，分段灌筑的混凝土或钢筋混凝土结构可按降低 10℃计算，装配式钢筋混凝土结构可按降低 5～10℃计算。

4.2.2　活载

1. 列车竖向静活载

铁路桥涵结构设计采用的列车荷载应符合《铁路列车荷载图式》(TB/T 3466—2016)的规定。铁路列车荷载图式根据线路类型按表 4.13 选用，当选用的图式与线路类型不一致时，应研究确定配套的参数体系。

表 4.13　铁路列车荷载图式

线路类型	图式名称	普通荷载	特种荷载
高速铁路	ZK	64(kN/m)　200 200 200 200(kN)　64(kN/m) 任意长度 0.8 m1.6 m1.6 m1.6 m0.8 m 任意长度	250 250 250 250(kN) 1.6 m1.6 m1.6 m
城际铁路	ZC	48(kN/m)　150 150 150 150(kN)　48(kN/m) 任意长度 0.8 m1.6 m1.6 m1.6 m0.8 m 任意长度	190 190 190 190(kN) 1.6 m1.6 m1.6 m
客货共线铁路	ZKH	85(kN/m)　250 250 250 250(kN)　85(kN/m) 任意长度 0.8 m1.6 m1.6 m1.6 m0.8 m 任意长度	250 250 250 250(kN) 1.4 m1.4 m1.4 m
重载铁路	ZH	85z(kN/m)　250z 250z 250z 250z(kN)　85z(kN/m) 任意长度 0.8 m1.6 m1.6 m1.6 m0.8 m 任意长度 (荷载系数 z≥1.0)	280z 280z 280z 280z(kN) 1.4 m1.4 m1.4 m (荷载系数 z≥1.0)

客货共线铁路货运特征达到重载铁路标准时，应选用 ZH 荷载图式。设计轴重 30～35t(不含)、货车载重 100t 级的重载铁路，荷载系数 z 取 1.3；其他重载铁路荷载系数根据列车荷载发展系数平均值不低于 1.20、最小值不低于 1.10 的原则确定。设计中采用空车检算桥梁时，可按 10kN 的均布荷载加载。对于有通行长大货物车需求的线路，应采用长大货物车检算图式进行检算，如图 4.8 所示。

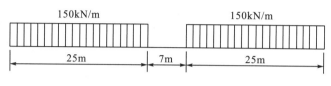

图 4.8　长大货物车检算图式

同时承受多线列车的桥梁，其列车竖向静活载计算应考虑横向折减，采用 ZKH 或 ZH 活载时，其横向折减系数如表 4.14 所示。

表 4.14　采用 ZKH 或 ZH 活载时多线路桥梁横向折减系数

线路数/条	2	3	≥4
折减系数	0.9	0.8	0.75

采用 ZK 或 ZC 活载时，双线桥梁不折减，多于两线的桥梁，按以下两种情况最不利者考虑：两条线路在最不利位置承受 100% 的 ZK 或 ZC 活载，其余线路不承受列车活载；所有线路在最不利位置承受 75% 的 ZK 或 ZC 活载。对承受局部活载的杆件，均按该列车竖向活载的 100% 计算。

2. 列车引起的土侧压力

列车静活载在桥台后引起的侧向土压力可按主动土压力计算。列车静活载作用在桥台或挡土墙后填土的破坏棱体上引起的土侧压力，可按《铁路桥涵设计规范》（TB 10002—2017)附录 A 换算成当量均布土层厚度 h_0 计算。

3. 列车竖向动力作用

列车竖向活载动力作用，可按竖向静活载乘以动力系数 $(1+\mu)$ 确定，动力系数不小于 1.0。实体墩台、基础计算可不考虑动力作用。客货共线、重载铁路桥梁结构的动力系数主要跟桥型、桥梁的跨径、约束方式、桥上填土厚度、矢高(拱桥)等参数有关，高速铁路、城际铁路桥梁的动力系数主要跟列车静活载的加载长度和顶面填土厚度有关。《铁路桥涵设计规范》（TB 10002—2017)分别针对客货共线、重载铁路桥梁、高速铁路和城际铁路桥涵、结构顶面有填土的承重结构等，分钢结构梁桥、钢与混凝土板结合梁桥、混凝土或石砌桥涵结构、刚架桥、拱桥等不同桥梁类型的动力系数做了详细的规定。

4. 离心力

桥梁在曲线上时，应考虑列车竖向静活载产生的离心力，其计算见式(4.5)。

$$F = fCW = f \cdot \frac{v^2}{127R} \cdot W \tag{4.5}$$

式中，C 表示离心力率，应不大于 0.15；v 表示设计速度（km/h），当速度大于 250km/h 时，按 250km/h 算；W 表示列车荷载图式中的集中荷载或者分布荷载，kN 或 kN/m；R 表示曲线半径，m；f 表示列车竖向活载折减系数，按《铁路桥涵设计规范》（TB 10002—2017）规定取值。

离心力应按作用高度水平向外作用于桥梁上。客货共线铁路离心力的作用高度为轨顶以上 2.0m，高速铁路、城际铁路离心力作用高度为轨顶以上 1.8m，重载铁路为轨顶以上 2.4m。

5. 列车横向摇摆力

列车横向摇摆力作为一个集中荷载取最不利位置，以水平方向垂直线路中心作用于钢轨顶面。多线桥梁可仅计算任一线上的摇摆力。横向摇摆力按表 4.15 取值，表中重载列车横向摇摆力折减系数 z 的取值与重载铁路荷载系数一致。

表 4.15　横向摇摆力计算取值表

设计标准	重载铁路	客货共线铁路	高速铁路	城际铁路
摇摆力/kN	100z	100	80	60

6. 气动力

列车与空气相对运动时，会产生水平向和垂直向的气动力。气动力分气动压力和气动吸力，由长度为 5m、取值为 $+q$ 及 $-q$ 的移动面荷载组成。水平气动力作用在轨顶之上 5m 范围内。

7. 作业通道、人行道人行荷载及栏杆荷载

作业通道或人行道上竖向静活载采用 4kPa，作业通道的竖向静活载可不与列车荷载同时计算，但在特殊情况下，为了允许城镇居民通行而加宽的人行道部分，其竖向静活载应与列车活载同时计算，采用的数值可参考公路与城市道路桥梁的相关规定；作业通道走行小车时，应考虑小车的竖向活载，小车活载与列车荷载同时计算；作业通道板按竖向集中荷载 1.5kN 检算。

检算栏杆立柱及扶手时，水平推力按 0.75kN/m 计算，并按 1.0kN 的集中荷载进行检算。

4.2.3　附加力

1. 制动力或牵引力

制动力或牵引力按计算长度内列车竖向静活载的 10% 计算，但当与离心力或列车竖向动力作用同时计算时，制动力或牵引力按计算长度内列车竖向静活载的 7% 计算。双线桥梁按一线的制动力或者牵引力计算，三线或三线以上的桥梁按双线的制动力或牵引力计算。特种活载不计制动力或牵引力。

车站内的桥梁应根据其结构型式考虑制动和启动同时发生的可能进行设计。

重载铁路制动力或牵引力作用在轨顶以上 2.4m 处，其他标准铁路的制动力或牵引力均作用在轨顶以上 2m 处。当计算墩台时移至支座中心处，计算台顶以及刚构桥、拱桥时，可移至轨底，均不计移动作用点所产生的竖向力和力矩。

2. 流水压力和冰压力

铁路桥梁对流水压力和冰压力的考虑与公路桥梁类似，流水压力以水流速度作基准，并考虑桥墩迎水面形状的影响；冰压力的取用，可考虑河流流冰产生的动压力、风和水流作用于大面积冰层产生的静压力、冰覆盖层受温度影响膨胀时的静压力(在闭塞空间)、冰堆整体推移的静压力、冰层因水位升降产生的竖向作用力。

流水压力和冰压力的大小均与桥墩的形状相关，桥墩的迎水(冰)面宜做成圆弧形或尖端形，以减小流水压力和流冰压力。

3. 温度变化作用

铁路桥涵结构和构件应计算均匀温差和日照温差引起的变形和应力。需要注意的是：对于涵洞和跨度 15m 以内、矢跨比不小于 1/4 的石拱桥，在最冷月平均气温不低于-20℃时，气温变化的影响可不考虑。对于钢桥应考虑历年极端最高和最低气温。

4. 风力

无论是公路与城市道路桥梁，还是铁路桥梁，都应考虑风对桥梁结构的作用。铁路桥梁的风荷载根据《铁路桥涵设计规范》（TB 10002—2017)的规定计算。

5. 其他荷载

其他荷载需要根据实际情况进行分析，如冻胀力需要根据桥位处气象气候条件进行分析。波浪力按《港口与航道水文规范》（JTS 145—2015)有关规定计算。

4.2.4 特殊荷载

1. 长钢轨纵向作用力、脱轨荷载

铺设无缝线路的桥梁，其钢轨很长，应考虑无缝线路纵向力(伸缩力、挠曲力、断轨力)作用，其取值按《铁路无缝线路设计规范》（TB 10015—2012)相关规定计算。检算墩台时，纵向作用力点为墩台支座铰中心，检算支座时为支座顶中心。同一钢轨的伸缩力、挠曲力、断轨力不得叠加，且不得与同线列车活载引起的作用力组合。

长度大于 15m 的桥梁应考虑列车脱轨荷载(可不计动力系数)，具体可参见《铁路桥涵设计规范》（TB 10002—2017)。

2. 撞击力

位于通航河流中的桥梁墩台，应考虑船舶的撞击作用，其撞击作用力按规范里面的公式进行计算，撞击力的作用高度，应根据具体情况确定，缺乏资料时可采用通航水位的高度。

桥墩可能受到汽车的撞击时，撞击力顺桥向为 1000kN，横桥向为 500kN，作用点在行车道以上 1.2m 处，两个等效力不同时考虑。

3. 施工临时荷载

结构构件就地建造或安装时，作用在构件上的施工荷载及在构件制造、运输、吊装时作用于构件上的临时荷载，应根据施工阶段、施工方法和施工条件确定。计算施工荷载时，可根据具体情况分别采用各自有关的安全系数。

4. 地震力

地震力作用按《铁路工程抗震设计规范》(2009 年版)(GB 50111—2006)的规定计算。

4.3   其他类型桥梁设计荷载

对于特殊情况，如涉及大件运输，分析其实际荷载大小和分布，并进行验算。对于厂区和矿区桥梁，必要时可参考《厂矿道路设计规范》(GBJ 22—87)、《水电工程场内交通道路设计规范》(NB/T 10333—2019)或《水电工程对外交通专用公路设计规范》(NB/T 35012—2013)中规定的荷载进行计算。

4.4   作用效应组合

公路桥涵结构采用以可靠度理论为基础的概率极限状态设计法设计。该设计体系规定了桥涵结构的两种极限状态：承载能力极限状态和正常使用极限状态。

所谓极限状态，是指整体结构或构件的某一特定状态，如果超过这一状态界限，结构或构件就不再满足设计规定的某一功能要求。承载能力极限状态指结构及构件达到最大承载能力或出现不适合于继续承载的变形的状态，其设计着重体现桥涵结构的安全性。正常使用极限状态指结构或构件达到正常使用或耐久性的某项限值的状态，其设计则体现适用性和耐久性。它们共同反映出设计的基本原则。只有每项设计都符合相关规范，才能使所设计的桥涵达到其全部预设功能。事实上，承载能力极限状态和正常使用极限状态的结构设计是属于正常情况下的设计，此时，施加在桥梁上的作用其持续时间与桥梁结构的设计基准期为同一量级，或者虽然作用的持续时间较短，但出现的概率较大。但是，作为生命线工程的一部分，桥梁还应重视"破坏-安全"极限状态。"破坏-安全"是以偶然事件的出现为条件的一种特殊的承载能力极限状态，有时候也称为条件极限状态。所谓偶然事件，就是指爆炸、车辆冲撞、地基下陷、岩石或雪崩塌，以及某地区很难遇到的强风暴和地震等事件。考虑到偶然事件出现的稀少性及其在时间和空间上的随机性，因此不要求每个结构都能安全地承受这种偶然性的超强作用，必须根据安全与经济的原则，合理地建立设计方法和选择考虑的对象，按"破坏-安全"极限状态进行设计。"破坏-安全"极限状态设计的基本思路是：当桥梁结构遭受偶然事件作用时，允许结构产生局部性的破坏，但控制结构的其余部分不至于因这种局部破坏而发生连锁反应式的连续倒塌。

根据桥涵在施工和使用过程中面临的不同情况，桥涵结构设计分为持久状况、短暂状况、偶然状况和地震状况四种设计状况。持久状况指桥涵建成后承受自重、汽车荷载等持续时间很长的状况；短暂状况指桥涵施工过程中承受临时性作用的状况；偶然状况指在桥涵使用过程中可能偶然出现的状况；地震状况指桥涵结构遭受地震时的状况，抗震设防地区必须考虑地震设计状况。其中，公路桥涵的持久状况设计除应进行承载能力极限状态设计外，还应按正常使用极限状态的要求，考虑作用频遇组合、作用准永久组合或作用频遇组合加上作用长期效应的影响；短暂状况和地震状况一般只作承载能力极限状态设计，必要时才作正常使用极限状态设计；偶然状况和地震状况要求作承载能力极限状态设计，不考虑正常使用极限状态设计。而对于钢结构部分，应根据需要进行抗疲劳设计。

《公路桥涵设计通用规范》（JTG D60—2015）将公路桥涵结构设计分为三个安全等级，不同的桥涵应根据所具有的功能、作用及其重要性具有不同的重要性系数。按持久状况和短暂状况承载能力极限状态设计时，公路桥涵结构设计安全等级应不低于表 4.16 的规定。

表 4.16　公路桥涵结构的设计安全等级

设计安全等级	破坏后果	适用对象
一级	很严重	(1)各等级公路上的特大桥、大桥、中桥； (2)高速公路、一级公路、二级公路、国防公路及城市附近交通繁忙公路上的小桥
二级	严重	(1)三、四级公路上的小桥； (2)高速公路、一级公路、二级公路、国防公路及城市附近交通繁忙公路上的涵洞
三级	不严重	三、四级公路上的涵洞

在作用效应组合时还需注意，各种作用并非同时作用于桥涵上，因此应当根据作用重要性和同时作用的可能性进行适当组合，以确定安全合理的作用组合的效应值。可变作用的出现对结构产生有利影响时，该作用不应参与组合，实际中不可能同时出现或同时参与组合概率很小的作用，按表 4.17 的规定不考虑其作用效应组合。

表 4.17　可变作用不同时组合表

作用名称	不与该作用同时参与组合的作用
汽车制动力	流水压力、冰压力、波浪力、支座摩阻力
流水压力	汽车制动力、冰压力、波浪力
波浪力	汽车制动力、流水压力、冰压力
冰压力	汽车制动力、流水压力，波浪力
支座摩阻力	汽车制动力

桥涵设计不同极限状态的作用效应组合中，各类作用效应采用不同的代表值。永久作用在各类组合下均采用标准值作为代表值；可变作用根据不同的极限状态分别采用标准

值、组合值、频遇值或准永久值作为其代表值;偶然作用在组合时采用设计值作为代表值;
地震作用在组合时采用标准值作为代表值。作用的设计值为作用的标准值或组合值乘以相
应的作用分项系数。

当作用与作用效应可按线性关系考虑时,作用组合的效应设计值可通过作用效应代数
相加计算。

4.5 承载能力极限状态验算

承载能力极限状态设计是以塑性理论为基础,其设计原则:

$$\gamma_0 S \leq R \tag{4.6}$$

式中,γ_0 表示结构重要性系数,对应的设计安全等级一级、二级和三级分别取 1.1、1.0
和 0.9,桥涵结构设计安全等级应符合《公路桥涵设计通用规范》(JTG D60—2015)的规
定;S 表示作用组合(其中汽车荷载应计入冲击作用)的效应设计值;R 表示构件承载力设
计值,它根据构件的材料强度设计值 f_d 和几何参数设计值 a_d 计算,即 $R = R(f_d, a_d)$。

承载能力极限状态下有三种作用效应组合:基本组合、偶然组合和地震组合。

4.5.1 基本组合

对持久状况和短暂状况应采用作用的基本组合,基本组合为永久作用的设计值效应与
可变作用设计值效应相组合,其组合表达式为

$$S_{ud} = \gamma_0 S\left(\sum_{i=1}^{m} \gamma_{G_i} G_{ik}, \gamma_{Q_1} \gamma_L Q_{1k}, \psi_c \sum_{j=2}^{n} \gamma_{Lj} \gamma_{Q_j} Q_{jk}\right) \tag{4.7a}$$

或

$$S_{ud} = \gamma_0 S\left(\sum_{i=1}^{m} G_{id}, Q_{1d}, \sum_{j=2}^{n} Q_{jd}\right) \tag{4.7b}$$

式中,S_{ud} 表示承载能力极限状态下作用基本组合的效应设计值;$S(\ )$ 表示作用组合的效
应函数;γ_{G_i} 表示第 i 个永久作用的分项系数,其值按表 4.18 取用;G_{ik}、G_{id} 表示第 i 个永久
作用的标准值和设计值;γ_{Q_1} 表示汽车荷载(含汽车冲击力、离心力)的分项系数。采用车道
荷载计算时取 γ_{Q_1} =1.4;采用车辆荷载计算时,其分项系数取 γ_{Q_1} =1.8。当某个可变作用在组
合中其效应值超过汽车荷载效应时,则该作用取代汽车荷载,其分项系数取 γ_{Q_1} =1.4;对专
为承受某作用而设置的结构或装置,设计时该作用的分项系数取 γ_{Q_1} =1.4;计算人行道板和
人行道栏杆的局部荷载,其分项系数也取 γ_{Q_1} =1.4。Q_{1k}、Q_{1d} 表示汽车荷载(含汽车冲击力、
离心力)的标准值和设计值;γ_{Q_j} 表示在作用组合中除汽车荷载(含汽车冲击力、离心力)、
风荷载外的其他第 j 个可变作用的分项系数,取 γ_{Q_j} =1.4,但风荷载的分项系数取 1.1;
Q_{jk}、Q_{jd} 表示在作用组合中除汽车荷载(含汽车冲击力、离心力)外的其他第 j 个可变作用的
标准值和设计值;ψ_c 表示在作用组合中除汽车荷载(含汽车冲击力、离心力)外的其他可变
作用的组合值系数,取 ψ_c =0.75;$\psi_c Q_{jk}$ 表示在作用组合中除汽车荷载(含汽车冲击力、离心

力)外的第 j 个可变作用的组合值; $\gamma_{\text{L}j}$ 表示第 j 个可变作用的结构设计使用年限荷载调整系数,公路桥涵结构的设计使用年限按《公路工程技术标准》(JTG B01—2014)取值时,可变作用的设计使用年限荷载调整系数取 $\gamma_{\text{L}j} = 1.0$,否则 $\gamma_{\text{L}j}$ 取值应根据专题研究确定。

设计弯桥时,当离心力与制动力同时参与组合时,考虑到车辆行驶速度较直线桥上小一些,因而制动力标准值或设计值按70%取用。

基本组合用于结构的常规设计,所有桥涵结构都需考虑。基本组合中各类作用效应可以归结为三个部分:第一部分为永久作用效应;第二部分为主导的可变作用效应,在通常情况下为汽车荷载效应(含汽车冲击力、离心力),在某些特殊情况下某种其他可变荷载可能取代汽车效应成为控制设计的主导因素,则其归入第二部分;第三部分为可变作用效应的补充部分。

对于钢结构重力,当采用钢桥面板时,永久作用效应分项系数取1.1,当采用混凝土桥面板时取1.2,见表4.18。

表 4.18　永久作用效应分项系数

编号	作用类别		永久作用效应分项系数	
			对结构承载能力不利时	对结构承载能力有利时
1	混凝土和圬工结构重力 (包括结构附加重力)		1.2	1.0
	钢结构重力(包括结构附加重力)		1.1 或 1.2	1.0
2	预加力		1.2	1.0
3	土的重力		1.2	1.0
4	土侧压力		1.4	1.0
5	混凝土收缩及徐变作用		1.0	1.0
6	水的浮力		1.0	1.0
7	基础变位作用	混凝土和圬工结构	0.5	0.5
		钢结构	1.0	1.0

4.5.2　偶然组合

偶然组合为永久作用标准值与可变作用某种代表值、一种偶然作用设计值的组合,与偶然作用同时出现的可变作用,可根据观测资料和工程经验取用频遇值或准永久值。作用偶然组合的效应设计值可按下式计算:

$$S_{\text{ad}} = S(\sum_{i=1}^{m} G_{ik}, A_{\text{d}}, (\psi_{\text{f1}} 或 \psi_{\text{q1}}) Q_{1k}, \sum_{j=2}^{n} \psi_{qj} Q_{jk}) \tag{4.8}$$

式中, S_{ad} 表示承载能力极限状态下作用偶然组合的效应设计值; A_{d} 表示偶然作用的设计值; ψ_{f1} 表示汽车荷载(含汽车冲击力、离心力)的频遇值系数,取 $\psi_{\text{f1}} = 0.7$,当某个可变作用在组合中其效应值超过汽车荷载效应时,则该作用取代汽车荷载,人群荷载 $\psi_{\text{f}} = 1.0$,风荷载 $\psi_{\text{f}} = 0.75$,温度梯度作用 $\psi_{\text{f}} = 0.8$,其他作用 $\psi_{\text{f}} = 1.0$; $\psi_{\text{f1}} Q_{1k}$ 表示汽车荷载的频遇值;

ψ_{q1}、ψ_{qj} 表示第 1 个和第 j 个可变作用的准永久值系数，汽车荷载(含汽车冲击力、离心力) ψ_q=0.4，人群荷载 ψ_q=0.4，风荷载 ψ_q=0.75，温度梯度作用 ψ_q=0.8，其他作用 ψ_q=1.0；$\psi_{q1}Q_{1k}$、$\psi_{qj}Q_{jk}$ 表示第 1 个和第 j 个可变作用的准永久值。

4.5.3 地震组合

地震组合的效应设计值应按《公路工程抗震规范》(JTG B02—2013)及《公路桥梁抗震设计规范》(JTG/T 2231-01—2020)的有关规定计算。

作用偶然组合和地震组合用于结构在特殊情况下的设计，所以不是所有公路桥涵结构都要采用，一些结构也可采取构造或其他预防措施来解决。

4.6 正常使用极限状态验算

正常使用极限状态设计是以弹性理论或弹塑性理论为基础，涉及构件的抗裂、裂缝宽度和挠度三个方面的验算。正常使用极限状态设计应根据不同的设计要求，采用作用的频遇组合或准永久组合。

4.6.1 频遇组合

频遇组合为永久作用标准值与主导可变作用频遇值、其他可变作用准永久值的组合。作用频遇组合的效应设计值可按下式计算：

$$S_{fd} = S\left(\sum_{i=1}^{m} G_{ik}, \psi_{f1}Q_{1k}, \sum_{j=2}^{n} \psi_{qj}Q_{jk} \right) \tag{4.9}$$

式中，S_{fd} 表示作用频遇组合的效应设计值；ψ_{f1} 表示汽车荷载(不计汽车冲击力)频遇值系数，取 0.7。

当作用与作用效应可按线性关系考虑时，作用频遇组合的效应设计值 S_{fd} 可通过作用效应代数相加计算。

4.6.2 准永久组合

准永久组合为永久作用标准值与可变作用准永久值的组合。作用准永久组合的效应设计值可按下式计算：

$$S_{qd} = S\left(\sum_{i=1}^{m} G_{ik}, \sum_{j=1}^{n} \psi_{qj}Q_{jk} \right) \tag{4.10}$$

式中，S_{qd} 表示作用准永久组合的效应设计值；ψ_{qj} 表示汽车荷载(不计汽车冲击力)准永久值系数，取 0.4。

当作用与作用效应可按线性关系考虑时，作用准永久组合的效应设计值 S_{qd} 可通过作用效应代数相加计算。

4.7　其　他　验　算

　　钢结构构件抗疲劳设计、结构构件进行弹性阶段应力计算时，除特别指明外，各作用应采用标准值，作用分项系数取 1.0，各项应力限值应按各设计规范规定采用。

　　验算结构的抗倾覆、滑动稳定性时，稳定系数、各作用的分项系数及摩擦系数应根据不同结构按有关桥涵设计规范的规定确定。

　　构件在吊装、运输时，构件重力应乘以动力系数 1.2（对结构不利时）或 0.85（对结构有利时），并可视构件具体情况作适当增减。

　　铁路桥的验算须参照铁路桥梁设计相关规范进行。

第五章　桥梁结构材料和耐久性

古往今来，桥梁的建筑材料多种多样，有木材、圬工材料(砖、石、素混凝土)、钢筋混凝土、预应力混凝土、钢材等，天然石料和木材是人类最早使用的建造材料。垒石为墩或以木桩为支撑，上置木梁或石梁构成的梁桥，以及以竹索、藤索作为主缆的悬索桥，都是人类历史上最早出现的桥梁型式。后来出现的石拱桥在世界各地曾大量修建，其中的一部分历经千百年保存至今。到近、现代，工业、工程技术的发展为桥梁的建造提供了更多更好的建造材料，促进桥梁的规模和型式不断发展。

现代桥梁使用最为广泛的建筑材料为钢材和混凝土。

5.1　钢　　材

修建桥梁的钢材包括用于钢结构的钢材、用于钢筋混凝土及预应力混凝土结构的钢筋以及斜拉桥拉索和悬索桥缆索。钢结构是以钢板和型钢作为基本构件，采用焊接、铆接或螺栓连接的方法，组成一个完整的结构来承担荷载。因此，用于钢结构的钢材又可分为结构钢材和连接材料。结构钢材用量最多的是钢板，中、小跨径的钢桥则较多地采用型材；在制造和组装过程中，根据工艺的不同需要铆钉、焊条或螺栓等连接材料。钢筋混凝土和预应力混凝土结构中主要用到普通钢筋和预应力钢筋等线材，对于斜拉桥拉索和悬索桥的缆索则需用高强钢丝或钢绞线等线材。

5.1.1　结构钢材

用钢材制造钢桥，要采用许多机械加工工艺和焊接工艺经过多道工序加工。制成的钢桥要承受很大的静、动力荷载与冲击荷载。因此被选作造桥的钢材，既要能适应制造工艺要求，又需满足使用要求。为了满足钢桥的制造和使用需要，对用来造桥的钢的化学成分和力学性能都有严格的规定。

桥梁钢材的种类主要有碳素结构钢和低合金高强度结构钢。由于工作环境和所承受的载荷的不同，大型桥梁用钢可分为公路桥梁用钢和铁路桥梁用钢两大类。随着桥梁建设地域的扩展，如跨海大桥，由于海洋腐蚀性环境以及桥梁下部结构的不同，加之其面临的恶劣服役条件，对桥梁结构用钢在力学性能、工艺性能和耐候性能等方面提出了更高的要求，目前正沿着"碳锰钢→高强钢→高性能钢"的轨迹发展。

根据《桥梁用结构钢》(GB/T 714—2015)规定，桥梁钢的牌号由代表屈服点的汉语拼音首位字母、屈服点数值、桥梁钢的汉语拼音首位字母、质量等级符号 4 个部分组成。例如 Q355qD，其中：Q 表示桥梁钢屈服点的"屈"字汉语拼音的首位字母；355 表示规定最小屈服强度数值，单位 MPa；q 表示桥梁钢的"桥"字汉语拼音的首位字母；D 表示质量等级为 D 级。若为以热机械轧制状态交货的 D 级钢板，且具有耐候性能和厚度方向性能，则在上述规定的牌号后加上耐候(NH)及厚度方向(Z 向)性能级别的代号。

桥梁用钢有低合金高强度结构钢 Q355q、Q370q、Q420q、Q460q、Q500q、Q550q、Q620q、Q690q 等。低合金高强度钢质量等级有 A～E 五种，桥梁钢只用 C、D、E、F 四种。A 级钢的质量要求较低，D、E、F 级是质量要求较高的钢种。结构钢还有脱氧方法的区别，脱氧符号(F、b、Z、TZ)依次代表沸腾钢、半镇静钢、镇静钢和特殊镇静钢，符号 Z 和 TZ 可省略。桥梁用钢都应是镇静钢或特殊镇静钢，所以无此项表示。

随着大型钢结构桥梁向全焊接结构和高参数方向发展，对桥梁结构的安全可靠性要求越来越严格。这不仅对设计者提出了更高的要求，而且对钢板质量提出了更高的要求，即不仅具有高强度以满足结构轻量化要求，而且还应具有优良的低温韧性、焊接性和耐蚀性等，以满足钢结构的安全、可靠、耐久等要求。

桥梁使用高强度的钢材，可减小钢板厚度以减轻结构重量，从而获得大跨度并改善施工作业能力。国外已开发出屈服强度为 960MPa 的高强度桥梁结构用钢，以及屈服强度为 690MPa 的耐候桥梁结构用钢，且已在实际工程中应用。

传统的高强度桥梁钢不仅冲击韧性、焊接性、疲劳性较差，而且不能耐大气、海水腐蚀，高性能钢(high performance steel，HPS)的概念和需求随之产生。高性能钢材主要是指材料的某项或几项性能较传统钢材得到改善的钢材，除了具备较高强度和延性外，钢材的焊接性能、低温韧性，尤其是耐腐蚀性能有较大幅度提高。国内开发出与美国高耐候钢 HPS 70W 接近的高性能桥梁结构用钢，并已实际使用，但产品在可焊性、耐候性方面与美国的差距较大。

钢材韧性会影响钢桥的抗疲劳性能和抗脆断性能，并且对钢材的表面质量要求较高。钢的抵抗疲劳破坏性能对于桥梁十分重要，钢桥受的动荷载虽低于结构的名义承载能力，但由于结构中只要有微小的缺陷或应力集中就易产生塑性变形，从而萌生裂纹。随着外力循环次数的增加，微小的裂纹会逐渐扩展，最后导致钢桥的疲劳断裂。在结构上出现可以看得见的裂纹前能承受的荷载循环作用的次数，称为结构或材料的疲劳寿命。钢桥构件在静力或加载次数不多的动荷载作用下发生突然断裂，断裂前构件变形很小，裂缝开展速度很快，这种断裂称为脆性断裂。钢材的脆性断裂也与其韧性有关，钢材的韧性表征钢材破坏前所能吸收的能量大小。韧性不好的钢材，在低温或快速加载等不利条件下，容易发生脆性断裂。因此，常用低温冲击韧性来判断钢材的脆性断裂倾向。随使用年限延长，钢材会发生老化，韧性下降，为此还有时效冲击韧性的要求。

钢桥所用的钢材必须具有良好的可焊性。桥梁的焊接施工中不允许出现焊接裂纹，故一般要进行预热。高效焊接用钢可以提高焊接效率，减少预热型钢板，降低预热温度或省略预热工序。大热输入焊接用钢板焊接时缓和对输入热量的限制，可进行大热量焊接，使钢板即便在大热输入焊接时也能确保焊接部位的高品质。大跨度钢桥根据运输条件和工地起重能力分为若干部件，分别在工厂制造和工地组装。工厂制造的部件都是焊接，运送到工地后用栓接或焊接工艺组装成整体。因为焊接接头受力平顺、刚度大，又能节约钢材和缩短工期，随着焊接技术的发展，钢桥的焊接部分会越来越多。

近年来，为减少钢桥的维护工作量，开始应用耐候钢。耐候钢不需涂装就可以使用，是一种极好的结构用材,它可以将钢结构(如桥梁)寿命周期内的总费用降到最低。我国研制的 Q355NH 钢就是一种耐大气腐蚀钢。

耐候钢正在逐步完善。在设计上,对锈蚀层的折减计算、疲劳、构造细节加以规定;在钢种上,对耐候钢、耐候焊接材料、耐候高强度螺栓、耐候支座加以严格要求;在特性上,对稳定的锈蚀和腐蚀因素、硬度实验加以周密的分析;在制造、运输、架设上,对耐候钢表面的处理、清扫、保护、补修等加以严格把关;在经济上,对耐候钢的使用作追踪调查,进行详细经济比较。从发展趋势来看,耐候钢将逐渐被当作一种普通钢种来广泛使用。

在桥梁领域,提高支座及相关部件的耐震性受到高度重视。用超低碳钢制作支座相关部件及减震器,其塑性变形可吸收地震输入能量,提高支座的耐震性和安全性。超低碳钢中碳当量仅为 0.04%,甚至更低,达到 0.002%。

5.1.2　钢筋

1. 普通钢筋

普通钢筋的截面形状是圆形的,它的外形有光面、螺旋式螺纹与人字式螺纹三种,如图 5.1 所示。普通钢筋以热轧钢筋为主,其抗拉强度标准值 f_{pk} 如表 5.1 所示。

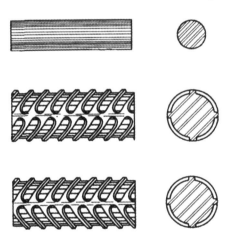

图 5.1　普通钢筋外形

表 5.1　普通钢筋强度标准值

钢筋种类	符号	公称直径 d/mm	f_{pk}/MPa
HPB300	φ	6～22	300
HRB400	Φ		
HRBF400	Φ^F	6～50	400
RRB400	Φ^R		
HRB500	Φ	6～50	500

各级普通钢筋的弹性模量除 HPB300 取 $2.1×10^5$MPa 外，其他均取 $2.0×10^5$MPa。

2. 预应力钢筋

桥梁上使用的预应力钢材一直在朝着高强度、低松弛、大直径的方向发展。目前桥梁上常用的预应力筋有高强钢丝、钢绞线和高强螺纹钢筋三大类。

高强钢丝是用优质高碳钢盘条经索氏体化处理、酸洗、镀铜或磷化后冷拔制成，按外形可分为光圆、刻痕和螺旋肋等三种。光圆钢丝常成束用于有锚具的后张法预应力混凝土结构中，而螺旋肋钢丝及三面刻痕钢丝多用于自锚的先张法预应力混凝土结构中。

钢绞线是由多根高强钢丝以一根稍粗的钢丝为轴心，沿同一方向扭绕制作而成，并经过了消除应力处理(对钢丝进行矫直回火处理后，可消除钢丝冷拔时的残余应力，改善钢丝的力学性能，因此称为消除应力钢丝)。为延长耐久性，钢丝上可以有金属或非金属的镀层或涂层，如镀锌、涂环氧树脂等。为增加与混凝土的握裹力，表面可以有刻痕。无黏结预应力钢绞线采用普通的预应力钢绞线，涂防腐油脂或石蜡后包高密度聚乙烯制作而成。高强钢绞线群锚体系是目前桥梁预应力应用与发展的主流。

预应力钢绞线的主要特点是强度高和松弛性能好，展开时较挺直。常见抗拉强度等级为 1860MPa，还有 1720MPa、1770MPa、1960MPa、2000MPa、2100MPa 之类的强度等级。设计时，钢绞线的张拉控制应力一般不超过标准强度的 0.75 倍，弹性模量一般取值为 $1.95×10^5$MPa，如表 5.2 所示。

表 5.2　预应力钢筋抗拉、抗压强度设计值及弹性模量

钢筋种类	抗拉强度标准值 f_{pk}/MPa	抗拉强度设计值 f_{pd}/MPa	抗压强度设计值 f'_{pd}/MPa	弹性模量/ $(×10^5$MPa)
钢绞线 $1×7$(七股)	1720	1170		
	1860	1260	390	1.95
	1960	1330		
消除应力钢丝	1470	1000		
	1570	1070	410	2.05
	1770	1200		
	1860	1260		
预应力螺纹钢筋	785	650		
	930	770	400	2.00
	1080	900		

在桥梁工程中，高强钢筋体系目前多采用标准强度 785MPa 以上的精轧螺纹钢筋，直径有 18mm、25mm、32mm、40mm、50mm 五种。一般采用单根钢筋，现已出现群锚体系。粗钢筋体系主要用在箱梁腹板中，作为竖向预应力。设计时，精轧螺纹钢筋的张拉控制应力一般不超过标准强度的 0.85 倍，弹性模量取为 $2.0×10^5$MPa。

近年来，材料强度有所增加，但在某些情况下，强度的增加是以降低材料的延性与韧性为代价的，而且强度较高的预应力钢材，有时会增加氢的应力腐蚀的危险，这些不利的

特性应予以重视。当钢筋混凝土构件处于受侵蚀物质等影响的环境中时，可以采用环氧树脂图层钢筋。

5.2 混 凝 土

5.2.1 混凝土的强度

桥梁工程中对混凝土的品质要求主要有四个方面：工作性能、强度、耐久性和经济性。在通常情况下，强度和耐久性是评定混凝土品质的主要指标。混凝土的强度主要有立方体抗压强度、轴心抗压强度(棱柱体抗压强度)和轴心抗拉强度三项。

轴心抗压强度反映混凝土的实际抗压能力，因为在实际工程结构中，受压构件形状更接近棱柱体。我国的棱柱体试件一般采用 150mm×150mm×300mm 的试件为标准试件。

轴心抗拉强度是结构设计时确定混凝土抗裂性能的重要指标，它还可以用于间接衡量混凝土的其他力学性能，比如混凝土的冲切强度、混凝土与钢筋的黏结强度等。混凝土的轴心抗拉强度远比立方体强度低，仅相当于后者的 1/8～1/18，这项比值随混凝土抗压强度等级的增加而减小，即混凝土抗拉强度的增加慢于抗压强度的增加。

在混凝土结构中，构件通常受到轴力、弯矩、剪力及扭矩等不同内力的组合作用，因此，混凝土更多的情况下是处于双向或三向受力状态。在复合应力状态下，混凝土的强度有明显变化。需要指出的是，当混凝土圆柱体处于三向受压状态时，混凝土的轴向抗压强度随另外两向压应力的增加而提高，利用这一特征，钢管混凝土及钢壳混凝土广泛应用于受压构件中。由于实际工程中混凝土强度的离散性，在结构设计时，并非按标准抗拉、抗压强度进行计算，而是按数理统计的方法，选择一定的保证率，对标准强度进行折减。混凝土轴心抗压强度标准值 f_{ck} 按式(5.1)进行换算。

$$f_{ck} = 0.88\alpha_1\alpha_2 f_{cu,k} \tag{5.1}$$

式中，α_1 为棱柱体强度(轴心抗压强度)与立方体强度的比值，对混凝土强度等级为 C50 以下的取 0.76，对 C80 取 0.82，中间等级按直线内插计算；α_2 为高强度混凝土的脆性折减系数，对 C40 及以下取 1.0，对 C80 取 0.87，中间等级按直线内插计算，0.88 为考虑实际构件与试件混凝土强度之间的差异而取用的折减系数。

轴心抗拉强度标准值 f_{tk} 按式(5.2)进行换算。

$$f_{tk} = 0.88 \times 0.395 f_{cu,k}^{0.55}(1-1.645\delta)^{0.45} \times \alpha_2 \tag{5.2}$$

式中相关符号意义及取值见《混凝土结构设计规范》(2015 年版)(GB 50010—2010)和《公路钢筋混凝土及预应力混凝土桥涵设计规范》(JTG 3362—2018)的条文说明。

按上述公式计算得到混凝土强度标准值，然后除以混凝土材料分项系数 $\gamma_{fc}=1.45$，即得到混凝土强度的设计值。《公路钢筋混凝土及预应力混凝土桥涵设计规范》(JTG 3362—2018)中 C25～C80 中间以 5MPa 进级，并提供了强度标准值和设计值。特殊情况下，若结构构件计算或者验算时混凝土强度等级不能取整，则可按前述公式进行计算。

混凝土材料等级选用时，须注意：素混凝土结构不能低于 C15；钢筋混凝土结构，不低于 C25，如果采用 400MPa 以上的钢筋，则不能低于 C30；预应力混凝土不低于 C40。

5.2.2　混凝土的弹性模量及变形性能

混凝土的变形可分为两类：一类是在荷载作用下的受力变形，如单调短期加载的变形、荷载长期作用下的变形以及多次重复加载的变形；另一类与受力无关，称为体积变形，如混凝土的收缩以及温度变化引起的变形。

混凝土材料并不是一种理想的匀质材料，在单调、短期加载作用下的应力-应变关系并不存在严格的线性弹性关系。其应力、应变的比值随混凝土的应力变化而变化，所以混凝土的弹性模量(E_c)比钢材要复杂得多。

由于混凝土在一次加载下的初始弹性模量不易准确确定，通常借用多次重复加载卸载后的应力-应变曲线的斜率来确定 E_c。我国有关的规范规定用下述方法测定混凝土弹性模量 E_c：试验采用棱柱体试件，取应力上限为 $\sigma = 0.5 f_c$，然后卸载到零，再重复加载卸载 5～10 次，由于混凝土的非弹性性质，每次卸载到零时，混凝土不能完全恢复，存在残余变形。随着荷载重复次数的增加，残余变形逐渐减小，重复 5～10 次后，变形已基本趋于稳定，应力-应变曲线接近于直线，该直线的斜率即作为混凝土弹性模量的取值。根据不同等级混凝土弹性模量实验值的统计分析，给出 E_c 的经验公式为

$$E_c = \frac{10^5}{2.2 + \dfrac{34.74}{f_{cu,k}}} \tag{5.3}$$

混凝土的受拉弹性模量与受压弹性模量的比值为 0.82～1.12，平均为 0.995。因此，在规范中近似地取受拉弹性模量与受压弹性模量相等。

根据弹性理论，剪切模量 G_c 与弹性模量 E_c 关系为

$$G_c = \frac{E_c}{2(1 + \upsilon_c)} \tag{5.4}$$

取泊松比 $\upsilon_c = 0.2$，由式(5.4)可得 $G_c = 0.4 E_c$。

混凝土在空气中结硬时，体积会减小，这种现象称为收缩。在应力不变的情况下，混凝土的应变随时间继续增长的现象称为混凝土的徐变。收缩和徐变会给超静定结构带来附加内力，同时会造成预应力结构的预应力损失，在设计计算中必须密切注意。

为满足耐久性要求，各类环境下混凝土强度等级最低要求应符合表 5.3 的规定。

表 5.3　混凝土强度等级最低要求

构件类别	梁、板、塔、拱圈、涵洞上部		墩台身、涵洞下部		承台、基础	
设计使用年限	100 年	50 年、30 年	100 年	50 年、30 年	100 年	50 年、30 年
Ⅰ类-一般环境	C35	C30	C30	C25	C25	C25
Ⅱ类-冻融环境	C40	C35	C35	C30	C30	C25
Ⅲ类-近海或海洋氯化物环境	C40	C35	C35	C30	C30	C25

构件类别	梁、板、塔、拱圈、涵洞上部		墩台身、涵洞下部		承台、基础	
设计使用年限	100 年	50 年、30 年	100 年	50 年、30 年	100 年	50 年、30 年
Ⅳ类-除冰盐等其他氯化物环境	C40	C35	C35	C30	C30	C25
Ⅴ类-盐结晶环境	C40	C35	C35	C30	C30	C25
Ⅵ类-化学腐蚀环境	C40	C35	C35	C30	C30	C25
Ⅶ类-腐蚀环境	C40	C35	C35	C30	C30	C25

5.3 桥梁新材料简介

5.3.1 新型复合材料

新型复合材料是由两种或两种以上具有不同物理和化学性质的材料组成，通过宏观和微观等结构不同的层次，经过复杂的空间组合，形成新型复合材料系统。如纤维增强聚合物就是复合材料。按照纤维聚合物的不同，可以将纤维分为芳纶纤维、碳纤维和玻璃纤维等种类。近年来，连续玄武岩纤维开始飞速发展。

芳纶是一种新型高科技合成纤维，具有超高强度、高模量和耐高温、耐酸耐碱、重量轻等优良性能，其强度是钢丝的 5～6 倍，弹性模量为钢丝的 2～3 倍，韧性是钢丝的 2 倍，而容重仅为钢丝的 1/5 左右，在 560℃ 的温度下不分解、不融化。它具有良好的绝缘性和抗老化性能，具有很长的生命周期。

碳纤维是由含碳量较高、在热处理过程中不熔融的人造化学纤维经热稳定氧化处理、碳化处理及石墨化等工艺制成的一种特种纤维，其含碳因种类不同而异，一般在 90% 以上。碳纤维具有一般碳素材料的特性，如耐高温、耐摩擦、导电、导热及耐腐蚀等，但与一般碳素材料不同的是，其外形有显著的各向异性、柔软、可加工成各种织物，沿纤维轴方向表现出很高的强度。碳纤维比重小，因此有很高的比强度（强度与容重之比）。碳纤维是一种力学性能优异的新材料，它的比重不到钢的 1/4，碳纤维树脂复合材料抗拉强度一般都在 3500MPa 以上，是钢的 7～9 倍，抗拉弹性模量为 23000～43000MPa，亦高于钢。因此 CFRP（carbon fiber reinforced polymer/plastic，碳纤维增强复合材料）的比强度，即材料的强度与其密度之比可达到 $2000MPa/(g/cm^3)$ 以上，而 A3 钢的比强度仅为 $59MPa/(g/cm^3)$ 左右，其比模量也比钢高。

玻璃纤维是一种性能优异的无机非金属材料，种类繁多，优点是绝缘性好、耐热性强、抗腐蚀性好、机械强度高，但缺点是性脆、耐磨性较差。玻璃纤维作为强化塑料的补强材料应用时，最大的特征是抗拉强度大、耐热性好，温度达 300℃ 时对强度没影响。其中高强玻璃纤维的单纤维抗拉强度达到 2800MPa，弹性模量为 86000MPa，但是由于价格昂贵，目前在民用方面还不能得到推广，全世界产量也就几千吨。据世界卫生组织国际癌症研究机构公布的致癌物清单，特殊用途的纤维，如 E 玻璃和"475"玻璃纤维在 2B 类致癌物清单中，连续的玻璃纤维在 3 类致癌物清单中。

连续玄武岩纤维是玄武岩石料在 1450～1500℃的温度下熔融后，通过铂铑合金拉丝漏板高速拉制而成的连续纤维。纯天然玄武岩纤维的颜色一般为褐色，有金属光泽。玄武岩纤维是一种新型无机环保绿色高性能纤维材料，它不仅强度高，而且还具有电绝缘、耐腐蚀、耐高温等多种优异性能。此外，玄武岩纤维的生产工艺决定了产生的废弃物少，对环境污染小，且产品废弃后可直接在环境中降解，无任何危害，因此是一种名副其实的绿色、环保材料。我国已把玄武岩纤维列为重点发展的四大纤维(碳纤维、芳纶、超高分子量聚乙烯、玄武岩纤维)之一，实现了工业化生产。玄武岩连续纤维的特点：①有突出的耐高低温性能，其使用温度为-260～700℃，经处理后可达 1000℃。而 E 玻璃纤维耐温仅为-60～450℃，碳纤维只能在 500℃以下使用，芳纶纤维可在 250℃以下使用，超高分子量聚乙烯只能在 70℃以下使用。②突出的拉伸强度。连续玄武岩纤维拉伸强度为3800～4800MPa，比大丝束碳纤维、芳纶纤维、PBI 纤维、钢纤维、硼纤维、氧化铝纤维都高。③突出的化学稳定性。④天然的硅酸盐相溶性。玄武岩纤维是由天然火山岩直接拉制而成，自身密度、成分、容重均与水泥相当，且具有天然的耐碱性，与水泥、混凝土混合时分散性好、结合力强、热胀冷缩系数一致、耐候性好。⑤显著的热震稳定性。⑥良好的电绝缘性和介电性能。⑦优良的透波性和一定的吸波性，试验表明其具有良好的隐身性能，可制造隐身材料。⑧不接收射频，可用于防辐射场合。如用作核电站建设和核燃料的储存、运输和处理有核辐射的核废料，以及防护用品，还可用在核武器的不同应用领域。⑨优良的耐久性和耐候性。由于玄武岩纤维是天然玄武岩石头直接制成，因而其耐久性、耐候性、耐碱性、耐酸性、耐紫外线照射、耐水性、抗氧化等性能均可与天然玄武岩石头相媲美。⑩优良的综合性能和性价比。

5.3.2　高性能混凝土

高性能混凝土是一种新型高技术混凝土，是在大幅度提高普通混凝土性能的基础上采用现代混凝土技术制作的混凝土，它以耐久性作为设计的主要指标。针对不同用途要求，对下列性能重点地予以保证：耐久性、工作性、适用性、强度、体积稳定性、经济性。为此，高性能混凝土在配制上的特点是低水胶比，选用优质原材料，并除水泥、水、集料外，必须掺加足够数量的矿物细掺料和高效外加剂。高性能混凝土具有一定的强度和高抗渗能力，但不一定具有高强度，中、低强度亦可。

高性能混凝土具有良好的工作性，混凝土拌和物应具有较高的流动性，混凝土在成型过程中不分层、不离析，易充满模型；泵送混凝土、自密实混凝土还具有良好的可泵性、自密实性能。

高性能混凝土的使用寿命要长。对于一些特殊工程的特殊部位，控制结构设计的并不是混凝土的强度，而是其耐久性。能够使混凝土结构安全可靠地工作 50～100 年甚至更久是应用高性能混凝土的主要目的。

高性能混凝土具有较高的体积稳定性，即混凝土在硬化早期应具有较低的水化热，硬化后期具有较小的收缩变形。

表 5.4 列举了高性能混凝土与普通混凝土的区别。

表 5.4　高性能混凝土与普通混凝土的区别

项目	普通混凝土	高性能混凝土
理念	重视强度,对于不同混凝土,规定不同的最低强度	重视耐久性,根据环境特点,确定混凝土应具备的性能
寿命	20~50 年	100 年以上
原材料组成	水泥、砂、石、水、普通减水剂	水泥、砂、石、水、高性能减水剂、矿物掺和料
原材料质量要求	原材料的品质指标主要满足强度要求	原材料的品质指标应满足工作性、强度、耐久性等要求
配合比控制指标	坍落度、力学性能	黏聚性、保水性、流动性、坍落度、扩展度、含气量、力学性能、耐久性能
生产工艺	包含搅拌、运输、灌注、振捣、养护等环节	包含施工前准备、搅拌、运输、灌注、振捣、养护、过程检验等环节
施工过程控制特点	仅对坍落度、凝结时间等进行控制	对坍落度、坍落度保留值、含气量、泌水率、凝结时间、水胶比、温度、匀质性进行全面控制
质量检测指标	强度、外观等	强度、外观、耐久性等

5.3.3　智能材料

智能材料是指桥梁建设过程中的水位敏感材料,其功能有自诊断、自感知、自修复、自适应等,可以使得桥梁结构的安全性和可靠度提高,降低事故发生率。

5.3.4　自愈材料

自愈桥梁可以对自身裂缝进行修复,建造的原材料是智能混凝土。这种智能混凝土的属性是活的有机物,可以对自身裂缝进行感知,并自行修补好裂缝,所以能将混凝土结构的使用寿命延长,避免发生灾害,这样就可以使桥梁的安全性提高。

5.4　结构耐久性设计

结构耐久性是指结构构件和材料抵抗衰退和腐蚀或任何其他破坏过程的能力,包括耐久的安全性与耐久的适用性,要求结构在设计的目标使用期内,不需要花费大量资金加固处理而保持其安全、使用功能和外观要求。

5.4.1　耐久性设计原则和方法

总体来说桥梁结构耐久性设计分为耐久性材料设计、耐久性设计和验算、结构外观和构造措施三个部分。耐久性材料设计就是基于材料耐久性退化机理,对桥梁建设中采用的材料提出质量和施工要求,比如高强混凝土、防渗混凝土、混凝土外加剂、防锈钢筋的设计和混合料的品质要求等;耐久性设计和验算就是在现行规范的设计和验算中考虑耐久性影响系数 η,η 表征结构抗力随时间变化的衰减规律,是时间的函数,利用它在桥梁设计基准期内预测结构承载能力的变化规律,进而对桥梁整个寿命期的"健康状况"做到适时控制；结构外观和构造措施是指桥梁设计要注意桥梁结构与自然地理环境条件相和谐、结构内部避免出现不利于桥梁耐久性的构造。外观包括：对于各种地形条件桥梁跨径的布置和结构型式的选择、人的生产生活与桥梁的相互影响，以及远期各种环境条件与桥梁的相互影响等。构造措施包括：桥梁结构应避免计算出现不利于耐久的内力、变形；在荷载作用下传力路径简洁明确、均匀平滑；杜绝应力、应变集中和突变、局部集中裂缝等。

基于使用寿命及材料性能退化的理论计算方法是目前唯一能够实现的定量的耐久性设计方法，通过调整保护层厚度、钢筋数量、混凝土强度等耐久性设计参数可以使桥梁结构的耐久性寿命满足设计要求。对于混凝土桥梁可以采用的耐久性措施包括：采用耐久性能优良的原材料，如水泥、砂及碎石；采用抗腐蚀和抗锈蚀性能良好的钢材，如不锈钢筋、环氧涂层钢筋或 FRP 筋等新型复合材料；优化混凝土的配合比，减小水灰比、减少孔隙率，提高混凝土的密实性，增强混凝土抵抗外界有害物质侵蚀的能力。

除了满足基于使用寿命的设计计算和规范建议的措施外，在结构构造上需要满足：结构体系设计应简洁、结构型式应统一协调；结构应具有良好的整体性、强健性和冗余性；结构力线的传递要均匀；应充分做好结构的防水问题；构造细节应充分考虑到后期检查、维护和更换的需要。

桥梁结构的选型应注重结构的连续性和冗余度，不宜采用带铰或带挂孔的悬臂梁或 T 形刚构桥梁，因为支承铰处应力集中明显、受力复杂，容易造成混凝土开裂等病害，水和腐蚀性介质在铰缝处的渗漏会给桥梁耐久性造成不利影响。

具体地，在设计阶段可从下面几个方面具体衡量桥梁构造耐久性能的优劣：

(1)减轻环境作用的结构型式、布置和构造细节；

(2)在荷载作用下，结构传力是否明确、传力路径长短；

(3)力线是否平滑、应力是否均匀流畅；

(4)结构的整体性、连续性和冗余性；

(5)结构的可检性、可修性和可替换性；

(6)结构的防水和排水能力；

(7)结构设计的可施工性、施工质量。

另外，对于后张预应力体系的体内预应力筋，应选用多重防护措施。结构设计上要考虑后期检修和维护的可到达与操作空间要求。

施工是实现设计目标的关键步骤，良好的施工质量是保证桥梁结构耐久性的关键因素。以耐久性能为目标的施工质量要求肯定不同于目前以承载能力为目标的控制要求，因此，确定施工质量控制标准也是耐久性设计的重要环节。

5.4.2　混凝土结构耐久性

长期以来，人们受混凝土是一种耐久性良好的建筑材料这一认识的影响，忽视了钢筋混凝土结构的耐久性问题，造成了钢筋混凝土结构耐久性研究的相对滞后，并为此付出了巨大的代价。国内外大量的调查分析发现，导致钢筋混凝土结构耐久性差的原因存在于结构设计、施工以及维修各个环节。虽然在许多国家的规范中都有明确规定钢筋混凝土结构耐久性的要求，但是，这一宗旨并没有完全体现在设计条文中，导致在以往甚至现在的工程设计中普遍存在重视强度设计而轻视耐久性设计的现象。过去只对影响混凝土耐久性的裂缝宽度加以控制，实践证明，裂缝控制对结构耐久性设计并不起决定性作用。混凝土结构应根据不同设计年限及相应的极限状态和不同的环境类别及其作用等级进行耐久性设计。

由于混凝土存在的缺陷(例如裂隙、孔道、气泡、孔穴等)，环境中的水及侵蚀性介质就可能渗入混凝土内部，产生碳化、保护层剥落、裂缝发展、钢筋锈蚀、渗透冻融破坏而影响结构的受力性能，并且结构在使用年限内还会受到各种机械物理损伤(腐损，撞击等)及冲刷、溶蚀、生物侵蚀的作用。混凝土结构的耐久性问题表现为：混凝土损伤(裂缝、破碎、酥裂、磨损、溶蚀等)，钢筋的锈蚀、脆化、疲劳、应力腐蚀，以及钢筋与混凝土之间黏结锚固作用的削弱等。从短期效果而言，这些问题影响结构的外观和使用功能，从长远看，则会降低结构安全度，成为安全隐患，影响结构的使用寿命。

影响混凝土结构耐久性的因素十分复杂，主要取决于四个方面：混凝土材料的自身特性、结构的设计与施工质量、环境条件、使用条件和防护措施。

混凝土材料的自身特性和结构的设计与施工质量是决定其耐久性的内因。混凝土的材料组成，如水灰比、水泥品种和数量，以及骨料的种类与级配都直接影响混凝土结构的耐久性。混凝土存在的缺陷都会造成水分和侵蚀性物质渗入混凝土内部，与混凝土发生物理化学作用，影响混凝土结构的耐久性。

混凝土结构所处的环境条件和防护措施，是影响混凝土结构耐久性的外因。外界环境因素对混凝土结构的破坏是环境因素对混凝土结构物理化学作用的结果。环境因素引起的混凝土结构损伤或破坏主要有以下几种。

(1)混凝土的碳化。混凝土的碳化是指混凝土中氢氧化钙与渗透进混凝土中的二氧化碳和其他酸性气体发生化学反应的过程。一般情况下混凝土呈碱性，在钢筋表面形成碱性薄膜，保护钢筋免遭酸性介质的侵蚀，起到了"钝化"保护作用。碳化的实质是混凝土的中性化，使混凝土的碱性降低，钝化膜破坏，在水分和其他有害介质侵入的情况下，钢筋就会发生锈蚀。

(2)氯离子的侵蚀。氯离子对混凝土的侵蚀是氯离子从外界环境侵入已硬化的混凝土造成的。海水是氯离子的主要来源，北方寒冷的冬季向道路、桥面撒盐化雪除冰都有可能使氯离子渗入混凝土中。氯离子对混凝土的侵蚀属于化学侵蚀，对结构的危害是多方面的，但最终表现为钢筋的锈蚀。

(3)碱-骨料反应。碱-骨料反应一般指水泥的碱和骨料中的活性硅发生反应，生成碱-硅酸盐凝胶，并吸水产生膨胀压力，造成混凝土开裂。碱-骨料反应引起的混凝土结构破坏，比其他耐久性破坏发展更快，后果更为严重。碱-骨料反应一旦发生，很难加以控制，一般不到两年就会使结构出现明显开裂，所以有时也称碱-骨料反应是混凝土结构的"癌症"。

(4)冻融循环破坏。渗入混凝土中的水在低温下结冰膨胀，从内部破坏混凝土的微观结构。经多次冻融循环后，损伤积累将使混凝土剥落酥裂，强度降低。

(5)钢筋锈蚀。钢筋锈蚀是影响钢筋混凝土结构耐久性和使用寿命的重要因素。混凝土中钢筋锈蚀的首要条件是混凝土的碳化和脱钝，只有将覆盖钢筋表面的碱性钝化膜破坏，加之水分和氧的侵入，才有可能引起钢筋的锈蚀。钢筋锈蚀伴有体积膨胀，使混凝土出现沿钢筋的纵向裂缝，造成钢筋与混凝土之间的黏结力破坏、钢筋截面面积减少、使结构构件的承载力降低、变形和裂缝增大等一系列不良后果，随着时间的推移，锈蚀会逐渐恶化，最终可能导致结构的完全破坏。

混凝土桥梁结构的耐久性取决于混凝土材料的自身特性和结构的使用环境，与结构设计、施工及养护管理密切相关。一般是从以下几个方面解决混凝土桥梁结构的耐久性。

(1)采用高耐久性混凝土，增强混凝土的密实度，提高混凝土自身抗破损能力。提高混凝土自身的耐久性是解决混凝土结构耐久性的前提和基础。混凝土的耐久性主要取决于混凝土的材料组成，其中水灰比、水泥用量、强度等级均对耐久性有较大影响。因此，不同使用环境下，结构混凝土的最大水灰比、最小水泥用量、最低强度等级、最大氯离子含量和碱含量等应满足相关规范的要求。

(2)加强桥面排水和防水层设计，改善桥梁的环境作用条件。桥面铺装防水层对桥面的防护有重要作用，必须精心设计与施工。桥面铺装层应采用密实性较好的 C40 以上等级的混凝土，混凝土铺装层内应设置钢筋网，防止混凝土开裂。采用复合纤维混凝土和在混凝土中掺入水泥基渗透结晶材料，都能收到较好的防水效果。桥面铺装层顶面应设置防水层，特别是连续梁(或悬臂梁)的负弯矩段更应十分重视防水层设计。加强泄水管设计，应特别注意泄水管周边的构造细节处理。加强伸缩缝处的排水设计，防止水分从伸缩缝处渗入梁内。

(3)改进桥梁结构设计，包括：加大混凝土保护层厚度；加强构造钢筋，防止控制裂缝发展；采用具有防腐保护的钢筋，如体外预应力筋、无黏结预应力筋、环氧涂层钢筋等。

混凝土碳化是钢筋锈蚀的前提。就一般情况而言，只有保护层混凝土碳化，钢筋表层钝化膜破坏，钢筋才有可能锈蚀。因此，加大钢筋的混凝土保护层厚度，是保护钢筋免于锈蚀，提高混凝土结构耐久性的重要措施之一。

混凝土结构的任何损伤与破坏，一般都是首先在混凝土中出现裂缝，裂缝是反映混凝土结构病害的晴雨表。反过来裂缝的存在会增加混凝土渗透性，使侵蚀破坏作用逐步升级，混凝土耐久性不断下降。当混凝土开裂后，侵蚀速度将加快，导致混凝土结构耐久性进一步退化的恶性循环。因此，防止和控制混凝土的裂缝对提高混凝土结构的耐久性是十分重要的。控制混凝土的裂缝，除按规范要求，控制正常使用极限状态的工作裂缝以外，更重要的是要采取构造措施，如加强水平防缩钢筋和箍筋，以控制混凝土施工及使用过程中大量出现的非工作裂缝。T 形、I 形截面梁或箱形截面梁的腹板两侧，应设置直径 6～8mm 的纵向钢筋(一般称水平防收缩钢筋)，每腹板内钢筋截面面积宜为 $0.001\sim0.002bh$，其中 b 为腹板宽度、h 为梁的高度，其间距在受拉区不大于腹板宽度，且不大于 200mm，在受压区不应大于 300mm。在支点附近剪力较大区段和预应力混凝土梁的锚固区段，腹板两侧纵向钢筋截面面积应予以增加，纵向钢筋的间距宜为 100～150mm。

箍筋宜采用直径不小于 8mm 且不小于 1/4 主筋直径的变形钢筋，其间距应符合下列规定：箍筋间距不应大于梁高的 1/2，且不大于 400mm；当所箍钢筋为按受力需要的纵向受压钢筋时，箍筋间距不应大于所箍钢筋直径的 15 倍，且不应大于 400mm。在钢筋绑扎搭接接头范围内的箍筋间距，当绑扎搭接钢筋受拉时，不应大于主钢筋直径的 5 倍，且不大于 100mm；当搭接钢筋受压时，不应大于主钢筋直径的 10 倍，且不大于 200mm。在支座中心向跨径方向长度不小于一倍梁高范围内，箍筋间距不宜大于 100mm。

(4) 提高后张法预应力钢筋管道压浆质量的措施。预应力筋的锈蚀会导致结构的突然破坏，事先不易发现，在耐久性设计中必须特别重视，并应采用多重防护手段。对于可能遭受氯盐侵蚀的预应力混凝土结构，预应力筋、锚具、连接器等钢材组件宜采用环氧涂层或涂锌，后张预应力体系的管道必须具有密封性能，不应使用金属的螺旋管，宜采用有良好密封性能的高密度塑料波形管，管道灌浆材料和灌浆方法要事先通过试验验证，尽可能降低浆体硬化后形成的气孔，并采用真空灌浆。必要时还可以在灌浆材料中掺入适量的阻锈剂。后张法预应力钢筋管道压浆质量是影响预应力混凝土梁耐久性的关键因素之一。预应力钢筋管道压浆所用水泥浆的抗压强度不应低于 30MPa，其水灰比为 0.4~0.5，为减少收缩，可通过试验掺入适量膨胀剂。

5.4.3　缆索承重桥梁的耐久性

缆索(拉索或吊杆)一般布置在梁体外部，且处于高应力状态，对锈蚀等外界侵害比较敏感，主要表现在悬索桥钢索的锈蚀和斜拉桥拉索或者中下承式拱桥吊杆的损坏。大跨度桥梁结构中经常使用缆索承重体系来跨越江河，主要的桥型包括各种吊杆(系杆)拱桥、斜拉桥和悬索桥等。缆索(拉索或吊杆)一般布置在梁体外部，且处于高应力状态，对锈蚀等外界侵害比较敏感，加之过去使用的缆索防护体系不易检查，因此，缆索和吊杆的防护与耐久性极为重要，它直接关系到桥梁的使用寿命和使用性能，是缆索承重桥梁的生命线。

5.4.4　钢桥的耐久性

公路钢桥运营期间的损伤形式主要有：钢材腐蚀与劣化、活载引发的破损、疲劳和失稳等。钢桥的腐蚀、劣化、疲劳损伤的影响因素较复杂，主要因素有：材料、结构构造的设计、加工工艺和施工方法、作用荷载、环境、桥梁的运营管理等。

第六章 混凝土简支体系梁式桥的构造与设计

梁桥是将梁平置于墩台之上，为梁承重结构的桥梁，是一种最基本、最古老的桥型。简支体系梁式桥属静定结构，受力明确，在竖直荷载作用下支承处只有竖向反力，梁体以受弯为主，同时承受剪力。由于结构重力作用下的跨中弯矩与跨径平方成正比，随着跨度增加，跨中弯矩增加很快，因此，简支体系梁式桥适合中小跨径桥梁，其构造相对较简单。混凝土简支体系梁式桥类型较多，按桥跨结构相对厚度大小可分为简支板桥（simply supported slab bridge）和简支梁桥（simply supported girder bridge）；按是否施加预应力可分为钢筋混凝土简支梁桥（reinforced concrete simply supported girder bridge）和预应力混凝土简支梁桥（prestressed concrete simply supported girder bridge）；按施工方法又可分为整体式简支梁桥（monolithic simply supported girder bridge）、装配式简支梁桥（precast simply supported girder bridge）和组合式简支梁桥（combined simply supported girder bridge）等。

桥梁建设中，中小跨径的桥梁占了大多数，简支体系梁式桥是最常用的桥型。本章将介绍目前常用的简支板桥、装配式简支梁桥的构造与设计，同时对组合式简支梁桥也作简要介绍。

6.1 简支板桥的构造与设计

从结构尺寸的角度来定义，梁是长度远大于其横截面尺寸的一维线形体，而板是二维平面结构，宽度和高度尺寸相差不太大。另外，板厚度小于平面长或宽的 1/5 称薄板，否则为厚板。

板桥是小跨径桥梁最常用的桥型之一。由于它在建成之后外形上像一块薄板，故称为板桥。板桥的建筑高度小，适用于桥下净空受限制的桥梁，还可用于降低桥头引道高度，缩短引道的长度。其外形简单，制作方便，既便于现场整体浇筑，又便于工厂化成批生产，因此可以采用整体式结构，也可以采用装配式结构。另外，做成装配式的预制构件时，重量不大，架设方便。

但板桥的跨径不宜过大，当跨径超过一定限值时，自重显著增大，从而造成材料上的浪费。一般情况下，钢筋混凝土简支板桥的跨径不宜超过 10m，预应力混凝土简支板桥的跨径不宜超过 20m。

除了常见的正交板桥以外，由于公路线形的要求，尤其是在近几年的高速公路上，小跨径斜交板桥、弯板桥和异性板桥也得到大量的应用。

从结构受力体系来看，板桥可以分为简支板桥、悬臂板桥和连续板桥等。本节介绍简支板桥的构造和设计。

6.1.1 整体式简支板桥构造

整体式简支板桥是采用现场整体浇筑一次成型方法施工的钢筋混凝土板桥，其整体性能好，横向刚度较大，施工也较简便，但需要消耗一定量的模板和支架材料。

整体式简支板桥的板厚与跨径之比，即高跨比一般为 1/16～1/20，随跨径增大取值减小，其桥面宽度经常大于跨径。横截面一般设计成等厚度的矩形实心截面 [图 6.1(a)]，为了减小自重，也可做成留有圆洞的空心板桥或将受拉区稍加挖空的矮肋式板桥 [图 6.1(b)]，空心板桥的顶板和底板厚度均不应小于 80mm。为了美观和加大桥下空间的需要，现代城市高架板桥也常采用如图 6.2 所示的单波和双波式截面型式。对于较宽的板桥，也可以沿桥中线化为并列的两桥，以防止因温度变化及混凝土收缩而引起的纵向开裂，并减小由汽车荷载等所产生的横向负弯矩。

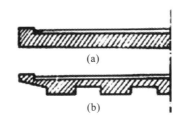

图 6.1 整体式板桥截面图

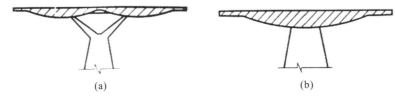

图 6.2 城市高架桥板桥截面

整体式板桥的跨径与板宽相比通常相差不大(比值不大于 2)，在荷载作用下实际上处于双向受力状态。因此，除了配置纵向受力钢筋以外，还要在板内设置垂直于主钢筋的横向受力钢筋。在对板桥进行计算时，一般不宜将其简化为梁来进行计算，如果简化为梁来计算，纵向主筋除中间 2/3 板宽范围内按计算配置以外，在两侧各 1/6 的范围内应比中间至少增加 15%，这是因为当车辆荷载在靠近板边时，参与受力的板宽(荷载的有效分布宽度)要比中间小，板边处的受力更为不利。

整体式板的主拉应力较小，按计算可以不设弯起的斜钢筋，但习惯上还是将一部分主钢筋在沿板高中心纵轴线的 1/4～1/6 计算跨径处按 30°～45°的角度弯起。通过支点不弯起的主钢筋，每米板宽内不少于三根，且不少于主钢筋截面面积的 1/4。

6.1.2　装配式简支板桥构造

采用预制装配式结构可以缩短工期，并获得较高的施工质量。装配式简支板桥按其截面型式来分有实心板和空心板两种。预制装配式实心板通常用于跨径 8m 以下的桥梁，或者作为中下承式拱桥等大跨度桥梁的行车道板。当跨径增大时，为了减小板的自重，充分合理地利用材料，将截面中间挖空而成为空心板。空心板较同跨径的实心板重量小，而建筑高度又较同跨径的 T 梁小，在必要时可以使用，但是跨径不宜过大。

为了使装配式板在横向连成整体，共同承受车辆荷载，必须在块件之间设置强度足够的横向连接构造。装配式板的横向连接方法主要有企口式混凝土铰［图 6.3(a)］和钢板焊接［图 6.3(b)］两种，但企口式混凝土铰的连接效果相对较好，因此尽量用企口式混凝土铰连接，在无法设置企口式混凝土铰的部位，可采用钢板焊接作为补充。企口式混凝土铰的上口宽度应满足插入式振捣器的需要，铰槽的深度宜不小于预制板高的 2/3。预制板内应预埋钢筋伸入铰内，预制板安装就位后，伸出钢筋相互绑扎，铰缝内用与预制板混凝土相同标号的细骨料混凝土填实。铰接板顶面一般应设厚度不小于 80mm 的现浇钢筋混凝土层。为保证现浇层或铺装层共同参与受力，可以将预制板中的钢筋伸出，与相邻板的同样钢筋绑扎，再浇筑在现浇层或铺装层内［图 6.3(a)］。钢板连接的做法是：首先在板顶部预埋钢板，板块安装就位后，再在相邻两构件的预埋钢板上焊接一块钢盖板。连接钢板的纵向中距通常为 80～150mm，钢板连接的效果远不如企口式混凝土铰连接，往往作为端部无法设置企口式混凝土铰部位的横向连接，且应尽量上下都布置［图 6.3(b)］。

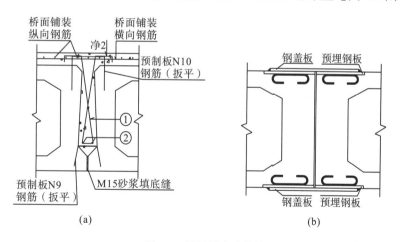

图 6.3　板桥横向连接构造

6.1.3　斜交板桥的受力特点及构造

在桥梁建设中，常常由于桥位处的地形限制，或者由于高等级公路对线形的要求而将桥梁做成桥轴线与支承线不相互垂直的斜交桥。斜交板桥的受力复杂，设计计算比正桥麻烦，须借助计算机以求得数值解。

斜交角是表征斜板桥偏斜程度的重要参数，它的表示方法有两种：一种是桥轴线与支

承线的垂线的夹角 φ，另一种是桥轴线与支承线的夹角 α，习惯上斜交角多指 φ。斜交角的大小直接关系到斜桥的受力特性，φ 越大斜桥的特征越明显。

国内外学者经过大量的理论和试验研究，得到斜板在垂直荷载作用下的特性表现在以下几个方面。

(1)斜板的荷载有向两支承边之间最短距离方向传递的趋势(图 6.4)。在宽跨比(b/l)较大的斜板中部，其最大主弯矩方向(即在垂直于该方向的截面上没有扭矩)几乎与支承边垂直。边缘的主弯矩方向虽接近平行于自由边，但仍有向支承边垂线方向偏转的趋势。

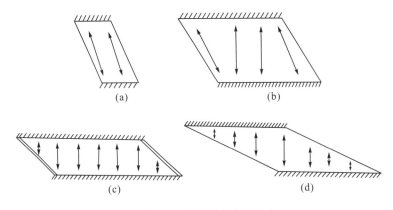

图 6.4 斜板的主弯矩方向

(2)斜板各角点的受力情况可以用图 6.5 中以 $ABCD$ 为支点的 Z 字形连续梁(三跨连续梁)来比拟。在钝角 $\angle B$、$\angle C$ 处产生接近于跨中弯矩值的相当大的负弯矩，其方向垂直于钝角的二等分线；其值随 φ 的增大而增加，但分布范围较小，并迅速削减。斜板在支承边上的反力很不均匀。以钝角 $\angle B$、$\angle C$ 处的反力最大，锐角 $\angle A$、$\angle D$ 处的反力最小，当斜交角与宽跨比都较大时，甚至可能出现负反力，使锐角向上翘起。此时若固定锐角角点，势必导致板内有较大的扭矩。

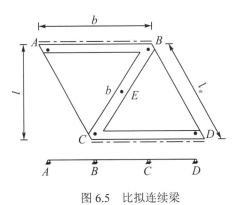

图 6.5 比拟连续梁

(3)斜板横向弯矩比同等跨径的正交桥大，但是纵向弯矩相对要小，且其扭矩分布很复杂，板边存在较大的扭矩。

(4)斜交板桥最大正弯矩的位置，不一定在跨中，而是靠近钝角位置，且随着斜交角度 φ 的增加，最大正弯矩的位置往钝角位置偏移。

当斜交角在 15° 以内时，斜交的影响可以忽略，因此《公路钢筋混凝土及预应力混凝土桥涵设计规范》(JTG 3362—2018)规定，$\varphi \leq 15°$ 时，可按正交板桥计算，计算跨径为：当 $l_\varphi/b \leq 1.3$ 时，按两支承轴线间垂直距离的正跨径计算；当 $l_\varphi/b > 1.3$ 时，按顺桥向纵轴线的斜跨径计算。其中，l_φ 指板的斜向跨径。

熟悉了斜板桥的力学性能以后，就可以根据其受力特点进行配筋。

对整体式板桥，一般 $l_\varphi < 1.3b$，桥梁宽度较大，根据前面所述斜板主弯矩方向的特点，如果斜交角 $\varphi \leq 15°$，主钢筋则可完全平行于桥纵轴线方向布置［图 6.6(a)］；当 $\varphi > 15°$ 时，主钢筋应垂直于板的支座轴线方向布置［图 6.6(b)］。为抵抗板内靠近自由边区段的扭矩，还应在板的自由边上下层各设一条直径为主钢筋直径、钢筋数量不少于三根的平行于自由边的钢筋带，并用箍筋箍牢［图 6.6(c)］。

斜板的分布钢筋应垂直于主钢筋方向设置［图 6.6(a)、(b)］。分布钢筋的直径、间距和数量与整体式正板桥要求相同。在斜板的支座附近应增设平行于支座轴线的分布钢筋，或将分布钢筋向支座方向呈扇形分布，并过渡到平行于支承轴线。

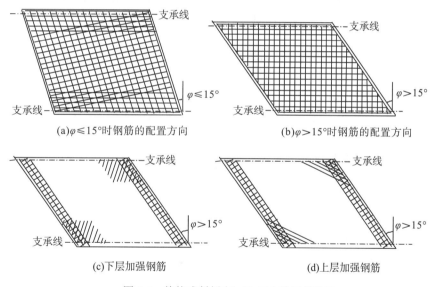

(a) $\varphi \leq 15°$ 时钢筋的配置方向

(b) $\varphi > 15°$ 时钢筋的配置方向

(c)下层加强钢筋

(d)上层加强钢筋

图 6.6 整体式斜板（$l_\varphi \leq 1.3b$）的钢筋构造

当 $\varphi > 15°$ 时，由于钝角部位有较大的反力和负弯矩，在钝角位置板顶应配置垂直于角平分线方向的加强钢筋［图 6.6(d)］，同时板底应配置平行于角平分线方向的分布钢筋［图 6.6(c)］。加强钢筋的分布范围、数量应根据平面计算确定，分布钢筋的平面布置范围一般与加强钢筋相同，一般直径不小于 12mm，间距 10cm 左右。

对于装配式板桥，一般 $l_\varphi > 1.3b$，属窄斜板桥，其主钢筋可与桥纵轴线平行(图 6.7)。其他钢筋的配置原则与整体式斜板桥相同。

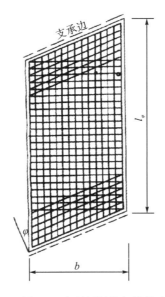

图 6.7　窄斜板桥的钢筋构造

对于斜交梁桥，可以将整个桥道系比拟成斜交板桥，按照斜交板桥的受力特点来进行定性分析，然后采用数值方法进行计算。

6.1.4　弯桥的受力特点和构造

平面弯曲的曲线桥又称弯桥，它的受力特点主要有以下两方面。

(1) 在外荷载作用下，截面内产生弯矩的同时，必然伴随产生"耦合扭矩"，即所谓的"弯-扭"耦合作用。

(2) 对于两端均有抗扭支座的弯桥，其外弧侧的支座反力一般大于内弧侧，曲率半径 R 较小时，内弧侧还可能出现负反力。

产生这些现象的原因主要有以下三方面。

(1) 体积重心的偏心。以等厚度矩形截面实心板为例，在桥中心轴线上截取单位弧长，再从弯曲中心 O 引出两根辐射线与该弧长两端相连，便构成了两个扇形面积，如图 6.8(a) 所示。由于外弧侧的扇形面积大于内弧侧面积，全截面的体积重心将偏离轴线向外弧的一侧，其偏心距离为 e。这就是说，即使桥面上为均布荷载，对弯桥的作用也可分解为一个作用于桥中心线的垂直分力和向外弧侧倾翻的扭矩。

(2) 桥面横坡的影响。弯桥的桥面常设置横向坡度(超高)，对于窄桥，有时为了方便，利用铺装层来调出横坡，其铺装层在外弧侧的厚度大于内弧侧，这样就加大了体积偏心。因此在设计上应将桥跨结构斜置，使桥面铺装做成等厚度的，以减小恒载偏心。

(3) 车辆行驶时的离心力。如图 6.8(b) 所示，车辆在桥面上行驶时，除了轴重的垂直力 P_V 外，还有指向外弧且离桥面高度为 h_c 的离心力 P_H，该力对结构也要产生向外倾翻的扭矩 T，$T = P_H \cdot h_c$。

由图 6.8(c) 可以看出，对于两端具有抗扭支座的单跨弯桥，当跨中 C 点有集中力 P 作用时，由于 A、B、C 三点不在同一直线上，且荷载点 C 距 AB 连线的垂距为 e，故支点除支反力 R_A 和 R_B 外，还有支点的反力扭矩 T_A 和 T_B。因此，在桥跨内每个截面上除了弯矩以外，还产生扭矩，曲率半径越小，此扭矩值越大。如果将每个支点上的支反力和反力扭矩先进行分解再合成后，便会出现外侧支座反力大和内侧支座反力小甚至为负反力的现象。

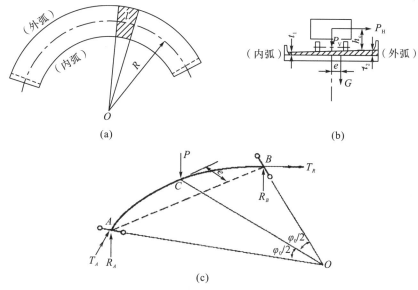

(a)   (b)

(c)

图 6.8 弯梁桥的受力

弯桥在各种作用下，除了竖向变形外，还有水平面内的变形。引起弯梁桥在水平面内产生位移的因素有两类，且两类位移的方向有很大的差别。

（1）由于温度变化和混凝土收缩引起的水平位移。这类位移属于弧线段膨胀或缩短性质的位移，它只涉及曲率半径的变化，而圆心角不发生改变，即 $r_0 \to r$，而 $\varphi_0 = \varphi$，如图 6.9（a）所示。曲梁的左端为固定支座，其余为多向活动支座，当温降或者混凝土收缩时，位于 1#、2#、3#支座处的桥面将分别产生 δ_1、δ_2 和 δ_3 的水平位移。虽然它们的位移方向并不相同，但均指向固定支座。

（2）由于预加力和混凝土徐变引起的水平位移。这类位移属于切线方向的位移。图 6.9（b）所示是在截面形心处施加预应力时由弹性压缩和徐变变形所引起的水平位移。此时，曲率半径不发生改变，$r_0 = r$，而圆心角却发生改变，即 $\varphi_0 \neq \varphi$。

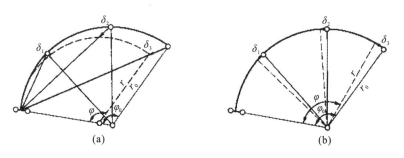

(a)   (b)

图 6.9 连续弯梁桥的两种平面内变形

对于弯桥尤其是连续弯桥而言，支座布置是一个较复杂的问题。支座布置是否合理，不但会影响到结构的受力，还会影响车辆的正常行驶。我国近年来在一些城市内所设计的连续弯梁桥中，常因支座的布置不当而出现故障，主要有以下几种情况。

(1) 桥台处的双支座因不具有抗扭功能，加之设计中对支座反力和反力扭矩的验算又出现失误，致使在运营中，出现内弧侧的支座脱空，端部桥面向外弧侧偏移，而内弧侧朝上起翘，伸缩缝装置被破坏，行车被迫中断。

(2) 桥台处的支座虽然设计成具有抗扭能力的固定支座，但在所有中间桥墩上均布置单点活动支座，且不具有限制桥面径向位移的功能，一旦气温升高，桥面发生伸长膨胀，当受到两端支座约束时，就会像平置的双铰拱一样，朝径向起拱，桥面中轴线朝外弧的一侧偏移，从而加大了恒载偏心产生的扭矩，最后使整个桥面朝外弧侧产生不同程度的倾斜。

(3) 为了克服上述的平面起拱现象，有的设计将连续弯梁桥的中墩设计成墩梁固结的圆柱式墩，但因墩身截面的抗弯刚度较弱，当温度升高时，中墩在径向的平面内仍然产生朝外弧侧的弯曲变形，墩身内弧侧的混凝土表面开裂，最后也使整个桥面仍然出现与上述相似的倾斜，如图 6.10 所示。

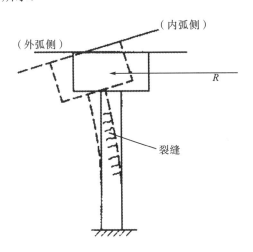

图 6.10　中墩的侧倾示意图

鉴于上述出现的一些问题，建议在布置连续弯梁桥的支座时，参考以下做法。

(1) 在两端的桥台上设置能使桥面结构作切线方向位移的抗扭支座，正中桥墩上的抗扭支座应是固定的，这一方面满足因温度、收缩和预应力张拉等因素产生的变位，另一方面可以保证伸缩缝免遭破坏。

(2) 抗扭支座可以每间隔 3~4 跨布置一个，除了固定支座以外，所有其余抗扭支座均能作切向位移，并且还要将它们固定在具有足够横向 (径向) 抗弯刚度的桥墩上 (双柱式墩或薄壁墩)，对于其余各支点，则可以采用在独柱式墩上布置单点铰支座的方法，如图 6.11 (a) 所示。

(3) 也可以将最中间的一个支点设计成墩梁固结的形式，其余支点仍为单点铰支座，但此时两端桥台上的抗扭支座都应具有作切向位移的功能，如图 6.11 (b) 所示。

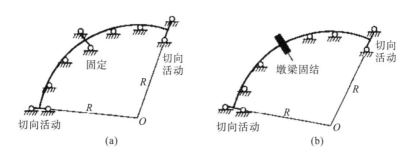

图 6.11   连续弯梁桥支座布置方式

(4)为了达到人为地调整梁内扭矩分布的目的，对于中间各个单点铰支座，可以分别给予一定的预偏心，如图 6.12 所示。

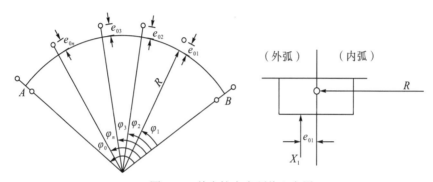

图 6.12   单点铰支座预偏心布置

(5)采用图 6.11(a)的支座布置方式，固然可以限制连续弯梁桥只能作切向位移，但当温度升高时，由于弯梁桥所固有的温度位移性质，势必对每个抗扭支座产生径向压力 H_{zw} 和水平面内的弯矩 M_{zw}，从而使梁内产生水平面内的内力。因此，在这种情况下，上部结构的桥面不宜太宽，以降低横向抗弯刚度来适应平面内的弯曲。当桥面宽度较大时，宜设计成分离而并列的两座窄桥，同时还应对这些支座的水平方向受力情况作必要的验算。

6.2   装配式简支梁桥的构造与设计

装配式简支梁桥或者先简支后连续梁桥，因其受力明确、构造简单、施工方便、便于工业化生产、可节省大量的模板和支架、降低劳动强度、缩短工期，因此成为应用最多的桥型。

普通钢筋混凝土的简支梁桥，抗裂性、耐久性、承载能力都不如预应力混凝土结构，因此应用越来越少，且跨径在 16m 以下，梁间距不超过 2.2m。为了提高简支梁的跨越能力，可采用预应力混凝土梁桥。目前，世界上预应力混凝土简支梁的最大跨径已达 76m。根据建桥实践，当跨径超过 50m 后，不但结构笨重、施工困难，经济性也较差，因此，预应力混凝土简支梁桥的标准跨径以不大于 50m 为宜。随着钢材产量和钢材质量的提高，钢-混凝土叠合简支梁桥发展也较快。

6.2.1　横截面设计

梁桥的横截面设计主要是确定横截面的布置形式，包括主梁截面型式、主梁间距、截面各部尺寸等，它与立面布置、建筑高度、施工方法、美观要求及经济用料等因素有关。

装配式混凝土简支梁桥横截面最基本的类型为 T 形、箱形、I 形，少数也用Ⅱ形，其中 I 形截面属于组合截面(图 6.13)。T 形截面梁用得相对较多，且相对成熟。T 形梁的翼板构成桥梁的行车道板，直接承受车辆和人群荷载的作用，也是主梁的受压翼缘。它的优点是：外形简单，制造方便，主梁之间借助横隔梁连接，整体性较好，接头也较方便。但构件的截面形状不稳定，运输和安装较麻烦。对于预应力混凝土 T 形梁桥，为了布置预应力束筋和满足锚头布置的需要，下部一般都设有马蹄或加宽的下缘 ［图 6.13(b)］。有时为了提高单梁的抗扭刚度并减小截面尺寸，也采用箱形 ［图 6.13(c)］。

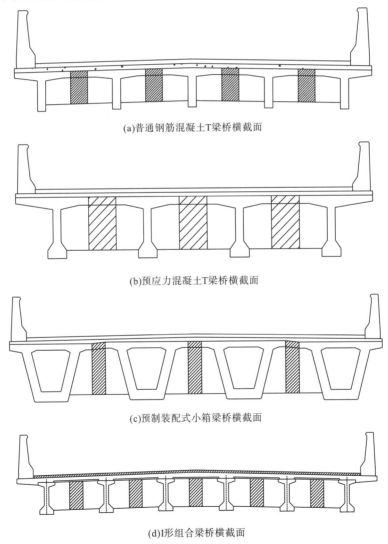

(a)普通钢筋混凝土T梁桥横截面

(b)预应力混凝土T梁桥横截面

(c)预制装配式小箱梁桥横截面

(d)I形组合梁桥横截面

图 6.13　装配式简支梁桥的横截面

对于一定跨径和桥面宽度(包括行车道和人行道)的桥梁，确定出适当的主梁间距(或片数)是构造布置中首先需要解决的问题，应从材料用量经济、尽可能减少预制工作量、单梁承载力、桥梁整体刚度及保证行车道板的刚度和承载力等方面综合考虑确定。显然，主梁间距越大，主梁的片数就越少，预制工作量就越少，但需要单梁承载力越大，同时行车道板的跨径增大，悬臂翼缘板端部较大的挠度对引起桥面接缝处纵向裂缝的可能性也增大。根据建桥经验，装配式普通钢筋混凝土 T 形梁桥的主梁间距一般为 1.5～2.2m，预应力混凝土 T 形梁桥的主梁间距一般为 2.1～2.5m。

主梁的截面高度与主梁的跨径、活载的大小等有关。对于公路与城市道路桥梁，普通钢筋混凝土 T 梁的梁高与跨径之比(俗称高跨比)为 1/10～1/15，预应力混凝土 T 梁的梁高与跨径之比(俗称高跨比)为 1/12～1/18，跨径大的取用偏小的比值。当桥梁建筑高度不受限制时，采用较大的梁高显然是较经济的，因为加高腹板使混凝土用量增加不多，同时节省主筋或预应力筋数量较多。

主梁腹板的宽度，应满足抗剪承载力要求，并且不给振捣混凝土造成困难。腹板宽度多采用 160～250mm，一般不应小于 160mm，且不小于腹板高度的 1/15。为了抗剪和安放支座的需要，梁肋端部可以加宽，但是其过渡段长度不宜小于 12 倍腹板宽度差。

翼板的厚度主要满足行车道板承受车辆局部荷载的要求，另外还应满足构造尺寸最小的要求。根据受力特点，翼板通常都做成变厚度的，即端部较薄，向根部逐渐加厚。翼缘板悬臂端的厚度不应小于 100mm；当主梁之间采用横向整体现浇连接或箱形截面梁设有桥面横向预应力钢筋时，其悬臂端厚度不应小于 140mm。T 形和 I 形截面梁，在与腹板相连处的翼缘厚度不应小于梁高的 1/10，当该处设有承托时，翼缘厚度可计入承托加厚部分厚度；如图 6.14 所示，当承托底坡的坡比 $\tan\alpha > 1/3$ 时，取 1/3。

对于预应力混凝土梁桥，还需要考虑其截面效率指标。为了合理设计预应力混凝土梁的截面尺寸，首先分析其截面的受力特点。截面特征如图 6.14 所示：a 为预应力钢筋重心到梁底距离；k_u 为上核心距；k_b 为下核心距；h 为梁的全截面高度；$K=k_u+k_b$，称为截面核心距。

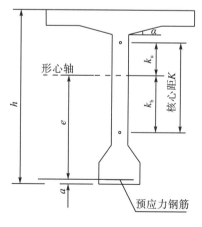

图 6.14　截面特征

预应力 N_y 作用在截面形心轴的下方，使得截面上缘应力为零，此时，N_y 的作用点称为下核点，下核点到形心轴之间的距离称为下核心距；N_y 逐渐上移至截面形心轴的上方，使得截面下缘应力为零，此时 N_y 的作用点称为上核点，上核点到形心轴之间的距离称为上核心距。预应力 N_y 作用在上下核心点之间，将使得全截面受压，不会出现拉应力。与不考虑恒载影响相比，考虑恒载影响的上下核心点会整体向下移动一个偏心距 e'，偏心距 e' 实际上起到了无偿抵消结构恒载的作用。采用形心较高的截面，可以加大偏心距 e'，从而节约预应力筋的数量。

截面核心距的大小体现了运营阶段桥梁承受荷载的能力，而且核心距 K 越大预应力筋就越节省。排除截面梁高 h 的影响，可用截面效率指标 $\rho=K/h$ 表示，故应使 ρ 尽可能大。

显然，截面型式不同将影响到截面形心位置和截面效率指标的大小。从经济性考虑，通常希望 ρ 值在 0.45～0.5，甚至更大。实际上，对跨径较大的预应力混凝土简支梁，适当加大翼缘宽度，增加梁的间距，可以提高截面效率指标 ρ。

对于预应力 T 梁，其下缘的马蹄尺寸应满足预加力阶段的强度要求，同时，从截面效率指标 ρ 分析，马蹄应当是越宽而矮越经济。马蹄的具体形状要根据预应力束筋的数量和排列方式确定，同时还应考虑施工方便和预应力筋弯起的要求。一般马蹄宽度约为肋宽的 2～4 倍，但需注意马蹄部分(特别是斜坡区)的管道保护层不宜小于 60mm；马蹄全宽部分的高度加 1/2 斜坡区高度为梁高的 0.15～0.20 倍，斜坡宜陡于 45°；为了配合预应力筋的起弯，在梁端能布置锚具和安放张拉千斤顶，在靠近支点附近马蹄部分应逐渐加高，腹板也应加厚至与马蹄同宽甚至比马蹄更宽，加宽的范围最好达到一倍梁高(离锚固端)左右，从而形成了沿纵向腹板厚度和马蹄高度都变化的变截面 T 梁。

6.2.2 配筋构造

普通钢筋混凝土梁桥的钢筋可分为纵向主钢筋、架立钢筋、斜钢筋、箍筋和分布钢筋等几种，预应力混凝土梁除了上述钢筋外，尚有预应力筋、承受局部应力的钢筋(如锚固端加强钢筋网)，但是由于有预应力钢束的作用，特别是后张法预应力梁的预应力钢束弯起后可以提供抗剪能力，往往不需要布置斜钢筋。

为了保护钢筋免于锈蚀，钢筋至梁体边缘的净距应符合规范规定的钢筋最小混凝土保护层厚度要求，钢筋净距应考虑浇筑混凝土时振捣器可以顺利插入。

1. 普通钢筋构造

1)纵向受拉钢筋

在弯矩作用下，简支梁下缘受拉，故抵抗拉力的主钢筋设置在梁肋的下缘。随着弯矩向支点截面减小，主钢筋可在跨间适当位置处弯起(预应力混凝土梁的主筋可不弯起)。受拉区主钢筋不宜截断，如必须截断时，为充分保证截断钢筋的锚固长度和斜截面受弯承载力，应从按正截面抗弯承载力计算充分利用该钢筋强度的截面至少延伸 l_a+h_0 长度，此处 l_a 为最小锚固长度，h_0 为梁截面有效高度；同时，应从按正截面抗弯承载力计算不需要该钢筋的截面至少延伸 $20d$(环氧树脂涂层钢筋为 $25d$)，此处 d 为钢筋直径。纵向受压钢筋若在跨间截断，应延伸至按计算不需要该钢筋的截面以外至少15d（环氧树脂涂层钢筋20d）。

为保证主筋和梁端有足够的锚固长度和加强支承部分的强度，钢筋混凝土梁的支点处应至少有两根且不少于总数1/5的下层受拉主钢筋通过。两外侧钢筋应伸出支点截面以外，并弯成直角，顺梁高延伸至顶部，与顶层纵向架立钢筋相连。两侧之间不向上弯起的受拉主钢筋伸出支承截面的长度不应小于10d（环氧树脂涂层钢筋伸出12.5d）［图6.15(a)］，HPB300钢筋应带半圆钩［图6.15(b)］。

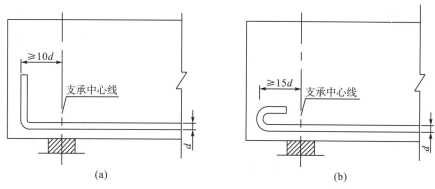

图6.15　梁端主钢筋的锚固

各主筋之间的横向净距和层与层之间的竖向净距：当钢筋为三层及以下时，不小于30mm，并不小于1d；在三层以上时，不小于40mm，并不小于1.25d。对于束筋，此处直径d采用等代直径。

对于预应力梁，也需要配置纵向受力普通钢筋，将非预应力的钢筋与预应力筋协同配置，有时可达到补充局部梁段内承载力不足、满足承载力要求，或更好地分布裂缝和提高梁体韧性和延性等效果，使简支梁的设计更加经济合理。

先张法施工的小跨度梁，如果采用直线布筋形式，张拉阶段支点附近无法平衡的负弯矩会在梁顶引起过高的拉应力，为了防止因此可能产生的开裂，可适当布置如图6.16(a)所示的局部受拉钢筋。

对于预制部分的自重比恒载与活载小得多的梁，在预加力阶段跨中部分的上缘可能会开裂而破坏，因而也可在跨中部分的顶部加设无预应力的纵向受力钢筋［图6.16(b)］。这种钢筋在运营阶段还能加强混凝土的抗压能力，在破坏阶段则可提高梁的安全性。

图6.16(c)所示为在跨中部分下翼缘内设置的钢筋，对全预应力梁可加强混凝土承受预加压力的能力。

在下翼缘内通常设置钢筋，对部分预应力梁可补足承载力的需要［图6.16(d)］，对于配置不黏结预应力筋的梁能起分布裂缝的作用。位于受拉区边缘的普通钢筋宜采用直径较小的带肋钢筋，以较密的间距布置。

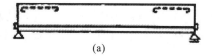

(a)

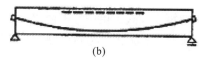

(b)

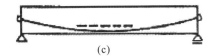 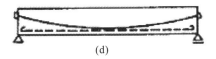

(c)   (d)

图 6.16   预应力梁中的纵向受力普通钢筋(虚线)的布置

此外，普通钢筋的配置还能增加预应力梁在反复荷载作用下的疲劳寿命。

2)抗剪斜筋

简支梁靠近支点截面的剪力较大，普通钢筋混凝土梁往往需设置斜钢筋以增强梁体的抗剪强度。斜钢筋可由主钢筋弯起而成(称弯起钢筋)，当可供弯起的主钢筋数量不足时，需加配专门的焊接于主筋和架立筋上的斜钢筋。斜钢筋与梁轴线的夹角一般取 45°。对于预应力混凝土梁，特别是后张法预应力混凝土梁，因钢束的弯起可以起到增强抗剪强度的作用，往往不设置斜筋。而对于板桥，特别是实心板桥，由于其混凝土截面与箍筋综合抗剪能力较强，往往不需要设置斜筋也能满足抗剪要求，故也可不设弯起钢筋或者斜筋，甚至不配置箍筋，只是由于主筋在靠近支点处不需要那么多，而截断的话会带来施工的不便和抗弯能力的突变，往往构造性地弯起一部分。

3)箍筋

箍筋的主要作用也是增强主梁的抗剪承载力，且主梁抗剪承载力应该以混凝土和箍筋为主、斜筋为辅，混凝土和箍筋所承担的剪力不少于 60%，而斜筋(弯起筋)所承担的剪力不超过 40%，对于抗震要求高的地方更应提高混凝土和箍筋所承担剪力的比例。对于普通股钢筋混凝土梁，其直径不小于 8mm 且不小于 1/4 主钢筋直径，配筋率最低要求：HPB300钢筋不应小于 0.14%，HRB400 钢筋不小于 0.11%。箍筋间距不应大于梁高的 1/2 且不超过 400mm，在支座中心向跨径方向长度不小于 1 倍梁高范围内，箍筋间距不大于 100mm。近梁端第一根箍筋应设置在距端面一个混凝土保护层距离处。对于预应力混凝土 T 形、I 形截面梁和箱形截面梁，腹板内应分别设置直径不小于 10mm 和 12mm 的箍筋，且应采用带肋钢筋，间距不宜大于 200mm；自支座中心起长度不小于一倍梁高范围内，应采用闭合式箍筋，间距不应大于 120mm。

4)分布钢筋

梁腹板两侧还应设置纵向分布钢筋，直径不小于 8mm，以防止因混凝土收缩等原因产生裂缝。每个梁肋内分布钢筋的总面积取为 $0.001\sim0.002bh$，其中 b 为腹板宽度，h 为梁的高度。当梁跨较大、梁肋较薄时取用较大值。靠近下缘的受拉区应布置得密些，其间距在受拉区不应大于腹板宽度，且不应大于 200mm；在上部受压区则可疏些，但间距不应大于 300mm。在支点附近剪力较大区段，纵向钢筋间距宜为 100~150mm。

5)架立钢筋

架立钢筋布置在梁肋的上缘，主要起固定箍筋和斜筋并使梁内全部钢筋形成骨架的作用。

6)钢筋骨架

在普通钢筋混凝土梁中，钢筋数量众多，为了尽可能地减小梁肋尺寸，通常将主筋叠置，并与斜筋、架立筋一起通过侧面焊缝焊接成钢筋骨架(图 6.17)。试验表明，焊接钢筋骨架整体性好，刚度大，能有效减小梁肋尺寸，钢筋的重心位置较低，还可避免大量的绑扎工作。但是，彼此焊接后的主筋与混凝土的黏结面积减小，削弱了其抗裂性，所以，应限制焊接骨架的钢筋层数(不超过 6 层)，并选用较小直径的钢筋(不大于 32mm)，有条件时还可将箍筋与主筋接触处点焊固结，以增大其黏结强度，从而改善其抗裂性能。

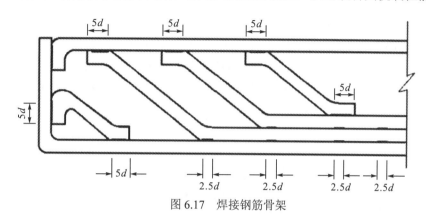

图 6.17　焊接钢筋骨架

为了缩短接头长度，并减小焊接变形，钢筋骨架的焊接最好采用双面焊缝，但当骨架较长而不便翻转时，就可用单面焊缝。侧面焊缝设在弯起钢筋的弯折点处，并在中间直线部分适当设置短焊缝。为保证焊接质量，使焊缝处强度不低于钢筋本身强度，焊缝的长度必须满足规定：采用双面焊缝时，斜钢筋与纵向钢筋之间的焊缝间距不超过 100cm，焊缝长度为 5d，纵向钢筋之间的短焊缝长度最小为 2.5d，此处 d 为纵向钢筋直径。采用单面焊时，焊缝长度加倍。

7)行车道板钢筋

行车道板(如 T 梁翼缘板)内的横向受力钢筋沿横向布置在板的上缘，以承受悬臂负弯矩(图 6.18)。板内主筋的直径不小于 10mm，间距不应大于 200mm。垂直于主钢筋还应设置分布钢筋，直径不小于 8mm，间距不大于 200mm，截面面积不小于设置分布钢筋的板的截面面积的 0.1%，人行道板内分布钢筋直径不应小于 6mm，其间距不应大于 200mm。

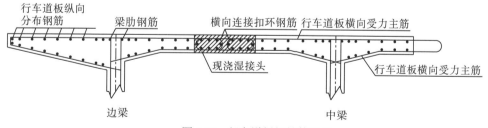

图 6.18　行车道板钢筋构造图

8)其他

对于预应力结构，还有锚下加强钢筋、封锚钢筋、定位钢筋、防崩钢筋等构造，在后面关于预应力筋布置的内容中叙述。

2. 预应力筋构造

1）纵向预应力筋

预应力混凝土简支梁桥通常采用后张法施工，根据简支梁的受力特点通常采用曲线配筋的形式，全部主筋直线布置的形式仅适用于先张法施工的小跨径梁。

预应力筋一般都采用图 6.19（a）所示全部弯至梁端锚固的布置形式，这样布置可使张拉操作简便，预应力筋的弯起角度不大（一般都小于 20° 的限值），对减小摩阻损失有利。

梁端锚固有困难时，也有的将预应力筋弯出梁顶［图 6.19（b）］。这样的布置方式使张拉操作稍趋烦琐，使预应力筋的弯起角度增大（25°～30°），摩阻引起的预应力损失也随之增大，且受力复杂，一般不宜采用这种布置方式。

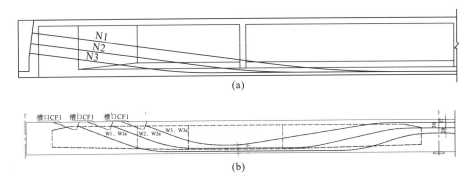

图 6.19　预应力混凝土简支梁纵向预应力筋的布置（单位：cm）

预应力筋在梁内的具体位置可以利用索界的概念来确定。以部分预应力截面为例，根据使其上、下缘容许出现不大于规定拉应力的原则，分别考虑预加应力阶段和运营阶段在作用频遇组合下，受拉边缘出现允许的最大拉应力确定的 N_y 在各个截面上偏心距的极限值。由此可绘出如图 6.20 所示的两条曲线。只要使预应力钢索的重心位置位于这两条曲线所围成的区域内（即索界内），就能保证梁的任何截面在各个受力阶段上、下缘应力均不超过规定值。显然，在实际布置时还要满足混凝土规定保护层的要求。

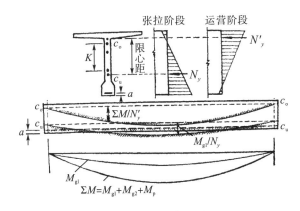

图 6.20　索界图

M_{g1}、M_{g2} 分别表示一期、二期恒载引起的弯矩；M_p 载引起的弯矩

　　另外，从图 6.20 中还可看出，由于简支梁弯矩向梁端逐渐减小，故索界的上下限也逐渐上移，这就是必须将大部分预应力筋向梁端逐渐弯起的重要原因之一。

　　预应力筋弯起的曲线形状可以采用圆弧线、抛物线或悬链线三种形式。在矢跨比较小的情况下，这三种曲线的坐标值很接近，工程中通常采用在梁中部保持一段水平直线后再通过圆弧弯起的做法。

　　预应力钢束弯起的曲率半径，应符合相关规定。钢丝束、钢绞线束的钢丝直径小于或等于 5mm 时，曲率半径不宜小于 4m；钢丝直径大于 5mm 时，曲率半径不宜小于 6m。预应力螺纹钢筋的直径小于或等于 25mm 时，曲率半径不宜小于 12m；直径大于 25mm 时，曲率半径不宜小于 15m。

　　后张预应力混凝土构件的曲线形钢丝束、钢绞线束的锚下最小直线段长度宜取 0.80～1.50m。

　　预应力筋在跨中横截面内的布置，应在保证梁底保护层和位于索界内的前提下，尽量使其重心靠下，以增大预应力的偏心距，节省高强钢材。预应力筋在满足构造要求的同时，尽量相互靠拢，以减小下马蹄的尺寸，减小梁体自重。后张法预应力管道内径的截面面积不应小于 2 倍预应力钢筋截面面积。

　　预应力筋的锚固分两种情形：在先张法梁中，钢丝或钢筋主要靠混凝土的握裹力锚固在梁体内；在后张法梁中，则通过各类锚具锚固。

　　在后张法锚固构造中，锚具底部对混凝土有很大的压力，而直接承压的面积不大，应力非常集中。在锚具附近不仅有很大的压应力，还有很大的拉应力。因此，锚具在梁端的布置必须遵循一定的原则。

　　(1)锚具的布置应尽量减小局部应力。一般地，集中、过大的锚具不如分散、小型的有利。

　　(2)锚具应在梁端对称于竖轴线布置，以免产生过大的横向不平衡弯矩。

　　(3)锚具之间应留有足够的净距，以便能安装张拉设备，方便施工作业。

　　为了防止锚具附近混凝土出现裂缝，在锚具下面应采用带喇叭管的锚垫板，锚垫板下应配置足够的间接钢筋(包括加强钢筋网和螺旋筋)予以加强，间接钢筋应根据局部抗压承载力计算确定，配置加强钢筋网的范围一般是一倍于梁高的区域，其体积配筋率不应小于 0.5%。一般锚垫板和锚下螺旋筋都是由工厂生产锚具时配套，锚下钢筋网需要另行布置。锚下总体区应配置抵抗横向劈裂力的闭合式箍筋，其间距不大于 120mm；梁端截面应配置抵抗表面剥裂力的抗裂钢筋。图 6.21 为梁端锚固区的配筋构造示例。

　　预应力施加完毕后，锚具周围应设置构造钢筋与梁体连接，并浇筑混凝土封锚，以保护锚具不致锈蚀。封锚混凝土强度等级不应低于构件本身混凝土强度等级的 80%，且不低于 C30。

　　此外，还需布置预应力波纹管的定位钢筋，对于预应力筋横向径向力作用区，应配置沿预应力管道的 U 形防崩钢筋，与结构内部的纵筋钩接。

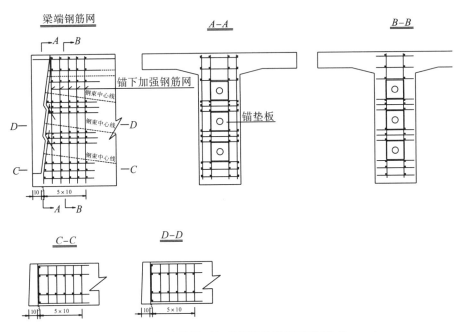

图 6.21　梁端锚固区加强钢筋构造图示意(单位：cm)

2) 竖向预应力筋构造

当梁的剪力较大时，在剪力和弯矩组合作用下的主拉应力过大，可能会导致主梁腹板产生斜向裂缝，或者抗剪承载力不足，此时就需要在腹板中配置竖向预应力筋。竖向预应力筋纵向间距为 500～1000mm。竖向预应力的施工质量很多不理想，甚至会有几乎失效的情况，因此，建议斜截面抗剪承载力验算时不考虑竖向预应力的作用，而将竖向预应力作为强度储备和提高抗裂性的构造。

3) 横向预应力筋构造

主梁行车道板在荷载作用下，其横向承载力或者抗裂性不足时，往往需要采用横向预应力。横向预应力筋与普通钢筋相互配合，以提高行车道板横向抗弯承载力和抗裂性，但是很多桥梁的横向预应力直接布置成直线，很少弯曲，导致其在一部分区域不起作用，或起到反作用，这一点需要注意。

6.3　组合式梁桥构造

组合式梁桥(简称组合梁桥)也是一种装配式的桥跨结构，它首先利用纵向水平缝将桥梁的梁肋部分与桥面板(翼板)分割开来，然后桥面板依据纵横向的竖缝划分成平面内呈矩形的预制板，这样就使单梁的整体截面变成板与肋的组合截面。施工时先架设梁肋，再安装预制板，最后在接缝内或连同在板上现浇一部分混凝土使结构连成整体。

目前，国内外常用的组合式梁桥有两种型式：Ⅰ形组合梁桥和箱形组合梁桥。箱形组合梁的预制部分为槽形，因此又被称为槽形梁，近年来应用较少。钢-混凝土叠合梁的应用逐年增加，即下方采用钢主梁，上方采用现浇混凝土桥面板与钢梁相结合共同受力。组合梁横截面如图 6.22 所示。

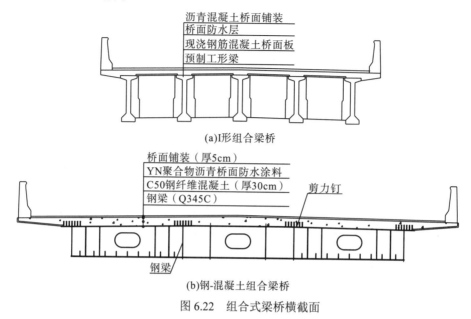

图 6.22　组合式梁桥横截面

组合梁桥的优点在于可以显著减小预制构件的重量和尺寸，减小预制构件占用的场地，便于运输和吊装，施工时不需另设支架和模板，加快施工速度。但由于组合梁桥的截面将主要承重构件拦腰划为两部分，因此在受力性能方面存在不足。设计时应考虑以下两方面内容。

(1)结合面处于截面弯曲剪应力较大的部位。为保证组合梁上下部分结合成一整体受弯构件，必须加强结合面的强度。为此，对于预制混凝土梁，应适当加大I形梁上缘的宽度，并保证其与预制板结合处的现浇混凝土层的厚度不小于 150mm，预制梁顶面还应做成凹凸尺寸不小于 6mm 的粗糙面。预制梁的箍筋应伸入现浇桥面板，其伸入长度应不小于箍筋直径的 10 倍，以增强彼此间的结合强度；对于钢主梁，其上方应布置剪力钉。

(2)组合梁是分阶段受力的。在第一阶段，预制梁(钢主梁)架设后，所有后期安装的预制板和现浇桥面混凝土及横隔梁的重量，连同预制梁(钢主梁)本身的自重，均由尺寸较小的预制梁(钢主梁)来承受。第二阶段即运营阶段，车辆荷载的作用则由组合梁全截面来承受。这与整体预制的 T 梁由主梁全截面来承受全部结构重力不同，预制梁(钢主梁)的抗弯惯性矩比整体的 T 梁小得多，这就必然大大增加预制梁(钢主梁)承受结构重力的负担。

6.4　预制装配式梁桥的横向连接构造

预制装配式梁的横向连接一般通过行车道板之间的横向连接(图 6.18)和横隔板连接共同实现。接头要有足够的强度，以保证结构的整体性，并使在运营过程中不致因荷载反复作用和冲击作用而发生松动。预制 T 形截面梁的桥面板横向连接，以及横隔板的连接，宜采用现浇混凝土整体连接，主筋可采用环形连接。

过去也有通过在主梁预制时预埋钢板，主梁安装就位后即在预埋钢板上再加焊盖接钢板实现连接，但是通过预埋钢板效果较差，且容易因生锈、焊接质量差等原因而脱落，因此现在很少采用。

预制混凝土与用于整体连接的现浇混凝土龄期之差不应超过 3 个月。由于现浇混凝土与预制混凝土相比较更湿，所以常常被称为"湿接头"。

横隔梁在装配式梁桥中起着保证各主梁相互连接成整体的作用，它不但有利于制造、运输和安装阶段构件的稳定性，而且能显著加强全桥的整体性。

装配式 T 形梁或工形梁等肋梁式主梁，应设置跨端（端隔梁）和跨间横隔梁（中隔梁），一般在支点、跨中和 $L/4$ 处应设置横隔梁，并随着跨径的增大而加密。当主梁间采用刚性连接时，横隔梁间距不应大于 10m；装配式组合箱梁应设置端隔梁，中隔梁根据结构的具体情况设置，一般随着跨径的增大和桥梁所在平曲线半径的减小而增加。箱形截面梁必须设置端隔梁，弯箱梁的内半径小于 240m 时还应设置中隔梁。有中横隔梁的梁桥，荷载横向分布比较均匀，且可以减轻翼板接缝处的纵向开裂现象。

跨中横隔梁的高度应保证具有足够的抗弯刚度，通常可取为主梁高度的 3/4 左右。支座处端横隔梁一般由横桥向受力控制，特别是横隔梁的支座中线与腹板中线在横桥向不重合时，横隔梁受力较大，其尺寸和配筋须根据计算确定，且比跨间横隔梁大。从运输和安装阶段的稳定性考虑，端横隔梁应做成与主梁同高，但如果端横隔梁底部与主梁底缘之间留有一定的空隙，或做成与中横隔梁同高，对安装和检查支座有利。具体可视工地施工的情况而定。

横隔梁的宽度可取 12～20cm，最常用的为 15～20cm，且宜做成上宽下窄和内宽外窄的楔形，以便于脱模。

图 6.23 所示为装配式 T 形梁的中横隔梁常用构造形式。对装配式 T 形梁桥而言，其横隔梁近似于弹性支承于各根主梁上的连续梁，承受正、负两种弯矩。因此，布置有①②号受拉钢筋，它们之间在湿接头部位采用③号钢筋连接。横隔梁中一般不需配置斜钢筋，剪力由箍筋承受。

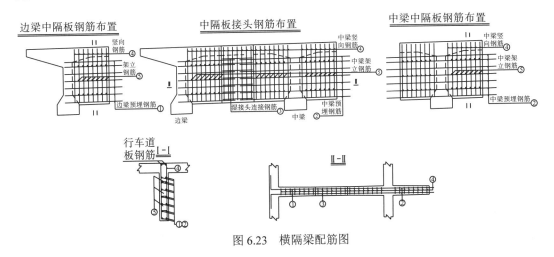

图 6.23　横隔梁配筋图

6.5　装配式预应力混凝土简支梁桥实例

图 6.24～图 6.27 为一座标准跨径为 31m 的装配式预应力混凝土简支 T 梁桥的设计。主梁全长 30.92m，计算跨径为 30.12m，汽车荷载等级为公路-Ⅰ级，主梁中心距为 2.2m，预制部分宽度为 1.80m，吊装后现浇 0.4m 的湿接缝。预制主梁采用 C50 混凝土，截面为带马蹄的 T 形截面，梁高为 2.0m，厚 20cm 的梁肋自第一道内横隔梁向梁端逐渐加宽至马蹄全宽 50cm，然后继续加宽到 60cm，但马蹄部分高度不变。全梁范围内共设置 5 道横隔梁，中心间距为 7.5m 和 7.56m，横隔梁高度为 1.55m，宽度也采用上宽下窄、内宽外窄的形式，以利于脱模。为减小施工难度，横隔梁没有采用挖孔形式，吊装后彼此之间采用现浇湿接缝连接。

每片 T 梁设 4 束预应力钢束，采用《预应力混凝土用钢绞线》（GB/T 5224—2014）标准的钢绞线，直径 15.24mm，其标准强度为 1860MPa，张拉控制应力为 1395MPa，其中 N1 钢束采用 12 根钢绞线（边梁）和 10 根钢绞线（中梁），N2 和左右两束 N3 钢束则为 9 根，全部钢绞线均以圆弧起弯并锚固在梁端钢垫板上。钢束孔道采用预埋波纹管，12 根钢束波纹管内径为 75mm，9 根和 10 根钢绞线的钢束波纹管内径为 60mm。需要注意的是，预应力钢束张拉时，须先张拉腹板中线位置的钢束 N1 和 N2，然后分级张拉左右 N3 钢束，以确保 T 梁不在张拉钢束时侧弯或者产生腹板竖向裂缝。工程实际中，T 梁很容易产生腹板竖向裂缝，这跟梁肋普通钢筋布置、预应力钢束设计和主梁施工工艺有关，需要引起重视。

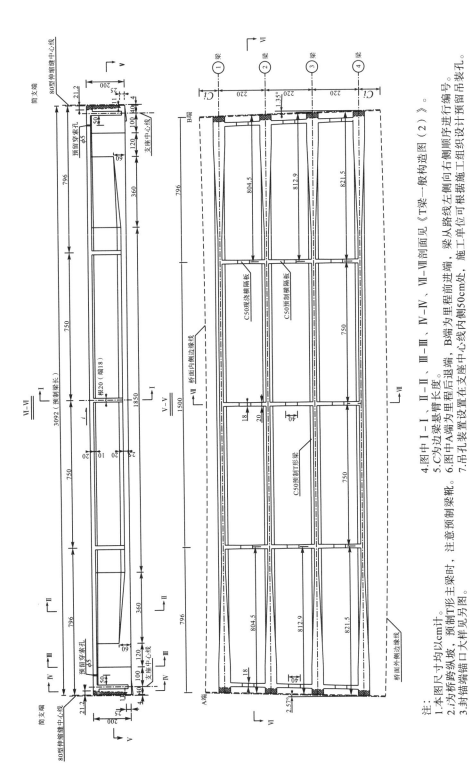

注:
1.本图尺寸均以cm计。
2.i为桥跨纵坡,预制T形主梁时,注意预制梁靴。
3.封锚端锚口大样见另图。
4.图中Ⅰ—Ⅰ、Ⅱ—Ⅱ、Ⅲ—Ⅲ、Ⅳ—Ⅳ、Ⅶ—Ⅶ剖面见《T梁一般构造图(2)》。
5.C为边梁悬臂长度。
6.图中A端为里程前进端,B端为里程后退端。
7.吊孔装置置在支座中心线内侧50cm处,施工单位可根据施工组织设计组留预留吊装孔。

梁从路线左侧向右侧顺序进行编号。

图6.24 T梁一般构造图(1)

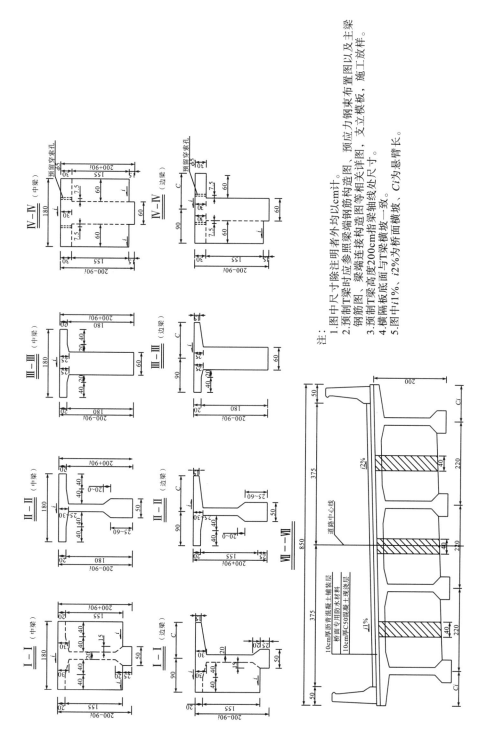

注：
1. 图中尺寸除注明者外均以cm计。
2. 预制T梁时应参照梁端构造图、预应力钢束布置图以及主梁钢筋图、梁端连接构造图等相关详图，梁端高度200cm指梁轴线处尺寸。
3. 预制T梁高度与指梁轴线一致。
4. 横隔板底面与T梁底面一致，C_i为悬臂长。
5. 图中$i1\%$、$i2\%$为桥面横坡。

图6.25 T梁一般构造图（2）

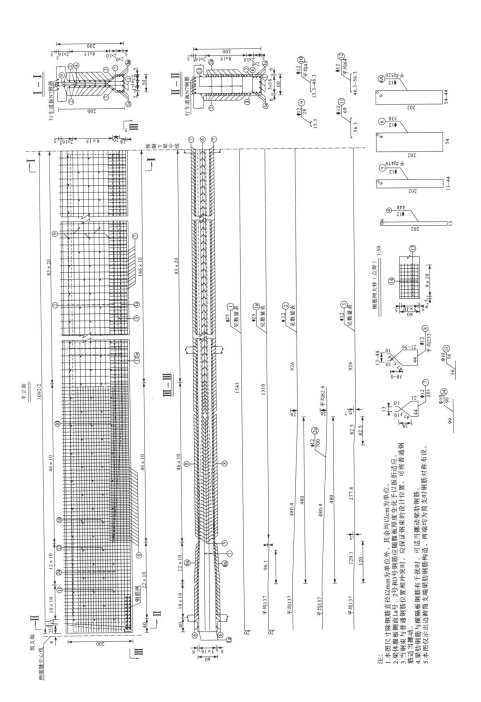

图6.26　T梁梁肋钢筋构造图

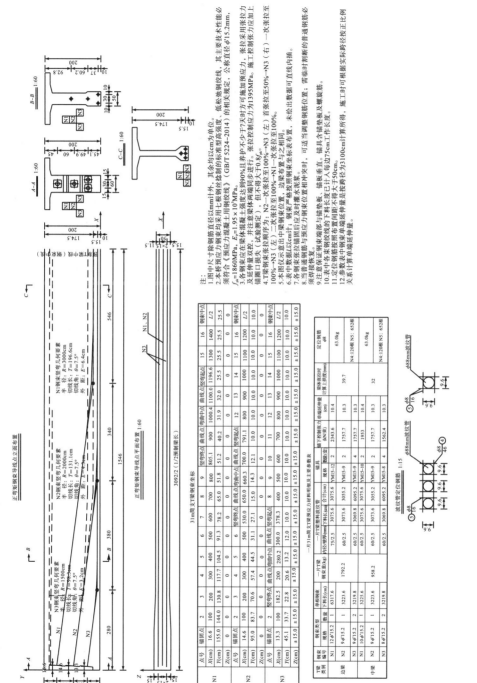

图6.27 T梁应力钢束构造图

第七章　混凝土简支梁桥的计算

前面几章介绍了桥梁设计的基本原则、桥梁平面和纵横断面设计的一般原则、桥梁设计程序及混凝土简支梁桥各种构件主要尺寸的选定和构造细节以及桥梁设计方法,这些都是设计一座桥梁必备的知识。工程实践中,通常总是先根据使用要求、跨径大小、桥面宽度、汽车荷载等级、施工条件等基本资料,运用对桥梁的构造知识并参考已有桥梁的设计经验拟定桥梁结构各构件的截面型式和细部尺寸,然后估算结构的自重,计算结构的各种作用效应,并进行作用效应组合,求出各构件最不利作用效应,据此进行构件的承载力、稳定性、抗裂、裂缝宽度和挠度的验算,以此来判断原先所拟定的细部尺寸是否符合要求,如果验算结果不能满足要求,则需修正原来所拟定的尺寸再进行验算,直到满意为止。因此设计和计算的过程是一个不断重复直至把结构修改得更为合理的过程。

主梁是桥梁结构的主要承重构件,是桥梁的重要组成部分。横隔梁主要起增强桥梁的横向刚性、分布荷载的作用。桥面板(或称行车道板)直接承受车辆的集中荷载,通常又是主梁的受压翼缘,它的工作状态不但影响到行车质量,而且还涉及主梁的受力。通常在桥梁上部结构计算时可先计算主要承重构件(主梁),其次计算次要受力构件(桥面板、横隔梁)。当然,从桥面板开始,从上到下进行设计计算也是可以的。

7.1　行车道板内力计算

7.1.1　行车道板的分类

肋梁式主梁的翼缘板或者箱梁的顶板称为行车道板(也称桥面板),是直接承受车辆轮压的承重结构,在构造上它通常与主梁腹板和横隔梁(或横隔板)连接在一起,这样既保证了梁的整体作用,又能将车辆荷载传给主梁。行车道板为钢筋混凝土结构,对于跨度较大的行车道板也可施加横向预应力,做成预应力混凝土板。

从结构形式上看,对于具有主梁和横隔梁的简单梁格 [图 7.1(a)] 以及具有主梁、横梁和内纵梁(或称副纵梁)的复杂梁格 [图 7.1(b)] 体系,行车道板实际上都是周边支承的板。

从承受荷载的特点来看,如果在矩形四边支承板中央作用一竖向荷载 P,虽然荷载 P 要向相互垂直的两对支承边传递,但当支承跨径 l_a 和 l_b 不相同时,由于板沿 l_a 和 l_b 的相对刚度不同,将使向两个方向传递的荷载也不相等。根据弹性薄板理论,对于四边简支的板,只要板的长边与短边之比(l_a/l_b)小于 2 时,荷载的绝大部分会沿短跨方向传递,沿长跨方向传布的荷载将不足 6%。l_a/l_b 之值越大,向 l_a 跨度方向传递的荷载就越少。为了简明起见,只要应用一般的力学原理对图 7.2 所示十字形梁在荷载 P 作用下进行简单的受力分析,求出 P_a 和 P_b,就不难领会这一概念。鉴于上述理由,通常就可把边长比或长宽比大于或等于 2 的周边支承板看作单由短跨承受荷载的单向受力板(简称单向板)来设计,而在长跨方向只要适当配置一些分布钢筋即可。对于长宽比小于 2 的板,则称为双向板,需按两个方向的内力分别配置受力钢筋。

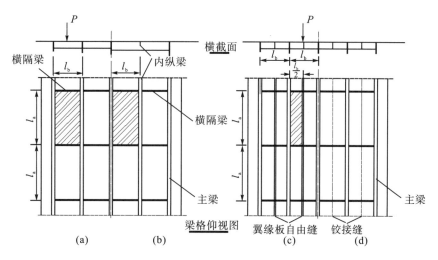

图 7.1　梁格系构造和行车道板的支承方式

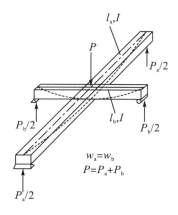

图 7.2　荷载的双向传递

目前桥梁设计的趋势是横隔板稀疏布置,因此主梁的间距往往比横隔板的间距小得多,行车道板属单向板的居多。有时也会遇到行车道板两个支承跨径之比小于 2 的情况,如在上部结构为 T 形梁的刚架桥空心墩墩顶 0 号块上的行车道板等,对此就必须按双向板进行设计。对于常见 $l_a/l_b \geqslant 2$ 的装配式 T 形梁桥,也会遇到两种情形:其一是当翼缘板的端边是自由边〔图 7.1(c)〕时,鉴于上述同样的原因,实际是三边支承的板可以像边梁外侧的翼缘板一样,作为沿短跨一端嵌固而另一端为自由端的悬臂板来分析;其二是相邻翼缘板在端部互相做成铰接接缝的构造〔图 7.1(d)〕,在此情况下行车道板应按一端嵌固一端铰接的铰接悬臂板进行计算。以上两种情况一般发生在桥梁横向分成双幅或多幅,且分幅之间的行车道板没有固结的情况。

综上所述，在实践中最常遇到的行车道板受力图式为：梁式单向板、悬臂板、铰接悬臂板和双向板。下面将分别阐明它们的计算方法。

7.1.2 车轮荷载在板上的分布

作用在桥面上的车轮压力，通过桥面铺装层扩散分布在钢筋混凝土板面上，由于板的计算跨径相对于轮压的分布宽度来说不是很大，故在计算时应较精确地将轮压作为分布荷载来处理，这样做可避免造成较大的计算误差，又可节约行车道板的材料用量。

富有弹性的车轮与桥面的接触面实际上接近于椭圆，而且荷载又要通过铺装层扩散分布，故车轮压力在行车道板上的实际分布形状是很复杂的。然而，为了计算方便起见，通常可近似地把车轮与桥面的接触面看作是 $a_1 \times b_1$ 的矩形，此处 a_1 是车轮沿行车方向的着地长度，b_1 为车轮的宽度，如图 7.3 所示。各级荷载的 a_1 和 b_1 值见表 4.5 和表 4.6，也可从相关规范中查得。至于荷载在铺装层内的扩散程度，根据试验研究，对于混凝土或沥青面层，荷载可以偏安全地假定呈 45°角扩散。因此，最后作用于行车道板顶面的矩形荷载压力面的边长为 a_1+2h 和 b_1+2h，其中，h 为铺装层的厚度。

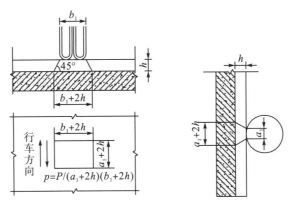

图 7.3 汽车荷载在板面上的分布

7.1.3 行车道板的荷载分布宽度（板的有效工作宽度）

众所周知，板在局部分布荷载 P 的作用下，不仅直接承压部分的板带参加工作，与其相邻的部分板带也会分担一部分荷载共同参与工作。因此，在行车道板的计算中，就需要确定荷载的分布宽度。

下面分单向板和悬臂板来阐明荷载分布宽度的计算方法。

1. 单向板

图 7.4 所示为一块跨径为 l、宽度较大的梁式行车道板，板中央作用着局部分布荷载，其分布面积为 $(a_1+2h) \times (b_1+2h)$。显然，板除了沿计算跨径 x 方向产生挠曲变形 w_x 外，在 y 方向也必然发生挠曲变形 w_y［图 7.4(b)］。这说明荷载作用下不仅直接承压的宽度为 a_1+2h 的板条受力，其邻近的板也参与工作，共同承受车轮荷载所产生的弯矩。图 7.4(a)

示出了沿 y 方向板条所分担弯矩 m_x 的分布图形，在荷载中心处板条负担的弯矩达到最大值 $m_{\max}$，离荷载越远的板条所承受的弯矩就越小。

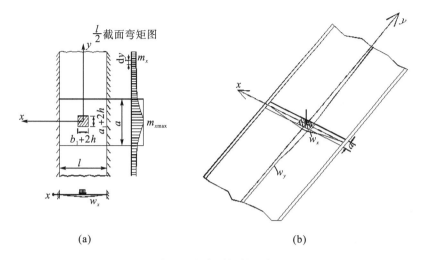

图 7.4　行车道板的受力状态

如果设想以 $a \times m_{\max}$ 的矩形来代替实际的曲线分布图形，即

$$a \times m_{x\max} = \int m_x \mathrm{d}y = M$$

则得弯矩图形的换算宽度为

$$a = \frac{M}{m_{x\max}} \tag{7.1}$$

式中，M 表示车轮荷载产生的跨中总弯矩；$m_{x\max}$ 表示荷载中心处的最大单宽弯矩值，可按弹性薄板理论求得。

我们把式 (7.1) 中的 a 定义为车轮传递到板上的荷载分布宽度，也称为板的有效工作宽度，以此板宽来承受车轮荷载产生的总弯矩，既满足了弯矩最大值的要求，计算起来也很方便。

荷载分布宽度 a 的大小与板的支承条件、荷载性质以及荷载作用位置有关。两边固结的板的荷载分布宽度要比简支板小 30%~40%；全跨满布的条形荷载的有效分布宽度比局部分布荷载的小；荷载越靠近支承边，其有效工作宽度越小。

考虑到实际上 $(a_1+2h)/l$ 之值不会很小，而且行车道板属于弹性固结支承，因此为了计算方便，《公路桥涵设计通用规范》（JTG D60—2015）中对于梁式单向板的荷载分布宽度作了如下的规定。

(1) 平行于板的跨径方向的荷载分布宽度：

$$b = b_1 + 2h \tag{7.2}$$

(2) 垂直于板的跨径方向的荷载分布宽度分以下四种情况。

a. 单个车轮在板的跨径中部时 [图 7.5 (a)]：

$$a = a_1 + 2h + \frac{l}{3} \geqslant \frac{2}{3}l \tag{7.3}$$

b. 多个相同车轮在板的跨径中部，当各单个车轮按式(7.3)计算的荷载分布宽度有重叠时［图7.5(b)］：

$$a = a_1 + 2h + d + \frac{1}{3} \geqslant \frac{2}{3}l + d \qquad (7.4)$$

c. 车轮在板的支承处时：

$$a = a_1 + 2h + t \qquad (7.5)$$

d. 车轮在板的支承附近，距支点的距离为 x 时：

$$a = a_1 + 2h + t + 2x \qquad (7.6)$$

a 不大于车轮在板的跨径中部的分布宽度。这就是说，荷载由支点处向跨中移动时，相应的有效分布宽度可近似地按45°线过渡。

式(7.3)~式(7.6)中，l 表示板的计算跨径，为两支撑中心之间的距离；d 表示多个车轮时外轮之间的中距；t 表示板的厚度。与梁肋整体连接的板，计算弯矩时计算跨径取为两肋间的净距加板厚，即 $l=l_0+t$，但不大于两肋中心之间的距离，此处 l_0 为板的净跨径。

按以上公式算得的所有分布宽度，均不得大于板的全宽度；彼此不相连的预制板，车轮在板内分布宽度不得大于预制板宽度。对于不同荷载位置时单向板的荷载分布宽度如图7.5(c)所示。

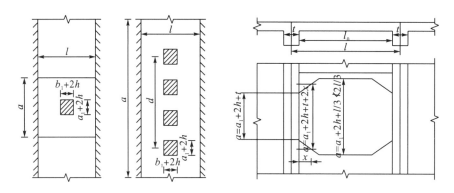

图7.5　荷载分布宽度

2. 悬臂板

在荷载作用下，除了直接承受荷载的板条外，相邻板条也发生挠曲变形［见图7.6(b)中的 w_y］而承受部分弯矩。悬臂根部沿 y 方向各板条的弯矩分布如图7.6(a)中 m_x 所示。根据弹性薄板理论分析，当板端作用集中力为 P 时，在荷载中心处的根部最大负弯矩为 $m_{x\max} \approx -0.465P$，而荷载所引起的总弯矩为 $m_0 = -Pl_0$，l_0 为悬臂板的净跨径。因此，按最大负弯矩值换算的荷载分布宽度为

$$a = \frac{m_0}{m_{x,\max}} = \frac{-Pl_0}{-0.465P} \approx 2.15l_0 \qquad (7.7)$$

由此可见，悬臂板的有效工作宽度接近于二倍悬臂长度，也就是说，荷载可近似地按45°角向悬臂板支承处分布［图7.6(a)］。

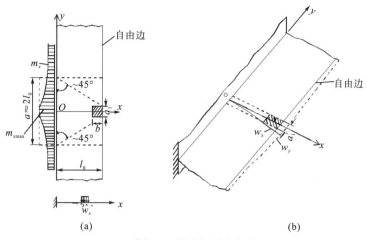

图 7.6　悬臂板受力状态

《公路桥涵设计通用规范》（JTG D60—2015）规定，当悬臂长 c（图 7.7）不大于 2.5m 时，垂直于悬臂板跨径的车轮荷载分布宽度按下述公式计算：

$$a = a_1 + 2h + 2c \tag{7.8}$$

式中，c 表示平行于悬臂板跨径的车轮着地尺寸的外缘，通过铺装层 45°分布线的外边线至腹板外边缘的距离。

对于分布荷载靠近板边的最不利情况，c 就等于悬臂板的跨径 l_c［图 7.7（a）］，于是：

$$a = a_1 + 2h + 2l_c \tag{7.9}$$

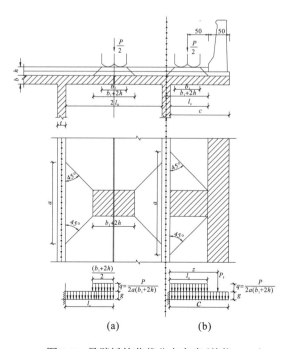

图 7.7　悬臂板的荷载分布宽度（单位：cm）

当长悬臂板 c 大于 2.5m 时，随着悬臂长度 c 的增大，由于板的有效工作宽度随之增加，其悬臂根部负弯矩增加不大，为前述计算方法所得结果的 1.15～1.30 倍。同时，在车轮荷载作用点下方的无限宽度板条中还有正弯矩出现，最大正弯矩位置发生在 0.55～0.75c 处，其绝对值为悬臂根部负弯矩绝对值的 0.3～0.6 倍，且随着悬臂长度的增加而增加，因此应考虑正弯矩配筋，配筋可近似按悬臂根部负弯矩的一半来计算。考虑到计算精度，长悬臂(c>2.5m)情况下，建议尽量采用有限元软件，用板单元建模，按照影响面布载来进行计算。

7.1.4 行车道板的内力计算

对于实体的矩形截面行车道板，一般均由弯矩控制设计，设计时，习惯上以每米宽的板条来进行计算比较方便。对于梁式单向板或悬臂板，只要有了板的荷载分布宽度，就可以用力学方法计算得到作用在每米宽板条上的荷载和其引起的弯矩。对于双向板，除可按弹性理论进行分析外，在工程实践中常用简化的计算方法或现成的图表进行计算。

7.1.4.1 多跨连续单向板

常见的行车道板实质上是一个支承在一系列弹性支承上的多跨连续板，在构造上，板与梁肋是整体连接在一起的，因此各根主梁的不均匀弹性下沉和梁肋本身的抗扭刚度必然会影响到行车道板的内力，所以行车道板的实际受力情况是非常复杂的。通常我们采用简便的近似方法进行计算。

计算弯矩时，先算出一个跨度相同的简支板在恒载重力和汽车荷载作用下的跨中弯矩 M_0，再乘以偏安全的经验系数加以修正，以求得支点处和跨中截面的设计弯矩(M_f 和 M_c)。计算汽车荷载作用下的弯矩时，冲击系数取 0.3。弯矩修正系数可视板厚 t 与梁肋高度 h 的比值来选用。

1)支点弯矩

$$M_f = -0.7M_0 \tag{7.10}$$

2)跨中弯矩

板厚与梁肋高度比小于 1/4 时(即主梁抗扭能力较大)：

$$M_c = +0.5M_0 \tag{7.11}$$

板厚与梁肋高度比等于或大于 1/4 时(即主梁抗扭能力较小)：

$$M_c = +0.7M_0 \tag{7.12}$$

式中，M_0 表示与计算跨径相同的简支板跨中弯矩。

板的有效工作宽度确定后，取跨径为单向板计算跨径的 1m 宽简支板条计算其跨中弯矩 M_0，如图 7.8(a)所示。计算单向板的支点剪力时，可不考虑板和主梁的弹性固结作用，此时荷载必须尽量靠近梁肋边缘布置。考虑了相应的有效工作宽度后，取跨径为单向板的净跨径的 1m 宽板条计算支点处最大剪力，如图 7.8(b)所示。

计算内力时，按照规范规定的车辆横向布置，如跨径内不止一个车轮进入时，应计及其他车轮的影响，如图 7.8 所示。图 7.8 中 P 为轴重，即取车辆荷载后轴的轴重计算，a

为板跨中的有效工作宽度，a' 为支点处板的有效工作宽度。在计算剪力时，布置于影响线较小值处的荷载对剪力的贡献小，有时候可以忽略不计。

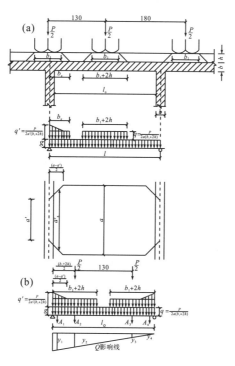

图 7.8　单向板内力计算图式（单位：cm）

7.1.4.2　悬臂板和铰接悬臂板

悬臂板和铰接悬臂板的有效工作宽度计算方法是一样的，只是最不利情况下的布载方式有区别。过去，有些桥梁翼缘之间采用铰接，行车道板按照铰接悬臂板计算，现在基本不用这种方式，往往采用现浇式接头固结。但是上部结构如果分幅，在分幅的中缝位置采用桥面连续而主梁翼缘板结构断开的构造，分幅的中缝两边主梁的翼缘板之间的连接方式可以模拟为铰接，其最大弯矩在悬臂根部。根据计算分析可知，计算活载弯矩时，最不利的荷载位置是把车轮荷载对中布置在铰接处，这时铰内的剪力为零，两相邻悬臂板各承受半个车轮荷载，即 $P/4$，如图 7.7(a) 所示。对于沿纵缝不相连接的悬臂板或者最外侧边梁的翼缘板，在计算根部最大弯矩时，应将车轮荷载靠板的边缘布置，如图 7.7(b) 所示。

7.1.4.3　算例

桥梁横断面由 4 片梁高 H=2.0m，跨度 L=30m 的 T 梁组成，横隔梁间距 7.5m。具体尺寸如图 7.9 所示。桥面铺装为 10cm 的沥青混凝土面层和平均厚度为 10cm 的 C50 现浇整体化混凝土。沥青混凝土容重为 23kN/m³，钢筋混凝土容重为 26kN/m³，钢筋混凝土墙式护栏按 10kN/m 计算，防水层自重忽略不计，行车道板根部的承托的恒载忽略不计，计算主梁之间行车道板和边梁外悬臂翼缘板的内力。

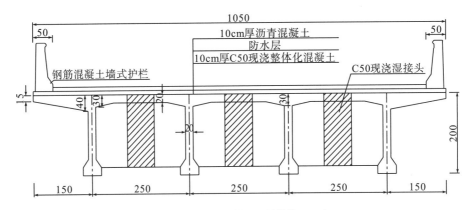

图 7.9　桥梁横断面(单位：cm)

1. 主梁之间行车道板计算

横隔梁间距为 7.5m，主梁间距为 2.5m，则行车道板长边与短边之比为 7.5/2.5=3>2，因此可以用单向板进行计算，单向板计算跨径 l=2.5m，净跨径 l_0=2.3m。

1)恒载内力计算(以纵向 1m 宽的板条进行计算)

(1)每延米板上的恒载 g：

10cm 厚沥青混凝土面层 g_1：0.1×1.0×23=2.3kN/m。

10cm 厚 C50 现浇整体化混凝土 g_2：0.1×1.0×26=2.6kN/m。

20cm 厚行车道板自重 g_3：0.2×1.0×26=5.2kN/m。

恒载合计：$g=\displaystyle\sum_{i=1}^{3}g_i$ =10.1 kN/m。

(2)每米宽板条的恒载内力。

计算跨径取梁肋中心距与两肋间的净距加板厚的最小值，取 l=2.5m。

跨中弯矩：$M_{og}=\dfrac{1}{8}gl^2=\dfrac{1}{8}\times 10.1\times 2.5^2$=7.89kN·m

支点剪力：$Q_{og}=\dfrac{gl_0}{2}=\dfrac{10.1\times 2.3}{2}$=11.62kN

2)车辆荷载产生的内力

将车辆荷载的后轮作用于行车道板横向跨中，后轴作用力为 P=140kN，汽车荷载后轮的着地长度为 a_1=0.20m，宽度为 b_1=0.60m，图 7.8(a)中参数计算如下。

荷载作用在板的跨中时的有效工作宽度：

$$a=\max\left(a_1+2h+\frac{l}{3},\frac{2}{3}l\right)$$
$$=\max\left(0.2+2\times 0.2+\frac{2.5}{3},\frac{2\times 2.5}{3}\right)$$
$$=1.67\text{m}>d=1.4\text{m}$$

荷载分布宽度(板的有效工作宽度)有重叠，因此：

$$a = \max\left(a_1 + 2h + \frac{l}{3} + d, \frac{2}{3}l + d\right)$$

$$= \max\left(0.2 + 2 \times 0.2 + \frac{2.5}{3} + 1.4, \frac{2 \times 2.5}{3} + 1.4\right)$$

$$\approx 3.0667\text{m}$$

有效工作宽度 3.0667m 范围内布置两个车轮，平均到每个车轮为 3.0667/2≈1.5334m。

荷载作用在支点位置时的有效工作宽度：

$$a' = \max\left(a_1 + 2h + t, \frac{l}{3}\right) = \max\left(0.2 + 2 \times 0.2 + 0.3, \frac{2.5}{3}\right) = 0.9\text{m}$$

车轮荷载的横向分布宽度：$b = b_1 + 2h = 0.6 + 2 \times 0.2 = 1.0\text{m}$。

靠边缘的车轮分布宽度进入行车道板的部分：$b_x = \dfrac{b}{2} - \left(1.3 - \dfrac{1}{2}\right) = 0.95\text{m}$。

跨中车轮均布荷载：$q = \dfrac{P}{2ab} = \dfrac{140}{2 \times 1.5334 \times 1.0} = 45.65\text{kN/m}$。

支点处车轮均布荷载：$q' = \dfrac{P}{2a'b} = \dfrac{140}{2 \times 0.9 \times 1.0} = 77.778\text{kN/m}$。

根据《公路桥涵设计通用规范》(JTG D60—2015)，行车道板计算时的冲击系数 $\mu = 0.3$，用结构力学方法，可以计算每米宽板条上的跨中弯矩和支点剪力：

$$M_{\text{oq}} = (1+\mu)\left[\frac{qb}{4}\left(1 - \frac{b}{2}\right) + \frac{qb_x^2}{4} + \frac{(q'-q)\left(\dfrac{a-a'}{2}\right)^2}{12}\right] = 43.41\text{kN·m}$$

$$Q_{\text{oq}} = (1+\mu)\sum A_i y_i = 65.96\text{kN}$$

3）内力组合

板厚与梁肋高度之比：$t/(H-t) = 30/(200-30) < 1/4$。

恒载作用下支点弯矩：$M_{\text{fg}} = -0.7 M_{\text{og}} = -0.7 \times 7.89 = -5.52\text{kN·m}$。

恒载作用下跨中弯矩：$M_{\text{cg}} = 0.5 M_{\text{og}} = 0.5 \times 7.89 = 3.95\text{kN·m}$。

车辆荷载作用下支点弯矩：$M_{\text{fq}} = -0.7 M_{\text{oq}} = -0.7 \times 43.41 = -30.39\text{kN·m}$。

车辆荷载作用下跨中弯矩：$M_{\text{cq}} = 0.5 M_{\text{oq}} = 0.5 \times 43.41 = 21.75\text{kN·m}$。

承载能力极限状态基本组合：

$$\begin{cases} \text{支点负弯矩：} M_{\text{f,ud}} = 1.2 \times M_{\text{fg}} + 1.8 \times M_{\text{fq}} = -61.33\text{kN·m} \\ \text{跨中正弯矩：} M_{\text{c,ud}} = 1.2 \times M_{\text{cg}} + 1.8 \times M_{\text{cq}} = 43.89\text{kN·m} \\ \text{支点剪力：} Q_{\text{ud}} = 1.2 \times Q_{\text{og}} + 1.8 \times Q_{\text{oq}} = 132.67\text{kN} \end{cases}$$

2. 边梁外悬臂翼缘板计算

边梁外悬臂翼缘板计算简图如图 7.7(b) 所示，净跨径为图中 c，即 $l_0 = c = 1.5 - 0.1 = 1.4\text{m}$。

1）恒载内力计算（以纵向 1m 宽的板条进行计算）

边梁外悬臂翼缘板产生的弯矩，偏安全地用翼缘板的平均厚度进行计算。边梁外悬臂翼缘板平均厚度为(15+40)/2=27.5cm，其自重为g_3=0.275×1.0×26=7.15kN/m。

桥面铺装的恒载偏安全地按满布于边梁外悬臂考虑，恒载均布荷载合计：

$$g = \sum_{i=1}^{3} g_i = 2.3 + 2.6 + 7.15 = 12.05\text{kN/m}$$

墙式护栏的恒载模拟成P=10kN的集中力进行计算，作用点为墙式护栏厚度一半的位置，其力臂为Z=1.4-0.25=1.15m。

恒载作用下悬臂根部内力：

弯矩：$M_{og} = -\left(\dfrac{1}{2}gl_0^2 + PZ\right) = \dfrac{1}{2} \times 12.05 \times 1.4^2 + 10 \times 1.15 = 23.31\text{kN} \cdot \text{m}$。

剪力：$Q_{og} = gl_0 + P = 12.05 \times 1.4 + 10 = 26.87\text{kN}$。

2) 车辆荷载产生的内力

将车辆荷载的后轮作用于悬臂边缘，因为悬臂边缘处要布置墙式护栏，且车轮中心到墙式护栏边缘距离不小于50cm，故计算车轮荷载作用效应时，悬臂长为图7.7(b)中的l_c，经计算可知l_c=0.9m。

荷载作用在悬臂边缘的有效工作宽度：

$$\begin{aligned} a &= a_1 + 2h + 2l_c \\ &= 0.2 + 2 \times 0.2 + 2 \times 0.9 \\ &= 2.4\text{m} > d = 1.4\text{m} \end{aligned}$$

荷载分布宽度有重叠，因此：

$$\begin{aligned} a &= a_1 + 2h + 2l_c + d \\ &= 0.2 + 2 \times 0.2 + 2 \times 0.9 + d \\ &= 3.8\text{m} \end{aligned}$$

有效工作宽度3.8m范围内布置两个车轮，平均到每个车轮为a=3.8/2=1.9m。

车轮均布荷载：$q = \dfrac{P}{2ab} = \dfrac{140}{2 \times 1.9 \times 1.0} = 36.84\text{kN/m}$。

车轮荷载作用下，每米宽板条上的支点负弯矩和剪力：

弯矩：$M_{oq} = -\dfrac{1}{2}ql_c^2 = \dfrac{1}{2} \times 36.84 \times 0.9^2 = 19.40\text{kN} \cdot \text{m}$。

剪力：$Q_{oq} = (1+\mu)gl_c = 1.3 \times 36.84 \times 0.9 = 43.10\text{kN}$。

3) 内力组合

承载能力极限状态基本组合：

$$\begin{cases} \text{支点负弯矩：} M_{o,ud} = 1.2 \times M_{og} + 1.8 \times M_{oq} = -62.89 \text{ kN} \cdot \text{m} \\ \text{支点剪力：} Q_{ud} = 1.2 \times Q_{og} + 1.8 \times Q_{oq} = 109.82 \text{ kN} \end{cases}$$

需要注意的是：在靠近伸缩缝的梁端位置，板的有效工作宽度只有其他位置的一半左右，所以每米范围内的弯矩或剪力大约是其他部位计算结果的2倍。计算过程略。

7.2　荷载横向分布计算

　　主梁的设计内力包括恒载内力、活载内力和其他作用引起的内力(如风力或离心力引起的内力)。桥梁设计内力中恒载的计算比较简单,除了考虑实际的结构自重外,通常可以近似地将桥面铺装、人行道、栏杆等重量分摊给各片主梁来承担,按平面问题计算各片主梁的内力。鉴于人行道、栏杆等构件一般是在桥梁连成整体后安装在边梁上的,必要时为了精确起见,也可根据施工安装的情况,分阶段,按后文所述的荷载横向分布的规律进行分配计算。

　　由汽车荷载和人群荷载等活载引起的内力计算相对复杂些,不能像恒载那样简单按平面问题计算。梁桥由承重结构(主梁)及传力结构(横隔梁、行车道板等)两大部分组成,多片主梁依靠横隔梁和行车道板连成空间整体结构,当桥上作用荷载时,各片主梁将共同参与工作,考虑到活载的作用具有空间性,它们的受力特征属于空间结构的范畴,求解结构的内力属于空间计算理论问题。应用空间计算理论并借助相关的结构分析软件,由计算机分析计算可得到结构上任一点的内力或挠度。

7.2.1　荷载横向分布的定义

　　对于一座由多片主梁和横隔梁组成的梁桥 [图 7.10(a)] 来说,当桥上有荷载 P 作用时,结构的横向联系必然会使所有主梁不同程度地参与工作,并且随着荷载作用位置 (x, y) 的变化,某根主梁所承担的荷载也随之变化。因此,设计者必须首先了解某根主梁所分担的最不利荷载,然后再沿桥纵向确定该梁某一截面的最不利内力,并以此得出整座桥梁中最不利主梁的最大内力值。

　　对于某根主梁某一截面的内力值 S 的确定,在桥梁纵、横向均引入影响线的概念,将空间问题简化为平面问题,即

$$S = P \cdot \eta(x,y) \approx P \cdot \eta_2(y) \cdot \eta_1(x) \tag{7.13}$$

式中,$\eta(x, y)$ 表示单梁某一截面的内力影响线;$\eta_1(x)$ 表示单梁在 x 轴方向某一截面的内力影响线;$\eta_2(y)$ 表示单位荷载沿桥面横向 (y 轴方向) 作用在不同位置时,某梁所分配的荷载比值变化曲线,也称作对于某梁的荷载横向分布影响线。

　　$P \cdot \eta_2(y)$ 表示当 P 作用于 $a(x,y)$ 点时沿横向分布给某梁的荷载 [图 7.10(b)],暂以 P' 表示,即 $P'=P \cdot \eta_2(y)$,这样,就可视作某梁上作用有荷载 P',按平面问题求得某截面的内力值。由此,我们可以看到空间计算实用方法原理如下。

　　(1)梁桥空间计算的实用近似方法,就是用一个近似的内力影响面去代替精确的内力影响面。近似内力影响面可用变量分离的方法得到,其坐标为 $\bar{\eta}(x,y)=\eta_2(y) \cdot \eta_1(x)$。

　　(2)在梁桥空间结构的近似计算中,"荷载横向分布"仅是借用一个概念,其实质应该是"内力"横向分布,而不是"荷载"横向分布,只是在变量分离后在计算式的表现形式上成了"荷载"横向分布。

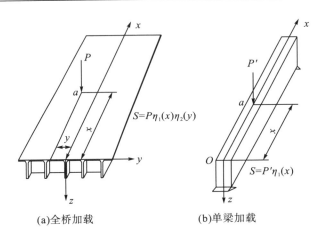

(a)全桥加载　　　　　　　　　　　(b)单梁加载

图 7.10　荷载作用下的内力计算

当桥上承受汽车荷载时，由于沿桥宽作用的车轮荷载通常不止一个，可在任一片主梁的荷载横向分布影响线上按横向最不利位置排列荷载，求得其分配到的荷载最大值 P'_{max}，令 $P'_{max}=mP$，然后就可完全像图 7.10(b)所示平面问题一样求得该主梁任一截面的内力值。此处 P 为车辆轴重，m 则表示主梁在横向分配到的最大荷载比例(通常小于 1)，称为荷载横向分布系数。

实用空间计算方法的关键是如何计算荷载横向分布影响线和荷载横向分布系数，其实质是采用什么样的近似内力影响面代替实际的内力影响面既能简化计算又保证计算精度。

7.2.2　荷载横向分布的计算方法及算例

桥上荷载横向分布的规律与结构的横向连接刚度有着密切关系，横向连接刚度越大，荷载横向分布作用越显著，各主梁的负担也越趋均匀。因此，需要按不同的横向连接拟定出相应的荷载横向分布计算方法。目前常用以下几种荷载横向分布计算方法。

(1)杠杆原理法——把横向结构(行车道板和横隔梁)视作在主梁上断开而两端简支搁置在主梁上的简支梁或悬臂梁。

(2)偏心压力法(刚性横梁法)——把横隔梁视作刚性极大的梁，当计及主梁抗扭刚度影响时，此法又称为修正偏心压力法。

(3)横向铰接板(梁)法——把相邻板(梁)之间视为铰接，只传递剪力。

(4)横向刚接梁法——把相邻主梁之间视为刚性连接，即传递剪力和弯矩。

(5)比拟正交异性板法——将主梁和横隔梁的刚度换算成纵横两向刚度不同的比拟弹性平板来求解，并由实用的曲线图表进行荷载横向分布计算。

(6)数值计算方法。

下面将分别介绍各种计算方法，其中比拟正交异性板法因需要查阅计算图表和进行插入换算，计算较繁，而且精度也不高，目前在设计中也较少采用，故不作介绍。

需要注意的是，对于大箱梁桥，横向分布系数计算是不适用的，一般可用两种方法进行计算：一种方法是将整个箱梁按照单梁来进行计算，考虑到荷载有偏载作用，需要考虑一个偏载系数，偏载系数的取值，对于跨中位置取 1.15～1.2，对于支点位置取 1.3～1.4；另一种方法是按照箱梁腹板轴线位置进行模拟，模拟成梁格体系进行计算，取其最不利结果进行强度、刚度和稳定性验算。对大箱梁桥进行计算时，必须考虑剪力滞效应。

7.2.2.1　杠杆原理法

1. 计算方法

图 7.11 为按杠杆原理法计算的受力图式，将行车道板视作在主梁上断开，并直接搁在工字形主梁上。当桥上有车辆荷载作用时，板上的轮重按简支梁反力的方式分配给左右两根主梁，而反力 R_i 的大小可利用简支板的静力平衡条件求出，这就是通常所谓的作用力平衡的"杠杆原理"。如果主梁所支承的相邻两块板上都有荷载，则该梁所受的荷载是两个支承反力之和，如图 7.11(b) 中 2 号梁所受的荷载为 $R_2 = R_2' + R_2''$。

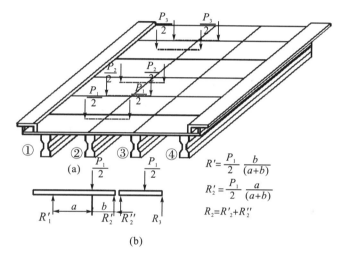

图 7.11　按杠杆原理受力图式

利用结构力学知识很容易绘出某主梁反力影响线。此处反力影响线就是荷载横向分布影响线，如图 7.11 所示。

假定荷载横向分布影响线的竖标为 η，车辆荷载轴重为 P，轮重为 $P/2$（图 7.12），将车辆荷载按最不利情况加载，则分布到某主梁的最大荷载为

$$P_{\max}' = \sum \frac{P}{2} \cdot \eta = \left(\frac{1}{2} \sum \eta \right) \cdot P \tag{7.14}$$

根据荷载横向分布系数的定义可知，上式的 $\sum \eta / 2$ 即为车辆荷载横向分布系数。《公路桥涵设计通用规范》（JTG D60—2015）规定，车道荷载横向分布系数按车辆荷载横向分布系数计，因此，两者可统称为汽车荷载横向分布系数，其值为

$$m_{0q} = \frac{1}{2} \sum \eta_q \tag{7.15}$$

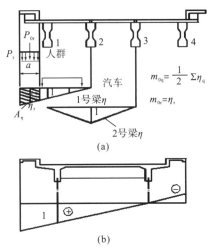

图 7.12　按杠杆原理法计算横向分布系数

同理可得人群荷载横向分布系数为

$$m_{0r} = \eta_r \tag{7.16}$$

式中，m_0 表示按杠杆原理法计算的荷载横向分布系数，拼音字母的脚标 q 和 r 分别表示汽车和人群荷载；η_q 和 η_r 分别为汽车车轮和每延米人群荷载集度对应的荷载横向分布影响线竖标。

杠杆原理法适用于计算荷载位于靠近主梁支点时的荷载横向分布系数，此时主梁的支承刚度远大于主梁间横向联系的刚度，受力特性与杠杆原理法接近。此外，该方法也可用于双主梁桥［图 7.12(b)］，或横向联系很弱的无中间横隔梁的桥梁。

2. 算例

图 7.13 所示为一座桥面净空为净-9.5m+2×0.5m 墙式护栏的 T 梁桥，共设四根主梁。试求荷载位于支点处时 1 号梁和 2 号梁相应于公路-Ⅰ级汽车荷载和墙式护栏荷载作用下的横向分布系数。

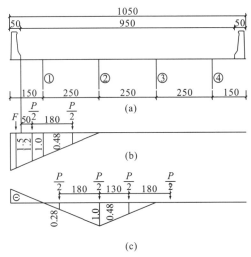

图 7.13　杠杆原理法计算横向分布系数(单位：cm)

下面分析具体解题步骤。

当荷载位于支点处时,应按杠杆原理法计算荷载横向分布系数。对于墙式护栏荷载,一般是将墙式护栏的荷载平均分配到每片梁计算,但是对于 1 号梁,往往还是偏安全地按照杠杆原理法计算其横向分布系数,也就是说,按照最不利的情况进行计算。

首先绘制 1 号梁和 2 号梁的荷载横向分布影响线,如图 7.13 (b)、(c) 所示。

根据《公路桥涵设计通用规范》(JTG D60—2015)规定,在横向影响线上确定荷载沿横向最不利的布置位置。图 7.13 中 P 和 F 分别为汽车荷载轴重和墙式护栏每延米自重,设 η_q 和 η_f 为对应的影响线竖标,由此可得 1 号梁和 2 号梁的荷载横向分布系数。

1 号梁:

　　汽车荷载: $m_{oq} = \dfrac{1}{2}\sum \eta_q = \dfrac{1}{2} \times (1.2 + 0.48) = 0.84$。

　　墙式护栏荷载: $m_{of} = \eta_f = 1.5$。

2 号梁:

　　汽车荷载: $m_{oq} = \dfrac{1}{2}\sum \eta_q = \dfrac{1}{2} \times (1.2 + 1.0 + 0.48) = 0.88$。

按照横向分布影响线,2 号梁处墙式护栏的横向分布系数为负,可以不考虑。但是,一般情况下,偏于安全考虑,将两边的墙式护栏的荷载平均分配在 4 片梁上,按照最不利计算,2 号梁的墙式护栏荷载横向分布系数 $m_{0f}=2/4=0.5$。

需要注意的是,因为横向布载系数的影响,当单车道布载时,横向布载系数为 1.2。因为边梁横向分布计算时,只布置一个车道,因此,如果综合考虑横向布载系数的影响,边梁的支点位置用杠杆原理法计算的横向分布系数为 1.2×0.84=1.008。

7.2.2.2　偏心压力法

1. 计算原理

偏心压力法是把梁桥视作横向刚度无穷大的梁格体系,荷载通过横梁由一片主梁传到其他主梁上去,主梁对横梁起弹性支承作用,并假定横梁刚度无穷大,忽略主梁抗扭刚度。桥梁挠曲变形如图 7.14 所示,图中 w 为跨中竖向挠度。它完全类似于一般材料力学中杆件偏心受压的情况,故此法称为"偏心压力法",亦称"刚性横梁法"。

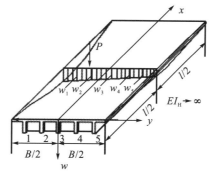

图 7.14　梁桥挠曲变形(刚性横梁法)

I_H.横隔梁截面惯性矩

图 7.15 所示为一座由 5 片主梁组成的梁桥的跨中截面，各片主梁的抗弯刚度 I_i、主梁的间距 a_i 都不相等，单位竖向集中荷载 P 作用在离截面扭转中心 o 的距离为 e 的地方。下面分析荷载在各片主梁上的横向分布情况。

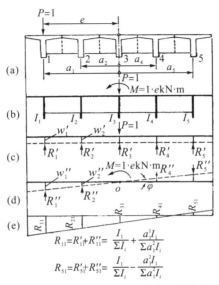

$$R_{11} = R'_{11} + R''_{11} = \frac{I_1}{\Sigma I_i} + \frac{a_1^2 I_1}{\Sigma a_i^2 I_i}$$

$$R_{51} = R'_{51} + R''_{51} = \frac{I_1}{\Sigma I_i} - \frac{a_1^2 I_1}{\Sigma a_i^2 I_i}$$

图 7.15　偏心荷载 $P=1$ 对各主梁的荷载分布图

由于假定横梁是刚体，所以可以按刚体力学关于力的平移原理将荷载 P 移到 o 点，用一个作用在扭转中心 o 上的竖向力 P 和一个作用于刚体上的偏心力矩 M 代替。偏心荷载的作用应为 P 和 M 作用的叠加。

1）中心荷载 $P=1$ 的作用

由于作用力通过扭转中心，而且假定横梁是刚性的，因此横梁只作平行下挠，各片主梁的挠度相等［图 7.15(c)］，即

$$w'_1 = w'_2 = \cdots = w'_n \tag{7.17}$$

主梁所分担的荷载为 R_i［图 7.15(c)］，根据材料力学关于简支梁跨中的荷载与挠度的关系：

$$w'_i = \frac{R'_i l^3}{48EI_i} \text{ 或 } R'_i = \alpha I_i w'_i \tag{7.18}$$

式中，$\alpha = \dfrac{48E}{l^3} =$ 常数（E 为梁体材料的弹性模量）。

由静力平衡条件可得

$$\sum_{i=1}^{n} R'_i = P = 1 \tag{7.19}$$

联立求解式(7.17)～式(7.19)可得

$$R'_i = \frac{I_i}{\displaystyle\sum_{i=1}^{n} I_i} \cdot P = \frac{I_i}{\displaystyle\sum_{i=1}^{n} I_i} \tag{7.20}$$

式中，n 为主梁根数。

2）偏心力矩 $M=Pe=1 \cdot e$ 的作用

在偏心力矩 $M=Pe=1 \cdot e$ 作用下，横梁绕扭转中心 o 转动一微小的角度 φ[图 7.15(d)]，因此各根主梁产生的竖向挠度可表示为

$$w_i'' = a_i \mathrm{tg}\varphi \tag{7.21}$$

由式(7.18)，主梁所受荷载与挠度的关系为

$$R_i'' = \alpha I_i w_i'' \tag{7.22}$$

从力矩的平衡条件可知：

$$\sum_{i=1}^{n} R_i'' \cdot a_i = P \cdot e = 1 \cdot e \tag{7.23}$$

联立求解式(7.21)～式(7.23)可得

$$R_i'' = \frac{Pea_i I_i}{\sum\limits_{i=1}^{n} a_i^2 I_i} = \frac{ea_i I_i}{\sum\limits_{i=1}^{n} a_i^2 I_i} \tag{7.24}$$

3）偏心荷载 $P=1$ 产生的总作用力

偏心荷载 $P=1$ 作用于 k 号梁($e=a_k$)时，在 i 号梁上产生的总作用力 R_{ik}，即 i 号主梁所分配到的荷载，等于前面两种情况的叠加，即

$$R_{ik} = R_{ik}' \pm R_{ik}'' = \frac{I_i}{\sum\limits_{i=1}^{n} I_i} P \pm \frac{a_i a_k I_i}{\sum\limits_{i=1}^{n} a_i^2 I_i} P = \frac{I_i}{\sum\limits_{i=1}^{n} I_i} \pm \frac{a_i a_k I_i}{\sum\limits_{i=1}^{n} a_i^2 I_i} \tag{7.25}$$

当 e 和 a_i 位于同一侧时，式(7.25)右边第二项取正号，反之应取负号。式(7.25)是在不等间距、不等刚度的结构中推导出来的，但大多数的梁桥还是做成等间距、等刚度的，从式中很容易得到这种梁桥的主梁荷载分配表达式：

$$R_{ik} = R_{ik}' \pm R_{ik}'' = \frac{1}{n} P \pm \frac{a_i a_k}{\sum\limits_{i=1}^{n} a_i^2} P = \frac{1}{n} \pm \frac{a_i a_k}{\sum\limits_{i=1}^{n} a_i^2} \tag{7.26}$$

不难得到关系式：

$$R_{ik} = R_{ki} \frac{I_i}{I_k} \tag{7.27}$$

4）求荷载横向分布系数 m

根据式(7.25)和式(7.26)即可计算出第 k 号主梁以 $P=1$ 作用在任意 i 号梁时的反力 R_{ki}，并据此绘制 k 号主梁反力影响线，即 k 号主梁荷载横向分布影响线，影响线竖标通常写成 η_{ki}。如果各根主梁的截面尺寸相同，则：

$$\eta_{ki} = R_{ki} = R_{ik} = \frac{I_k}{\sum\limits_{i=1}^{n} I_i} \pm \frac{a_k a_i I_k}{\sum\limits_{i=1}^{n} a_i^2 I_i} = \frac{1}{n} \pm \frac{a_k a_i}{\sum\limits_{i=1}^{n} a_i^2} \tag{7.28}$$

图 7.15(e)即为 1 号主梁荷载横向分布影响线。由于荷载横向分布影响线呈直线分布，实际上只需计算两个影响线竖标即可。

有了荷载横向影响线，就可以按最不利情况横向布载，并按式(7.15)和式(7.16)分别计算汽车和人群荷载横向分布系数，式中下标 0 改写为 c，即

$$\text{汽车荷载：} \quad m_{cq} = \frac{1}{2}\sum \eta_q \tag{7.29}$$

$$\text{人群荷载：} \quad m_{cr} = \eta_r \tag{7.30}$$

偏心压力法适用于具有可靠横向连接，且宽跨比(B/L)小于或接近于 0.5 的桥(一般称为窄桥)。

2. 修正偏心压力法

偏心压力法计算中由于作了横隔梁近似绝对刚性和忽略主梁抗扭刚度两项假定，这就导致了边梁受力偏大的计算结果。为了减小计算误差，可在按偏心压力法计算时考虑主梁的抗扭刚度。

由前面已知，偏心压力法计算荷载横向分布影响线竖标的公式为

$$\eta_{ki} = \frac{I_k}{\sum\limits_{i=1}^{n} I_i} \pm \frac{a_k a_i I_k}{\sum\limits_{i=1}^{n} a_i^2 I_i}$$

式中等号右边第一项是由中心荷载 $P=1$ 所引起，此时各主梁只发生挠度而无转动(参见图 7.15)，显然它与主梁的抗扭无关。等号右边的第二项是由偏心力矩 $M=P\cdot e=1\cdot e$ 作用引起的各片主梁的竖向位移，很明显由于截面的转动，各主梁不仅会发生竖向挠度，而且还必然同时引起扭转，可是在上式中却没有计入主梁的抗扭作用。由此可见，要计入主梁抗扭影响，只需对等式右边第二项给予修正。

下面就研究在力矩 $M=P\cdot e=1\cdot e$ 作用下桥梁的变形和受力情况。如图 7.16 所示，还是取跨中截面来分析，在 $M=P\cdot e=1\cdot e$ 作用下每片主梁除产生不相同的挠度 w_i'' 外还转动一个相同的角度 φ [图 7.16(b)]。设荷载通过跨中的刚性横隔梁传递，截出此横隔梁作为脱离体来分析，可得各片主梁对横隔梁的反作用为竖向力 R_i'' 和扭矩 M_{Ti} [图 7.16(c)]。

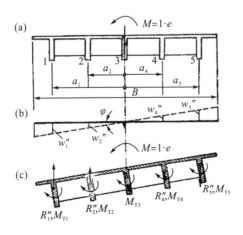

图 7.16 考虑主梁抗扭的计算图式

根据平衡条件：

$$\sum_{i=1}^{n} R_i'' a_i + \sum_{i=1}^{n} M_{Ti} = 1 \cdot e \tag{7.31}$$

由材料力学知，简支梁考虑自由扭转时跨中截面扭矩 M_T 与扭角 φ 以及竖向力与挠度的关系为

$$\varphi = \frac{l M_{Ti}}{4 G I_{Ti}} \text{ 和 } w_i'' = \frac{R_i'' l^3}{48 E I_i} \tag{7.32}$$

式中，l 为简支梁的跨度；I_{Ti} 为梁的抗扭惯性矩；G 为材料的剪切模量；其余符号同前。

从几何关系［图 7.16(b)］有

$$\varphi \approx \text{tg}\varphi = \frac{w_i''}{a_i} \tag{7.33}$$

联立求解式(7.31)、式(7.32)和式(7.22)，可得到任意 k 号梁的反力为

$$R_k'' = \beta \frac{e a_k I_k}{\sum_{i=1}^{n} a_i^2 I_i} \tag{7.34}$$

因此，可得考虑主梁抗扭刚度后任意 k 号梁的横向影响线竖标为

$$\eta_{ki} = \frac{I_k}{\sum_{i=1}^{n} I_i} \pm \beta \frac{e a_k I_k}{\sum_{i=1}^{n} a_i^2 I_i} \tag{7.35}$$

式中：

$$\beta = \frac{1}{1 + \frac{G l^2}{12 E} \frac{\sum I_{Ti}}{\sum a_i^2 I_i}} < 1 \tag{7.36}$$

称为抗扭修正系数，它与梁号无关，纯粹取决于结构的几何尺寸和材料特性。

由此可见，与偏心压力法公式［式(7.28)］相比，式(7.35)右边第二项乘了一个小于 1 的抗扭修正系数 β，所以此法称为"修正偏心压力法"。

对于简支梁桥，若主梁的截面均相同，即 $I_i = I$，$I_{Ti} = I_T$，则：

$$\eta_{ki} = \frac{1}{n} \pm \beta \frac{a_k a_i}{\sum_{i=1}^{n} a_i^2} \tag{7.37}$$

此处：

$$\beta = \frac{1}{1 + \frac{n l^2 G I_T}{12 E I \sum a_i^2}} \tag{7.38}$$

可以看出，当桥梁宽度一定时，随着跨度增大，β 减小，也就是说抗扭刚度对横向分布系数影响增大。式(7.38)中剪切模量 $G = E / [2(1 + \mu)]$，混凝土的泊松比 $\mu \approx 0.167$，其剪切模量 G 可取 $0.425E$；对于由矩形组合而成的梁截面，如 T 形或 I 字形梁，其抗扭惯性矩 I_T 近似等于各个矩形截面的抗扭惯性矩之和：

$$I_{\mathrm{T}} = \sum_{i=1}^{m} c_i b_i t_i^3 \tag{7.39}$$

式中，b_i 和 t_i 表示单个矩形截面的宽度和厚度；c_i 表示矩形截面抗扭刚度系数，根据 t/b 比值按表 7.1 计算；m 表示梁截面划分成单个矩形截面的块数。

表 7.1　矩形截面抗扭刚度系数

t/b	1	0.9	0.8	0.7	0.6	0.5	0.4	0.3	0.2	0.1	<0.1
c	0.141	0.155	0.171	0.189	0.209	0.229	0.250	0.270	0.291	0.312	1/3

3. 算例

一座计算跨径 $l=30.0\mathrm{m}$ 的桥梁，主梁通过横隔梁连接，每跨纵向均匀布置 5 道横隔梁，横截面如图 7.17(a) 所示，假设各主梁截面相同，试求荷载位于跨中时 1 号边梁的荷载横向分布系数 m_{cq}(汽车荷载) 和 m_{cf}(墙式护栏)。

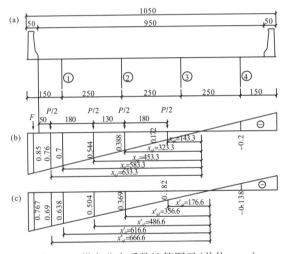

图 7.17　横向分布系数计算图示(单位：cm)

下面分析具体解题步骤。

此桥在跨度内设有横隔梁，具有强大的横向连接刚性，且承重结构的跨宽比为

$$\frac{l}{B} = \frac{30.0}{10.5} \approx 2.86 > 2$$

故可按偏心压力法来绘制横向影响线并计算横向分布系数 m_{c}。

虽然本桥边梁与中梁尺寸有区别，但是相差不大，因此假定本桥各主梁的横截面均相等，梁数 $n=4$，梁间距为 $c=2.50\mathrm{m}$，以桥中线为坐标原点，则：

$$\sum_{i=1}^{4} a_i^2 = a_1^2 + a_2^2 + a_3^3 + a_4^2$$
$$= (1.5c)^2 + (0.5c)^2 + (-0.5c)^2 + (-1.5c)^2$$
$$= 5c^2 = 31.25\mathrm{m}^2$$

由式(7.28)可得 1 号梁横向影响线的竖标值为

$$\begin{cases} \eta_{11} = \dfrac{1}{n} + \dfrac{a_1^2}{\displaystyle\sum_{i=1}^{n} a_i^2} = \dfrac{1}{4} + \dfrac{(1.5c)^2}{5c^2} = 0.25 + 0.45 = 0.70 \\[4mm] \eta_{14} = \dfrac{1}{n} + \dfrac{a_1 a_4}{\displaystyle\sum_{i=1}^{n} a_i^2} = \dfrac{1}{4} + \dfrac{-1.5c \times 1.5c}{5c^2} = 0.25 - 0.45 = -0.2 \end{cases}$$

由以上计算过程可知，η_{11} 和 η_{14} 的计算结果与梁间距 c 的数值无关。由 η_{11} 和 η_{14} 绘制的 1 号梁横向影响线见图 7.17(b)，图中按《公路桥涵设计通用规范》(JTG D60—2015) 规定确定了汽车荷载的最不利荷载位置。

设横向影响线的零点至 1 号梁位的距离为 x_0，则

$$\frac{x_0}{0.70} = \frac{3 \times 2.5 - x_0}{0.2}$$

解得：$x_0 = 5.83\,\mathrm{m}$。

墙式护栏边缘到 1 号梁轴线的距离为 1.5-0.5=1.0m。

根据几何关系，每个轮重对应的影响线竖标为(以 x_{qi} 表示影响线零点至第 i 个汽车车轮的横坐标距离)：$\eta_{qi} = \dfrac{\eta_{11}}{x_0} x_{qi}$。从而可得各轮重和人群荷载集度对应的影响线竖标分别为 [图 7.17(b)]：

$$\eta_{q1}=0.76；\eta_{q2}=0.544；\eta_{q3}=0.388；\eta_{q4}=0.172；\eta_{f}=0.85$$

于是，1 号梁的活载横向分布系数计算如下：

$$\begin{cases} 汽车荷载：m_{cq} = \dfrac{1}{2}\sum \eta_q = \dfrac{1}{2} \times (\eta_{q1} + \eta_{q2} + \eta_{q3} + \eta_{q4}) \\[3mm] \qquad\qquad = \dfrac{1}{2} \times (0.76 + 0.544 + 0.388 + 0.172) = 0.932 \\[3mm] 墙式护栏荷载：m_{cf} = \eta_f = 0.85 \end{cases}$$

为了进行比较，按修正偏心压力法对算例进行计算。T 形主梁的细部尺寸如图 7.18 所示。

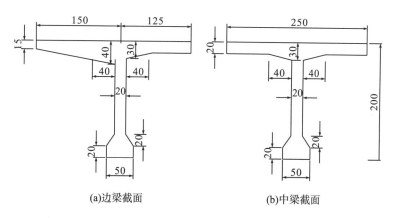

(a)边梁截面　　　　　　　　　(b)中梁截面

图 7.18　主梁截面尺寸(单位：cm)

(1) 计算 I 和 I_T。

现在能够用来计算截面特性的软件很多，抗弯惯性矩 I 和抗扭惯性矩 I_T 采用软件进行计算，也可以通过编程计算或者手算。为简化计算，在刚度相差不大的情况下，边梁截面计算时统一按中梁截面考虑，计算结果如下。

主梁抗弯和抗扭惯性矩：

$$I=0.4571361 \text{ m}^4 ; \quad I_T=0.01795659 \text{ m}^4$$

(2) 计算抗扭修正系数 β。

取 $G=0.425E$，代入式 (7.38) 得

$$\beta = \frac{1}{1+\dfrac{nl^2 GI_T}{12EI\sum a_i^2}} = \frac{1}{1+\dfrac{4\times 30^2 \times 0.425E \times 0.01795659}{12\times E \times 0.4571361 \times 31.25}} = 0.862$$

(3) 计算横向影响线竖标值。

对于 1 号边梁考虑抗扭修正后的横向影响线竖标值为

$$
\begin{cases}
\eta'_{11} = \dfrac{1}{n} + \beta\dfrac{a_1^2}{\displaystyle\sum_{i=1}^{n} a_i^2} = 0.25 + 0.862\times 0.45 = 0.638 \\[4mm]
\eta'_{14} = \dfrac{1}{n} - \beta\dfrac{a_1^2}{\displaystyle\sum_{i=1}^{n} a_i^2} = 0.25 - 0.862\times 0.45 = -0.138
\end{cases}
$$

设影响线零点离 1 号梁轴线的距离为 x'_0，则：

$$\frac{x'_0}{0.638} = \frac{3\times 2.5 - x'_0}{0.138}$$

解得：$x'_0=6.166$m。

(4) 计算荷载横向分布系数。

1 号边梁的横向影响线和布载图式如图 7.17(c) 所示。

汽车荷载：

$$
\begin{aligned}
m'_{cq} &= \frac{1}{2}\sum \eta'_q \\
&= \frac{1}{2}\cdot\frac{\eta'_{11}}{x'}(x'_{q1}+x'_{q2}+x'_{q3}+x'_{q4}) \\
&= \frac{1}{2}\times\frac{0.638}{616.6}(666.6+486.6+356.6+176.6) \\
&\approx 0.873
\end{aligned}
$$

墙式护栏荷载的横向分布系数：$m'_{cf} = \eta_f \dfrac{0.638}{616.6}\times(666.6+75) \approx 0.767$。

本例计算结果表明，计及抗扭影响的 m'_{cq}、m'_{cr} 比不计抗扭影响的 m_{cq} 和 m_{cr} 相应降低 6.3% 和 9.8%。横向分布系数的降低幅度随着主梁抗扭刚度的增加而增加，但是前提是横

向有足够的连接刚度,因此,对于预制装配式小箱梁桥,在跨内布置中隔板对增强桥梁横向整体性、减小单梁的横向分布系数是很重要的,目前很多预制装配式小箱梁桥不设中横梁,达不到理想的效果。

需要引起注意的是:由于假定横梁刚度无穷大,计算出来的边梁横向分布系数永远比中梁大,有时候计算结果与实际情况有差别,特别是对于横向连接刚度相对较弱、桥梁较宽、桥梁设有人行道等情况更明显。因为边梁计算结果偏大,中梁计算结果偏小,会导致中梁的配筋偏少,因此要有意识地将中梁的横向分布系数适当提高,然后再进行配筋计算。

7.2.2.3　横向铰接板(梁)法

对于用现浇混凝土纵向企口缝连接的装配式板桥,以及仅在翼板间用焊接钢板或伸出交叉钢筋连接,而无中间横隔梁的装配式梁桥,由于块件间横向具有一定的连接构造,但其连接刚性又很薄弱,因此对其跨中荷载横向分布的计算,前面所述的杠杆原理法和偏心压力法均不适用。鉴于这类结构的实际受力状态接近于数根并列而相互间横向铰接的狭长板(梁),以此为基础发展了横向铰接板(梁)理论来计算荷载的横向分布。

1. 计算原理和方法

下面首先以铰接板梁桥［图 7.19］为例介绍铰接板(梁)法计算原理,然后再介绍 T形桥梁计算特点。

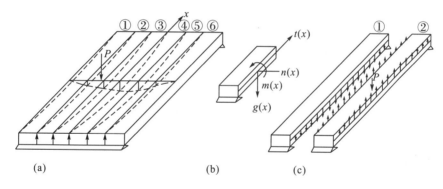

图 7.19　铰接板桥受力示意图

图 7.19(a)是一座铰接板桥。为了计算在集中荷载 P 作用下的荷载横向分布,铰接板(梁)法作了下面三个基本假定。

(1)假定竖向荷载作用下结合缝内只传递竖向剪力 $g(x)$,而横向弯矩 $m(x)$、纵向剪力 $t(x)$ 和法向力 $n(x)$ 均略去不计［图 7.19(b)］。

(2)将荷载 P 按三角正弦级数展开,取其中第一项,即用半波正弦荷载 $p(x) = p_0 \sin\dfrac{\pi x}{l}$ 代替原集中荷载 P［图 7.20(a)］,由此,各条结合缝内也产生正弦分布的竖向剪力 $g_i(x) = g_i \sin\dfrac{\pi x}{l}$［图 7.20(b)］。

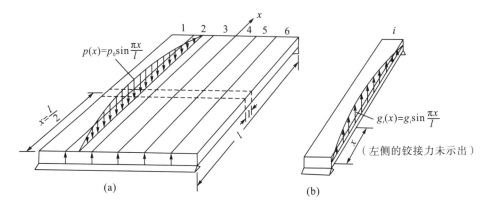

图 7.20　铰接板桥近似受力图式

采用半波正弦荷载的原因是，根据梁的挠曲理论，主梁的弯矩 $M(x)$ 和剪力 $Q(x)$ 等于其挠度在桥孔方向(x 方向)的二阶和三阶的微商乘以它的截面抗弯刚度 EI，即

$$\begin{cases} M(x) = -EIw''(x) \\ Q(x) = -EIw'''(x) \end{cases} \tag{7.40}$$

若集中荷载 P 横向分布给各片板梁 P_i $(i=1\sim n)$，则各片板梁的挠度 $w(x)$、弯矩 $M(x)$ 和剪力 $Q(x)$ 之间都应当存在同其所受荷载的大小一样的比例。例如，对于 1 号板梁和 2 号板梁应有

$$\frac{w_1(x)}{w_2(x)} = \frac{M_1(x)}{M_2(x)} = \frac{Q_1(x)}{Q_2(x)} = \frac{P_1(x)}{P_2(x)} = 常数$$

将式(7.40)代入则有

$$\frac{w_1(x)}{w_2(x)} = \frac{w_1''(x)}{w_2''(x)} = \frac{w_1'''(x)}{w_2'''(x)} = \frac{P_1(x)}{P_2(x)} = 常数 \tag{7.41}$$

但是，实际上无论对于集中荷载还是分布荷载的作用情况，式(7.41)都不成立，只有半波正弦荷载时才成立。

需要说明的是，用正弦荷载代替跨中的集中荷载，在计算各梁跨中挠度时的误差很小，而且，计算内力时虽有稍大的误差，但考虑到实际计算时有许多车轮沿桥跨分布，误差可进一步减少。

(3)每块板梁在偏心荷载下只产生垂直位移 w 和转角 φ，而不发生横向弯曲[图 7.19(c)]。

对于研究各条板梁所分布荷载的相对规律来说，在跨中截取单位长度来进行分析不失其一般性，因此铰接板横向分布计算图式如图 7.21 所示。图中 $P=1$ 和 g_i 是荷载和铰接力三角函数的幅值。显然，g_i 是待定的四个赘余力的幅值，应用结构力学中的力法，可以列出四个正则方程：

$$\left. \begin{array}{l} \delta_{11}g_1 + \delta_{12}g_2 + \delta_{13}g_3 + \delta_{14}g_4 + \delta_{1P} = 0 \\ \delta_{21}g_1 + \delta_{22}g_2 + \delta_{23}g_3 + \delta_{24}g_4 + \delta_{2P} = 0 \\ \delta_{31}g_1 + \delta_{32}g_2 + \delta_{33}g_3 + \delta_{34}g_4 + \delta_{3P} = 0 \\ \delta_{41}g_1 + \delta_{42}g_2 + \delta_{43}g_3 + \delta_{44}g_4 + \delta_{4P} = 0 \end{array} \right\} \tag{7.42}$$

式中，δ_{ik} 表示铰接缝 k 内作用单位正弦铰接力在铰接缝 i 处引起的竖向相对位移；δ_{iP} 表示外荷载 P 在铰接缝 i 处引起的竖向位移。

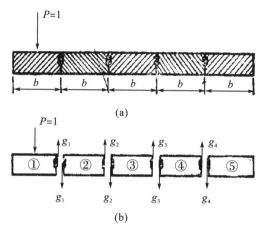

(a)

(b)

图 7.21　铰接板桥计算图式

为了确定正则方程中的常系数 δ_{ik} 和 δ_{iP}，考察图 7.22(a)所示任意板梁在左边铰缝内作用单位正弦铰接力的典型情况。图 7.22(b)为跨中单位长度截割段的示意图。

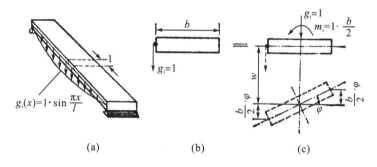

(a)　　　　　　　　　　(b)　　　　　　　　　(c)

图 7.22　板梁的典型受力图示

图 7.22(c)示出了板的变形情况，依据图 7.22(b)的基本体系，就可写出正则方程(7.42)中的常系数：

$$
\begin{cases}
\delta_{11}=\delta_{22}=\delta_{33}=\delta_{44}=2\left(w+\dfrac{b}{2}\varphi\right)\\[2mm]
\delta_{12}=\delta_{23}=\delta_{34}=\delta_{21}=\delta_{32}=\delta_{43}=-\left(w-\dfrac{b}{2}\varphi\right)\\[2mm]
\delta_{13}=\delta_{14}=\delta_{24}=\delta_{31}=\delta_{41}=\delta_{42}=0\\[2mm]
\delta_{1p}=-w\\[2mm]
\delta_{2p}=\delta_{3p}=\delta_{4p}=0
\end{cases}
$$

将上述的系数代入式(7.42)，使全式除以 w 并设刚度参数 $\gamma=b\varphi/(2w)$，则得正则方程化简：

$$\left.\begin{array}{r}2(1+\gamma)g_1-(1-\gamma)g_2=1\\-(1-\gamma)g_1+2(1+\gamma)g_2-(1-\gamma)g_3=0\\-(1-\gamma)g_2+2(1+\gamma)g_3-(1-\gamma)g_{43}=0\\-(1-\gamma)g_3+2(1+\gamma)g_4=0\end{array}\right\}\qquad(7.43)$$

由此可见，只要确定了刚度参数 γ、板块数量 n 和荷载作用位置，就可解出所有 $n-1$ 个未知铰接力的幅值。根据力的平衡原理，可得到荷载作用下分配到各板块的竖向荷载的幅值。

$$\left.\begin{array}{ll}1\text{号板}&P_{11}=1-g_1\\2\text{号板}&P_{21}=g_1-g_2\\3\text{号板}&P_{31}=g_2-g_3\\4\text{号板}&P_{41}=g_3-g_4\\5\text{号板}&P_{51}=g_4\end{array}\right\}\qquad(7.44)$$

下面将以图 7.21 中 1 号板梁为例介绍如何绘制荷载横向分布影响线。

对于弹性板梁，荷载与挠度成正比关系，即

$$P_{i1}=\alpha_1 w_{i1}$$

同理： $P_{1i}=\alpha_2 w_{1i}$。

由变位互等定理 $w_{i1}=w_{1i}$，且每块板梁的截面相同(比例常数 $\alpha_1=\alpha_2$)，可得

$$P_{1i}=P_{i1}$$

因此，单位荷载作用在 1 号板梁轴线上时某一板梁所分配的荷载就等于单位荷载作用于该板梁轴线上时 1 号板梁所分配到的荷载，这就是 1 号板梁荷载横向影响线的竖标值，通常以 η_{1i} 来表示。最后，利用式(7.44)，可得 1 号板梁横向影响线的各竖标值为

$$\left.\begin{array}{l}\eta_{11}=P_{11}=1-g_1\\\eta_{21}=P_{21}=g_1-g_2\\\eta_{31}=P_{31}=g_2-g_3\\\eta_{41}=P_{41}=g_3-g_4\\\eta_{51}=P_{51}=g_4\end{array}\right\}\qquad(7.45)$$

据此绘制 1 号板梁的横向影响线，如图 7.23(b)所示，同理，可绘制 2 号板梁的横向影响线，如图 7.23(c)所示。

在实际进行设计时，可以利用板块数目 $n=3\sim10$ 所编制的各号板的横向影响线竖标计算表格(见附录)，表中提供的数据最多只能查询 10 块板组成的桥梁，如果板的数量超过 10 块，可以采用板组法，也就是将几块板组合在一起当作一块板来计算。不过，由于有了大量的数值计算和编程工具，可以用现成的小软件进行计算，或者自己根据前面所学原理编程计算。

有了跨中荷载横向影响线，就可以按前述方法计算各类荷载的跨中横向分布系数 m_c。

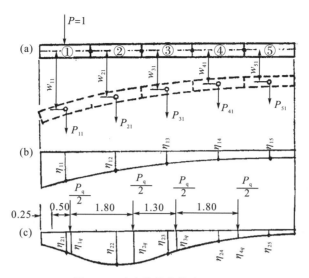

图 7.23　跨中的荷载横向影响线

2. 刚度参数 γ 值的计算

刚度参数 $\gamma = \dfrac{b}{2}\varphi / w$，为了计算 γ，首先要确定偏心的正弦荷载作用下，所产生的简支板梁跨中竖向挠度 w 和扭角 φ，见图 7.24。

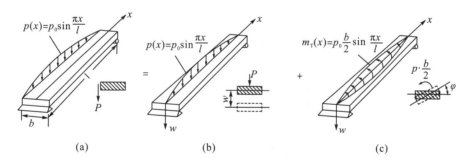

图 7.24　γ 值的计算图式

根据梁的挠曲理论可得微分方程：

$$EIw''''(x) = p_0(x) = p_0 \sin\frac{\pi x}{l} \tag{7.46}$$

式中，E、I 分别为材料的弹性模量和板梁的抗弯惯性矩。

根据梁的扭转理论可得微分方程：

$$GI_{\mathrm{T}}\varphi''(X) = -m_{\mathrm{T}}(x) = -\frac{b}{2} \cdot p_0 \sin\frac{\pi x}{l} \tag{7.47}$$

式中，G、I_{T} 分别为材料的剪切模量和板梁的抗扭惯性矩。

对式 (7.46) 和式 (7.47) 积分，并代入边界条件得

$$w(x) = \frac{p_0 l^4}{\pi^4 EI} \sin\frac{\pi x}{l} \tag{7.48}$$

$$\varphi(x) = \frac{p_0bl^2}{2\pi^2GI_T}\sin\frac{\pi x}{l} \tag{7.49}$$

根据式(7.48)、式(7.49)可得到跨中 $\left(x=\dfrac{l}{2}\right)$ 挠度和转角为

$$w = \frac{p_0l^4}{\pi^4EI} \tag{7.50}$$

$$\varphi = \frac{p_0bl^2}{2\pi^2GI_T} \tag{7.51}$$

因而可得到刚度参数 γ 的计算式如下：

$$\gamma = \frac{b}{2}\varphi/w = \frac{b}{2}\cdot\left(\frac{p_0bl^2}{2\pi^2GI_T}\right)\bigg/\left(\frac{p_0l^4}{\pi^4EI}\right) = \frac{\pi^2EI}{4GI_T}\left(\frac{b}{l}\right)^2 \approx 5.8\frac{I}{I_T}\left(\frac{b}{l}\right)^2 \tag{7.52}$$

式中，对于混凝土 $G=0.425E$。

3. 主梁抗扭惯性矩 I_T 的计算

在求解主梁荷载横向分布中，需计算主、横梁的抗扭惯性矩 I_T。对于矩形截面或多个矩形组成的开口截面，例如 T 形、I 形等截面，可按式(7.39)并查表 7.1 计算抗扭惯性矩 I_T。

设有一任意不等厚的薄壁闭合截面杆件承受纯扭矩 M_T 的作用，其截面如图 7.25 所示，壁厚为 t，由于壁不厚，可以认为剪应力均匀分布于厚度方向，但沿截面周边 S 方向的剪力流分布可能是变化的。可以证明沿壁作用的单位周长上的剪力 $\tau\cdot t$ 是一个常数，即 $q=\tau\cdot t$ 称为剪力流。

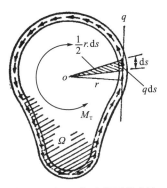

图 7.25　闭口薄壁截面剪力流

如图 7.25 所示，现取横截面的扭心 o，每个截面长度 ds 范围内的剪力 qds 对 o 点的力矩为 $q\cdot rds$，此处 r 为 o 点至剪力 qds 作用线的距离。沿整个周长进行积分所得到的力矩，一定和外矩 M_T 相等，即

$$M_T = \oint q\cdot rds = q\oint rds = 2\Omega q$$

即剪力流：

$$q = \tau\cdot t = \frac{M_T}{2\Omega} \tag{7.53}$$

式中，Ω 表示薄壁中线所围的面积。

剪切变形 $\gamma = \tau / G$，则单位体积的应变能为 $\tau^2 / (2G)$，因此薄壁管单位长度内的应变能为

$$\overline{U} = \oint \frac{\tau^2}{2G} \cdot t \cdot \mathrm{d}s = \frac{(\tau t)^2}{2G} \oint \frac{\mathrm{d}s}{t} = \frac{M_{\mathrm{T}}^2}{8G\Omega^2} \oint \frac{\mathrm{d}s}{t}$$

单位长度构件上扭矩所作之功为

$$\overline{W} = \frac{1}{2} M_{\mathrm{T}} \cdot \varphi = \frac{M_{\mathrm{T}}^2}{2GI_{\mathrm{T}}} \left(\because 扭角 \varphi = \frac{M_{\mathrm{T}}}{GI_{\mathrm{T}}} \right)$$

令单位长度的应变能等于单位长度构件上扭矩所作之功，最后可得出任意形状闭口薄壁截面的抗扭惯性矩计算公式：

$$I_{\mathrm{T}} = \frac{4\Omega^2}{\oint \dfrac{\mathrm{d}s}{t}} \tag{7.54}$$

对于图 7.26(a) 所示的单箱式的薄壁箱形截面，其 I_{T} 的计算可分为两部分：两边悬出的开口部分和闭合薄壁部分。悬出部分可按矩形截面计算公式(7.39)计算，薄壁闭合部分可视作任意形状薄壁闭合截面的特例来计算。对于薄壁箱形截面闭合部分 [图 7.26(b)]，可将式(7.54)具体写成：

$$I'_{\mathrm{T}} = (s_1 + s_2)^2 h^2 \frac{1}{2\dfrac{s}{t} + \dfrac{s_1}{t_1} + \dfrac{s_2}{t_2}} \tag{7.55}$$

因此，薄壁箱形截面抗扭惯性矩为

$$I_{\mathrm{T}} = \frac{4\Omega^2}{\oint \dfrac{\mathrm{d}s}{t}} + \sum_{i=1}^{n} c_i b_i t_i^3 = (s_1 + s_2)^2 h^2 \frac{1}{2\dfrac{s}{t} + \dfrac{s_1}{t_1} + \dfrac{s_2}{t_2}} + 2cd_1 h_1^3 \tag{7.56}$$

式中，c 根据 h_1 / d_1 之值查表 7.1 求得。对于由 n 个箱拼连成的截面，其抗扭惯性矩可近似地按各个单箱截面抗扭惯性矩之和计算。

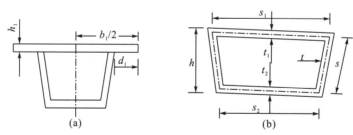

图 7.26　箱形截面

4. 铰接 T 梁桥的计算特点

过去，对于小跨径的钢筋混凝土 T 形梁桥，为了便于预制施工，有时候不设中间横隔梁，仅对翼板的板边适当连接，或者仅由现浇的行车道板使各梁连接在一起。这种梁桥的横向连接刚度很弱，其受力特点类似于横向铰接的结构。此外，对于无横隔梁的组合式梁桥，也因横向连接刚度小而可以近似作为横向铰接来计算。下面将阐明横向铰接 T 形梁桥与铰接板桥相比较，在计算荷载横向分布方面的不同特点。

图 7.27(a)、(b)表示一座铰接 T 形梁桥在单位正弦荷载作用下沿跨中单位长度截割段的铰接力计算图式。如果将它们与前面铰接板桥计算图式(图 7.21)相比较,可见两者对于荷载横向分配的表达式[式(7.42)]几乎是一样的。唯一不同之处是利用正则方程[式(7.42)]求铰接力 g_i 时,在所有主系数 δ_{ii} 中除了考虑 w 和 φ 的影响外,还应计入 T 形梁翼板悬臂端的弹性挠度 f[图 7.27(d)]。鉴于翼缘板边缘有单位正弦荷载作用时,翼板可视为在梁肋处固定的悬臂板,其板端挠度接近于正弦分布,即 $f(x) = f \sin\dfrac{\pi x}{l}$($f$ 为挠度幅值),如图 7.27(c)所示,则有

$$f = \frac{d_1^3}{3EI_1} = \frac{4d_1^3}{Eh_1^3}$$

式中, d_1 表示翼板的悬出长度; h_1 表示翼板厚度,对于变厚度的翼板,可近似地取距离梁肋 $d_1/3$ 处的板厚来计算,见图 7.27(c); I_1 表示单位宽度翼板的抗弯惯性矩, $I_1 = h_1^3/12$ 。

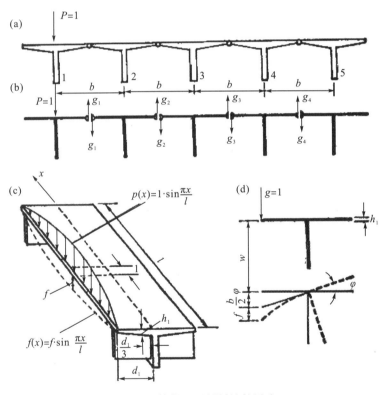

图 7.27 铰接 T 形梁桥计算图式

因此,对于铰接 T 形梁桥,正则方程(式 7.42)中只有 δ_{ii} ,即

$$\delta_{11} = \delta_{22} = \delta_{33} = \cdots = 2\left(w + \frac{b}{2}\varphi + f\right)$$

如令 $\beta = \dfrac{f}{w}$,则得: $\beta = \dfrac{4d_1^3}{Eh_1^3} \bigg/ \dfrac{l^4}{\pi^4 EI} y \approx 390 \dfrac{I}{l^4}\left(\dfrac{d_1}{h_1}\right)^3$ 。

将改变后的 δ_{ii} 代入式(7.42),并经与铰接板的类似处理后,就得铰接 T 梁的正则方程:

$$\begin{cases}
2(1+\gamma+\beta)g_1 - (1-\gamma)g_2 = 1 \\
-(1-\gamma)g_1 + 2(1+\gamma+\beta)g_2 - (1-\gamma)g_3 = 0 \\
-(1-\gamma)g_2 + 2(1+\gamma+\beta)g_3 - (1-\gamma)g_4 = 0 \\
-(1-\gamma)g_3 + 2(1+\gamma+\beta)g_4 = 0
\end{cases} \tag{7.57}$$

由此可见，只要确定了刚度参数γ和β，就可像在铰接板桥中一样，解出所有未知铰接力的峰值，并利用$\eta_{ki}=P_{ik}$的关系［参见式(7.45)］绘制荷载横向影响线。

值得指出的是，当悬臂不长$(0.7\sim0.8\text{m})$、跨度$l\geqslant10\text{m}$时，参数γ值一般比β值显著要大$\left(\dfrac{\beta}{1+\gamma}<5\%\right)$，因而在不影响计算精确度的条件下，可忽略$\beta$的影响而直接利用铰接桥板的计算用表(见附录)以简化铰接梁桥的计算。

在必须计入β的影响时，也可利用$\beta=0$时的η_{ii}和η_{ik}计算用表，按下式近似地计算考虑β值影响的荷载横向影响线坐标值$\eta_{ii(\beta)}$和$\eta_{ik(\beta)}$：

$$\begin{cases}
\eta_{ii(\beta)} = \eta_{ii} + \dfrac{\beta}{1+\gamma}(1-\eta_{ii}) \\
\eta_{ik(\beta)} = \eta_{ik} + \dfrac{\beta}{1+\gamma}\eta_{ik}
\end{cases} \tag{7.58}$$

需要说明的是，因为设置横隔梁能极大地增加桥梁的整体性，因此，现在一般都在支点和跨中甚至$L/4$位置布置横隔梁，而不只靠主梁翼缘板之间连接。

5. 算例

图 7.28(a)所示为跨径 $l=20.0\text{m}$ 的后张法空心板桥的横截面布置，桥面净空为净 $-11+2\times0.75\text{m}$ 墙式护栏。全桥由 9 块预应力混凝土空心板组成，欲求 1 号、3 号和 5 号板汽车和人群荷载作用的跨中荷载横向分布系数。

1)计算空心板截面的抗弯惯性矩 I 和抗扭惯性矩 I_T

桥梁边板与中板截面不同，但是其截面特性相差不大，一般近似地统一按照中板截面［图 7.28(b)］计算其横向分布系数。

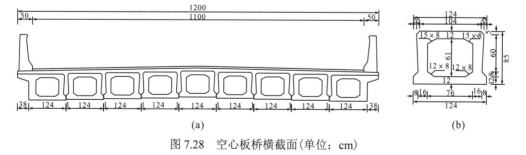

图 7.28　空心板桥横截面(单位：cm)

过去，对于惯性矩的计算，都是采用将空心板简化成标准的空心矩形截面的方法，计算精度不高，且工作量较大。随着数值计算的发展，有很多小软件可以计算其惯性矩，因此，可以采用软件进行抗弯惯性矩 I 和抗扭惯性矩 I_T 的计算，结果如下：

$$I=4.65864\times10^6 \text{ cm}^4$$

$$I_T = 9.06369 \times 10^6 \ cm^4$$

2）计算刚度参数 γ

$$\gamma = 5.8 \frac{I}{I_T} \left(\frac{b}{l}\right)^2 = 5.8 \times \frac{4.65864 \times 10^6}{9.06369 \times 10^6} \left(\frac{124}{2000}\right)^2 = 0.0115$$

3）计算跨中荷载横向分布影响线

根据铰接板荷载横向分布影响线计算用表（附录）中表 9-1、表 9-3、表 9-5，γ 取 $0.01 \sim 0.02$ 时按直线内插法求得 $\gamma = 0.0115$ 的影响线竖坐标值 η_{1i}、η_{3i} 和 η_{5i}。计算见表 7.2（表中的数值为实际 η_{ki} 的小数点后三位数字）。将表中 η_{1i}、η_{3i} 和 η_{5i} 之值按一定比例尺，绘于各板号的曲线下方，连接成光滑曲线后（过去是用曲线板手工连接，现在可以用 CAD 中的样条曲线连接），就得到 1 号、3 号和 5 号板的荷载横向分布影响线，如图 7.29(b)、(c) 和 (d) 所示。

表 7.2　荷载横向分布影响线竖标计算表

板号	γ	单位荷载作用位置（i 号板中心）									$\sum \eta_{ki}$
		1	2	3	4	5	6	7	8	9	
1	0.01	185	162	136	115	098	086	077	072	069	≈ 1000
	0.02	236	194	147	113	088	070	057	049	046	
	0.0115	193	167	138	115	097	084	074	069	066	
3	0.01	136	141	142	129	111	097	087	081	077	≈ 1000
	0.02	147	160	164	141	110	087	072	062	057	
	0.0115	138	144	145	131	111	096	085	078	074	
5	0.01	098	102	111	123	131	123	111	102	098	≈ 1000
	0.02	088	095	110	134	148	134	110	095	088	
	0.0115	097	101	111	125	134	125	111	101	097	

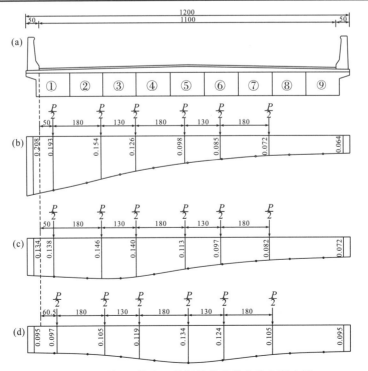

图 7.29　1 号、3 号和 5 号板的荷载横向分布影响线

4）计算荷载横向分布系数

按《公路桥涵设计通用规范》（JTG D60—2015）规定沿横向确定最不利荷载位置后，就可以计算跨中荷载横向分布系数。

对于汽车荷载横向分布系数，因为本算例中的桥最多可以布置三列汽车，所以，要对两列汽车布载不折减与三列汽车布载考虑 0.78 的折减系数以后的数值进行比较，然后取最大值。对于墙式护栏的横向分布系数，要按照横向分布影响线计算的结果与所有空心板平均分配的计算结果进行比较，取最大值，本桥横向由 9 块板组成，墙式护栏荷载如果平均分配，则每块板分配到的荷载为 2/9≈0.222，如果计算数值更小，则取 0.222。

（1）对于 1 号板：

汽车荷载：$\begin{cases} 三列布载：m_{cq} = 0.78 \times \dfrac{1}{2}(0.193 + 0.154 + 0.126 + 0.098 + 0.085 + 0.072) = 0.284 \\ 两列布载：m_{cq} = \dfrac{1}{2}(0.193 + 0.154 + 0.126 + 0.098) = 0.286 > 0.284，取 m_{cq} = 0.286 \end{cases}$

墙式护栏：$m_{cf} = 0.208 + 0.064 = 0.272$。

（2）对于 3 号板：

汽车荷载：$\begin{cases} 三列布载：m_{cq} = 0.78 \times \dfrac{1}{2}(0.138 + 0.146 + 0.140 + 0.113 + 0.097 + 0.082) = 0.279 \\ 两列布载：m_{cq} = \dfrac{1}{2}(0.138 + 0.146 + 0.140 + 0.113) = 0.269 < 0.279，取 m_{cq} = 0.279 \end{cases}$

墙式护栏：$m_{cf} = 0.134 + 0.072 = 0.206 < 0.222$，取 $m_{cf} = 0.222$。

（3）对于 5 号板：

汽车荷载：$\begin{cases} 三列布载：m_{cq} = 0.78 \times \dfrac{1}{2}(0.097 + 0.105 + 0.119 + 0.134 + 0.124 + 0.105) = 0.267 \\ 两列布载：m_{cq} = \dfrac{1}{2}(0.119 + 0.134 + 0.124 + 0.105) = 0.241 < 0.267，取 m_{cq} = 0.267 \end{cases}$

墙式护栏：$m_{cf} = 0.095 + 0.095 = 0.190 < 0.222$，取 $m_{cf} = 0.222$。

综上所得，边板的汽车荷载横向分布系数 $m_{cq} = 0.286$，墙式护栏的为 $m_{cf} = 0.272$。中板一般按照最大值来选取，其汽车荷载横向分布系数最大值为 $m_{cq} = 0.279$，墙式护栏的为 $m_{cf} = 0.222$。此算例中，边板有 0.38m 的悬臂，所以其横向分布系数比中板的大，且边板的横向分布系数随着其悬臂长的增加而增加。事实上，如果边板没有悬臂，其横向分布系数往往比中板小。在边板和中板尺寸相差不大的情况下（边板无悬臂），铰接板法计算的横向分布系数是中板偏大，边板偏小。因此，边板的横向分布系数计算结果如果比中板小，往往采用中板的横向分布系数进行配筋计算。

7.2.2.4　横向刚接梁法

对于横向刚性连接的梁桥，可在铰接板（梁）桥计算理论的基础上，在接缝处补充引入赘余弯矩 m_i，就可建立计及横向刚性连接特点的赘余力正则方程。用这一方法来求解各梁荷载横向分布的问题，就称为刚接梁法。横向刚性连接，可只通过翼缘板之间刚性连接来实现（如预制装配式小箱梁），也可采用横隔板实现。对于采用横隔梁实现横向刚性连接的桥梁,如果桥梁较窄($B/L<0.5$),可以用偏心压办法,如果桥梁较宽,过去往往采用比拟正交异性板法,但是该方法简化程度太高,且计算过于复杂,逐渐被横向刚接梁法取代。

图 7.30(a)表示翼缘板刚性连接的 T 形简支梁桥的跨中横截面。与图 7.27(a)一样,设有单位正弦荷载 $p(x)=1\cdot\sin\dfrac{\pi x}{l}$ 作用在 1 号梁的轴线上。在各板跨中央沿纵缝将板切开,并代以按正弦分布的赘余力素 $x_i\sin\dfrac{\pi x}{l}$(这里 i 取 1、2 和 3 表示剪力,i 取 4、5 和 6 表示弯矩),式中 x_i 均为赘余力素在梁的跨中截面处的峰值,可得到计算刚接梁桥的基本体系,如图 7.30(b)所示。

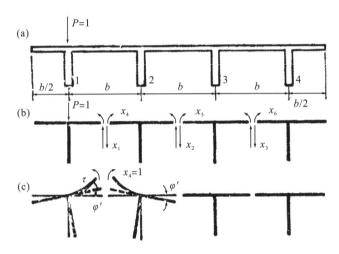

图 7.30　刚接梁法计算示意图

根据熟知的力法原理,就可得到求解所有赘余力素的一般正则方程式,用矩阵形式可简明表示为

$$\left[\delta_{ij}\right]\left\{x_j\right\}+\left\{\delta_{iP}\right\}=0 \quad (i,\ j=1、2、3、\cdots、6) \tag{7.59}$$

式中,δ_{ij} 表示正则方程中位于赘余力素前的计算系数,它表示赘余力素峰值 $x_j=1$ 时在 i 处引起的相对变位(包括 $i=j$ 和 $i\neq j$ 的情形);δ_{iP} 表示外荷载在 i 处引起的相对变位;x_j 表示 j 处赘余力素的峰值。

下面按照图 7.30(b)的计算图式来具体分析一下 δ_{ij} 和 δ_{iP} 的赋值。

不难看出,在系数矩阵 $[\delta_{ij}]$ 中,若仅涉及赘余剪力 x_1、x_2、x_3 和相应竖向位移的系数,与前面铰接 T 形梁桥的完全一样,即

$$\begin{cases} \delta_{11}=\delta_{22}=\delta_{33}=2\left(w+\dfrac{b}{2}\varphi+f\right) \\[2mm] \delta_{12}=\delta_{23}=\delta_{21}=\delta_{32}=-\left(w-\dfrac{b}{2}\varphi\right) \\[2mm] \delta_{13}=\delta_{31}=0 \end{cases}$$

若仅涉及赘余弯矩 x_4、x_5、x_6 和相应转角的系数,由图 7.30(c)可得

$$\begin{cases} \delta_{44} = \delta_{55} = \delta_{66} = 2(\varphi' + \tau) \\ \delta_{45} = \delta_{56} = \delta_{54} = \delta_{65} = -\varphi' \\ \delta_{46} = \delta_{64} = 0 \end{cases}$$

由于对称弯矩 $x_i=1$（i 取 4、5 和 6）作用下接缝两侧不产生相对挠度以及各切缝两侧的剪切位移不引起相对转角，故有

$$\delta_{14} = \delta_{25} = \delta_{36} = \delta_{41} = \delta_{52} = \delta_{63} = 0$$

此外，还可写出：

$$\begin{cases} \delta_{34} = \delta_{16} = \delta_{43} = \delta_{61} = 0 \\ \delta_{15} = \delta_{26} = \delta_{51} = \delta_{62} = \varphi' \dfrac{b}{2} \\ \delta_{24} = \delta_{35} = \delta_{42} = \delta_{53} = -\varphi' \dfrac{b}{2} \end{cases}$$

当单位正弦荷载作用于 1 号梁轴线上时（作用于其他梁上时，可类似处理），可得荷载系数：

$$\begin{cases} \delta_{1P} = -w \\ \delta_{2P} = \delta_{3P} = \delta_{4P} = \delta_{5P} = \delta_{6P} = 0 \end{cases}$$

图 7.30（b）中表示了所有正向的赘余力素 x_i，在变位系数的计算中，接缝任一侧产生与力素正向相一致的变位时取正值，反之取负值。

系数中涉及的 φ' 和 τ 分别为缝端单位弯矩作用所引起的主梁扭角和翼板局部挠曲角，由图 7.31 可知：

$$\tau = \frac{1 \cdot d_1}{EI_1} = \frac{12 d_1}{E h_1^3}$$

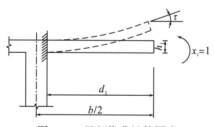

图 7.31　局部挠曲计算图式

参见图 7.27 可得

$$\frac{m_{\mathrm{T}}}{\varphi} = \frac{x_i}{\varphi'}$$

因此：$\varphi' = \varphi \cdot \dfrac{x_i}{m_{\mathrm{T}}} = \varphi \cdot \dfrac{1}{b/2} = \varphi \cdot \dfrac{2}{b}$。其中，$\varphi$ 为缝端单位竖剪力引起的主梁扭角，可按式（7.51）计算。由上述分析可得，$[\delta_{ij}]$ 中的许多元素为零，实际可表示为

$$[\delta_{ij}] = \begin{bmatrix} \delta_{11} & \delta_{12} & 0 & 0 & \delta_{15} & 0 \\ \delta_{21} & \delta_{22} & \delta_{23} & \delta_{24} & 0 & \delta_{26} \\ 0 & \delta_{32} & \delta_{33} & 0 & \delta_{35} & 0 \\ 0 & \delta_{42} & 0 & \delta_{44} & \delta_{45} & 0 \\ \delta_{51} & 0 & \delta_{53} & \delta_{54} & \delta_{55} & \delta_{56} \\ 0 & \delta_{62} & 0 & 0 & \delta_{65} & \delta_{66} \end{bmatrix}$$

如将 δ_{ij} 和 δ_{iP} 都除以 w，将上面矩阵中下部三个方程各乘以 $b/2$，并令 $g_1 = x_1$，$g_2 = x_2$，$g_3 = x_3$，$m_1 = \dfrac{2}{b} x_4$，$m_2 = \dfrac{2}{b} x_5$，$m_3 = \dfrac{2}{b} x_6$，最后可得赘余力素 g_i 和 m_i 的正则方程为

$$\left[\begin{array}{ccc|ccc} \delta_g & \gamma - 1 & 0 & 0 & \gamma & 0 \\ \gamma - 1 & \delta_g & \gamma - 1 & -\gamma & 0 & \gamma \\ 0 & \gamma - 1 & \delta_g & 0 & -\gamma & 0 \\ \hline 0 & -\gamma & 0 & \delta_m & -\gamma & 0 \\ \gamma & 0 & -\gamma & -\gamma & \delta_m & -\gamma \\ 0 & \gamma & 0 & 0 & -\gamma & \delta_m \end{array} \right] \left\{ \begin{array}{c} g_1 \\ g_2 \\ g_3 \\ \hline m_1 \\ m_2 \\ m_3 \end{array} \right\} + \left\{ \begin{array}{c} -1 \\ 0 \\ 0 \\ 0 \\ 0 \\ 0 \end{array} \right\} = 0 \qquad (7.60)$$

式中，$\delta_g = 2(1 + \gamma + \beta)$，与铰接 T 形梁桥相同；$\delta_m = 2(\gamma + 3\beta')$，$\beta' = \left(\dfrac{b}{2d_1} \right)^2 \cdot \beta$。

式 (7.60) 中包含 γ、β 和 β' 三个参数，其中 γ 和 β 与铰接梁桥的相同，对于 T 形梁和 I 字形梁也可近似地认为 $\beta \approx \beta'$。

竖向荷载的横向分布，与前面铰接梁桥一样，仍只考虑剪力 g_i 的影响。因此，由式 (7.60) 求得 g_i 后，就可按式 (7.45) 编制荷载横向分布影响线坐标 η_{ik} 的计算表格。

对于有横隔板的梁桥，计算时须将横隔板的抗弯和抗剪刚度考虑进去。

7.2.2.5 空间梁格法计算横向分布系数

1. 计算原理和方法

有限元软件的普及，使得很多问题变得更简单。对于相对复杂的桥梁，在计算横向分布系数时，采用数值计算的方法可以得到更准确的结果，且计算方法也简单。具体的方法是：对桥梁进行空间建模，同时对单梁建立计算模型，根据空间计算结果与单梁计算结果之比，可得到横向分布系数。

建模可以考虑两种方法：

(1) 主梁和横隔梁分别模拟成纵向和横向的梁，形成梁格体系，这存在一定程度的简化，例如横隔梁的截面需要简化。

(2) 将桥面板、腹板、横隔板分别模拟成板单元，然后进行空间计算，这种方法可以实现最大程度的仿真。

在空间模型上按照规范规定进行横向布载计算，得到需要求解的那片梁的弯矩 M_1 或者挠度 f_1；然后对所求的梁建立单梁模型，将单位荷载加载到该梁跨中，求出其弯矩 M_2 或者挠度 f_2，那么横向分布系数 $m = M_1/M_2 = f_1/f_2$。用有限元的方法，可以求各种复杂结构的横向分布系数，如主梁刚度不同的情况、拱桥的横向分布系数计算等。

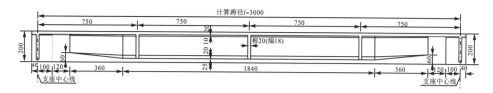

图 7.32 T 梁纵断面(单位：cm)

2. 算例

算例 1：简支 T 形梁桥横断面如图 7.9 所示，主梁截面如图 7.18 所示，纵断面如图 7.32 所示，计算跨径 $l=30$m，桥梁纵向设 2 道端隔板、3 道中隔板，共 5 道横隔板，中横隔板腹板厚度为 0.2m，高为 1.8m，将桥面板的一部分算成横隔板的翼缘(按横隔板长度两边各 $6h_f$ 计算，此处 $h_f=20$cm，为桥面板厚度)；端隔板长度，靠跨中方向按 $6h_f$ 计算，靠梁端方向按实际考虑(本算例为 40cm)；混凝土弹性模量按 3.3×10^4MPa 考虑。设计汽车荷载为公路-Ⅰ级，用空间有限元法(图 7.33)计算边梁的横向分布系数，与前面的计算结果进行比较。

事实上，桥梁结构也可以用梁格法进行整体空间计算，只是计算相对复杂，工作量较大，所以习惯上还是将横向分布系数计算出来后，对单梁进行计算配筋。

在 4 片 T 梁桥模型的跨中横隔板处，按最不利原则布置 4 个车轮荷载，$P/2=-0.5$；在另一单片 T 梁模型的跨中，布置 1 个轴重荷载，$P=-1$。

弯矩计算结果如图 7.34 所示，挠度计算结果如图 7.35 所示。

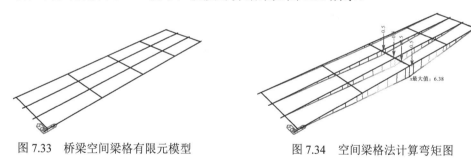

图 7.33 桥梁空间梁格有限元模型   图 7.34 空间梁格法计算弯矩图

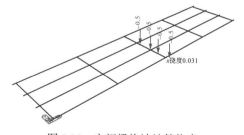

图 7.35 空间梁格法计算挠度

单梁计算，在跨中 $P=1$ 的集中力作用下，跨中弯矩为 7.5，空间梁格模型的边梁跨中弯矩为 6.38，故边梁的汽车荷载跨中横向分布系数为 6.38/7.5≈0.851。

单梁计算，在跨中 $P=1$ 的集中力作用下，跨中挠度为 0.037，空间梁格模型的边梁跨中挠度为 0.03145，故边梁的汽车荷载跨中横向分布系数为 0.03145/0.037=0.850。用弯矩和挠度计算结果基本一致，梁格法与修正偏心压力法的计算结果接近。

需要注意的是，除了(修正)偏心压力法外，铰接板法、刚接梁法等方法计算横向分布系数时，都涉及梁的计算跨径 l，对于简支梁，计算跨径 l 就是两支点之间的距离。但是对于连续梁，其正弯矩区和负弯矩区的横向分布系数是不同的，计算正弯矩区的横向分布系数时，应该取正弯矩区的范围作为计算跨径 l，一般简化地按照从支点位置扣除 $0.2l$ 来考虑，如此一来，一端简支一端连续的情况计算跨径取 $0.8l$，两端连续的情况计算跨径取 $0.6l$。如果连续梁也采用两支点距离 l 来计算，得到的横向分布系数将会偏小，如此一来，是偏于不安全的；而(修正)偏心压力法计算横向分布系数根本不考虑跨径的影响，明显是有偏差的。

以下为连续梁采用空间梁格法计算横向分布系数的算例，可与简支梁计算结果对比。

算例 2：三跨连续的 T 梁，单跨计算跨径 l=30m，主梁截面尺寸及横向布置等条件与算例 1 相同，用空间有限元法计算边梁的横向分布系数。

空间梁格法有限元模型如图 7.36 所示。在 4 片 T 梁桥模型的跨中横隔板处，按最不利原则布置 4 个车轮荷载，每个轮重为轴重的一半，即 $P/2$=-0.5，在另一单片 T 梁模型的跨中，布置 1 个轴重荷载，即 P=-1。

中跨(两端连续)弯矩计算结果如图 7.37 所示。

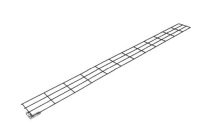 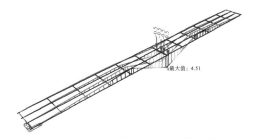

图 7.36　3×30m 连续 T 梁空间有限元模型　　　　图 7.37　空间梁格法弯矩计算结果

3 跨连续单梁模型，在 P=1 的跨中集中力作用下，中跨(两端连续)跨中弯矩为 5.26，空间梁格模型的边梁跨中弯矩为 4.51，故边梁的汽车荷载跨中横向分布系数为 4.51/5.26 ≈0.857，比简支梁计算结果略微偏大。事实上，随着桥梁宽跨比的增加，这个偏差会越来越大。

3 跨连续单梁模型，在 P=1 的跨中集中力作用下，跨中挠度为 0.021，空间梁格模型的边梁跨中挠度为 0.018(图 7.38)，故边梁的汽车荷载跨中横向分布系数为 0.018/0.021≈0.857，与弯矩比较计算结果一致。

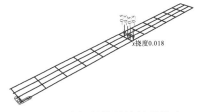

图 7.38　空间梁格法计算的挠度

7.2.3　荷载横向分布系数 m 沿桥跨变化

用杠杆原理法确定出位于支点处的荷载横向分布系数以 m_0 表示，用(修正)偏心压力法、铰接板法、刚接梁法等方法确定出位于跨中的荷载横向分布系数以 m_c 表示，其他位置的荷载横向分布系数 m 便可用图 7.39 所示的近似处理方法来确定。

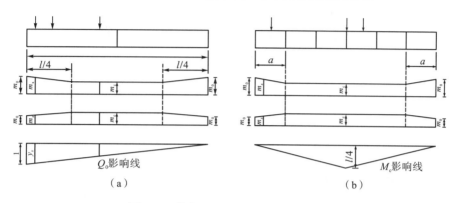

图 7.39　横向分布系数 m 沿跨长变化图

对于从支点端横隔梁到 $l/4$ 位置之间无横隔梁的情况，跨中部分须通过直线内插，使荷载横向分布系数从 m_c 过渡至 m_0 ［图 7.39(a)］；对于从支点端横隔梁到 $l/4$ 位置之间有横隔梁的情况，两边支点往跨中方向第 1 根中横隔梁之间为不变的 m_c，从第 1 根中横隔梁起向支点的 m_0 直线形过渡 ［图 7.39(b)］。这样，主梁上的活载因其纵向位置不同，就应有不同的横向分布系数。

在实际应用中，当求简支梁跨内各截面的最大弯矩时，因为跨中的荷载效应最大，为了简化，通常均可按不变化的 m_c 来计算。只有在计算主梁梁端截面的最大剪力时，才考虑荷载横向分布系数变化的影响 ［图 7.39(a)］。对于跨内其他截面的主梁剪力，也可视具体情况计及 m 沿桥跨变化的影响。

需要注意的是，对于横向为整体式浇筑的现浇箱梁桥，往往不考虑用横向分布系数的方法进行计算，而是将主梁截面考虑剪力滞效应对顶、底板进行折减后，取整个截面进行计算。计算时，考虑到荷载在桥面上偏载布置，往往选取一个偏载系数，偏载系数取值为 $1.15 \sim 1.20$。

7.3　主梁内力计算

根据作用于一片主梁的恒载和通过横向分布系数求得的计算活载，就可计算主梁的截面内力(弯矩 M 和剪力 Q)。有了截面内力，就可以按钢筋混凝土和预应力混凝土结构的计算原理进行主梁各截面的配筋设计或验算。

7.3.1 恒载内力计算

主梁横截面内力包括前期恒载(主要是主梁自重,又称一期恒载)产生的内力和后期恒载(如桥面铺装、人行道、栏杆、灯柱等,又称二期恒载)产生的内力,总称为主梁恒载内力。钢筋混凝土或预应力混凝土公路桥梁的恒载效应,往往占总作用效应很大的比重,梁的跨径越大,恒载所占的比重也越大。因此,设计时应正确地确定作用于梁上的计算恒载。

恒载内力计算与施工方法密切相关,必须遵循"分阶段受力"的原则,按照施工顺序,将后一阶段产生的内力和应力在前一个阶段的基础上叠加。

在计算恒载时,为了简化起见,习惯上往往将沿桥梁横向不等厚分布的铺装层重量和作用于两侧的人行道、栏杆或护栏等重量均匀分摊给各主梁承担,而横隔板自重可以简单地等效成均布荷载,也可以按照集中力施加。为了更精确,也可根据施工安装的情况,将人行道、栏杆或护栏、灯柱和管道等重量像活载计算那样,按荷载横向分布的规律进行分配。

7.3.2 活载内力计算

主梁活载内力须考虑最不利荷载位置,一般采用影响线加载计算。计算时,还需要考虑冲击系数和各种折减系数。

主梁活载内力计算分为两步:第一步,求某主梁的最不利荷载横向分布系数 m_i;第二步,应用主梁内力影响线,给荷载乘以横向分布系数后计算截面活载内力。对于车道荷载,应将其均布和集中荷载引起的内力进行叠加求出总效应。对于人群荷载内力,计算方法同车道均布荷载,但不计冲击力影响。

均布荷载:

$$S_{q_k} = (1+\mu) \cdot \xi \cdot m_i \cdot q_k \cdot \Omega \tag{7.61}$$

集中荷载:

$$S_{p_k} = (1+\mu) \cdot \xi \cdot m_i \cdot P_k \cdot y_k \tag{7.62}$$

车道荷载总效应:

$$S = S_{q_k} + S_{p_k} = (1+\mu) \cdot \xi \cdot m_i \cdot (q_k \cdot \Omega + P_k \cdot y_k) \tag{7.63}$$

式中,S_{q_k} 表示主梁在车道荷载的均布荷载作用下的内力;S_{p_k} 表示主梁在车道荷载的集中荷载作用下的内力;μ 表示汽车荷载的冲击系数,按规定取值;ξ 表示横向车道布载系数,规范确定,多车道布载的荷载效应不得小于两条车道布载的荷载效应;m_i 表示荷载横向分布系数,计算主梁弯矩可用跨中荷载横向分布系数 m_c 代替全跨各点上的 m_i,在计算主梁剪力时,应考虑 m_i 在跨内的变化;q_k 表示车道荷载的均布荷载;P_k 表示车道荷载的集中荷载;Ω 表示相应的主梁内力影响线的面积;y_k 表示对应于车道集中荷载的影响线最大竖标值。

7.3.3　内力组合及包络图

1）内力组合

在按各种极限状态来设计钢筋混凝土及预应力混凝土梁时，需要确定主梁沿桥跨方向各截面的内力组合设计值，它是将各类作用代表值引起的最不利内力分别乘以相应的分项系数和组合系数后，按规定的作用效应组合而得到的作用效应组合设计值。

2）内力包络图

如果沿梁轴的各个截面处，将所采用控制设计的计算内力值按适当的比例尺绘成纵坐标，其中右半跨的弯矩值 (M_{max}) 对称于左半跨，右半跨的剪力值 (Q_{min}) 反对称于左半跨 (Q_{max})，连接这些坐标点而绘成的曲线，就称为内力包络图，如图 7.40 所示。

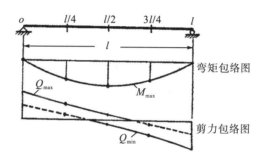

图 7.40　内力包络图

内力包络图既已确定，就可按钢筋混凝土或预应力混凝土结构设计原理和方法来设计整根梁内的纵向主筋、斜筋和箍筋，并进行各种验算。

7.3.4　算例

某计算跨径 l=30m 的简支 T 形梁桥横断面如图 7.9 所示，主梁截面如图 7.18 所示。纵断面如图 7.32 所示，设计汽车荷载为公路-Ⅰ级，边梁横向分布系数为 0.857，请先计算该桥冲击系数，然后计算边梁在车道荷载作用下的跨中最大弯矩和支点最大剪力。

1. 基频计算

桥梁的自振频率（基频）宜采用有限元方法计算。对于简支梁桥，当无更精确方法计算时，也可采用下列公式估算：

$$\begin{cases} f_1 = \dfrac{\pi}{2l^2} \sqrt{\dfrac{EI_c}{m_c}} \\[3mm] m_c = \dfrac{G}{g} \end{cases}$$

式中，l 表示结构的计算跨径，m；E 表示结构材料的弹性模量，Pa；I_c 表示结构跨中截面的截面惯性矩，m^4；m_c 表示结构跨中处的单位长度质量，kg/m；G 表示结构跨中处每延米结构重力，N/m；g 表示重力加速度，$g=9.81m/s^2$。

边梁：$I_c=0.480m^4$，$m_c=2.99\times10^3kg/m$，$f_1=4.015Hz$；

中梁：$I_c=0.459m^4$，$m_c=2.62\times10^3kg/m$，$f_1=4.192Hz$。

2. 冲击系数

冲击系数可按下式计算：

$$\begin{cases} \mu = 0.05, & f < 1.5Hz \\ \mu = 0.1767\ln f - 0.0157, & 1.5Hz \leqslant f \leqslant 14Hz \\ \mu = 0.45, & f > 14Hz \end{cases}$$

式中，f 表示结构基频，Hz。

将基频代入，可得边梁和中梁的冲击系数分别为 0.230 和 0.238，相差不大，都可以偏安全地取 $\mu=0.238$。

3. 内力计算

支点处横向分布系数 $m_0=1.008$，跨中横向分布系数 $m_c=0.875$，荷载横向分布系数沿桥跨方向的变化如图 7.41(a)所示，横向分布系数变化区段长度 $a=7.5m$。计算弯矩时，可以不考虑横向分布系数沿跨长的变化，直接取跨中横向分布系数。因为横向分布系数中已经包含了横向布载系数，故计算时取 $\xi=1.0$。

公路-I 级车道荷载标准值如下。

均布荷载：$q_k=10.5kN/m$。

计算弯矩时的集中荷载：$P_k = 2\times(30+130)=320kN$。

计算剪力时的集中荷载：$P_k = 1.2\times320=384kN$。

1）计算车道荷载的跨中最大弯矩

车道均布荷载作用下，影响线面积 $\Omega=\dfrac{l^2}{8}=\dfrac{30^2}{8}=112.5m^2$，故得：

$$M_{\frac{l}{2},q_k} = (1+\mu)\cdot\xi\cdot m_c\cdot q_k\cdot\Omega = (1+0.238)\times1.0\times0.857\times10.5\times112.5 \approx 1253.266kN\cdot m$$

车道集中荷载作用下：

$$M_{\frac{l}{2},p_k} = (1+\mu)\cdot\xi\cdot m_c\cdot P_k\cdot y_k = (1+0.238)\times1.0\times0.857\times320\times\frac{30}{4} \approx 2546.318kN\cdot m$$

因此，

$$M_{\frac{l}{2}} = M_{\frac{l}{2},q_k} + M_{\frac{l}{2},p_k} = 1253.266 + 2546.318 = 3799.584kN\cdot m$$

2）计算车道荷载作用下支点最大剪力

支点剪力影响线如图 7.41(b)所示。

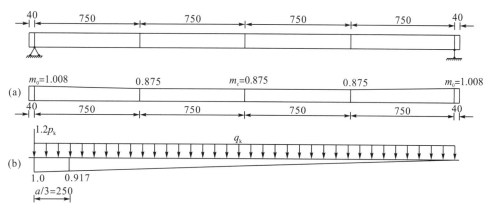

图 7.41　支点剪力计算图式(单位：cm)

影响线面积 $\Omega = 30 \times \dfrac{1.0}{2} = 15$。

车道均布荷载作用下 ($m = m_{\mathrm{c}}$ 时)：

$$Q'_{0,q_{\mathrm{k}}} = (1+\mu)\cdot\xi\cdot m_{\mathrm{c}}\cdot q_{\mathrm{k}}\cdot\Omega = (1+0.238)\times1.0\times0.875\times10.5\times15 \approx 170.612\mathrm{kN}$$

附加三角形荷载重心的影响线坐标 $\eta=0.917$，如图 7.41 (b) 所示。

附加三角形荷载作用下的支点剪力为

$$\begin{aligned}
\Delta Q_{0,q_{\mathrm{k}}} &= (1+\mu)\cdot\xi\cdot\frac{a}{2}\cdot(m_0-m_{\mathrm{c}})\cdot q_{\mathrm{k}}\cdot\eta \\
&= (1+0.238)\times1.0\times\frac{7.5}{2}\times(1.008-0.875)\times10.5\times0.917 \\
&\approx 5.945\mathrm{kN}
\end{aligned}$$

故车道均布荷载作用下的支点剪力为

$$Q_{0,q_{\mathrm{k}}} = Q'_{0,q_{\mathrm{k}}} + \Delta Q_{0,q_{\mathrm{k}}} = 170.612+5.945 = 176.557\ \mathrm{kN}$$

车道集中荷载作用下：

$$Q_{0,p_{\mathrm{k}}} = (1+\mu)\cdot\xi\cdot m_0\cdot P_{\mathrm{k}}\cdot y_{\mathrm{k}} = (1+0.238)\times1.0\times1.008\times384\times1.0 \approx 479.195\mathrm{kN}$$

车道荷载作用下的支点剪力为

$$Q_0 = Q_{0,q_{\mathrm{k}}} + Q_{0,p_{\mathrm{k}}} = 176.557+479.195 = 655.752\mathrm{kN}$$

7.4　横隔梁内力计算

在钢筋混凝土及预应力混凝土桥中，横梁对于加强结构的横向联系、保证结构的整体性有很大的作用，故横梁本身或其装配接头应具有足够的强度。过去一般采用一些实用的计算方法，现在一般采用空间梁格法，通过有限元软件来进行计算。下面介绍按刚性横梁法计算横梁内力的实用方法和有限元软件计算法。

7.4.1　按刚性横梁计算内力影响线

对于具有多根内横梁的桥梁，由于位于跨中的横梁受力最大，通常只要计算跨中横梁的内力，其他横梁可偏安全地仿此设计。

将桥梁的中横隔梁近似地视作支承在多根弹性主梁上的多跨弹性支承连续梁，如图 7.42 所示。鉴于各主梁的荷载横向影响线（也即弹性支承力影响线）在主梁计算中已经求得，故连续梁可以简单地用静力平衡条件来求解。

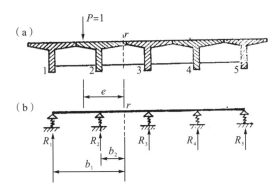

图 7.42　横隔梁计算图式

当桥梁在跨中有单位荷载 $P=1$ 作用时（图 7.42），各主梁所受的荷载将为 R_1、R_2、R_3、$\cdots$、R_n，这也就是横隔梁的弹性支承反力。因此，由力的平衡条件就可写出横隔梁任意截面 r 的内力计算公式。

（1）荷载 $P=1$ 位于截面 r 的左侧时：

$$\begin{cases} M_r = R_1 \cdot b_1 + R_2 \cdot b_2 - 1 \cdot e = \overset{\text{左}}{\sum} R_i b_i - e \\ Q_r = R_1 + R_2 - 1 = \overset{\text{左}}{\sum} R_i - 1 \end{cases} \tag{7.64}$$

（2）荷载 $P=1$ 位于截面 r 的右侧时：

$$\begin{cases} M_r = R_1 \cdot b_1 + R_2 \cdot b_2 = \overset{\text{左}}{\sum} R_i b_i \\ Q_r = R_1 + R_2 = \overset{\text{左}}{\sum} R_i \end{cases} \tag{7.65}$$

式中，M_r 和 Q_r 表示横隔梁任意截面 r 的弯矩和剪力；e 表示荷载 P 至所求截面的距离；b_i 表示支承反力 R_i 至所求截面的距离；$\overset{\text{左}}{\sum}$ 表示涉及所求截面以左的全部支承反力的作用。

式（7.64）、式（7.65）中对于确定的计算截面 r 来说，所有的 b_i 是已知的，而 R_i 则随荷载 P 的位置 e 而变化。因此就可以直接利用已经求得的 R_i 的横向影响线来绘制横隔梁的内力影响线。

通常横隔梁的弯矩在靠近桥中线的截面较大,剪力则在靠近桥两侧边缘处的截面较大。所以,以图 7.42 为例,一般可以只求 3 号梁处和 2 号与 3 号主梁之间(对于装配式桥即横隔板接头处)截面的弯矩,以及 1 号主梁右侧和 2 号主梁右侧等截面的剪力。

图 7.43 示出了按刚性横梁法计算的横隔梁支承反力 R、弯矩 M 和剪力 Q 的影响线。鉴于 R_i 影响线呈直线规律变化,故绘制内力影响线时只需要标出几个控制点的竖坐标值。尚需指出,对于非直接作用于横隔梁上的荷载,在计算内力时实际上应考虑间接传力的影响,例如图 7.43 中 M_{3-4} 影响线在 3 号梁和 4 号梁之间区段应取虚线之值。但鉴于计算中主要荷载作用于横隔梁上,为了简化起见,仍可偏安全地忽略间接传力的影响。

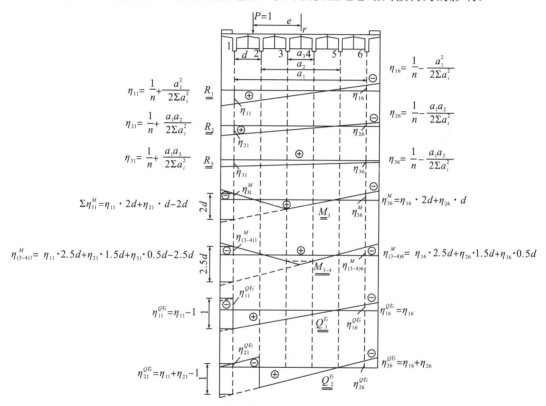

图 7.43 按刚性横梁法计算的横隔梁的 R、M 和 Q 影响线

也可以按修正的偏心压力法来计算横隔梁的内力影响线,计算方法同上,只是影响线的竖坐标稍有变化,因此反力 R_i 影响线竖向坐标的计算公式不同。

7.4.2 作用在横隔梁上的计算荷载

有了横隔梁的内力影响线,就可直接在其上加载来计算截面内力。一般是按照车道荷载和车辆荷载分别加载,取最不利的结果。在计算中可假设荷载在相邻横隔梁之间按杠杆原理法传布,如图 7.44 所示。因此,纵向上一辆汽车轮重分布给该横隔梁的计算荷载为

$$P_{oq} = \left(\frac{P_1}{2} \cdot y_1 + \frac{P_2}{2} \cdot y_2 + \frac{P_3}{2} \cdot y_3 \right) = \frac{1}{2} \sum P_i \cdot y_i \tag{7.66}$$

式中，P_i 表示轴重，应注意将车辆荷载的重轴布置在欲计算的横隔梁上；y_i 表示对于所计算的横隔梁按杠杆原理计算的纵向荷载影响线竖坐标值。

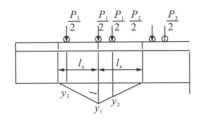

图 7.44　横隔梁上计算荷载的计算图式

对于车道荷载中的均布荷载或者人群荷载，其计算荷载相应为

$$P_{or} = p_{or} \cdot \Omega = p_{or} \cdot l_a \text{（影响线上布满荷载）} \tag{7.67}$$

式中，p_{or} 表示一侧人行道每延米的均布荷载。

7.4.3　横隔梁内力计算

将计算荷载在横隔梁内力影响线上按最不利位置加载，就可求得作用在一根横隔梁上的最大(或最小)内力值。在计算中对于汽车荷载应计入冲击作用。

图 7.45 示出了计算 3 号梁和 4 号梁之间的 M_{3-4} 的计算图式。

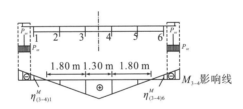

图 7.45　横隔梁内力计算图式

求得横隔梁的内力后，就可按钢筋混凝土或预应力混凝土结构的计算原理来配置钢筋并进行承载能力计算和其他验算。对于横隔梁用焊接钢板接头连接的装配式 T 形梁桥，应根据接头处的最大弯矩值来确定所需钢板尺寸和焊缝长度。

7.4.4　有限元计算

前述的计算方法是简化的计算方法，不准确，现在一般采用空间梁格法直接计算横隔板的内力。

算例：某简支 T 形梁桥横断面如图 7.9 所示，主梁截面如图 7.18 所示，纵断面如图 7.32 所示，设计汽车荷载为公路-Ⅰ级，用空间梁格法计算横隔板的内力。

空间梁格模型如图 7.33 所示，采用如图 7.46 所示的横向布载方式，有限元计算结果如图 7.47～图 7.52 所示。

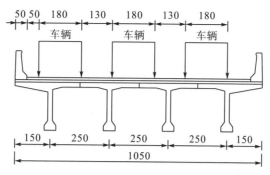

图 7.46　布载方式(单位：cm)

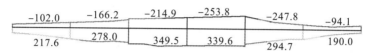

图 7.47　跨中横隔板车道荷载弯矩包络图(单位：kN・m)

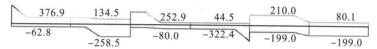

图 7.48　跨中横隔板车道荷载剪力包络图(单位：kN)

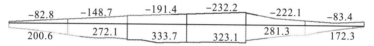

图 7.49　$l/4$ 处横隔板车道荷载弯矩包络图(单位：kN・m)

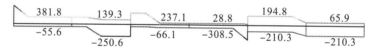

图 7.50　$l/4$ 处横隔板车道荷载剪力包络图(单位：kN)

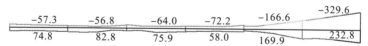

图 7.51　端横隔板车道荷载弯矩包络图(单位：kN・m)

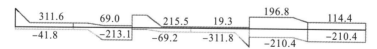

图 7.52　端横隔板车道荷载剪力包络图(单位：kN)

7.5　挠度、预拱度计算

在进行钢筋混凝土或预应力混凝土梁桥设计时，除了要对主梁进行承载能力计算和应力验算外，还应该校核梁的变形(挠度)，以确保结构具有足够的刚度，避免因变形(挠度)过大而影响高速行车，使桥面铺装层和结构的辅助设施破坏，甚至危及桥梁的安全。

7.5.1　挠度计算

桥梁的挠度，根据产生原因可分成永久作用(结构自重力、桥面铺装、预应力、混凝土徐变和收缩作用等)产生的和可变作用(汽车、人群)产生的。永久作用产生的挠度是恒久存在的且与持续的时间有关，可分为短期挠度和长期挠度。可变作用产生的挠度是临时出现的，在最不利的作用位置下挠度达到最大值，随着可变作用位置的移动，挠度逐渐减小，一旦可变作用离开桥梁，挠度随即消失。

永久作用产生的挠度并不表征结构的刚度特性，通常可以通过施工时预设的反向挠度(即预拱度)来加以抵消，使竣工后的桥梁达到理想的设计线形。

可变作用产生的挠度，使梁产生反复变形，变形的幅度越大，可能发生的冲击和振动作用也越强烈，对行车的影响也越大。因此，在桥梁设计中需要通过验算可变作用产生的挠度以体现结构的刚度特性。

对于钢筋混凝土及预应力混凝土梁式桥，在使用阶段的长期挠度值，公路桥梁规范中规定：汽车荷载(不计冲击力)和人群荷载频遇组合在梁式桥主梁的最大挠度处不应超过计算跨径的 $1/600$，在梁式桥主梁的悬臂端不应超过悬臂长度的 $1/300$。

钢筋混凝土和预应力混凝土受弯构件，在正常使用极限状态下的挠度，可根据给定的构件刚度用结构力学的方法计算。

1. 钢筋混凝土构件

$M_s \geqslant M_{cr}$ 时：

$$B = \frac{B_0}{\left(\dfrac{M_{cr}}{M_s}\right)^2 + \left[1 - \left(\dfrac{M_{cr}}{M_s}\right)^2\right]\dfrac{B_0}{B_{cr}}} \tag{7.68}$$

$M_s \leqslant M_{cr}$ 时：

$$B = B_0 \tag{7.69}$$

$$M_{cr} = \gamma f_{tk} W_0 \tag{7.70}$$

式中，M_s 表示频遇组合下的弯矩；B 表示开裂构件等效截面的抗弯刚度；B_0 表示全截面的抗弯刚度，$B_0 = 0.95 E_c I_0$，其中，E_c 表示混凝土弹性模量，I_0 表示全截面换算截面惯性矩；B_{cr} 表示开裂截面的抗弯刚度，$B_{cr} = E_c I_{cr}$，其中，I_{cr} 表示开裂截面换算截面惯性矩；M_{cr} 表示开裂弯矩；γ 表示构件受拉区混凝土塑性影响系数，$\gamma = \dfrac{2 S_0}{W_0}$，其中，$S_0$ 为全截面换算截面重心轴以上(或以下)部分面积对重心轴的面积矩，W_0 为换算截面抗裂边缘的弹性抵抗矩；f_{tk} 表示混凝土轴心抗拉强度标准值。

2. 预应力混凝土构件

(1)全预应力混凝土和 A 类预应力混凝土构件：

$$B_0 = 0.95 E_c I_0 \tag{7.71}$$

（2）允许开裂的 B 类预应力混凝土构件。

在开裂弯矩 M_{cr} 作用下：

$$B_0 = 0.95 E_c I_0 \tag{7.72}$$

在 $M_s - M_{cr}$ 作用下：

$$B_{cr} = E_c I_{cr} \tag{7.73}$$

开裂弯矩：

$$M_{cr} = (\sigma_{pc} + \gamma f_{tk}) W_0 \tag{7.74}$$

其中，σ_{pc} 为扣除全部预应力损失，预应力钢筋和普通钢筋合力在构件抗裂边缘产生的混凝土预压应力，计算方法见《公路钢筋混凝土及预应力混凝土桥涵设计规范》（JTG 3362—2018）。

受弯构件在使用阶段的挠度应考虑荷载长期效应的影响（长期挠度），即按荷载短期效应计算的挠度值乘以挠度长期增长系数 η_θ。当采用 C40 以下混凝土时，$\eta_\theta = 1.60$；当采用 C40~C80 混凝土时，$\eta_\theta = 1.45 \sim 1.35$；中间强度等级可按直线内插取用。

预应力混凝土受弯构件由预加力引起的反拱值，可用结构力学方法按刚度 $E_c I_0$ 进行计算，并乘以长期增长系数。计算使用阶段预加力反拱值时，预应力钢筋的预加力应扣除全部预应力损失，长期增长系数取 2.0。

预应力混凝土受弯构件在施工阶段的变形，宜采用有限元方法计算，应根据各施工阶段结构各单元加载龄期 t_{0i} 和计算龄期 t_i，按照《公路钢筋混凝土及预应力混凝土桥涵设计规范》（JTG 3362—2018）规定方法计算各阶段结构收缩、徐变变形增量并累加得到各个阶段结构各个部位的变形值。

7.5.2　预拱度计算

对于钢筋混凝土受弯构件，当由荷载频遇组合并考虑荷载长期效应影响产生的长期挠度不超过计算跨径的 1/1600 时，可不设预拱度；当不符合上述规定时应设预拱度，且其值应按结构自重和 1/2 可变荷载频遇值计算的长期挠度值之和采用。对于预应力混凝土梁桥，当预加应力产生的长期反拱值大于按荷载频遇组合计算的长期挠度时，可不设预拱度；反之应设预拱度，其值应按该项荷载的挠度值与预加应力长期反拱值之差采用。

对自重相对于活载较小的预应力混凝土受弯构件，应考虑预加应力反拱值过大可能造成的不利影响，必要时采取反预拱和施工上的其他措施，避免桥面隆起甚至开裂破坏。

7.5.3　算例

某装配式全预应力混凝土简支 T 形梁桥，计算跨径 $l=30$m，横断面如图 7.9 所示，主梁截面如图 7.18 所示，纵断面如图 7.32 所示，主梁混凝土标号为 C50，设计汽车荷载为公路-Ⅰ级。已知混凝土弹性模量 $E_c=3.3 \times 10^4$MPa，边梁恒载合计为 $q_H = 47.85$kN/m，边梁荷载横向分布系数 $m=0.857$，边梁全截面换算截面惯性矩 $I_0=5.242 \times 10^{11}$mm^4，预应力作用产生的上拱值 f_{ys} 为 36.97mm，求梁跨中截面挠度，判断活载挠度是否满足规范要求，并计算预拱度。

解答过程如下。

公路-Ⅰ级车道荷载标准值如下。均布荷载：$q_k=10.5\text{kN/m}$；计算弯矩时的集中荷载：$p_k=2\times(30+130)=320\text{kN}$。

根据材料力学原理,简支梁在均布荷载 q 作用下的跨中挠度可按公式 $f_q=\dfrac{5}{384}\times\dfrac{ql^4}{B}$ 进行计算；在集中力 p 作用下的跨中挠度可按公式 $f_p=\dfrac{1}{48}\times\dfrac{pl^3}{B}$ 计算。

本桥为全预应力构件,其全截面的抗弯刚度 B_0 为

$$B_0=0.95E_cI_0=0.95\times3.3\times10^4\times5.242\times10^{11}\approx1.6434\times10^{16}\text{N}\cdot\text{mm}^2$$

恒载作用下的跨中挠度为

$$f_H=\frac{5}{384}\times\frac{q_Hl^4}{B_0}=\frac{5}{384}\times\frac{47.85\times30000^4}{1.6434\times10^{16}}\approx30.709\text{mm}$$

汽车荷载作用下的跨中挠度 f_k 如下。

均布荷载 q_k 作用下：$f_{q_k}=\dfrac{5}{384}\times\dfrac{mq_kl^4}{B_0}=\dfrac{5}{384}\times\dfrac{0.857\times10.5\times30000^4}{1.6434\times10^{16}}\approx6.74\text{mm}$。

集中力 q_k 作用下：$f_{p_k}=\dfrac{1}{48}\times\dfrac{mp_kl^3}{B_0}=\dfrac{1}{48}\times\dfrac{0.857\times320000\times30000^3}{1.6434\times10^{16}}\approx10.95\text{mm}$。

因此, $f_k=f_{q_k}+f_{p_k}=6.74+10.95=17.69\text{mm}$。

汽车荷载频遇值系数取 0.7,准永久值系数取 0.4,挠度长期增长系数 η_θ 取 1.45。

荷载频遇效应作用下,边梁跨中截面挠度为

$$f_s=f_H+0.7\times f_k=30.709+0.7\times17.69\approx43.09\text{mm}$$

挠度长期增长系数为

$$\eta_\theta=1.45+\frac{1.35-1.45}{80-40}(50-40)=1.425$$

边梁跨中截面长期挠度为

$$f_l=\eta_\theta f_s=1.425\times43.09\approx61.40\text{mm}$$

边梁由汽车荷载(不计冲击力)频遇组合产生的长期挠度为

$$f_{lq}=\eta_\theta f_k=1.425\times0.7\times17.69\approx17.65\text{mm}<\frac{L}{600}=\frac{30000}{600}=50\text{mm}$$

计算挠度小于规范限值,满足规范要求。

预应力引起的长期反拱值为

$$f_{yl}=\eta_\theta f_{ys}=2.0\times36.97=73.94\text{mm}>61.41\text{mm}$$

所以不设预拱度。

第八章 悬臂体系和超静定体系梁桥构造

钢筋混凝土简支梁桥构造简单，预制和安装方便，在桥梁建设中得到了广泛使用。然而这种简支体系当跨径超过 20m 时，鉴于跨中恒载弯矩和活载弯矩将迅速增大，致使梁的截面尺寸和自重显著增加，这样不但材料耗用量大而不经济，并且很大的安装重量也给装配式施工造成困难。因此，对于较大跨径的桥梁，为了降低材料用量指标，宜采用能减小跨中弯矩值的其他体系桥梁，如悬臂体系、连续体系梁桥、刚构桥或连续刚构桥等。

本章将主要介绍悬臂梁桥的力学特点、一般构造特点及其设计要点，以便在掌握简支梁桥构造和设计的基础上，从力学和混凝土原理等知识出发，进一步了解和掌握这类体系桥的计算和设计工作。

8.1 悬臂体系梁桥

8.1.1 悬臂梁桥

1. 结构类型

将简支梁梁体［图 8.1(a)］加长延伸，并越过支点就成为悬臂梁桥。我们把梁的一端悬出和两端均悬出分别称为单悬臂梁和双悬臂梁。常见的类型有：双悬臂梁桥[图 8.1(b)]、两个单悬臂梁与中孔简支挂梁组合的三跨悬臂梁桥［图 8.1(c)］、双悬臂梁与简支挂梁联合组成的多孔悬臂梁桥［图 8.1(b)］，以及带挂梁的 T 形悬臂梁桥(即带挂梁的 T 形刚构)［图 8.1(d)］。根据桥长的需要可选用不同的类型。通常将悬臂梁主跨称为锚跨。多孔悬臂梁桥的结构特点是锚跨与挂孔跨交替布置，通常为奇数跨布置。

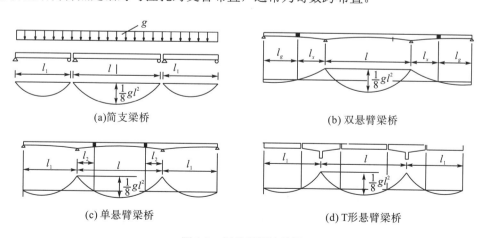

(a)简支梁桥   (b) 双悬臂梁桥

(c) 单悬臂梁桥   (d) T形悬臂梁桥

图 8.1 恒载弯矩比较图

2. 力学特点

悬臂梁桥利用悬出支点以外的伸臂,使支点产生负弯矩,对锚跨跨中正弯矩产生有利的卸载作用。

图 8.1 所示为各种梁式体系在恒载作用下的弯矩图。图中各种梁式体系的跨径布置相同,假定其恒载集度也相同(实际上,简支梁的恒载集度较大)。比较图 8.1 中(a)、(b)、(c),显然,简支梁的各跨跨中恒载弯矩最大,无论单悬臂梁或双悬臂梁在锚跨跨中弯矩因支点负弯矩的卸载作用而显著减小,而悬臂跨中因简支挂梁的跨径缩短而跨中正弯矩也同样显著减小。悬臂梁桥的弯矩图面积(反映材料用量)也比简支梁桥小,以图 8.1(c)的中跨弯矩图为例,当悬臂长度等于中孔跨径的 1/4 时,正负弯矩图面积的总和仅为同跨径简支梁的 1/3.2。

再从活载的作用来看,如果在图 8.1(b)所示的悬臂梁的锚跨中布置车道荷载,则其跨中最大正弯矩自然与简支梁布置车道荷载时的结果一样,并不因为有悬臂的存在而有所减小。而在具有挂梁的悬臂跨中,活载引起的跨中最大正弯矩只按支承跨径较小(通常只有桥孔跨径的 0.4~0.6 倍)的简支挂梁产生的正弯矩计算,因此其设计弯矩也比简支梁小得多。

悬臂梁桥的悬臂端,在恒载、活载作用下,容易发生下挠,特别是采用高强预应力钢丝作为预应力材料的悬臂梁桥,其预应力钢丝松弛较大,对主梁提供的预应力下降,会造成悬臂端凹折,易开裂,且行车舒适性较差,因此悬臂梁桥的应用越来越少。

悬臂梁桥一般为静定结构,其结构内力不受温度、混凝土收缩徐变和地基沉降等因素的影响。

3. 立面布置及基本尺寸

图 8.2 给出了各种悬臂体系 T 形截面梁桥的跨径布置和梁高尺寸。

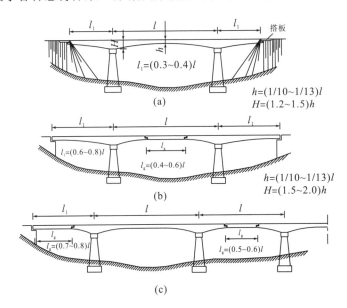

图 8.2 悬臂梁桥类型及主要尺寸图

　　单孔双悬臂梁桥［图 8.2(a)］利用悬臂端伸入路堤可省去两个体积庞大的桥台，但须在悬臂与路堤衔接处设置搭板以利于行车。主梁采用 T 形截面时，悬臂长度一般为中跨长度的 0.3～0.4 倍，不应超过 0.5 倍。悬臂过长，活载挠度就大，过车时跳动厉害，容易使桥与路堤的连接构造损坏。跨中梁高及支点处梁高取值见图 8.2。

　　多跨悬臂梁桥的主孔跨径 l 通常由通航净空确定，或与边孔一起由河床地形和地质等条件综合考虑选定。当不受上述条件限制时，就可按照梁的弯矩包络图面积为最小的原理来确定边孔与中孔的跨径，以达到节省材料的目的。

4. 横截面型式

　　由于悬臂梁桥在锚跨跨中部分承受正弯矩及较小的负弯矩，在支点附近承受较大的负弯矩，因此在进行截面设计时，截面底部受压区要有加强措施。常用横截面型式有下列几种。

1) 底部加强的 T 形截面

　　图 8.3 所示为底部加强的 T 形截面。图 8.3(a) 为带马蹄形的 T 形截面，适用于跨径在 30m 以下的钢筋混凝土桥，为了适应支点处逐渐增大的负弯矩，梁高及马蹄均可相应加大。当采用预应力混凝土桥时，可采用图 8.3(b) 所示底部加宽的 T 形截面，适应跨径为 30～50m。

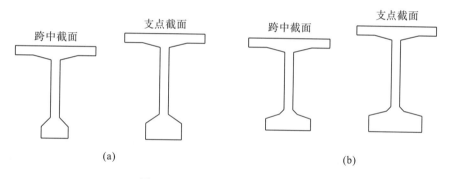

图 8.3　底部加强的 T 形截面型式

2) 箱形截面

　　箱形截面的整体性强，它不但能提供足够的混凝土受压面积，而且由于截面的闭合特点，抗扭刚度很大，因而它是大跨径悬臂和连续体系桥梁常用的截面型式。箱形截面根据桥面宽度、施工方式等不同可以采取不同的型式。

　　图 8.4 所示为箱形截面主要形式。图 8.4(a) 为单箱单室截面，它构造简单，但因混凝土桥面板的跨度和两侧悬臂的长度受到一定限制，故此种截面只适用于桥面较窄的情况；当桥面较宽时，可采用单箱多室截面［图 8.4(b)、(d)］、多箱单室截面［图 8.4(c)、(f)］或多箱多室截面［图 8.4(e)］，一般来说，多箱截面较单箱多室截面经济，也便于分箱施工；高速公路设置中央分隔带时，采用分离式箱形截面［图 8.4(g)、(h)］有利于分期施工，减少活载偏心，更有利于受力。

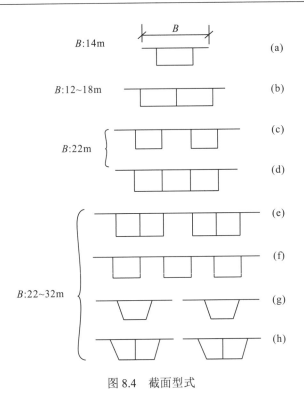

图 8.4　截面型式

5. 牛腿构造特点

悬臂体系的挂梁与悬臂间必然出现搁置构造,通常就将悬臂端和挂梁端的局部构造称为"牛腿"。牛腿的作用是衔接悬臂梁与挂梁,并传递来自挂梁的荷载。在这里由于梁的相互搭接,中间还要设置传力支座来传递较大的竖直和水平反力,因此牛腿高度已削弱至不到梁高的一半,但同时要传递较大的竖直和水平反力,这就使它成为上部结构中的薄弱部位,设计中应对此处的构造予以足够的重视。通常要注意以下几点。

(1)悬臂梁与挂梁的腹板宜一一对应,使受力明确,缩短传力路线;接近牛腿部位的腹板应适当加厚,加厚区段的长度不应小于梁高。

(2)设置端横梁加强,端横梁的宽度应将牛腿包含在内,形成整体。

(3)牛腿的凹角线形应和缓,避免尖锐转角,以减缓主拉应力的过分集中。

(4)牛腿处的支座高度应尽量减小,如采用橡胶支座。

(5)按设计计算要求配置密集的钢筋或预应力筋,钢筋布置应与主拉应力的方向协调一致,以防止混凝土开裂。

8.1.2　T形刚构桥

桥墩上在两侧伸出悬臂,形同 T 字,故称 T 形刚构桥。在预应力混凝土结构中采用悬臂施工方法可做成比钢筋混凝土结构中长得多的悬臂结构。

过去,T 形刚构桥的上部结构一般做成悬臂形式,最基本的形式有两类:带中间铰的 T 形刚构桥 [图 8.5(a)] 和带中间挂梁的 T 形刚构桥 [图 8.5(b)]。但是,由于悬臂梁桥的缺陷，因此现在往往不设悬臂端，将悬臂端搁置在桥墩或者桥台上，设置活动支座，形成简支结构［图8.5(c)］。

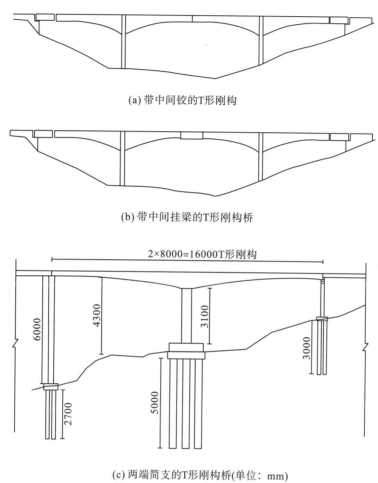

(a) 带中间铰的T形刚构

(b) 带中间挂梁的T形刚构桥

(c) 两端简支的T形刚构桥(单位：mm)

图 8.5　T 形刚构桥

第 1 种形式［图 8.5(a)］存在着铰构造复杂的缺点，在徐变和日照温差影响下，铰内产生经常的剪力和整个结构的次内力，尤其是预拱度设置不当时，将使桥面纵坡呈折线形，对外观及行车带来影响，故在我国极少采用。

第 2 种形式［图 8.5(b)］在我国虽然用得较多，但也存在 T 形刚构悬臂端的徐变挠度较大的缺点，并且在挂梁两端的伸缩缝装置易于损坏，从而影响外观和行车舒适性，故近年来这种桥形在我国也逐渐较少修建。

第 3 种形式［图 8.5(c)］规避了前面两种桥型的缺陷，能够采用转体施工，解决了很多施工问题。因此，近年来有所使用，特别是跨铁路桥等对施工时间控制较严的桥梁往往有其优势。图 8.5(c)为云南省昆明市黄土坡-马金铺高速公路的浑水塘特大桥的第 4、5 跨，该桥跨越昆河铁路和南昆铁路，其中第 4、5 跨需跨越南昆铁路，且南昆铁路上方有架空电缆，下方敷设了通信电缆，施工时间和空间都受限，故设计 80m+80m T 形刚构跨南昆铁路，采用转体施工，即在顺铁路方向将桥梁浇筑完成后，转体到垂直于铁路方向就位。为满足高速公路行车舒适性要求，T 形刚构梁悬臂端下方设置支座，分别支承于桥墩和桥台上。

2. 截面型式及尺寸拟定

T 形刚构桥的悬臂梁一般采用变高度的箱形截面，如图 8.6 所示的是几种常用的截面型式。单箱单室和单箱双室截面适用于桥面不太宽的桥梁，双箱单室和双箱双室截面适用于桥面较宽的桥梁，但后者受力不太明确，且计算相对复杂一些，因此，工程中常将宽设计成两幅分离式的单箱单室或单箱双室截面的桥梁，并且这样的设计也便于采用悬臂法施工。

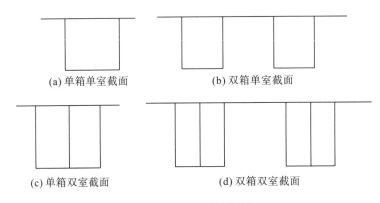

(a) 单箱单室截面   (b) 双箱单室截面

(c) 单箱双室截面   (d) 双箱双室截面

图 8.6   悬臂梁截面型式

8.2   连 续 梁 桥

8.2.1   力学特点及适用范围

连续梁桥在荷载作用下，主梁受弯，跨中截面承受正弯矩，中间支点截面承受负弯矩，通常支点截面负弯矩比跨中截面正弯矩大。作为超静定结构，温度变化、混凝土收缩徐变、基础变位以及预加力等会使桥梁结构产生次内力。

由于预应力结构可以有效地避免混凝土开裂，能充分发挥高强材料的特性，促使结构轻型化，预应力混凝土连续梁桥具有比钢筋混凝土连续梁桥更大的跨越能力，加之它具有变形和缓、伸缩缝少、刚度大、行车平稳、超载能力大、养护简便等优点，所以在现代桥梁中已得到越来越多的应用。

8.2.2   立面布置

预应力混凝土连续梁桥的立面布置包括体系安排、桥跨布置、梁高选择等，可以设计成等跨或不等跨、等截面或变截面的结构型式(图 8.7)。结构型式的选择要考虑结构受力合理性，同时还与施工方法密切相关。

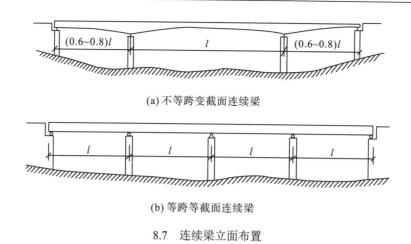

(a) 不等跨变截面连续梁

(b) 等跨等截面连续梁

8.7　连续梁立面布置

1. 桥跨布置

根据连续梁的受力特点，大、中跨径的连续梁桥一般宜采用不等跨布置。当采用三跨或多跨的连续梁桥时，为使边跨与中跨的最大正弯矩接近相等，达到经济适用的目的，边跨取中跨的 0.8 倍为宜，当综合考虑施工和其他因素时，边跨一般取中跨的 0.5~0.8 倍。对于预应力混凝土连续梁桥宜取偏小值，以增加边跨刚度，减小活载弯矩的变化幅度，减少预应力筋的数量。但是若采用过小的边跨，会在边跨支座上产生拉力，需在桥台上设置拉力支座或压重。当受到桥址处地形、河床断面形式、通航(车)净空及地质条件等因素的限制，并且同时总长度受到制约时，可采用多孔小边跨与较大的中间跨相配合，跨径从中间向外递减，以使各跨内力峰值相差不大。

桥跨布置还与施工方法密切相关。长桥、选用顶推法施工或者简支变连续施工的桥梁，多采用等跨布置，结构简单，模式统一。等跨布置的跨径大小主要取决于分跨的经济性和施工的设备条件。

连续梁跨数以三跨连续梁用得最为广泛，连续梁桥连续超过五跨时的内力情况虽然与五跨时相差不大，但连续跨数过大会造成梁端伸缩量很大，需设置大位移量的伸缩缝，因此，连续跨数一般不超过五跨。

2. 梁高选择

1) 变截面连续梁桥

连续梁桥支点截面负弯矩绝对值比跨中正弯矩大，采用变截面型式符合受力特点，同时变截面梁一般采用悬臂法施工，变高度梁与施工阶段内力相适应。从美学观点看，变高度梁比较有韵律感。

变截面梁的梁底线形可采用折线、抛物线、圆曲线和正弦曲线等。二次抛物线与连续梁的弯矩变化相适应，最常采用。根据已建成桥梁的资料分析，支点梁高 H 约为最大跨径 l_m 的 1/12~1/15，跨中梁高 h 约为支点梁高 H 的 1/1.5~1/2.5。过去，为了节约材料，往往采用较小的截面尺寸，如此一来，带来很多问题，特别是对于大跨度的连续梁桥或者连续刚构桥，跨中下挠和腹板开裂问题较为严重。因此，应选择稍微偏大的梁高更为合理。

2)等截面连续梁桥

连续梁桥采用等截面布置，构造简单、预制定型、施工方便，越来越受到重视。中等跨径(30~60m)的连续梁桥，若采用预制装配施工和就地浇筑施工，为便于预制安装和模板周转使用，宜选用等截面布置。采用顶推法施工，为便于布置顶推和滑移设备，一般均采用等截面梁。对于长桥，选用中等跨径，采用逐跨架设施工和移动模架法施工，按等截面布置最为有利，使用少量施工设备即可完成全桥的施工。

等截面连续梁桥的梁高参考有关资料选用，可参考梁高与最大跨径的关系：$H=(1/13\sim1/18)l_{\mathrm{m}}$。当桥梁的跨径较大，采用顶推法施工时，梁高的选择不仅取决于桥梁的跨径，同时还要考虑顶推施工时对梁高的要求，为了减小顶推法施工的最大悬臂长度，从而改善最大悬臂时的受力状态，通常可设置临时墩。不设置临时墩时，梁高与顶推跨径之比在 $1/12\sim1/15$ 为宜。

8.2.3　截面型式及尺寸

预应力混凝土连续梁桥的截面型式很多，一般应依据桥梁的跨径、宽度、对梁高的要求、支承条件、桥梁的总体布置和施工方法等方面确定。合理地选择主梁的截面型式对减轻桥梁的重量、节约材料、简化施工和改善截面的受力性能都具有十分重要的意义。

预应力混凝土连续梁桥常用的横截面型式有板式(包括空心板)、肋梁式(包括宽肋梁)和箱形梁式(图 8.6)。

1. 板式和 T 形梁式截面

板式和 T 形梁式截面一般只适用于中、小跨径的连续梁桥。板式桥构造简单，施工方便，建筑高度小，在高架道路上用得较多。图 8.8(a)示出了典型板、T 形梁式截面形状。矩形实体截面已较少使用，代替矩形实体截面的是曲线形整体截面。当桥墩在横截面上是 Y 形支承时，可选取双峰形实体截面。实体截面的连续梁桥常采用在支架上现浇施工的方式。

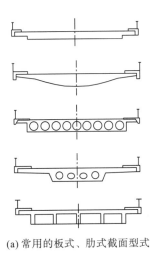
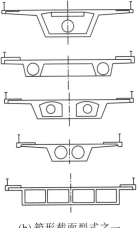

(a) 常用的板式、肋式截面型式　　　　　(b) 箱形截面型式之一

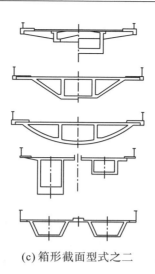

(c) 箱形截面型式之二

图 8.8 连续梁桥典型截面型式图

肋式截面预制方便，常采用预制架设施工方法，并在梁段安装完之后，经体系转换为连续梁桥。常用跨径为 20~40m，梁高一般取 1.5~2.5m。为简化多肋 T 梁的施工，也采用宽矮肋的单 T 断面，肋宽可达 3~4m，外悬长翼板，称为脊形梁或异形结构。总体来说，由于肋式截面肋的宽度不大，布置钢筋受到限制，在负弯矩区承压面积不大，因此应用不多。

2. 箱形截面

当连续梁的跨径超过 40m 时，主梁多采用箱形截面。箱形截面为闭口截面，截面具有良好的抗弯和抗扭性能，并且箱形截面有顶板和底板，可以在跨中或支座部位有效地抵抗正负弯矩。图 8.8(b) 示出了常用的箱形截面，其中单箱单室截面多用在顶板宽度小于 18m 的桥梁；单箱双室截面适用顶板宽度为 25m 左右；双箱单室截面顶板宽度可达 40m 左右；圆空式单箱双室截面适用顶板宽度为 15m 左右；单箱多室截面的桥梁宽度可不受限制。此外，箱式截面还有单箱三室、双箱双室、多箱单室等。

单箱单室截面受力明确、施工方便、节省材料。因此，当桥宽为 20~25m 时，也有不少桥梁采用单箱单室截面，但需要在截面构造上采取一定的措施。如图 8.8(c) 所示，为了加强长悬臂板的抗弯刚度，可采用横梁加劲、斜撑加强，或在顶板上设置横向预应力筋，以后一种方法最为常见。

直腹板箱梁构造简单，施工方便，主要用于箱宽不大时。斜腹板箱梁可减小底板的横向跨度，节省下部结构的圬工量，同时能有效减小迎阳面，改善风的攻击角，改善温度应力和抗风性能，但模板制造较复杂。

分离式箱梁 [图 8.8(c)] 特点是结构简单、受力明确、横向分布系数小，施工时可分箱进行，施工简单。

1) 顶板和底板厚度

箱形梁顶板和底板厚度既要满足纵、横向的受力要求，又要满足结构构造及施工上的需要。其选定原则：箱梁顶板厚度要满足布置纵、横预应力筋的构造要求，同时还要满足桥面板横向弯矩的受力要求；不设横向预应力筋时顶板厚度与腹板间距的关系可以参考表 8.1 选取，当设有横向预应力筋时，顶板厚度需足够布置预应力筋的套管并留有混凝土注入的间隙。

表 8.1　腹板间距与顶板厚度

腹板间距/m	3.5	5.0	7.0
顶板厚度/cm	25	30	35

顶板两侧悬臂板的长度是调节顶板内弯矩的重要因素。悬臂板长度一般采用 2～5m，当长度超过 3m 后，一般需布置横向预应力筋。

对于变截面连续梁，箱梁跨中底板厚度一般按构造选定，若不配预应力筋，厚度可取 20～25cm；若配有预应力筋，厚度一般为 25～30cm。

在负弯矩区特别是在靠近桥墩的截面底板，承受较大的负弯矩，由于底板的宽度比顶板小得多，底板的厚度要比顶板大，以适应受压要求。墩顶处底板厚度一般为支点梁高的 1/10～1/12，底板厚度由跨中向支点逐渐加厚。

对于顶推法施工的等高连续梁，由于施工过程中截面承受交变的正负弯矩，底板往往设计成等厚。

对于大跨度连续梁桥，支点处底板厚度较大，为确保结构计算和截面验算符合力学假定，确保底板作为截面受压区的效果，须采取增加配筋量等措施。

2) 腹板厚度

跨中腹板厚度的选定，主要取决于布置预应力筋和浇注混凝土必要的间隙等构造要求。一般情况下可按以下原则选用：腹板内无预应力筋时，可取 20cm；腹板内有预应力筋时，可取 25～30cm，甚至更大；腹板内有预应力筋锚固头时，取 35cm。为满足支点较大的剪应力要求，墩上或靠近桥墩的箱梁根部腹板需加厚。大跨度桥腹板应采用变厚度形式，从跨中向支点分段线性逐步加厚，变厚段一般为一个节段长。为方便施工，简化内模构造，中、小跨径连续梁桥腹板一般采用等厚度形式。

3. 横隔梁(板)

采用 T 形截面的连续梁桥，其横截面的抗扭刚度较小，为增加桥梁的整体性和横向刚度，一般均需设置中横隔板和端横隔板。中横隔板的数目、位置及构造与简支梁相同。

箱形截面的抗弯刚度和抗扭刚度较大，除在支点部位设置横隔板外，中间横隔板的数目较少，即使有横隔板，对横向刚度影响并不显著，而且增加了施工难度，目前的趋势是少设或不设中间横隔板。对于弯、斜梁，设置中横隔板的效果明显，横隔板的厚度可取 15～20cm。

箱梁支点处端横隔板，其尺寸和配筋形式与箱梁的支承方式有关。当支座直接位于主梁腹板之下时，端横隔板的主要作用是增加箱梁横向刚度，限制箱梁的畸变。横隔板中一般配置一定数量的普通钢筋(图 8.9)。当支座设置在横隔板中部，或者支座横向间距过大时，有时会导致横隔板横向弯矩较大，需采用预应力混凝土，在横隔板中设置曲线形的预应力筋，如图 8.10 所示。为满足施工、维修和通风要求，横隔板上一般设置过人洞。

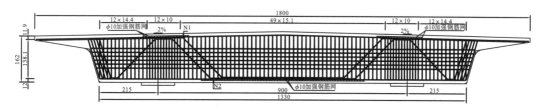

图 8.9　箱梁中的横隔梁配筋示意（单位：cm）

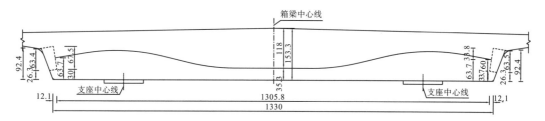

图 8.10　箱梁中横隔梁的预应力筋布置示意（单位：cm）

8.2.4　预应力钢筋构造

连续梁纵向预应力筋为主筋，其数量与布置位置根据使用阶段及施工阶段受力要求确定。此外，在大跨度梁腹板内常布置竖向预应力筋。跨度较大的箱梁顶板和悬臂板内也常布置横向预应力筋。

在顶推法或分跨施工的连续梁中，有时部分主筋需要逐段接长，接长常采用连接器完成，我国目前常用的一种连接器构造如图 8.11 所示。这种连接器用于主筋采用高强钢丝组束的情况，配合镦头锚使用。施工时先张拉锚环 A，并用螺帽锚固。锚环 B 由连接器接长使用。螺丝结合的连接器需要一定的加工精度，施工也较麻烦，但它比起分段张拉、分段锚固的钢束更节省钢材。此外，连接器亦可考虑采用销钉结合，在构造和施工上要方便些。

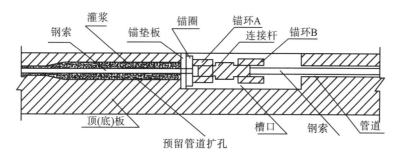

图 8.11　力筋连接器

当施工阶段需要力筋而在使用阶段不需要时，如果保留这些力筋，对截面的受力反而不利，通常必须采取反向配束来克服它的影响，在这种情况下，为施工需要应设置临时筋，在施工完成后予以解除，目前国内常用的做法是将临时筋与永久筋用连接器接长张拉，在施工期间临时束不压浆，待施工结束后割断连接器与临时筋的锚头。当然，这样设置临时筋要复杂一些，既要预留孔道，又要张拉锚固，施工完成后还有解除的工序。如果将临时筋设置在梁体外，临时沿箱内壁锚固，则在构造和施工上要简单得多。此外，也可用控制张拉力的方法满足使用阶段和施工阶段的不同要求，力筋的张拉力先按施工要求张拉，施工完成后再张拉到设计要求。这样做的优点是便于布束，同时满足各阶段的受力要求，但张拉工艺较复杂，在施工阶段不能压浆，还必须选择力筋和锚头便于重复张拉的类型。对于施工期较长的桥梁，还需考虑力筋的防锈问题。此外，当施工阶段的受力大于使用阶段的受力时，或施工阶段与使用阶段的力筋用量相差甚大时，不宜采取此法。

1. 纵向主筋的布置方式

纵向主筋常采用钢绞线或钢丝束，布置方式有连续配筋、分段配筋、逐段接长力筋、体外布筋等几种方式。

1) 连续配筋

采用就地浇筑施工的连续梁，其纵向力筋可以按照桥梁各部位的受力要求进行连续配束。通常力筋的重心线为二次抛物线组合而成的轨迹。如图 8.12(a)所示，边跨和中跨都由多段抛物线组成，而正反曲线间有反弯点。力筋的具体布置可按图 8.12(b)实施，即在支点附近分别由负弯矩区转向正弯矩区，虽然从抗弯的角度上看稍有削弱，但对支点附近各截面抗剪能力却有较大的提高。

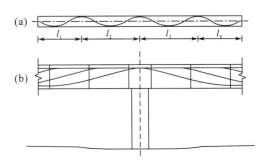

图 8.12　连续配筋的力筋布置

2) 分段配筋

分段配筋是悬臂施工和简支转连续施工的连续梁最常用的配筋方式。

悬臂施工的连续梁桥，是从墩顶开始向左右对称悬臂施工，为了能支承梁体自重和施工荷载，需在悬臂施工时预加应力。在体系转换时再张拉正弯矩力筋并补充其他在使用阶段所需要的力筋，这部分力筋又称二次张拉力筋或后期力筋。图 8.13 给出了悬臂施工连续梁桥力筋的一般构造，其中实线筋为在施工过程中张拉的力筋，虚线筋是在体系转换时张拉的后期力筋。

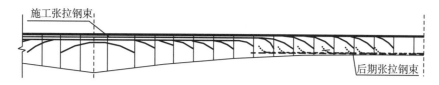

图 8.13　悬臂施工连续梁分段配筋示意图

力筋在截面上成对称布置，并尽量安排在腹板附近，力筋数量较多时可分层布置。一般来说，先锚固下层力筋，后锚固上层力筋。力筋分直筋和弯筋，根据结构各部位弯矩和剪力的要求确定数量，其中弯筋均通过腹板下弯锚固。当属非腹板位置的力筋需要进入腹板弯曲时，首先平弯至腹板位置，然后在腹板平面内竖弯，力筋的弯起半径和弯起角按规范和有关资料确定。

对于预制安装由简支转连续施工的连续梁桥，它们的预应力筋也是采用分段配筋（图 8.14）。预制构件在预制时根据它受力情况以及考虑吊装的需要先行配筋张拉，在简支端安装就位后，墩顶部位布置二次张拉力筋，再进行二次张拉。

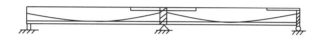

图 8.14　简支转连续施工连续梁分段配筋示意图

3）逐段接长力筋

采用顶推法施工的连续梁桥，顶推施工阶段与使用阶段梁的受力状况差异较大，为照顾两个阶段的受力需要，钢束常分前期张拉力筋和后期张拉力筋（图 8.15）。在施工过程中，箱梁的每一截面均会出现最大的正、负弯矩，前期张拉力筋为顶推施工需要而设置，通常在截面的上、下缘配置直线筋。又因为顶推法施工的程序是逐段预制、逐段顶推、分段张拉力筋，为了既满足节段所需力筋数量，又方便施工，采用力筋接长张拉是很合适的。力筋接长使用连接器，力筋的长度为两个梁段的长度，每个施工面上有半数力筋通过，半数力筋需进行接长，间隔排列连接器（图 8.16），这样可以减少连接器的数量，改善主梁受力，节省钢材，简化施工。

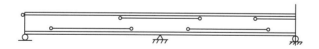

图 8.15　顶推法施工连续梁桥配筋示意图

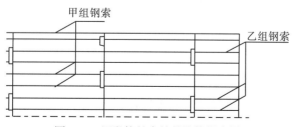

图 8.16　逐段接长力筋的连接器布置

后期张拉力筋是依照使用阶段要求需补充设置的力筋,配置在支点截面的顶部和跨中截面的底部,为了改善腹板的受力情况,解决近支点截面主拉应力大的问题,可在支点附近设置弯筋。

逐孔施工的连续梁桥,其主束布置往往也采用逐段接长配筋,接头的位置可设置在支点截面,也可设在离支点约 1/5 跨径附近弯矩较小的部位。

4) 体外布筋

体外布筋是将力筋设置在主梁截面以外,利用锚固块、转向块、横隔梁等结构物对梁施加预应力。体外布筋不削弱主梁截面,不需预留孔道,预制节段的拼装可采用干缝结合,施工方便迅速,便于更换。

体外布筋对力筋、结构及管道防护设施要求都较高,结构的极限承载能力降低、耐疲劳及耐腐蚀性较差。体外布筋在我国尚待进一步试验研究,但在桥梁加固方面已有较多的使用。

综上所述,预应力混凝土连续梁桥的主筋布置是多种多样的,它与所运用的施工方法有密切的关系。不同的施工方法要求不同的力筋布置,而力筋的数量则取决于结构的受力——使用阶段和施工阶段的综合考虑。

2. 横向和竖向布筋

在设计中,有时需要对结构施加横向和竖向预应力,横向预应力可加强桥梁的横向联系,增加悬臂板的抗弯能力,而竖向施加预应力主要作用是提高截面的抗剪能力。

横向预应力一般施加在横隔梁内或截面的顶板内,竖向预应力筋布置在截面的腹板内。横向和竖向的预应力筋都比较短,直筋常采用钢绞线、钢丝束,也可选用精轧螺纹钢筋,在预留孔道内按后张法工艺施工。

8.3　刚　构　式　桥

在前面的内容中,已经介绍了 T 形刚构桥。这种桥型的特点是:由于采用墩梁固结的构造,可省掉昂贵的支座装置;在恒载条件下,桥墩两侧梁体结构的受力状态接近平衡,桥墩接近中心受压,主梁以受弯为主,仍属于梁式桥的受力状态。因此将它们同连续梁桥一同进行介绍。

然而,刚构桥的类型尚不止这些,还包括门式刚构桥、斜腿刚构桥、全无缝式连续刚构桥等。

8.3.1　门式刚构桥

1. 门式刚构桥的特点

门式刚构桥的主要特点是将桥台台身与主梁固结,既省掉了主梁与桥台之间的伸缩缝,提高了桥头行车的平顺性,又提高了结构的刚性。

在竖向荷载作用下,可以利用固结端的负弯矩来部分地降低梁的跨中弯矩,从而达到减小梁高的目的。在城市中当遇到线路立体交叉或需要跨越不太宽的河流时,采用这种桥型就能降低线路标高，改善纵坡和减少路堤土方量。当桥面标高已经确定时，采用这种桥型可以增加桥下净空。

由于台梁固结，改变了结构的体系，使其受力状态介于梁桥和拱桥之间，由此也带来了一些缺点。

(1)薄壁台身(或立柱)除承受轴向压力外，还承受横向弯矩，并且在基脚处还产生水平推力。因此，必须要求有良好的地基条件，或者采用较深的基础和特殊的构造措施来抵抗水平压力的作用。

(2)基脚无论采用固结或者铰结，都会因预应力、徐变、收缩、温度变化以及基础变位等因素而产生较大的次内力，如图8.17所示。

(3)当基脚采用铰结构造时(图8.18)，固然可以改善基底的受力状态，使地基应力趋于均匀，但铰的构造比较复杂，特别是当铰支承修建在河水中或被接线路堤掩埋时，不仅施工困难，而且易于腐蚀，难以养护和维修。

(4)角隅节点(台身与主梁连接处)的截面承受较大的负弯矩，因此节点内缘的混凝土会产生很高的压应力，而节点外缘的拉应力虽然由钢筋来承担，但此处的主拉应力常常也会使角隅截面产生劈裂的裂缝，如图8.19(a)所示。因此，工程设计中必须在此处设置防劈钢筋予以特别加强，如图8.19(b)所示。

基于以上缺点，这种桥型目前只用于小跨径桥梁。

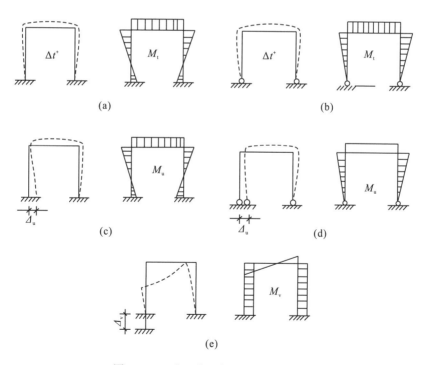

图8.17　温升及基础变位引起的次内力

Δt^+.温度升高；M_t.温度作用下的弯矩；Δ_u、Δ_v.支点位移；M_u、M_v.支点位移产生的弯矩

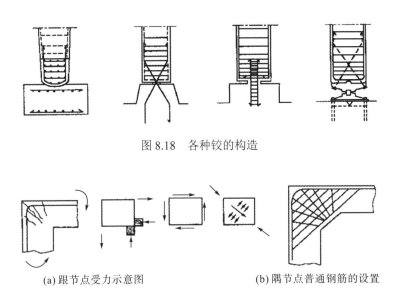

图 8.18 各种铰的构造

(a) 跟节点受力示意图   (b) 隔节点普通钢筋的设置

图 8.19 关键节点受力及配筋示意

2. 门式刚构桥的类型

1) 两铰立墙式刚构桥

由于立墙承受来自接线路堤的主动土压力，这对抵抗基铰处的水平推力是有利的，但却加大了角隅处的负弯矩。

2) 两铰立柱式刚构桥

如图 8.20 所示，两端桥台台身由三根立柱构成。为了不让接线路堤的土伸入桥孔以内，便将桥面构造各向路堤方向延伸 3m，桥面的两侧支承在耳墙上。这种短悬臂桥面结构可以部分地平衡主跨内结构的自重，减小主孔跨中弯矩和基脚处的水平推力。立柱［图 8.20（c）］常设计成变宽度的，这符合立柱的弯矩图形，也有利于改善角隅节点处的应力状态。它的缺点是：当车辆行驶到跨中时，两悬臂端容易向上翘起，时起时落，易破坏路堤，最终造成桥头跳车的不良后果。

3. 重型门式刚构桥

如图 8.21 所示，为了克服上述短悬臂桥面结构起翘的缺点，可将悬臂板置于台身的底部，使它与三个沿桥轴线方向的立墙和前墙构成类似于薄壁式的 U 形桥台，底板与基础之间仍设计成铰接的构造。底板以上的填土相当于施加巨大的压重，再通过悬臂作用来减小主跨的跨中弯矩和基脚处的水平推力；三片较高的立墙可以承担较大的负弯矩，从而改变了上述单独由角隅节点截面承受负弯矩的不利状态。但因为它的构造复杂，且跨径又不能太大，所以没有得到进一步的推广。

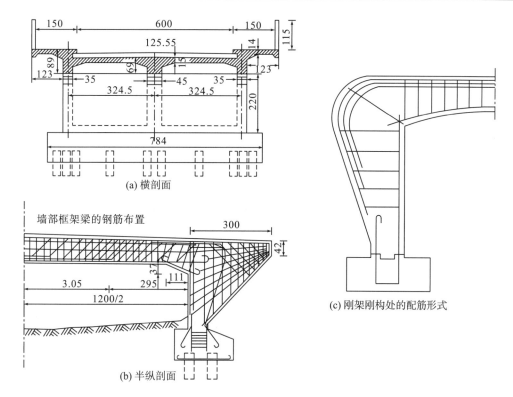

(a) 横剖面

墙部框架梁的钢筋布置

(b) 半纵剖面

(c) 刚架刚构处的配筋形式

图 8.20　两铰立柱式刚构桥(单位：cm)

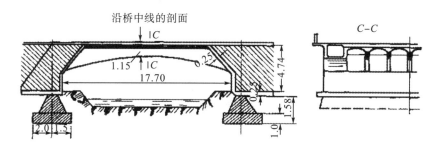

沿桥中线的剖面

图 8.21　重型门式刚构构造图(单位：m)

8.3.2　斜腿刚构桥

由斜置的撑杆与梁体固结后来承担车辆荷载的桥梁称为斜腿刚构桥(图 8.22)。这种桥型可以克服门式刚构桥所存在的某些缺点。

斜腿刚构桥的主跨相当于一座折线形拱式桥，其压力线接近于拱桥的受力状态，斜腿以受压为主，比门式刚构的立墙或立柱受力更合理，故其跨越能力也更大。斜腿刚构桥的两端具有较长的伸臂长度，通过调整边、中跨的跨度比，可以使两端支座成为单向受压铰支座而不致向上起翘，从而改善行车条件，同时在恒载作用下边跨对主跨的跨中弯矩也能起到卸载作用，有利于将主跨的梁高减薄。斜腿下端的铰支座一般落在岸边的坚硬岩石上或者桥台上，不会被水淹没或者被土堤掩埋，故在施工上和维护保养上都比门式刚构桥简单和容易些。因此，斜腿刚构桥常常建造在跨越深谷地带或用在跨越其他线路(公路或铁路)的立交桥上。

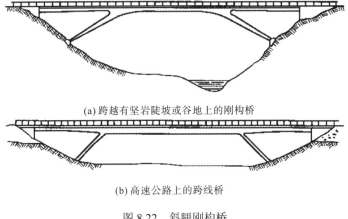

(a) 跨越有坚岩陡坡或谷地上的刚构桥

(b) 高速公路上的跨线桥

图 8.22　斜腿刚构桥

然而，斜腿刚构桥也存在某些与门式刚构桥相类似的缺点。一方面，主梁的恒重和车辆荷载都是通过主梁与斜腿相交处的横隔板［图 8.23(a)］，再经过斜腿传至地基，这样的单隔板或呈三角形的隔板将使此处梁截面产生较大的负弯矩，使得通过此截面的钢筋十分密集，在构造布置上比较复杂［图 8.23(b)］。另一方面，预加力、徐变、收缩、温度变化以及基础变位等因素都会使斜腿刚架桥产生次内力，受力分析上也相对较复杂。因此，为了减少超静定次数，同时使斜腿基脚处的地基应力均匀些，一般将斜脚基脚处设计成铰支座。此外，与地面呈 40°～50° 夹角的斜腿，造成施工上有一定的难度。

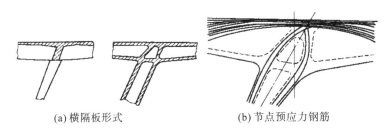

(a) 横隔板形式　　　　　　　(b) 节点预应力钢筋

图 8.23　斜腿与主梁相交节点构造

8.3.3　框架桥

框架桥(图 8.24)，又称地道桥、大箱涵，是一种上部结构、下部结构、基础底板全封闭固结的桥梁结构。由于修建框架桥时不占用上层交通线路，对交通的影响较小，因此在铁路和公路的下穿线路中应用较多。

随着城市交通的发展，需要将现有的铁路或公路交叉道口进行改造，由平交系统改为立交系统，立交系统有高架桥和立交桥两种型式。但高架桥和立交桥往往受到城市规划以及用地的限制，而框架桥可以在既有的线路下采用明挖、暗挖和顶进施工的方法进行修建，占地面积较小，对交通的影响程度也较小，因而有其优势。另外，框架桥不需要伸缩缝，且允许其上方有较厚的填土。

图 8.24　框架桥结构

1. 框架桥的结构型式

框架主体结构可以采用单孔或多孔的型式，一般不超过 3 孔(图 8.25)。其孔径(净宽度)的大小和净高应与原平交道口的公路交通状况相适应，并应从全局出发，适当考虑远景发展，根据公路的使用任务、性质和交通量综合考虑。

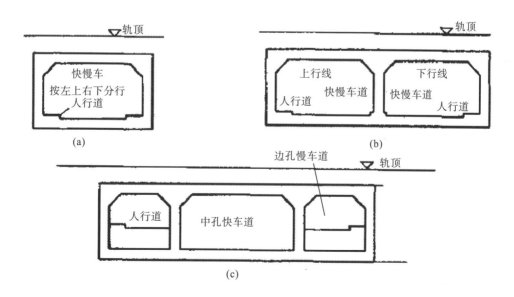

图 8.25　框架桥结构型式

　　框架桥的顶板、底板和边、中墙一般都采用现浇实心结构，因此其单跨跨径一般不超过 17m，但是特殊情况下跨径也可以突破，如果有条件，可以考虑将顶板和底板做成空心结构，如此可以进一步增大其跨径。

　　多孔框架桥一般宜设计为连续框架结构，有时受施工条件限制，或者局部增孔时，也可以用几个框架结构拼接而成。

　　2. 截面尺寸的拟定

　　框架桥的型式及孔径大小确定之后，需要进一步拟定结构各构件的截面尺寸，因为框架桥是一个超静定结构，在分析它的内力时，必须在假定的构件截面的基础上进行计算。如截面假定得不当，就会产生强度不足，或者截面过大的现象。在初步拟定构件截面尺寸时，可参考已建成的同类型结构，以类比方式给出。一般首先根据顶板跨度和荷载大小确定顶板厚度，然后结合结构的高度和台后填土状况确定腹板厚度，最后根据地质条件、上部总荷载大小及结构跨度确定底板厚度。一般底板厚度比顶板厚度大 10～20cm。边、中墙可以选用相同的厚度，一般比顶板厚度略小，但是如果台后填土的侧压力较大时，边墙厚度须考虑足够的抵抗土压力的能力，需要加厚，边、中墙厚度同时要考虑施工时主钢筋布置和混凝土振捣方便。

　　框架桥的构件可做成等截面的，但跨度较大的结构，宜设计成变截面的。当采用梁端局部加厚的变截面构件（又叫加腋梁）时，其加腋的高度为 0.5～1.0B（B 为边墙厚度），斜面与水平线成 30°～45°的倾角。另外，选截面尺寸时还要考虑到整个桥跨的建筑造型。但梁腋对抵抗弯矩来说，它的有效斜度最大规定为 1∶3（图 8.26）。

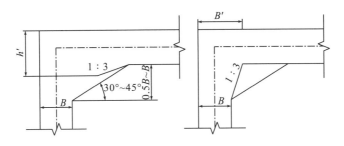

图 8.26　加腋型式

　　3. 框架桥内力分析基本原理

　　框架桥结构，可以看作支承在半无限弹性体（弹性地基）上的空间结构，但为了简化计算，以往作框架桥结构分析时，大多以截取单位长度作为平面杆系结构来考虑。现以三孔框架地道桥为例，说明其受力特点。

　　弹性地基上的框架结构，在外荷载或其他原因（如温度变化、混凝土收缩等）作用下，结构和地基将一起发生变形，而且框架的底板在受力过程中，始终和地基保持着紧密的接触，如图 8.27 所示。显然，因地基变形的影响，使框架的墙脚 A、H、G、F 各点都发生了垂直下沉和转动。

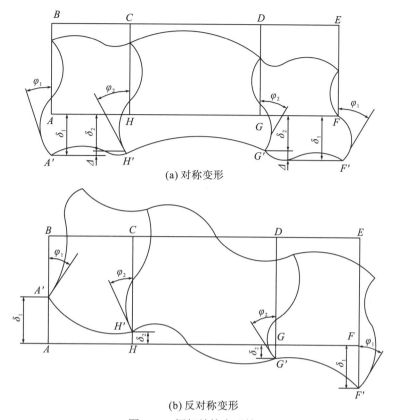

(a) 对称变形

(b) 反对称变形

图 8.27 框架结构变形情况

φ_1、φ_2.腹板的转角；δ_1、δ_2.底板边支点和中间支点处的竖向位移；$\varDelta$.底板边支点和中间支点的位移差

把框架桥结构简化成杆系结构计算，不能完全反映其受力和变形的真实状态，现在一般采用有限元计算，将顶、底板和边、中墙用板单元模拟，得到其真实的受力状态。

8.4 连续刚构桥

连续刚构桥一般用在长大跨径、高墩桥梁上，其结构构造特点是中间桥墩采用墩梁固结，下部结构一般采用柔性桥墩，以减少因主梁的预应力张拉、温度变化、混凝土收缩和徐变、基础变位等作用引起的变形受到桥墩约束后产生的次内力。

连续刚构桥在桥墩抗弯刚度较小时其工作状态接近于连续梁桥。与连续梁桥相比较，它在采用悬臂法施工时和使用阶段，墩顶与梁一直保持固结状态。连续刚构桥的主要优点在于可以减少大型桥梁支座和养护上的麻烦，减少桥墩及基础工程的材料用量。

8.4.1 力学特点及适用范围

在受力方面，上部结构仍为连续梁特点，但必须计入由于桥墩受力及混凝土收缩、徐变、温度变化引起的弹塑性变形对上部结构内力的影响。桥墩因需有一定柔度，所受弯矩有所减少，但在墩梁结合处仍有刚架受力性质。

由于桥墩参与工作，连续刚构桥与连续梁桥的工作状态有一定区别，连续刚构桥由活载引起的跨中区域正弯矩比同跨径连续梁桥的小。当墩高达到一定高度后，桥墩抗推刚度较小，两者上部结构的内力相差不大。

8.4.2　立面布置及构造特点

1. 立面型式

连续刚构桥一般有两个以上主墩采用墩梁固结，墩梁固结的部分多在大跨、高墩上采用，它利用高墩的柔度来适应结构内预加力、混凝土收缩、徐变和温度变化所引起的纵向位移，即把高墩视作一种摆动的支承体系。

连续刚构桥一般采用柔性桥墩，柔性桥墩立面型式主要有三种。

1）单柱式墩

单柱式墩［图 8.28（a）］截面型式多为闭口箱形截面，为了满足变形要求，多用在深谷和深水河流的高桥墩上，具体尺寸需根据对柔性的要求确定。

2）双柱薄壁墩

大部分连续刚构桥采用双柱薄壁墩［图 8.28（b）］，它能减小根部梁弯矩峰值。每柱薄壁墩又有空心、实心之分。实心双壁墩施工方便，抗撞击能力较强；空心双壁墩可节约混凝土 40% 左右。设计中应根据桥的高度和跨径选用适当的抗压、抗弯、抗推刚度，再决定合适的型式。双柱薄壁墩的中距 b 与主跨跨度比值一般为 1/20～1/25。

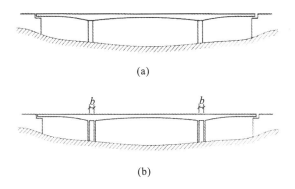

(a)

(b)

图 8.28　连续刚构立面型式

3）Y 形柱式墩

Y 形柱在连续刚构中也有采用，它的上部为 V 形托架，下部为单柱式，两者在立面上构成 Y 字形。V 形托架可使主梁的负弯矩峰值降低一半以上，下部的单柱具有一定的柔性，可满足纵向变形要求。Y 形柱连续刚构根部梁高（包括 V 形托架在内）是正常变截面连续刚构的 2～2.5 倍，梁和托架杆件都为等截面箱形结构或实体杆。

此外，为了使多跨连续刚构桥有视觉上的动感，也可以采用 V 形、X 形桥墩。连续刚构桥常选用变截面主梁。

2. 孔径布置

国内外已建成的连续刚构桥,边跨与中跨的跨径比值为0.5~0.7,大部分比值为0.54~0.56,比变截面连续梁桥的比值范围(0.6~0.8)要小。

理论研究证明,由于墩梁固结,边跨的长短对中跨恒载弯矩调整的影响很小,而边、主跨径之比为0.54~0.56时,不仅可以使中墩内基本没有恒载偏心弯矩,而且可以在边跨悬臂端用导梁支承于边墩上,进行边跨合龙,从而取消落地支架,施工也十分方便。

3. 主梁截面型式及尺寸选择

连续刚构桥主梁截面型式主要采用箱形断面,断面尺寸的拟定与连续梁基本相同。

4. 墩身尺寸

墩身尺寸的拟定主要应考虑墩身与主梁之间的刚度比以减少次内力。墩身高度主要由桥面标高、桥梁建筑高度、桥下净空高度、主梁高度等因素决定。墩柱纵向厚度一般采用高度的1/8~1/15。墩柱较高时用较小的比值,墩柱较矮时则用较大的比值。

连续刚构桥的墩梁连接处的构造如图8.29所示,一般设置1道或者2道(双壁墩时)横隔板,有时也设置3道及以上(双壁墩时)横隔板。1道横隔板的厚度宜取为$t=B$(墩厚),2道及以上横隔板的厚度宜取为$t=0.7~1.0$m。

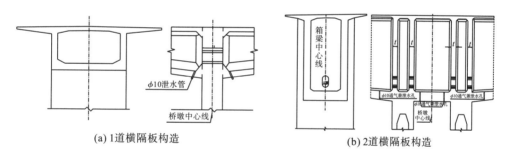

(a) 1道横隔板构造 (b) 2道横隔板构造

图8.29 墩梁连接处构造

5. 主梁预应力筋布置特征

连续刚构桥一般采用三向预应力,其主要特征如下。

1) 纵向预应力筋配置

纵向预应力筋尽可能采用大吨位预应力群锚体系,以减小主梁断面;纵向预应力筋应尽可能靠近肋的部位排列,并锚固在腹板中或承托中。这样既有利于端面的局部承压,又可以减小纵向预应力筋弯曲所产生的横向内力;纵向预应力筋在布置时可用平弯与竖弯相配合,使锚头在各块件端面的位置不变,以方便张拉千斤顶定位。但也需注意,不要使预应力弯曲损失过分增加;在充分满足腹板承受主拉应力的条件下,尽可能减少向上、向下的弯起束,以方便混凝土浇筑。

2) 横向预应力筋配置

横向预应力筋可采用扁锚体系,减少纵槽预应力筋的干扰,并可以减小顶板的厚度。

悬臂式施工的梁桥纵向预应力较强，由于泊松效应，导致横向应变较大，易产生纵向裂缝，因此每个节段完成后，张拉纵向预应力筋之前，应先张拉部分横向预应力筋。

3) 竖向预应力筋配置

竖向预应力可以采用精轧螺纹钢筋或者钢绞线，它在营运阶段可以控制箱梁腹板裂缝，在极限状态能承受一部分竖向力；同样由于纵向预应力泊松效应的原因，每个节段完成后，张拉纵向预应力筋之前，应先张拉腹板中竖向预应力筋。但应充分注意到，竖向预应力筋较短，预应力损失大；再加上施工中控制失当，很容易造成预应力大部分丧失。

第九章 超静定梁桥的力学特点

9.1 恒载及活载内力计算

9.1.1 恒载内力计算

桥梁结构恒载所产生的内力应根据它所采用的施工方法来确定其计算图式,考虑分阶段受力的原则,进行内力或应力叠加。

以连续梁为例,其施工大体分为有支架施工法、逐孔施工法、悬臂施工法、顶推施工法和先简支后连续施工法等几种方法。上述几种方法中,除采用有支架施工法时一次性落架施工的连续梁桥可直接按成桥结构进行分析之外,其余几种方法施工的连续梁桥,都存在结构体系转换和内力(或应力)叠加的问题,这就是连续梁桥恒载内力计算的一个重要特点。因此,结构自重内力与施工方法有很大关系。下面按在施工中是否存在体系转换情况分别介绍结构自重内力的计算方法。

1)无结构体系转换时的结构自重内力计算

结构自重作用于桥上时,主梁结构已形成最终体系,如采用满堂支架现浇混凝土等施工方案时,其结构内力 S_{G1} 可直接按结构力学中的有关方法(如力法、位移法和弯矩分配法等)计算。

2)有结构体系转换时的结构自重内力计算

有结构体系转换时的结构自重内力与施工方法相关,可采用结构力学方法,分施工阶段计算各阶段的内力,然后按叠加原理计算总的结构自重内力。

9.1.2 活载内力计算

活载内力的公式与简支梁相同:

$$S = S_{q_k} + S_{p_k} = (1+\mu) \cdot \xi \cdot \sum m_i \cdot (q_k \cdot \Omega + P_k \cdot y_k)$$

冲击系数 μ、横向布载系数 ξ 以及车道荷载 q_k、P_k 均已在前面作了详细介绍,故本节仅就超静定体系梁桥的荷载横向分布系数 m 和内力影响线竖标 y_i 分别作一些补充介绍。

在内力影响线上按最不利荷载位置布置活载,就可求得截面的控制内力。当内力影响线有正、负两种区段时,应分别对正、负区段加载,以求出正、负两个内力值,正值和负值分别称为最大和最小内力。当只有正值影响线时,则最小内力为零,反之则最大内力为零。

与简支梁活载内力计算相似,超静定梁桥主梁活载内力计算也要首先计算主梁的最不利荷载横向分布系数 m_i。前面介绍的简化荷载横向分布计算方法只适用于等截面简支梁,而变截面简支梁桥、悬臂梁或连续梁桥的荷载横向分布计算方法要复杂得多，一般应采用有限元法进行计算。

9.2 超静定结构的次内力

超静定结构(连续梁和连续刚构等)因各种强迫变形(如预应力、徐变、收缩、温度应力及基础沉降等)而在多余约束处产生的附加内力，统称次内力或二次内力。次内力一般采用力法或有限元法求得。

9.2.1 预应力作用下的次内力

1. 预应力作用下次内力产生的原因

在超静定结构上施加预应力时，梁身挠曲变形受到赘余的支座约束，支座上可能产生次反力，次反力又会使结构中产生次内力。以图 9.1 两跨等截面连续梁为例，预应力筋按直线布置，如假想梁在中间赘余支点上无约束的话，则预应力促使梁的变形会使梁的中点翘离支点［图 9.1(a)］，此时梁内的弯矩［图 9.1(c)］为预加力乘以预应力筋偏心距(称为初弯矩)，但实际上梁总是固定在中间支点位置上的，这样在中间支点上必然作用有一个与梁变形方向相反的次反力 R ［图 9.1(b)］，这个次反力 R 就使梁内产生了次弯矩［图 9.1(d)］。次内力可通过结构力学中的力法求得。

在预加力作用下，结构中的实际弯矩(称为总弯矩)等于初弯矩与次弯矩的代数和［图 9.1(e)］，图 9.1(f) 为相应的总剪力图。在预应力混凝土连续梁内力计算中，预加力引起的次内力影响很大，不能忽视。

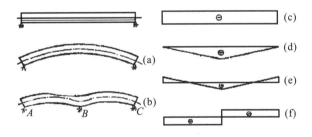

图 9.1 预加力作用下的初弯矩、次弯矩及总弯矩

2. 线性转换和吻合束

1) 线性转换

如图 9.2 所示，经理论分析可知，只要保持束筋在超静定梁中的两端位置不变，保持束筋在跨内的形状不变，只改变束筋在中间支点 B 处的偏心距 e 值，则梁内的混凝土压力线不变，总预矩不变。

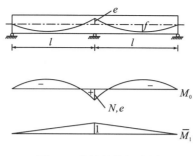

图 9.2　线性转换概念图

2) 吻合索

调整预应力束筋在中间支点的位置，使预应力筋重心线线性转换至压力线位置上，预加力的总预矩不变，而次力矩为零。次力矩为零时的配束称吻合索。事实上，按外荷载弯矩图形状布置预应力束即为吻合束，吻合束有任意多条。

9.2.2　混凝土收缩、徐变产生的次内力

混凝土的收缩和徐变皆与材料、配合比、温度、湿度、截面型式、养护条件、混凝土龄期有关。但是，收缩与荷载无关，而徐变与荷载是有关的，混凝土构件在加载时会发生瞬时弹性应变，随着时间的推移，变形逐渐增加，此逐渐增加的应变即称为徐变。混凝土徐变在加载后的初期增长较快，经 3 年后趋于稳定。徐变系数的大小与加载时混凝土龄期有很大关系，加载龄期越大则徐变系数越小。

一般在计算时，假定混凝土收缩和徐变的规律相同。计算变形时次内力为未知数，必须通过变形协调条件计算。

连续梁在施工过程中不发生体系转换时，徐变变形并不引起超静定结构内力的变化，即不会引起次内力。

9.2.3　温度变化引起的次内力

混凝土结构的温度变化主要有三种情况：常年温差、日照和混凝土水化热。常年温差会导致构件的伸长或缩短，对连续梁可以通过设置伸缩缝来消除此影响，但是对于拱桥或刚构桥，就会产生次内力；日照温差的温度梯度效应，导致构件弯曲，如果温度场是线性的，只是产生次内力，如果是非线性温度场，将会使得结构产生次内力和自应力。

9.2.4　基础变位产生的次内力

基础不均匀沉降会在超静定结构中产生次内力，桥梁跨度越小，次内力越明显。墩台沉降与地基土的物理力学性质有关，一般的规律是随时间递增，随时间增加接近终极值，可假定其变化规律类似徐变变化规律。

9.2.5 次内力的解决方案

很多情况下都是通过增加结构来抵抗次内力,也可以采取一些措施来消除或者减小次内力。如对于预应力产生的次内力,可以调整钢束的形状和位置,使其成为吻合束,可以消除次内力。另外,可以采用成桥后压重和调整支反力的方法,将混凝土收缩和徐变的次内力进行调整或者释放。

9.3 箱梁受力特点

箱形截面梁本身是一个空间体系结构,作用在它上面的车辆荷载一般是不对称于其中轴线的。在这种情形下,欲求结构受力的较精确值就需要应用空间弹性理论,例如板壳理论、广义坐标法等,或者应用空间有限元法。但是,不论采用哪一种计算方法,对于工程设计人员来说都是十分复杂的,均没有按平面杆系结构的计算理论和计算方法简便。因此,国内外一些学者通过研究,提出了一种荷载分解的分析方法,即先将作用于箱梁上的偏载进行分解,然后分别按照不同的平面杆系结构体系进行分析,最后进行内力或应力叠加,得到问题的最终解。

图 9.3(a)示出了桥面作用有偏心集中力 P 的单箱单室截面梁,可以将 P 分解为 4 种工况(图 9.3),对应 4 种工况产生的应力分解如图 9.4 所示,产生的变形如图 9.5 所示(该图示意的是单箱双室箱梁在偏心荷载作用下的变形分解)。

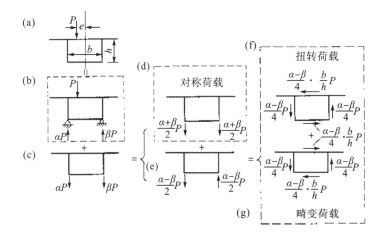

图 9.3 箱梁的荷载分解

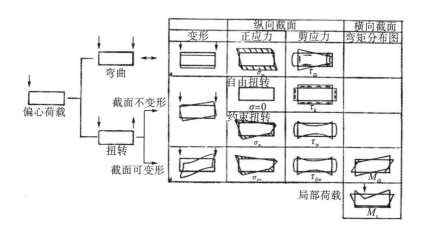

图 9.4　偏心荷载作用下箱梁应力分解

M_{dt}.畸变引起的弯矩；M_c.局部荷载作用下的弯矩

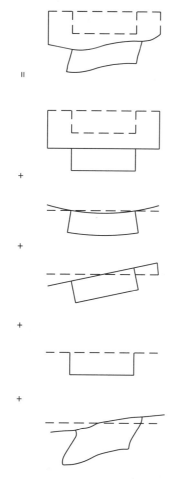

图 9.5　偏心荷载作用下箱梁变形分解

1. 横向弯曲

按在两侧腹板底部具有铰支撑（一个为固定，另一个为活动）的框架结构，计算其顶、底板及腹板的横向内力，这里简称为局部荷载效应［图 9.3（b）］。横向弯曲产生横向正应力σ_c。

2. 纵向弯曲

按两腹板处具有对称集中力$\dfrac{(\alpha+\beta)}{2}P$作用的箱梁（简称对称荷载），计算整个截面上各点的正应力［图 9.3（d）］，在此荷载作用下，箱梁产生正应力σ_m和剪应力τ_m，对应产生竖向挠曲变形。

3. 扭转

按箱形截面梁在$\dfrac{(\alpha-\beta)}{2}P$的力偶作用下具有外扭矩$\dfrac{(\alpha-\beta)}{2}Pb$作用时的工况，计算其刚性扭转（截面顶、底板和腹板不发生横向挠曲）下的内力和应力，这个荷载简称为扭转荷载［图 9.3（f）］。在扭转荷载作用下，如果梁端无纵向约束，称为自由扭转，此时不产生正应力，而只是产生剪应力τ_k，自由扭转只在某些开口薄壁杆件中存，对于非圆形的闭口箱形截面梁实际上不存在，工程上有时为了简化分析，也将箱梁按照自由扭转作近似的处理。如果梁端有纵向约束，由于刚性扭转时梁的纵向位移受到约束而引起截面应变，约束扭转在截面内不仅产生剪应力τ_w，而且还产生正应力σ_w。

4. 畸变

按箱梁两腹板具有一对反对称荷载$\dfrac{(\alpha-\beta)}{4}P$和顶、底板具有另一对反方向的反对称荷载$\dfrac{(\alpha-\beta)b}{4h}P$作用的工况，计算箱梁的横向挠曲及其相应的内力和应力，这种荷载简称为畸变荷载［图 9.3（g）］。箱梁的畸变荷载分力是一组自相平衡的力系，由畸变变形产生的内力，自然也是自相平衡的。在此荷载作用下，箱梁产生畸变变形(包括横向挠曲和纵向挠曲)，产生正应力σ_{dw}、剪应力τ_{dw}、横向正应力σ_{dt}。

畸变横向挠曲对结构是十分不利的，它很容易使箱梁在拐角处产生纵向裂缝，降低结构的承载能力。因此，在工程设计中，常在箱梁的拐角处设计"倒角"，用斜置钢筋予以加强，并且每隔一定的距离，在箱内设置抗畸变变形的横隔板。

图 9.3 中的α和β为支点反力的系数，它们可很容易地从集中力P的平衡条件求得。

因此，在偏心荷载作用下，箱梁产生的总应力如下。

纵向正应力：

$$\sigma(z) = \sigma_m + \sigma_w + \sigma_{dw}$$

剪应力：

$$\tau(z) = \tau_m + \tau_w + \tau_k + \tau\sigma_{dw}$$

横向正应力：

$$\sigma(s) = \sigma_c + \sigma_{dt}$$

5. 箱梁局部荷载效应

在竖向车轮荷载作用下，箱梁顶、底板和腹板会产生局部荷载效应。对于等截面的箱形梁，局部荷载效应的简便计算方法之一是平面框架法，其具体计算步骤如下。

(1)按《公路桥涵设计通用规范》(JTG D60—2015)中关于板的有关规定，确定车轮荷载在板上的有效分布宽度。

(2)将两种有效宽度内的车轮荷载分别除以相应的分布宽度，便可得到纵向单位长箱梁(即单宽平面框架)上的等代荷载。

(3)按平面杆系结构的计算方法来确定此单宽平面框架上的横向弯矩(图9.6)。

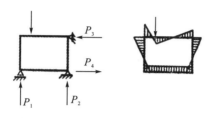

图9.6　箱梁横向计算简图

箱梁的局部荷载效应一般单独考虑，不与前述的4种荷载效应组合。

9.4　剪力滞效应

在竖向荷载作用下，箱梁顶、底板或者 T 梁翼缘板的正应力沿宽度方向呈不均匀分布的现象称为剪力滞效应，如图9.7所示。位于腹板处的正应力最大，位于腹板两侧的正应力逐渐减小，这是与初等梁理论值的最根本区别。后者总是假定顶、底板(翼缘)的正应力是均匀分布的，如图9.7中的虚线所示。

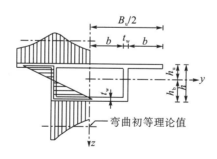

图9.7　箱梁剪力滞效应

B_u.桥宽；h_u.中性轴到上边缘距离；h_b.中性轴到下边缘距离

为了说明这种应力不均匀分布的原理，下面举一个宽翼缘 T 形梁的简单例子进行剖析。图9.8(a)是一根承受跨中集中荷载 P 的矩形截面简支梁，如果加载之前在它的顶部两侧各扩宽一个矩形条带 1 号，即构成了 T 形截面 [图9.8(b)]。显然，两侧条带 1 号与腹板(原矩形梁)之间的接触面上便各产生一组大小相等方向相反的剪切力，这些剪切力对腹板而言，可以阻止上缘被压缩，从而减小了梁的跨中挠度。但对 1 号条带而言，相当于受到一个偏心压力，使其内侧的压应力大于其外侧的压应力。同理，在图 9.8(b)的两侧再扩大条带 2 号，又由于同样的剪力传递原因，使 2 号条带内侧的压应力比其外侧的大〔图 9.8(c)〕。如此类推，便构成了图 9.8(d)所示的应力沿翼缘宽度方向不均匀分布的图形。根据这个简单道理，就完全可以理解图 9.7 中箱形截面梁的应力分布现象。

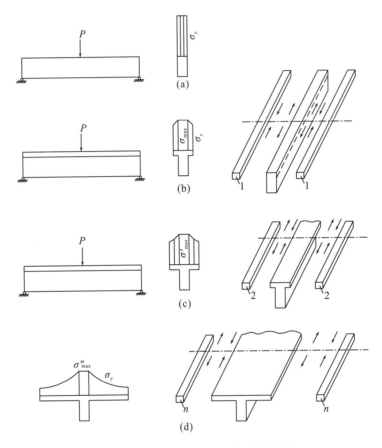

图 9.8　宽翼缘梁剪力滞现象分析举例

第十章　梁式桥支座

10.1　支座的作用、类型及布置

10.1.1　支座的作用

支座是位于桥梁上部结构和下部结构之间的传力装置。它的作用是：①传递上部结构的各种荷载(包括恒载和活载引起的竖向力和水平力)；②保证结构在活载、温度变化、混凝土收缩和徐变等因素作用下发生一定的变形，以使上、下部结构的实际受力情况符合结构的静力计算图示；③缓和冲击，避免梁端和墩(台)帽因为冲击而破坏；④特殊的减、隔震支座，可以减小地震响应；⑤保证上部结构在风荷载等各种水平荷载作用下的安全。

10.1.2　支座的类型

梁式桥的支座按其功能一般分成固定支座和活动支座两种。固定支座允许主梁截面自由转动，但不能移动，如图 10.1 左端所示。活动支座允许主梁在支承处既能自由转动又能水平移动，如图 10.1 右端所示。

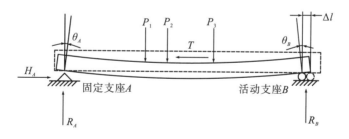

图 10.1　简支梁的静力图式

R_A、R_B.两个支座位置的竖向支反力；H_A.固定支座 A 位置的水平支反力；P_1、P_2、P_3.作用在简支梁上的竖向荷载；T.作用在简支梁上的水平荷载；θ_A、θ_B.两个支座位置的梁端转角

按支座采用的材料分，梁桥的支座有钢支座、橡胶支座、钢筋混凝土支座及简易油毛毡支座等类型。随着桥梁工程技术的不断发展，支座类型也在更新换代，简易油毛毡支座、钢板支座、钢筋混凝土摆柱式支座等目前在公路桥梁上已不常使用。

按支座外形及功能，橡胶支座又可分为板式支座和盆式支座等。

按支座能否承受拉力或是否具有减震功能又可分为普通支座、拉压支座和减震支座。

10.1.3　支座布置

按照静力图式,简支梁桥应在每跨的一端设置固定支座,另一端设置活动支座。悬臂梁桥的锚固跨也应在一侧设置固定支座,另一侧设置活动支座;多孔悬臂梁桥挂梁的支座布置与简支梁相同。连续梁桥一般在每联中的一个桥墩(或桥台)上设置固定支座,其余墩(台)上一般设活动支座。此外,悬臂梁桥和连续梁桥在某些特殊情况下支座需要传递竖向拉力时,尚应设置能承受拉力的支座。

固定支座和活动支座的布置,应以有利于墩台传递纵向水平力为原则。对于多跨的简支梁桥,相邻两跨简支梁的固定支座不宜集中布置在一个桥墩上,但若个别桥墩较高,为了减小水平力的作用,可在其上相邻两跨布置活动支座。对于坡桥,宜将固定支座布置在标高低的墩台上。对于连续梁桥,为使全梁的纵向变形分散在梁的两端,宜将固定支座设置在靠中间的支点处。但若中间支点的桥墩较高或因地基受力等原因,对承受水平力十分不利时,可根据具体情况将固定支座布置在靠边的其他墩台上。

对于桥墩较高的高架桥,可在相邻桥墩上设置固定支座,以分散设置固定支座的桥墩的水平力;对于弯桥,则应考虑活动支座沿弧线方向移动的可能性,可根据结构朝一固定点沿径向位移的概念或结构沿曲线半径的切线方向定向位移的概念确定。对于处在地震地区的梁桥,其支座构造尚应考虑桥梁防震和减震的设施。

10.2　常用支座的构造及工作原理

10.2.1　板式橡胶支座

普通的板式橡胶支座的构造最为简单,从外形上看它就是一块放置在上下部结构之间的矩形黑色橡胶板,如图 10.2 (a)、(b)所示。它的工作原理是:利用橡胶的不均匀弹性压缩实现转角 θ,利用其剪切变形实现水平位移 Δ,如图 10.2(c)所示。板式橡胶支座一般无固定支座与活动支座的区别,所有纵向水平力由各个支座按抗推刚度大小进行分配。必要时也可采用高度不同的橡胶板来调节各支座传递的水平力和位移。

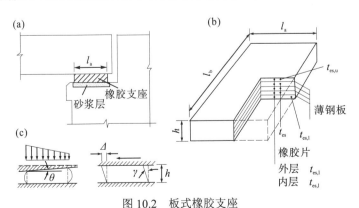

图 10.2　板式橡胶支座

常见的板式橡胶支座均内设有几层薄钢板作为加劲层,加劲层的作用是阻止橡胶片侧向膨胀,提高橡胶片抗压强度。

为使橡胶支座受力均匀,在安装时应使梁底面和墩台顶面清洁平整,且必须与支座水平接触,安装位置要正确。如果主梁存在纵坡和横坡,应通过梁靴或者调平钢板确保梁底与支座顶面水平接触。墩(台)帽顶面须设置垫石,垫石顶面须与支座水平接触。

10.2.2　聚四氟乙烯滑板式橡胶支座

聚四氟乙烯滑板式橡胶支座是板式橡胶支座的一种特殊形式,它将一块平面尺寸与橡胶支座相同、厚度为 1.5～3mm 的聚四氟乙烯板材与橡胶支座黏合在一起,另在梁底设置一块有一定光洁度的不锈钢板。由于不锈钢板与聚四氟乙烯滑板之间的摩擦系数很小,加 5201-2 硅脂润滑后,摩擦系数可以小于 0.06,因而能提供较大的水平位移,滑板的具体性能指标可参见《桥梁支座用高分子材料滑板》(JT/T 901—2014)。因此这种支座不仅适用于较大跨度的简支梁,而且适用于桥面连续和结构连续的桥梁,由于橡胶支座本身具备一定的水平位移能力,当桥梁一联长度较小时,可以只设置板式橡胶支座,而不需要用聚四氟乙烯滑板支座。

10.2.3　水平力分散型橡胶支座

水平力分散型橡胶主要适用于 7 度(0.10g)及以下地震烈度区的各类公路及市政桥梁。该支座是针对普通板式橡胶支座的改进,借鉴了“水平力分散”的工作原理,主要解决了普通板式橡胶支座剪切位移小和抗滑能力差,无可靠连接以及质量管控难度大等问题。水平力分散型橡胶支座按功能形式不同分为固定型支座和滑动型支座。固定型支座的水平位移是通过橡胶剪切变形实现,橡胶的水平剪切能承受较大的水平力,通过橡胶在水平方向的大位移剪切变形实现水平力分散的功能;滑动型支座的位移通过顶面设置的聚四氟乙烯滑板与不锈钢板组成的滑移摩擦副实现,低摩擦系数使支座承受较小的摩擦力。

10.2.4　盆式橡胶支座

盆式橡胶支座是钢构件与橡胶组合而成的支座,可分为活动盆式橡胶支座和固定盆式橡胶支座。活动盆式橡胶支座的基本结构一般可分为上座板和下座板 [图 10.3(a)]。上座板由顶板和不锈钢板组成,上座板与桥的上部构造连接。下座板由底盆、橡胶块、密封圈、中间钢板、聚四氟乙烯滑板组成,下座板固结在桥墩上。不锈钢板与聚四氟乙烯滑板间摩擦系数很小,可以实现梁的水平位移。在转矩的作用下,由于置于底盆内的橡胶块处于三向约束的状态,此时它具有流体的性质,故中间钢板顺利地随着上部构造而产生倾斜,从而实现了梁端的转动。底盆内的密封圈使橡胶块受压后不至于从底盆中挤出。固定盆式橡胶支座的构造与活动盆式橡胶支座相似,但取消了实现水平位移功能的聚四氟乙烯滑板和不锈钢板,其构造见图 10.3(b)。

盆式橡胶支座是桥梁中采用较多的形式之一,主要用于较大跨径和支反力较大的各种桥梁,承载力为 800～60000kN。

　　固定支座在各方向和单向活动支座非滑移方向的水平承载力均不小于支座竖向承载力的 10%。抗震型支座水平承载力不小于支座竖向承载力的 20%。

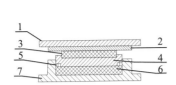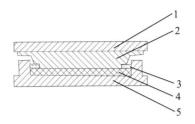

上座板：1.顶板；2.不锈钢板
下座板：3.聚四氟乙烯滑板；4.中间钢板；
5.密封圈；6.橡胶块；7.底盆

1.顶板；2.凸板；3.密封圈；4.橡胶块；5.底盆

(a)活动盆式橡胶支座　　　　　　　　　　(b)固定盆式橡胶支座

图 10.3　盆式橡胶支座的基本结构

10.2.5　其他支座

1.球形钢支座

　　球形钢支座的结构如图 10.4 所示，主要由下座板、球面聚四氟乙烯板、密封裙、中座板、平面聚四氟乙烯板、上滑板和上座板组成。球形钢支座通过球面聚四氟乙烯板的滑动实现支座的转动，转角大，转动灵活，且承载能力高强，特别适用于大跨度桥梁及宽桥、曲线桥、坡道桥等构造复杂的桥梁。

2.减隔震支座

　　减隔震支座是一种应用于地震区的支座，一般附设有减震器，具有减震功能。减震器分为油压减震器和橡胶减震器，减震器的机理主要是利用液体介质的黏滞性或橡胶的弹性所产生的阻尼力来减小地震力的影响。

　　图 10.5 是一种滑板式减隔震支座的构造。上、下支座盆构成传力，连接上下部结构和限制梁墩之间过大变位。不锈钢板、聚四氟乙烯板和钢盆共同构成竖向承载力高、水平滑动摩擦系数小的滑动系统。减震器和侧摩擦板组成水平减震消能系统。

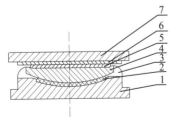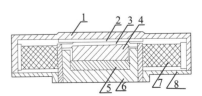

图 10.4　球形钢支座的构造
1.下座板；2.球面聚四氟乙烯板；3.密封裙；4.中座板；5.平面
聚四氟乙烯板；6.上滑板；7.上座板

图 10.5　滑板式减隔震支座简图
1.上支座盆；2.不锈钢板；3.聚四氟乙烯板；
4.中支座板；5.盆式橡胶板；6.下支座盆；
7.橡胶减震器或弹簧-橡胶减震器；
8.封密底板以及制动销、防跳动装置等

　　高阻尼橡胶支座是隔震橡胶支座中的一种，采用高阻尼的橡胶材料制成，能使阻尼比达到10%～16%。其形状及构造与天然橡胶支座相同，但其橡胶材料的黏性大，自身可以吸收能量，具有较大的延性，能在地震时延长结构自振周期、减小地震作用力，利用其耗能特性发挥减隔震作用。高阻尼橡胶支座的主要构造见图10.6。

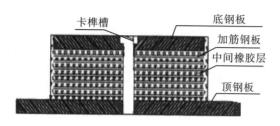

图10.6　高阻尼橡胶支座简图

3. 拉压支座

　　拉压支座是同时承受正负反力的支座，分为拉力铰支座和拉力连杆支座两类，前者又分为固定式和活动式。固定式铰支的上摇座锚于梁端，下摇座锚于墩顶或桥台，之间用钢销连接而成；活动式的下摇座锚于墩顶或台顶的防拔块间，并在座下加辊轴，使其既能受拉，又能沿纵向移动。

　　球形、盆式和板式橡胶支座能变更功能作为拉压支座，这种变更既可用于固定支座，还可用于单向或多向活动支座。板式橡胶拉压支座能够用于压力较小的桥梁，见图10.7，而反力较大的桥梁则用球形(图10.8)或盆式拉压支座更适合。

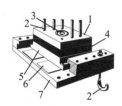

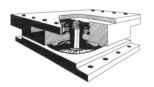

图10.7　板式橡胶拉压支座
1.上支座板；2.锚筋；3.受拉螺栓；4.承压橡胶块；
5.滑板；6.奥式体钢；7.下支座板

图10.8　球形拉压支座

10.3　板式橡胶支座的设计计算

　　板式橡胶支座的设计计算包括确定支座尺寸、验算支座受压偏转角情况及验算支座的抗滑稳定性。

10.3.1　确定支座的平面尺寸

　　桥梁支座设计过程实际上是一个成品支座选配的过程，一般可根据主梁的实际情况，先假设板式橡胶支座的平面尺寸 $l_a×l_b$ 或直径 d，然后根据板式橡胶支座的构造规定(加劲板与支座边缘的最小距离不应小于 5mm)确定加劲钢板尺寸 $l_{a_0} \times l_{b_0}$ 或直径 d_0，从而计算出加劲钢板的面积 $A_e = l_a \times l_b$ 或 $A_e = \pi d_0^2 / 4$。然后根据橡胶支座的压应力不超过它们相应的压应力限值的要求来验算假设的平面尺寸是否满足设计要求。橡胶支座压应力按式(10.1)计算：

$$\sigma = \frac{R_{ck}}{A_e} \leqslant [\sigma_c] \tag{10.1}$$

式中，A_e 表示支座有效承压面积(承压加劲钢板面积)；R_{ck} 表示使用阶段的压力标准值，汽车荷载应计入冲击系数；$[\sigma_c]$ 表示支座使用阶段的平均压应力限值，按《公路桥梁板式橡胶支座》(JT/T 4—2019)取用，板式橡胶支座在使用阶段的容许压应力为 10MPa，当支座形状系数小于 7 时，容许压应力为 8MPa。

10.3.2　确定支座的厚度

梁的水平位移要通过全部橡胶片的剪切变形来实现(图 10.9)，因此要确定支座的厚度 h，首先要知道主梁由于温度变化、混凝土收缩、徐变及制动力产生的支座剪切变形值 Δ_l。显然，橡胶层的总厚度 t_e 与支座剪切变形 Δ_l 之间应满足下列关系：

$$\mathrm{tg}\alpha = \frac{\Delta_l}{t_e} \leqslant [\mathrm{tg}\alpha]$$

式中，$\mathrm{tg}\alpha$ 为橡胶片的容许剪切角正切值，对于硬度为 55°～60° 的氯丁橡胶，当不计汽车制动力作用时取 0.5，计及汽车制动力时可取 0.7。

不计制动力时：

$$t_e \geqslant 2\Delta_l \tag{10.2}$$

计入制动力时：

$$t_e \geqslant 1.43\Delta_l \tag{10.3}$$

式中，t_e 表示支座橡胶层总厚度，$t_e = t_{es,l} + (n-1)t_{es} + t_{es,u}$，其中 $t_{es,u}$、$t_{es,l}$、t_{es} 分别为支座上、下层和中间层橡胶层厚度，n 表示加劲钢板层数；Δ_l 表示由上部结构温度变化、混凝土收缩和徐变等作用标准值引起的支座剪切变形、纵向力标准值(计入制动力标准值)产生的支座剪切变形，以及地震等其他作用产生的剪切变形之和。

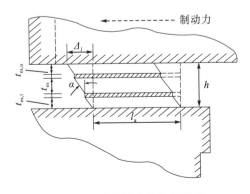

图 10.9　支座厚度的计算图式

设简支梁的计算跨径为 l，支座顺桥向尺寸 l_a，混凝土的线膨胀系数为 α，则温度引起的支座的水平位移 Δ_g 为

$$\Delta_g = \frac{1}{2}\alpha\Delta_t(l+l_a) \tag{10.4}$$

式中，Δ_t 为计算温差，对于砖、石、混凝土、钢筋混凝土结构，一般按当地最高、最低有效气温值确定。

活载制动力引起的支座的水平位移 $\Delta_{F_{bk}}$ 可按下式计算：

$$\Delta_{F_{bk}} = t_e\gamma = t_e\frac{\tau}{G_e'} = \frac{F_{bk}t_e}{2G_eA_e} \tag{10.5}$$

其中，γ、τ 分别为作用于一个支座上的制动力所引起的剪切角和剪应力；G_e' 表示车道荷载作用时橡胶支座的动态剪变模量，可取 $G_e' = 2G_e$；G_e 表示支座剪变模量，按《公路桥梁板式橡胶支座》(JT/T 4—2019)取用，一般常温下取值 1.0MPa；F_{bk} 表示由汽车荷载引起的制动力标准值。

从保证受压稳定角度考虑，t_e 应符合下列条件。

矩形支座：

$$\frac{l_a}{10} \leqslant t_e \leqslant \frac{l_a}{5} \quad (l_a \text{ 为矩形支座短边尺寸})$$

圆形支座：

$$\frac{d}{10} \leqslant t_e \leqslant \frac{d}{5} \quad (d \text{ 为圆形支座的直径})$$

确定橡胶支座的平面尺寸以后，还应确定支座钢板的厚度，一般按下式确定：

$$t_s \geqslant \frac{K_pR_{ck}(t_{es,u} + t_{es,l})}{A_e\sigma_s} \tag{10.6}$$

式中，t_s 表示支座加劲钢板厚度，不得小于 2mm；K_p 表示应力校正系数，取 1.3；$t_{es,u}$、$t_{es,l}$ 表示一块加劲钢板上、下橡胶层厚度；σ_s 表示加劲钢板轴向拉应力限值，可取钢材屈服强度的 0.65 倍。

加劲钢板与支座边缘的最小距离不应小于 5mm，上、下保护层厚度不应小于 2.5mm。确定了橡胶支座总厚度和单层钢板厚度以后，按有关构造要求，确定钢板层数，计算钢板总厚度，橡胶支座总厚度和钢板总厚度之和即为橡胶支座的总高度。

10.3.3　验算支座的偏转

主梁受荷载以后发生挠曲变形，梁端将产生转角 θ，见图 10.10。此时支座伴随出现的压缩变形，在外侧为 $\delta_{c,1}$，内侧为 $\delta_{c,2}$，则其平均压缩变形 $\delta_{c,m}$（忽略钢板变形）为

$$\delta_{c,m} = \frac{1}{2}(\delta_{c,1} + \delta_{c,2}) = \frac{R_{ck}t_e}{A_eE_e} + \frac{R_{ck}t_e}{A_eE_b} \tag{10.7}$$

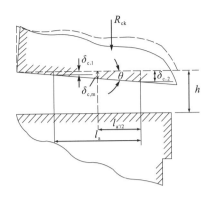

图 10.10　支座偏转图示

式中，A_e、R_{ck}、t_e 的意义同前；E_b 表示橡胶弹性体体积模量，根据《公路桥梁板式橡胶支座》（JT/T 4—2019），支座橡胶弹性体体积模量为 2000MPa；E_e 表示支座抗压弹性模量（MPa），与支座形状系数 S 有关。形状系数 S 事实上是支座中间层单层橡胶平面面积与侧面面积之比，按下列公式计算：

$$E_e = 5.4 G_e S^2 \tag{10.8}$$

矩形支座：

$$S = \frac{l_{0a} l_{0b}}{2 t_{es}(l_{0a} + l_{0b})} \tag{10.9}$$

圆形支座：

$$S = \frac{d_0}{4 t_{es}} \tag{10.10}$$

式中，l_{0a} 表示矩形支座加劲钢板短边尺寸；l_{0b} 表示矩形支座加劲钢板长边尺寸；d_0 表示圆形支座钢板直径；t_{es} 表示支座中间层单层橡胶厚度。

梁端转角 θ 可表示为

$$\theta = \frac{l}{l_a'} = (\delta_{c,2} - \delta_{c,1}) \tag{10.11}$$

式中，l_a' 为矩形支座短边尺寸或圆形支座直径。由式(10.7)和式(10.11)可解得

$$\delta_{c,1} = \delta_{c,m} - \frac{l_a \theta}{2}$$

为确保支座偏转时，橡胶支座与梁底不发生脱空而出现局部承压的现象，则必须满足条件：

$$\delta_{c,1} \geqslant 0$$

即

$$\delta_{c,m} = \frac{R_{ck} t_e}{A_e E_e} + \frac{R_{ck} t_e}{A_e E_b} \geqslant \frac{l_a \theta}{2} \tag{10.12}$$

此外，为限制支座竖向压缩变形，不致影响支座稳定，《公路钢筋混凝土及预应力混凝土桥涵设计规范》（JTG 3362—2018)还规定 $\delta_{c,m} \leqslant 0.07 t_e$。

10.3.4　验算支座的抗滑稳定性

板式橡胶支座通常就放置在墩台顶面与梁底之间，橡胶面直接与混凝土相接触。当梁体因温度变化等因素引起水平位移以及有活载制动力作用时，支座将承受相应的纵向水平力作用。为了保证橡胶支座与梁底或墩台顶面间不发生相对滑动，则板式橡胶支座应满足以下条件。

不计制动力时：

$$\mu R_{Gk} \geq 1.4 G_e \cdot A_g \cdot \frac{\varDelta_l}{t_e} \tag{10.13}$$

计入制动力时：

$$\mu R_{ck} \geq 1.4 G_e \cdot A_g \cdot \frac{\varDelta_l}{t_e} + F_{bk} \tag{10.14}$$

式中，R_{Gk} 表示结构自重引起的支座反力标准值；R_{ck} 表示由结构自重标准值和 0.5 倍汽车荷载标准值（计入冲击系数）引起的支座反力；μ 表示支座与接触面的摩擦系数，根据《公路桥梁板式橡胶支座》（JT/T 4—2019），普通橡胶支座与混凝土接触时，摩擦系数为 0.3，与钢板接触时，摩擦系数为 0.2。$\varDelta_l$ 表示由上部结构温度变化、混凝土收缩和徐变等作用标准值引起的支座剪切变形，以及地震等其他作用产生的剪切变形之和，但不包括制动力引起的水平位移；F_{bk} 表示汽车荷载引起的制动力标准值；A_g 表示支座平面毛面积。

对于聚四氟乙烯滑板式支座的摩擦力产生的剪切变形不应大于支座内橡胶层容许的剪切变形。

不计制动力时：

$$\mu_f R_{Gk} \leq G_e \cdot A_g \cdot \tan\alpha \tag{10.15}$$

计入制动力时：

$$\mu_f R_{ck} \leq G_e \cdot A_g \cdot \tan\alpha \tag{10.16}$$

式中，μ_f 表示聚四氟乙烯与不锈钢板的摩擦系数；$\tan\alpha$ 表示橡胶支座剪切角正切值的限值；R_{ck} 表示由结构自重和汽车荷载标准值（计入冲击系数）引起的支座反力。

10.4　算　　例

取用 7.3.4 节和 7.5.3 节中计算跨径 l=30m 的装配式预应力混凝土简支 T 梁桥设计资料和计算资料。汽车荷载为公路-Ⅰ级，计算温差为 36℃，安全设计等级取二级。由 7.3.4 节可知，边主梁在车道荷载作用下最大支点反力 R_{0q}=655.752kN（计入冲击系数），边梁恒载标准值为 g=47.85kN/m。假设梁的抗弯刚度 B=1.6434×10^{16}N·mm^2，试确定支座的型号和规格。

1）支座选择及平面尺寸验算

首先根据橡胶支座的压应力限值验算支座是否满足要求，支座压力标准值（计入冲击系数）：

$$R_{ck}=47.85×30/2+655.752=1373.502kN$$

查阅《公路桥梁板式橡胶支座》（JT/T 4—2019），初步选用直径 d=450mm、总厚度 t=69mm 的圆形板式橡胶支座，该橡胶层总厚度 t_e=49mm，中间橡胶层厚度 t_{es}=11mm，单层钢板厚度 t_s=4mm，最大承压力为[R_{ck}]=1521kN，满足承载力要求。

支座应力为

$$\sigma = \frac{R_{ck}}{A_e} = \frac{1373.502 \times 10^3}{\frac{3.14 \times 450^2}{4}} = 8.64 < 10\text{MPa}$$

满足规范要求。

通过验算可知，混凝土局部承压强度也满足要求(过程略)，因此所选定的支座的平面尺寸满足设计要求。

2) 支座厚度验算

支座的厚度由橡胶层厚度和加劲钢板厚度两部分组成，应分别考虑计算。

支座都要求水平放置，假设不考虑混凝土收缩与徐变的影响。温差 Δt=36℃引起的温度变形，由主梁两端均摊，则每一支座的水平位移 Δ_g 为

$$\Delta_g = \frac{1}{2}\alpha \cdot \Delta t \cdot \rho = \frac{1}{2} \times 10^{-5} \times 36 \times \left(3000 + \frac{45}{2}\right) \approx 0.54$$

因此，不计制动力时，$\Delta_t = \Delta_g$，$t_e \geqslant 2\Delta_g = 2 \times 0.54\text{cm} = 1.08\text{cm}$。

为了计算制动力引起的水平位移 $\Delta_{F_{bk}}$，首先要确定一个支座上的制动力标准值 F_{bk}。由于计算跨径为30.0m，故纵向折减系数 ζ' 取 1.0，由于该桥桥面净宽为9.5m，按双向两车道设计，故横向布载系数 ζ 取 1.0。车道荷载制动力按同向行驶时的车道荷载(不计冲击力)计算，故计算制动力时按一个车道计算，一个车道上由车道荷载产生的制动力为在加载长度上的车道荷载标准值的总重力的10%，故本算例的制动力 F'_{bk} 为

$$F'_{bk} = (q_k l + p_k) \times 10\% = (10.5 \times 30 + 320) \times 10\% = 63.5\text{ kN}$$

由于 F'_{bk} 小于公路-I 级汽车荷载制动力最低限值 165kN，故 F'_{bk} 取 165kN 计算。由于本例中有 4 片 T 梁，每根 T 梁设 2 个支座，共有 8 个支座，且假设桥墩为刚性墩，各支座抗推刚度相同，制动力可平均分配，因此一个支座的制动力为

$$F_{bk} = \frac{F'_{bk}}{8} = \frac{165}{8} = 20.625\text{ kN}$$

将式(10.5)代入式(10.3)，则可得计入制动力时，橡胶厚度 t_e 的最小值为

$$t_e \geqslant \frac{\Delta_g}{0.7 - \frac{F_{bk}}{2G_e A_e}} = \frac{0.54}{0.7 - \frac{20.625 \times 10^3}{2 \times 1.0 \times \frac{3.14 \times 450^2}{4}}} = 0.89\text{ cm}$$

此外，从保证受压稳定考虑，板式橡胶支座的橡胶层总厚度 t_e 应满足：

$$4.5\text{cm} = \frac{45}{10} = \frac{d}{10} \leqslant t_e \leqslant \frac{d}{5} = \frac{45}{5} = 9.0\text{cm}$$

由上述分析可知，按计入制动力和不计入制动力计算的橡胶厚度最小值为 1.08cm，且不小于 4.5cm，因此橡胶层总厚度 t_e 的最小值取 4.5cm，t_e=49mm 满足要求。

单层加劲钢板厚度满足以下要求：

$$4mm = t_s \geq \frac{K_p R_{ck}(t_{es,u} + t_{es,l})}{A_e \sigma_s} = \frac{1.3 \times 1373.502 \times 10^3 \times (2.5 + 2.5)}{159043.1 \times (0.65 \times 345)} \approx 0.25mm$$

上式中，$A_e = \pi \times 450^2/4 \approx 159043.1mm^2$；$t_{es,u}$、$t_{es,l}$ 为一块加劲钢板上、下橡胶层厚度，取 2.5mm；σ_s 为加劲钢板轴向拉应力限值，取钢材屈服强度的 0.65 倍，取钢材的屈服强度为 345MPa。

3）支座偏转验算

形状系数：

$$S = \frac{d_0}{4t_{es}} = \frac{450}{4 \times 11} \approx 10.23$$

支座抗压弹性模量：

$$E_e = 5.4 G_e S^2 = 5.4 \times 1.0 \times \left(\frac{450}{4 \times 11}\right)^2 \approx 564.8\,MPa$$

将上述各值代入 $\delta_{c,m}$ 计算式，得支座的平均压缩变形 $\delta_{c,m}$ 为

$$\delta_{c,m} = \frac{R_{ck} t_e}{A_e E_e} + \frac{R_{ck} t_e}{A_e E_b} = \frac{1373.502 \times 10^3 \times 49}{159043.1 \times 564.8} + \frac{1373.502 \times 10^3 \times 49}{159043.1 \times 2000} \approx 0.961mm$$

在恒载、车道荷载和人群荷载作用下，主梁挠曲在支座顶面引起的倾角应按结构力学方法计算。

恒载产生的转角：$\theta_1 = \frac{gl^3}{24B} = \frac{47.85 \times 30^3 \times 10^9}{24 \times 1.6434 \times 10^{16}} \approx 0.003276\,rad$。

车道均布荷载产生的转角：$\theta_2 = \frac{m_c q_k l^3}{24B} = \frac{0.875 \times 10.5 \times 30^3 \times 10^9}{24 \times 1.6434 \times 10^{16}} \approx 0.000629\,rad$（略去 m 的变化）。

车道集中荷载产生的转角：$\theta_3 = \frac{m_c p_k l^2}{16B} = \frac{0.875 \times 320 \times 30^3 \times 10^9}{16 \times 1.6434 \times 10^{16}} \approx 0.000958\,rad$。

因此，转角 $\theta = \theta_1 + \theta_2 + \theta_3 = 0.004863\,rad$，$\frac{l'_a \theta}{2} = \frac{450}{2} \times 0.004863 \approx 1.094$ mm$> \delta_{c,m} \approx$ 0.961mm，支座会脱空，因此需要增加支座厚度。重新选择支座总厚度 t=84mm 的圆形板式橡胶支座，该橡胶层总厚度 t_e=60mm。重复前面的计算过程，得到 $\delta_{c,m}$=1.177mm$>$1.094mm，满足要求。故最终选定支座为 ϕ450×84mm 的圆形板式橡胶支座。

此外，为了限制竖向压缩变形，《公路钢筋混凝土及预应力混凝土桥涵设计规范》(JTG 3362—2018) 规定 $\delta_{c,m}$ 不得大于 $0.07t_e$，由于 $0.07t_e = 0.07 \times 60 = 4.2mm > \delta_{c,m}$=1.177mm，因此满足 $\frac{l'_a \theta}{2} \leq \delta_{c,m} \leq 0.07t_e$ 条件，验算通过。

4）板式橡胶支座抗滑稳定性验算

为保证板式橡胶支座和墩台顶面或主梁底面不产生滑移，需对其抗滑稳定性进行验算，验算时应对无汽车荷载和有汽车荷载(支反力最小)两种情况分别进行验算。

仅有结构自重作用时：

$$\mu R_{GK} = 0.3 \times 47.85 \times 30 = 430.65kN$$

$$1.4G_eA_g\frac{\Delta_l}{t_e}=\left(1.4\times1.0\times\frac{3.14\times450^2}{4}\times\frac{5.4}{60}\right)/1000\approx20.03\text{kN}$$

可见，$\mu R_{Gk}>1.4G_eA_g\dfrac{\Delta_l}{t_e}$，这说明在自重作用下，支座不会滑动。

计入制动力时：

$$1.4G_eA_g\frac{\Delta_l}{t_e}+F_{bk}=20.03+20.625=40.655\text{kN}$$

可见 $\mu R_{ck}=0.3\times1373.502\approx412.05\text{kN}>1.4G_eA_g\dfrac{\Delta_l}{t_e}$，因此，制动力作用下支座不会滑动。

第十一章 拱　　桥

11.1　拱桥的组成与分类

11.1.1　拱桥的基本组成及主要特点

拱桥是我国公路上常用的一种桥梁体系。拱桥与梁桥的区别，不仅在于外形不同，更重要的是两者受力性能有差别。由力学知识可以知道，梁式结构在竖向荷载作用下，支承处仅仅产生竖向支承反力，而拱式结构在竖向荷载作用下，支承处不仅产生竖向支承反力，而且还产生水平推力。正是这个水平推力的存在，使得拱的弯矩将比相同跨径的梁的弯矩小很多，整个拱主要承受压力。这样，拱桥不仅可以利用钢、钢筋混凝土等材料来修建，而且还可以根据拱的这个受力特点，充分利用抗压性能好而抗拉性能较差的圬工材料(石料、混凝土、砖等)来修建。这种由圬工材料修建的拱桥又称为圬工拱桥。

1. 拱桥的基本组成

拱桥和其他桥梁一样，也是由桥跨结构(上部结构)及下部结构两部分组成，如图11.1所示的是一座上承式拱桥的构造。

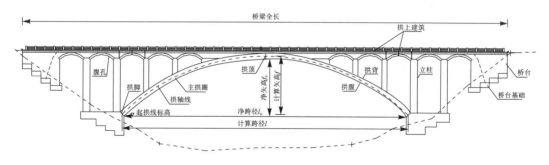

图 11.1　拱桥基本组成

一般的上承式拱桥，桥跨结构是由主拱圈(简称主拱)及拱上建筑(又称拱上结构)所构成。主拱圈是主要承载构件，通过它把荷载传递给墩台及基础。由于主拱圈是曲线形，一般情况下车辆无法直接在弧面上行驶，所以在行车道系与主拱圈之间需要有传递荷载的构件和填充物，这些主拱圈以上的行车道系和传载构件或填充物统称为拱上建筑。

拱桥的下部结构包括桥墩、桥台和基础，用以支承桥跨结构，将桥跨结构的全部荷载传至地基。桥台还起与两岸路堤相连接的作用，使路桥形成一个协调的整体。

2. 拱桥的特点

拱桥的主要优点有：

(1)相对于梁(板)桥，跨越能力较大。

(2)耐久性好，养护、维修费用少。

(3)外形美观。

(4)构造较简单。

拱桥的主要缺点有：

(1)自重较大，相应的水平推力也较大，要求有庞大的墩、台和良好的地基。

(2)随着跨径和桥高的增大，增大了拱桥的施工困难，提高了拱桥的总造价；另外，拱桥的施工工序较多，需要劳动力多，建桥时间也较长。

(3)由于拱桥水平推力较大，在连续多孔的大、中桥梁中，为防止一孔破坏而影响全桥的安全，需要采用较复杂的措施，或设置单向推力墩，增加了造价。

(4)上承式拱桥的建筑高度较高，当用于城市立体交叉及平原区的桥梁时，因桥面标高提高，而使两岸接线的工程量增大，或使桥面纵坡增大，既增加造价又对行车不利。

11.1.2　拱桥的分类

拱桥的型式多种多样，构造各有差异，可以按照不同的方式来进行分类。

(1)按照主拱圈所使用的建筑材料可以分为圬工拱桥、钢筋混凝土拱桥、钢管混凝土拱桥及钢拱桥等。

(2)按照拱上建筑的形式可以分为实腹式拱桥及空腹式拱桥。

(3)按照拱轴线的形式，可将拱桥分为圆弧线拱桥、抛物线拱桥、悬链线拱桥、拟合曲线拱桥等。

(4)按照桥面的位置可分为上承式拱桥、下承式拱桥和中承式拱桥(图11.2)。

(5)按照有无水平推力，可分为有推力拱桥和无推力拱桥等。

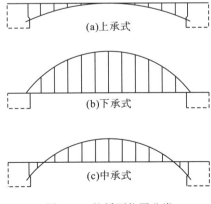

图11.2　按桥面位置分类

现仅根据下面两种不同的分类方式对圬工和钢筋混凝土拱桥的主要类型作一些介绍。

1. 按照结构体系分类

拱式桥跨结构按照静力图式可以分为简单体系拱桥和组合体系拱桥。本章主要介绍简单体系拱桥，组合体系拱桥内容将在后面章节进行介绍。

在简单体系的拱桥中，一般不考虑行车系结构(上承式拱桥的拱上建筑或中、下承式拱桥的拱下悬吊结构)参与主拱一起受力，主拱以裸拱形式作为主要承重结构，可以做成上承式、下承式(无系杆拱)或中承式，均为有推力拱，拱的水平推力直接由墩台或基础承受。

按照主拱的静力特点，简单体系的拱桥又可以分成三铰拱、两铰拱和无铰拱三种，(图11.3)。

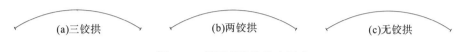

(a)三铰拱　　　　　　(b)两铰拱　　　　　　(c)无铰拱

图11.3　拱圈(肋)的静力图式

三铰拱属外部静定结构。由于温度变化、支座沉陷等原因引起的变形不会在拱内产生附加内力，计算时无须考虑体系弹性变形对内力的影响。当地基条件不良，但又需要采用拱式桥梁时，可以采用三铰拱。但由于铰的存在，使其构造复杂，施工较困难，维护费用增大，而且减小了结构的整体刚度，降低了抗震能力，同时由于拱的挠度曲线在拱顶铰处有转折，对行车不利，因此主拱圈直接采用三铰拱的情况较少。我国仅在一些较小跨径的桥上采用三铰拱。为保证主拱圈的变形能力，空腹式拱桥的拱上建筑中的边腹拱常用三铰拱。

两铰拱属外部一次超静定结构。由于取消了拱顶铰，使结构整体刚度比三铰拱大。在墩台基础可能发生位移的情况下或坦拱中采用，较之无铰拱可以减小基础位移、温度变化、混凝土收缩和徐变等引起的附加内力。

无铰拱属外部三次超静定结构。在自重及外荷载作用下，拱内的弯矩分布比两铰拱均匀，材料用量少。由于无铰，结构的整体刚度大，构造简单，施工方便，维护费用少，因此在实践中使用最广泛。但由于无铰拱的超静定次数高，温度变化、材料收缩、结构变形，特别是墩台位移会在拱内产生较大的附加内力，所以无铰拱一般修建在地基良好的环境下，这使它的使用范围受到一定限制。不过，随着跨径的增大，附加内力的影响相对减小，因而无铰拱仍是国内外拱桥上采用最多的一种构造型式。

此外，还有单铰拱桥，但是单铰拱桥建造得很少。法国的 I' Artuby 桥是单铰拱桥，跨径为110m。

2. 按照主拱的截面型式分类

主拱的横截面型式很多，通常可分为下面几种类型(图11.4)。

1)板拱桥

板拱桥［图 11.4(a)］的主拱圈的横截面是整块的实体矩形截面。板拱桥是最古老的拱桥型式，由于它构造简单、施工方便，至今仍在使用。但是由于在横截面积相同的条件下，实体矩形截面比其他截面型式的抵抗矩小，在有弯矩作用时，材料的强度没有得到充分利用，故采用板拱是不太经济的。一般在地基条件较好的中、小跨径圬工拱桥中采用板拱形式，或在拱桥跨径不大的时候（一般不大于 100m），为了减小拱圈的截面高度、便于施工和获得美观的造型，也采用板拱截面型式。

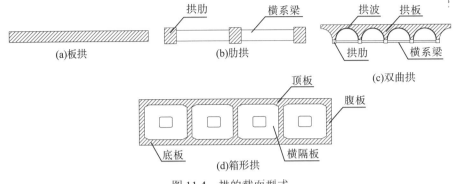

图 11.4　拱的截面型式

2）肋拱桥

为了节省材料、减轻结构自重，以较小的截面积获得较大的截面抵抗矩，将整块的矩形实体截面划分成两条（或多条）分离式的、截面高度较大的肋，肋与肋间由横系梁相连，形成了由几条肋组成的肋拱桥［图 11.4（b）］。肋拱桥的拱肋可以是实体截面、箱形截面或桁架截面。肋拱桥材料用量一般比板拱桥少，但构造比板拱桥复杂。

3）双曲拱桥

主拱圈的横截面是由一个或数个横向小拱组成，使主拱圈在纵向及横向均呈曲线形，故称为双曲拱桥［图 11.4（c）］。

双曲拱截面的抵抗矩比相同截面积的实体板拱圈要大，因此可节省材料，结构自重力小，特别是它的预制部件分得细，吊装质量轻，在公路桥梁上曾获得过较广泛的应用。但由于其截面组成划分过细，整体性能较差，且应力集中严重，建成后易出现较多裂缝，目前已较少使用。

4）箱形拱桥

将实体的板拱截面挖空成空心箱形截面，则称为箱形拱或空心板拱［图 11.4（d）］。由于截面挖空，使箱形拱的截面抵抗矩比相同截面积的板拱的截面抵抗矩大得多，从而大大减小了弯矩引起的应力，节省更多材料，对于跨径较大的拱桥更为显著。另外，由于它是闭口截面，抗扭刚度、横向整体性和结构稳定性都比较好。

5）钢管混凝土拱桥

钢管混凝土是在薄壁圆形钢管内填充混凝土而形成的一种复合材料，它一方面借助内填混凝土增强钢管壁的稳定性，同时又利用钢管对核心混凝土的套箍作用，使核心混凝土处于三向受压状态，从而使其具有更高的抗压强度和抗变形能力；另一方面，钢管本身相当于混凝土的外模板，它具有刚度大、承载能力强、重量轻等优点，易于吊装或转体，可以先将空钢管拱肋合龙，再压注管内混凝土，从而大大降低了大跨径拱桥施工的难度，省去了支模、拆模等工序，并可适应先进的泵送混凝土工艺。

钢管混凝土拱桥的缺点是阳光照射下钢管膨胀，容易造成钢管与内填混凝土之间出现脱空现象，泵送管内混凝土也常出现不能完全饱满的情况，这都将引起拱圈受力不够明确，从而降低钢管混凝土结构的安全度，这些问题都需要予以解决。

钢管混凝土拱属于肋拱桥的一种，主要用于大跨度中、下承式拱桥。

在拱桥的分类里，还有一种称为劲性骨架混凝土拱桥。劲性骨架混凝土拱桥与普通钢筋混凝土拱桥的区别在于其以劲性骨架作为受力筋，它可以是型钢，也可以是钢管或钢管混凝土，采用钢管混凝土作劲性骨架的混凝土拱又可称为内填外包型钢管混凝，它主要用于大跨度拱桥中。万州长江大桥即是用钢管混凝土作劲性骨架的拱桥，施工时先用空钢管形成骨架，然后在钢管内灌混凝土，最后，在钢管外面支模板，现浇外层混凝土。

11.1.3　拱桥的总体布置

拱桥的总体布置应按照安全、耐久、适用、环保、经济、美观的原则进行。总体布置图中阐明的主要内容应包括：拟采用的结构体系及结构型式；桥梁的长度、跨径、孔数、桥面标高；拱的主要几何尺寸，例如矢跨比、桥梁的高度、宽度、外形、墩台及其基础型式和埋置深度、桥上及桥头引道的纵坡等。

1. 确定拱桥的主要设计标高

拱桥的标高主要有 4 个，即桥面标高、拱顶底面标高、起拱线标高、基础底面标高（图 11.5）。这几项标高的合理确定，也是拱桥总体布置中的重要问题。

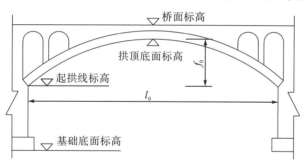

图 11.5　拱桥的主要标高示意图

拱桥的桥面标高代表着建桥的高度，特别在平原区，在相同纵坡情况下，桥高会使两端的引桥或引道工程显著增加，将提高桥梁的总造价。反之，如果桥修矮了，不但有被洪水冲毁的危险，而且可能影响到桥下通航的正常运行，致使桥梁建成后有难以挽救的缺陷。

建在山区河流上的拱桥，由于两岸公路路线的位置一般较高，桥面标高一般由两岸线路的纵断面设计所控制。

对跨越平原区河流的拱桥，其桥面最小高度一般由桥下净空所控制。为了保证桥梁的安全，桥下必须留有足够的排泄设计洪水流量的净空。对于无铰拱桥，可以将拱脚置于设计水位以下，但通常淹没深度不得超过矢高的 2/3。为了保证漂浮物能通过，在任何情况下，拱顶底面应高出计算水位（设计洪水位计入壅水、浪高等）1.0m。但是在不通航和无流筏的水库区域内，拱顶底面离开水面的高度≥0.75倍计算浪高+0.25m。

对于有淤积的河床，桥下净空应适当加高。

对于通航河流，通航孔的最小桥面高度，除满足以上要求外，还应满足对不同航道等级所规定的桥下净空界限的要求。设计通航水位，一般是按照一定的设计洪水频率(1/20)进行计算，并与航运部门具体协商决定。

当桥面标高确定之后，由桥面标高减去拱顶处的建筑高度，就可得到拱顶底面的标高。

拟定起拱线标高时，为了减小墩台基础底面的弯矩，节省墩台的圬工数量，一般宜选择低拱脚的设计方案。但对于有铰拱桥，拱脚须高出计算水位以上0.25m。为了防止冰害，有铰或无铰拱拱脚均应高出最高流冰面0.25m。当洪水带有大量漂浮物时，若拱上建筑采用立柱，宜将起拱线标高提高，使主拱圈不被淹没过多，以防漂浮物对立柱的撞击或挂留。有时为了美观的要求，应避免就地起拱，应使墩台露出地面一定的高度。

至于基础底面的标高，主要根据冲刷深度、地基承载能力等因素确定。

2. 确定拱桥的矢跨比

当拱顶、拱脚标高确定后，根据跨径即可确定拱的矢跨比。矢跨比是拱桥的一个特征数据，它不但影响主拱圈内力，还影响拱桥施工方法的选择，同时，对拱桥的外形能否与周围景物相协调也有很大影响。

拱的恒载水平推力(H_g)与垂直反力(V_g)之比，随矢跨比的减小而增大。当矢跨比减小时，拱的推力增加，反之则推力减小。众所周知，推力大，相应地在主拱圈内产生的轴向力也大，对主拱圈本身的受力状况是有利的，但对墩台基础不利。同时，矢跨比小，则弹性压缩、混凝土收缩和温度等附加内力均较大，对主拱圈不利。在多孔情况下，矢跨比小的连拱作用较矢跨比大的显著，对主拱圈也不利。然而，矢跨比小却能增加桥下净空，降低桥面纵坡，拱圈的砌筑和混凝土的浇筑比较方便。因此，在设计时，矢跨比的大小应经过综合比较进行选择。

通常，对于上承式的砖、石、混凝土拱桥和双曲拱桥，矢跨比一般为1/8～1/4，不宜小于1/8；钢筋混凝土拱桥的矢跨比宜为1/8～1/5。有研究表明，在其他条件相同的前提下，拱桥稳定系数最高的矢跨比为1/3。

多孔拱桥最好选用等跨分孔的方案。但当受地形、地质、通航等条件的限制，或引桥很长，考虑与桥面纵坡协调一致时，或当对桥梁的美观有特殊的要求(如城市或风景区的桥梁)时，可以考虑用不等跨分孔的办法处理。

不等跨拱桥，由于相邻孔的恒载推力不相等，使桥墩和基础增加了恒载的不平衡推力。为了减小这个不平衡推力，改善桥墩基础受力状况，可采用以下措施。

(1)采用不同的矢跨比。利用在跨径一定时，矢跨比与推力大小成反比的关系，在相邻两孔中，大跨径用较陡的拱(矢跨比较大)，小跨径用较坦的拱(矢跨比较小)，使两相邻孔在恒载作用下的不平衡推力尽量减小。

(2)采用不同的拱脚标高。对于上承式拱桥，由于采用了不同的矢跨比，致使两相邻孔的拱脚标高不在同一水平线上(图11.6)。因大跨径孔的矢跨比大，拱脚降低，减小了拱脚水平推力对基底的力臂，这样可使大跨与小跨的恒载水平推力对基底产生的弯矩得到平衡。

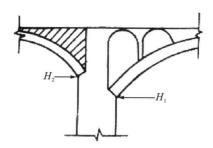

图 11.6　采用不同拱脚标高示意图

H_1.主拱起拱线标高；H_2.边拱起拱线标高

（3）调整拱上建筑的重力。常常是大跨径用轻质的拱上填料或采用空腹式拱上建筑，小跨径用重质的拱上填料或采用实腹式拱上建筑，通过增加小跨径拱的恒载重力来增大恒载的水平推力。

（4）采用不同类型的拱跨结构。常常是小跨径用板拱结构，大跨径用分离式肋拱结构，以减轻大跨径拱的恒载质量来减小恒载的水平推力。有时，为了进一步减小大跨径拱的恒载水平推力，可加大大跨径拱肋的矢高，做成中承式肋拱桥。

在具体设计时，也可以将以上几种措施同时采用。如果仍不能达到完全平衡推力的目的，则需设计成体型不对称的或加大尺寸的桥墩和基础来加以解决。

11.2　拱桥构造

11.2.1　上承式拱桥构造

桥面位于整个桥跨结构上面的拱桥称为上承式拱桥。上承式拱桥由主拱(圈)、拱上传载构件或填充物、桥面系组成，主拱(圈)是主要承重结构，如图 11.7 所示。

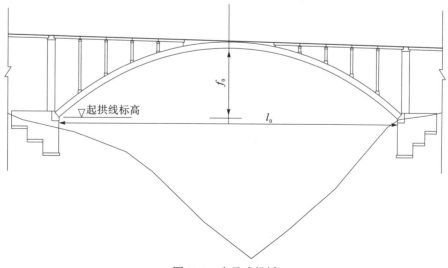

图 11.7　上承式拱桥

11.2.1.1 主拱构造

普通型上承式拱桥根据主拱(圈)截面型式不同主要分为板拱、板肋拱、肋拱、箱形拱、双曲拱等。

1. 板拱

板拱可以是等截面圆弧拱、等截面或变截面悬链线拱以及其他拱轴型式的拱。除多数采用无铰拱外，也可做成双铰拱和三铰拱。按照主拱所用材料，板拱又分为石板拱、混凝土板拱、钢筋混凝土板拱等。

对于实腹式板拱桥以及拱式腹拱的空腹式板拱桥，拱圈宽度决定于桥面宽度。过去，往往将护栏或者人行道悬挑，以减少拱圈宽度和墩台尺寸，节约材料，节省造价。但是，桥梁造价是个综合概念，涉及的不仅仅是材料，还有人工、施工措施、后期维护等各种费用，所以现在桥梁的设计，一般将拱圈做成与桥面同宽。

板拱拱圈宽度一般不宜小于计算跨径的 1/20，以保证横向稳定性，否则，应验算拱圈横向稳定性。

拱圈厚度可以是等厚度，也可以是变厚度，其值主要根据桥梁跨径、矢高、建筑材料、荷载大小等因素通过试算确定。

对钢筋混凝土板拱，初拟时，拱顶厚度 h_d 一般采用跨径的 1/60～1/50，跨径大时取小值。若为变厚度拱，其拱脚厚度 h_j 可按 $h_j = h_d / \cos\varphi_j$ 估算，其中拱脚截面倾角 φ_j 可以近似取相应圆弧拱之值，对于中小跨径无铰拱，h_j 可取为 $1.2h_d \sim 1.5h_d$，其他截面厚度确定见后文分析。

对于中、小跨径石板拱，其拱圈厚度比钢筋混凝土板拱略大，一般取值为跨径的 1/50～1/40，因为施工难度较大，也比较麻烦，所以现在的中、小跨径石拱桥的拱圈一般都采用等截面。

拱圈横截面沿跨径变化的规律要能适应拱内内力的变化，尽量使正应力沿拱轴方向保持均匀，有利于充分发挥拱的每个截面的材料强度。同时，截面变化形式还应能使其构造简单，便于设计与施工。

无铰拱截面变化规律通常是采用惯性矩从拱顶向拱脚逐渐增大，解析函数式采用里特公式:

$$\frac{I_d}{I\cos\varphi} = 1 - (1-n)\xi \tag{11.1}$$

可得到:

$$I = \frac{I_d}{[1-(1-n)\xi]\cos\varphi}$$

式中，I 表示拱任意截面的惯性矩；I_d 表示拱顶截面惯性矩；φ 表示拱任意截面的拱轴水平倾角；n 表示拱厚变化系数，可用拱脚处 $\xi=1$ 的边界条件求得:

$$n = \frac{I_d}{I_j \cos\varphi_j} \tag{11.2}$$

其中，I_j 和 φ_j 分别为拱脚截面的惯性矩和倾角。可以看出，n 值越小，截面的变化就越大。

在设计时，可先拟定拱顶和拱脚两截面的尺寸，求出 n，再求其他截面的 I；也可先拟定拱顶截面尺寸和拱厚系数 n，再求 I。对于公路桥，n 值一般为 0.5～0.8。

事实上，里特公式主要是针对上承式无铰实腹拱进行推导的，当进行中、下承式拱桥设计时，由于其受力特点的不同，一般拱肋的截面变化形式不采用里特公式，而是采用二次或高次多项式变化或者其他变化形式。

拱圈截面惯性矩自拱顶向拱脚变化的方式主要有截面自拱顶向拱脚等宽度变厚度［图 11.8(a)］和等厚度变宽度［图 11.8(b)］两种。等厚度变宽度方式，主要是在大跨径拱桥中，为抵抗向拱脚增大的轴力而采用的一种变化规律，它能够有效地提高拱的横向稳定性，但增大了下部结构的宽度，增加了造价，而且由于拱脚位置太宽，影响美观，在实际中使用并不多，目前主要用于中承式拱桥。在中承式拱桥中，桥面以上拱肋为使构造简单而采用等宽度，而对桥面以下则采用变宽度。

上述惯性矩变化均是自拱顶向拱脚增大的，法国工程师巴烈脱(Barrette)曾提出了与此相反的变化方式，即惯性矩自拱顶向拱脚逐渐减小，这种拱被称为镰刀形拱，如图 11.8(c)所示。采用镰刀形拱的目的是尽量减小无铰拱的拱脚弯矩，并使拱内弯矩趋于均匀分布，目前这种桥型在世界上还建造不多。

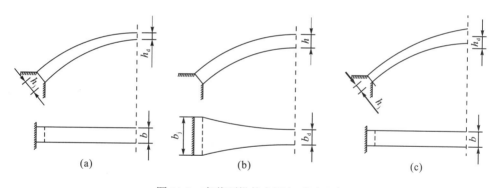

图 11.8 变截面拱的立面和平面形式

由于变截面拱的构造复杂，施工不便，因此一般拱桥跨径不大时，都尽量采用等截面拱。

1）石板拱的构造

按照砌筑主拱圈的石料规格，分为料石板拱、块石板拱、片石板拱以及乱石板拱等。用于拱圈砌筑的石料应石质均匀、不易风化、无裂纹，石料的加工应满足施工规范要求。

为便于拱石加工和确保砌筑符合构造要求，需对拱石进行编号。对等截面圆弧拱，因截面相等，又是单心圆弧线，拱石规格较少，编号简单，如图 11.9(a)所示；当采用变截面悬链线拱时，由于截面发生变化，曲率半径变化，拱石类型多，编号复杂，如图 11.9(b)所示，这也是现在石拱桥不采用变截面的主要原因之一；对等截面悬链线拱，因内外弧线与拱轴线平行，拱石编号大为简化。同时，还可采用多心圆弧线代替悬链线放样，如图 11.9(c)所示。

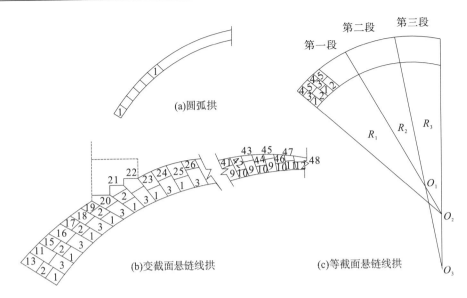

图 11.9 拱石编号

为保证拱圈抗剪强度和整体性，拱石间的砌缝必须错开，如图 11.10 所示。因砂浆强度比拱石低得多，拱石砌缝宽度不能太大。

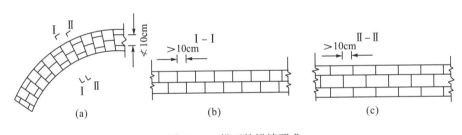

图 11.10 拱石的错缝要求

拱圈与墩台以及拱圈与空腹式拱上建筑的腹孔墩连接处，应采用特别的五角石 [图 11.11(a)]，以改善该处的受力状况。为避免施工时损坏或被压碎，五角石不得带有锐角。为了简化施工，目前常用现浇钢筋混凝土拱座及腹孔墩底梁代替石质五角石 [图 11.11(b)]。

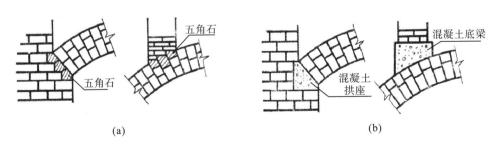

图 11.11 五角石(a)及混凝土拱座、底梁(b)

2）混凝土板拱的构造

在缺乏合格天然石料的地区，可用素混凝土或者片石混凝土来建造板拱。混凝土板拱可以采用整体现浇，也可以预制砌筑。素混凝土拱桥，往往也采用构造配筋。有些地方也采用预制砌筑的方式修建，预制砌筑就是先将混凝土板拱划分成若干块件，然后预制混凝土块件，最后进行块件砌筑成拱。无论是整体现浇还是预制砌筑，混凝土标号一般采用 C30～C40，混凝土拱桥的受拉区要求配置不少于 0.05% 的钢筋。

3）钢筋混凝土板拱的构造

钢筋混凝土板拱应按计算需要与构造要求配置受力钢筋（主筋）、分布钢筋和箍筋（图 11.12）。主筋沿拱圈纵向拱形布置，且上下缘对称通长布置，以适应沿拱圈各截面弯矩的变化。分布钢筋位于主筋内侧，箍筋沿径向布置，靠拱背处间距不大于 15cm。

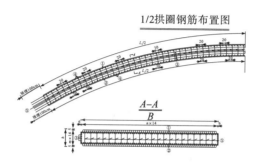

图 11.12　钢筋混凝土板拱的配筋（单位：cm）

2. 板肋拱

所谓板肋拱就是拱圈截面由板和肋组成的拱桥，又称矮肋拱。石砌板肋拱的特点是截面下缘全宽是板，其施工与石板拱一样，在较薄的板上另外砌筑石肋，使拱圈具有更大的抗弯刚度。其构造要求与石板拱相同，截面尺寸可参考已成桥资料或试算确定。钢筋混凝土板肋拱则是为了充分利用混凝土的强度、节省材料、减小质量，而将实体板拱截面受拉区混凝土挖去一部分形成的。根据主拱圈弯矩的分布情况，在拱顶区段，肋布置在下面，而在拱脚区段，肋布置在上面较为合理。但实际上为了简化工作，往往沿整个拱跨将肋布置在主拱圈截面的上面或下面，如图 11.13 所示。

图 11.13　板肋拱横截面

3. 肋拱

拱肋一般采用混凝土、钢筋混凝土、钢管混凝土或者钢结构。其肋数和间距以及截面型式主要根据桥梁宽度、所用材料、施工方法与经济性等方面综合考虑决定。为保证各拱肋的横向稳定性和整体性，需在肋间设置足够数量和刚度的横系梁，且肋拱两外侧拱肋最外缘的间距一般不宜小于跨径的 1/15。

一般在吊装能力满足要求的情况下，宜采用少肋型式。通常，桥宽在 20m 以内时均可考虑采用双肋式，当桥宽在 20m 以上时，为避免由于肋中距增大而使肋间横系梁、拱上结构横向跨度与尺寸增大太多，可采用三肋(多肋)拱或分离的双肋拱。实际三肋式拱已经很少采用，当桥梁较宽时，将桥梁分成平行的几座桥。

拱肋的截面型式分为实体矩形、工字形、箱形、管形以及组合形状等。

矩形截面具有构造简单、施工方便等优点，但由于截面相对集中于中性轴，在受弯矩作用时不能充分发挥材料的作用，经济性差，一般仅用于中小跨径的肋拱。

工字形截面由于截面核心距比矩形大，具有更大的抗弯能力，适合于拱内弯矩更大的场合，因而常用于中等跨径的肋拱桥。

当肋拱桥跨径大、桥面宽时，拱肋可采用箱形截面，这样就可以减少更多的圬工体积。

管形肋拱是指采用钢管混凝土结构作为拱肋的拱桥。钢管混凝土肋拱断面中钢管直径、钢管根数、布置型式等应根据桥梁跨径、桥宽及受力等具体情况确定，一般有单管式、集束管和桁架式(格构式)。

4. 箱形拱

主拱圈(肋)截面由一个闭合箱(单室箱)或几个闭合箱(多室箱)构成的拱称为箱形拱。每一个闭合箱又由箱壁(侧板)、顶板(盖板)、底板及横隔板组成(图 11.14)。箱形拱包括箱形板拱和箱形肋拱，由于箱形截面组成主拱圈截面外观如同板拱，称箱形板拱；而如果肋拱桥的拱肋截面为箱形，则称为箱形肋拱。

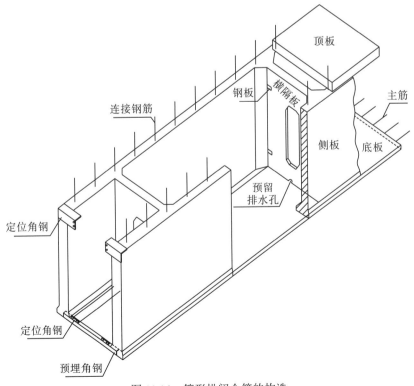

图 11.14　箱形拱闭合箱的构造

（1）箱形拱截面组成方式。主拱圈箱形断面组成方式有以下几种：由多条 U 形肋组成的多室箱形截面［图 11.15(a)］、由多条工字形肋组成的多室箱形截面［图 11.15(b)］、由多条闭合箱肋组成的多室箱形截面［图 11.15(c)］和整体式单箱多室截面［图 11.15(d)］。箱形拱通常采用预制拼装施工，图 11.15(c)所示截面是预制闭合箱肋，吊装稳定性好，目前箱形拱主要采用这种截面型式。单箱多室截面［图 11.15(c)］主要用于不能采用预制吊装的特大型拱桥。

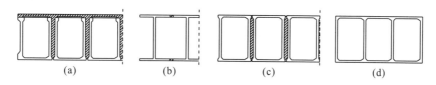

图 11.15　箱形截面组成方式

（2）拱圈截面尺寸拟定。拱圈的高度主要取决于拱的跨度，还与拱圈所用混凝土强度有很大关系，一般通过试算确定，在初拟时可取跨径的 1/60～1/50。

箱形板拱的拱圈宽度拟定与板拱相同，拱圈宽度一般与桥宽相同或略小（人行道外挑小部分）。拱圈宽度确定后，在横向划分为几个箱肋，主要取决于(缆索)吊装能力。一般箱肋宽度为 1.2～1.7m。

拱箱底板厚度、预制腹板厚度及预制顶板厚度均不应小于 10cm。腹板的现浇混凝土厚度（相邻板壁间净距）及顶板的现浇混凝土厚度不应小于 10cm。预制边箱外壁宜适当加厚，一般不小于 15cm，且应配置双层钢筋。

箱形板拱的拱背，应有现浇整体化混凝土，厚度约 10cm，配钢筋网。现浇整体化混凝土可以让拱箱之间有更好的横向共同作用，也可以对拱箱起到防水作用，并能与拱箱顶板共同受力。

11.2.1.2　拱上建筑的构造

拱桥的主要承重结构主拱圈是曲线形，车辆无法直接在主拱上行驶，需要在桥面系与主拱之间设置传递荷载的构件或填充物，使车辆能在桥面上行驶。桥面系和这些传载构件或填充物统称为拱上建筑（又称拱上结构）。

拱上建筑的型式，一般分为实腹式和空腹式两大类。选择拱上建筑的构造型式要考虑桥型美观和结构的受力及变形的适应性。

1. 实腹式拱上建筑

实腹式拱上建筑由拱腹填料、侧墙、护拱、变形缝、防水层、泄水管以及桥面系组成（图 11.16）。实腹式拱上建筑的特点是构造简单、施工方便、填料数量较多、恒载较重，所以，一般用于小跨径的板拱桥。

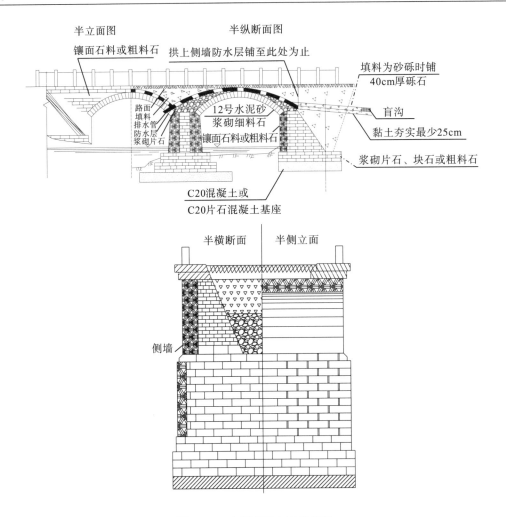

图 11.16 实腹式拱上建筑构造

拱腹填料分为填充式和砌筑式两种。填充式拱腹填料应尽量做到就地取材，通常采用砾石、碎石、粗砂或卵石类黏土等材料，分层夯实。当地质条件较差，要求减小拱上建筑重量时，可采用其他轻质材料，如炉渣与黏土的混合物、陶粒混凝土(其重力密度已可小到 10kN/m³)等。砌筑式拱腹就是在散粒料不易取得时采用的一种干砌圬工方式。侧墙的作用是围护拱腹上的散粒填料，设置在拱圈两侧。对混凝土或钢筋混凝土板拱，也可用钢筋混凝土护壁式侧墙。这种侧墙可以与主拱浇筑为一体，其内配置的竖向受力钢筋应伸入拱圈内一定长度(规定的锚固长度)。同时，为便于在多孔拱桥上设置防水层和泄水管，通常采用浆砌块、片石结构。

2. 空腹式拱上建筑

大、中跨径拱桥，特别是当矢高较大时，应采用空腹式拱上建筑。空腹式拱上建筑除了具有实腹式拱上建筑相同的构造外，还有腹孔和腹孔墩。腹孔结构分为拱式腹孔和梁式腹孔两种。

1）拱式拱上建筑

拱式拱上建筑构造简单，外形美观（图 11.17），但重量较大，一般用于圬工拱桥。腹孔对称布置在主拱上建筑高度所容许的自拱脚向拱顶一定范围内，大部分跨中存在实腹段［图 11.17（a）］。腹孔跨数（或跨径）随桥跨大小不同而不同。由于拱顶实腹段较重，拱圈弯矩对拱顶实腹段的重量极为敏感，目前也有采用全空腹型式，即在全拱内用腹拱连续跨越，不存在跨中实腹段［图 11.17（b）］。此时，在确定了腹孔跨径后即可确定其孔数，一般以奇数孔为宜。

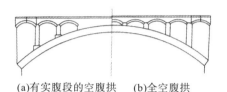

(a)有实腹段的空腹拱　(b)全空腹拱

图 11.17　拱式拱上建筑

腹孔跨径的确定，主要应考虑主拱的受力需要。腹孔跨径过大时，腹孔墩处的集中力就大，对主拱受力不利；腹孔跨径过小时，对减小拱上结构重量不利，构造也较复杂。因此，关于腹孔跨径，对中小跨径拱桥一般选用 2～6m 为宜，对大跨径拱桥则控制在主拱跨径的 1/15～1/8。腹孔构造宜统一，以便于施工和有利于腹孔墩的受力。

腹孔墩由底梁（又称垫梁）、墩身和墩帽组成。腹孔墩可采用横墙式或排架式两种。横墙式腹孔墩为横墙式墩身，施工简便，节省钢材，一般用圬工材料砌筑或现浇混凝土形成。为了节省材料、减小重量，并且为了检修需要，可在横向挖一个或几个孔，见图 11.18（a）。浆砌块片石横墙厚度一般不小于 60cm，现浇混凝土横墙时，其厚度一般应大于腹拱圈厚度。底梁能使横墙传下来的压力较均匀地分布到主拱圈全宽上，其每边尺寸较横墙宽 10～20cm，其高度则以使较矮一侧为 20～30cm 为原则来确定。墩帽宽度宜大于墙宽 10～20cm。底梁和墩帽一般采用构造配筋的混凝土结构。排架式腹孔墩采用立柱式墩身，以倒角的矩形断面钢筋混凝土盖梁作为墩帽，见图 11.18（b），常用于混凝土拱桥。排架一般由 2 根或多根钢筋混凝土柱组成，立柱较高时在各柱间应设置横系梁，以确保立柱的稳定。立柱下设置贯通拱圈全宽的底梁，其高度不宜小于立柱间净距的 1/5。立柱、盖梁按计算要求配筋，底梁按构造要求配筋，并设置足够的埋入填缝混凝土内的锚固筋。箱形板拱在拱上建筑的立柱或者墙式墩下方应设箱内横隔板。

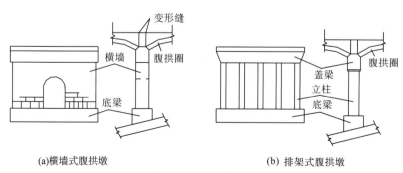

(a)横墙式腹拱墩　　　　　(b) 排架式腹拱墩

图 11.18　腹孔墩构造

　　腹拱圈一般采用板式结构，石拱桥采用石砌腹拱圈，而混凝土拱桥则多采用混凝土腹拱圈，矢跨比常用 1/5～1/2，拱轴线常用圆弧线。

　　腹拱圈厚度按照板拱厚度的经验公式或参考已成桥的资料，根据受力计算确定，一般不小于 30cm。

　　腹孔与墩台的连接有两种做法：一种是直接支承在墩台上；另一种是跨过墩顶，使桥墩两侧的腹孔相连(图 11.19)。

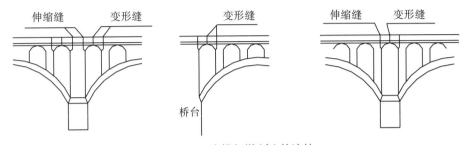

图 11.19　腹拱与墩(台)的连接

　　腹拱圈在拱上建筑需要设置伸缩缝或变形缝的地方应设铰(三铰或两铰)，其余为无铰拱。腹拱拱腹填料与实腹拱相同。

　　2) 梁式拱上建筑

　　采用梁式拱上建筑，可使桥梁造型轻巧美观，减轻拱上重力和地基承压力，以便获得更好的经济效果。大跨径混凝土拱桥一般都采用梁式拱上建筑。梁式腹孔结构有简支、连续或框架式多种(图 11.20)。不同的腹孔结构型式使拱上建筑参与主拱联合作用的程度不相同。

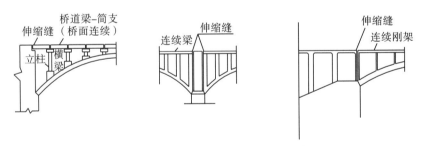

图 11.20　桥墩(台)上腹拱的布置方式

　　(1)简支腹孔(纵铺桥道板梁)。

　　简支腹孔由底梁(座)、立柱、盖梁和纵向简支桥道板(梁)组成。这种型式的结构体系简单，基本上不存在主拱与拱上结构的联合作用，受力明确。梁式腹孔宜采用简支结构，目前大跨径拱桥主要采用这种拱上建筑型式。

　　腹孔墩采用由立柱与盖梁组成的排架式，立柱常采用钢筋混凝土结构；桥道板(梁)根据其跨度大小可采用钢筋混凝土板、预应力混凝土板或预应力混凝土 T 形梁等结构；简支腹孔的布置也分为有拱顶实腹段和无拱顶实腹段两种情况(图 11.21)，腹孔的布置范围和实腹段构造与拱式腹孔相同。

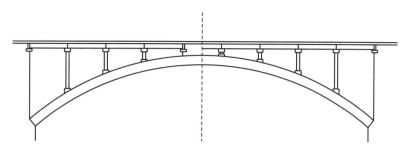

图 11.21　简支腹孔的布置

由于拱顶实腹段的主拱被覆盖，温度变化等因素对拱圈受力不利，加之其自重对主拱圈的弯矩影响较大，目前，大跨径拱桥的梁式拱上建筑一般都倾向于取消拱顶实腹段，而采用全空腹式拱上建筑。对肋拱则必须采用全空腹。考虑到拱顶受力大，一般不希望拱顶设有立柱，宜采用奇数腹孔数。

(2)连续腹孔(横铺桥道板梁)。

连续腹孔的桥道系做成连续梁或者连续板。有些肋拱桥的连续腹孔由立柱、纵梁、实腹段垫墙及桥道板组成，立柱上设置连续纵梁，在纵梁上和拱顶段垫墙上设置横向桥道板，形成拱上传载结构，这种做法，易导致横向桥道板与纵梁之间脱空，桥道板之间会发生相互错位，后期出现病害后很难修复。

(3)框架腹孔。

框架腹孔在横桥向根据需要设置多片，每片间通过系梁形成整体。

11.2.1.3　拱顶填料、桥面铺装

无论是实腹拱，还是拱式空腹拱，在拱顶截面上缘以上都作了拱腹填充处理，以使拱圈与桥头(单孔)或相邻两拱圈之间同拱顶截面上缘齐平。在进行了上述填充后，通常还需设置一层填料，即拱顶填料，在该填料以上才是桥面铺装，如图 11.22 所示。

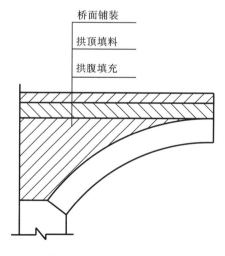

图 11.22　拱上填料示意图

拱顶填料的设置可以扩大车辆荷载作用的面积,同时还可以减小车辆荷载对拱圈的冲击。现行桥规规定,当拱上填料厚度(包括桥面铺装厚度)等于或大于50cm时,设计计算中不计汽车荷载的冲击力。在地基条件很差的情况下,为了进一步减小拱上建筑质量,可减薄拱上填料厚度,甚至可以不要拱上填料,直接在拱顶截面上缘以上铺筑混凝土桥面,此时,其行车道边缘的厚度至少为8cm。

对具有拱顶实腹段的梁式空腹拱(肋拱除外),拱顶实腹段的拱上填料与上述相同。对全空腹梁式空腹拱不存在拱上填料问题。

拱桥桥面铺装应根据桥梁所在的公路等级、使用要求、交通量大小以及桥型等条件综合考虑确定。

11.2.1.4 伸缩缝、变形缝

由于拱上建筑与主拱圈的共同作用,一方面拱上建筑能够提高主拱圈的承载力,另一方面,它对主拱圈的变形又起约束作用,在主拱圈和拱上建筑内都产生附加内力,使结构受力复杂。

为了使结构的计算图式尽量与实际的受力情况相符合,避免拱上建筑的不规则开裂,通常在相对变形(位移或转角)较大的位置设置伸缩缝,在相对变形较小处设置变形缝。

伸缩缝宽度一般为2~3cm,施工时在缝内填入用锯末沥青按1:1的质量比制成的预制板,也可用沥青砂等其他材料填缝;变形缝不留缝宽,其缝可干砌、用油毛毡隔开或用低标号砂浆砌筑。

对小跨径实腹拱,伸缩缝设在两拱脚的上方,并在横桥向贯通(包括侧墙、行车道、人行道、栏杆等),如图 11.23(a)所示。对拱式空腹拱桥,通常将紧靠墩(台)的第一个腹拱做成三铰拱,并在紧靠墩(台)的拱铰上方设置伸缩缝,且应贯通全桥宽,如图 11.23(b)所示,而其余两拱铰上方设置变形缝。另外,对特大跨径拱桥,还应将靠拱顶的腹拱做成两铰或三铰拱,并在拱铰上方也设置变形缝,如图 11.23(b)所示,以使拱上建筑更好地适应主拱的变形。对梁式腹孔,通常是在桥台和墩顶立柱处设置标准伸缩缝(板式或毛勒伸缩缝),而在其余立柱处采用桥面连续。

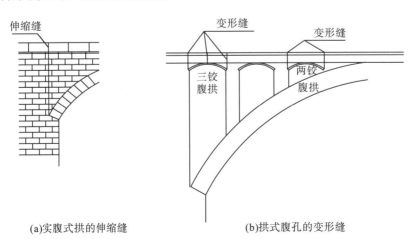

(a)实腹式拱的伸缩缝   (b)拱式腹孔的变形缝

图 11.23 伸缩缝与变形缝

11.2.1.5 拱铰

常见的拱铰形式有：弧形铰、铅垫铰、平铰、不完全铰、钢铰等。

1. 弧形铰

弧形铰(图 11.24)一般用钢筋混凝土、混凝土和石料等做成，由两个具有不同半径的弧形表面的块件组成，一个为凹形(半径为 R_2)，一个为凸形(半径为 R_1)，R_2 与 R_1 的比值为 1.2～1.5。铰的宽度等于构件的宽度，沿拱轴线的长度应取为拱厚的 1.15～1.20 倍。铰的接触面应精加工，以保证紧密结合。由于弧形铰构造复杂，加工铰面既复杂，又难以保证质量，故主要用于主拱圈的拱铰。

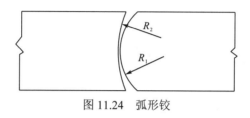

图 11.24 弧形铰

2. 铅垫铰

铅垫铰(图 11.25)一般由厚度为 1.5～2.0cm 的铅垫板外包锌、铜薄片(1.0～2.0cm)构成，利用铅的塑性变形达到支承面的自由转动，从而实现铰的功能。垫板宽度为拱圈厚度的 1/4～3/4，在主拱圈的全部宽度上分段设置。铅垫铰主要用于中小跨径的板拱或肋拱，也可用作临时铰。

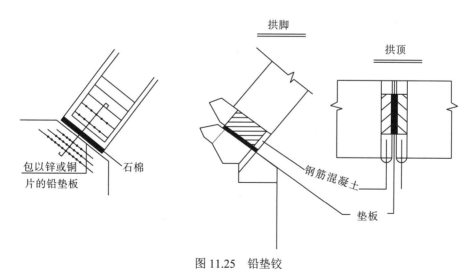

图 11.25 铅垫铰

3. 平铰

平铰(图 11.26)使构件两端面(平面)直接抵撑，其接缝可铺一层低标号砂浆，也可垫衬油毛毡或直接干砌。由于平铰的变形量较小，一般用在空腹式的腹拱圈上。

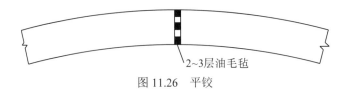

图 11.26　平铰

4. 不完全铰

不完全铰 [图 11.27(a)、(b)、(c)] 多用在小跨径或轻型的拱圈以及空腹式拱桥的腹孔墩柱上，其构造是将拱截面突然减小(一般为全截面的 1/3～2/5)，以保证该截面的转动功能。由于构件截面突然变小，不完全铰的应力很大，容易开裂，故必须配以斜钢筋。

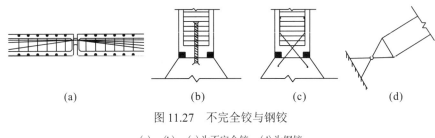

(a)　　　　　　　　(b)　　　　　　　(c)　　　　　　　　(d)

图 11.27　不完全铰与钢铰

(a)、(b)、(c)为不完全铰，(d)为钢铰

5. 钢铰

钢铰 [图 11.27(d)] 通常是由钢材做成的理想铰。钢铰除了用于少数有铰钢拱桥的永久性铰结构外，更多的是用于施工需要的临时铰。

11.2.1.6　排水与防水

对于拱桥，不仅要求将桥面雨水及时排除，而且要求将透过桥面铺装渗入到拱腹的雨水及时排除。与梁式桥相似，桥面排水也是通过设置桥面纵、横向坡以及泄水管等来实现。泄水管平面布置与梁式桥相同。透过桥面铺装渗入到拱腹内的雨水，应由防水层汇集于预埋在拱腹内的泄水管排出，防水层和泄水管的铺设方式与上部结构的型式有关。

实腹式拱桥防水层应沿拱背护拱、侧墙铺设。如果是单孔，可以不设泄水管，积水沿防水层流至两个桥台后面的盲沟，然后沿盲沟排出路堤。如果是多孔拱桥，可在 1/4 跨径处设泄水管 [图 11.28(a)]。

空腹式拱桥包括带拱顶实腹段的空腹拱和全空腹拱。对带实腹段的拱式腹拱空腹拱桥防水层及泄水管布置如图 11.28(b)所示。对于拱式腹拱全空腹拱桥，其防水层及泄水管参照多孔实腹拱进行设置。

对于跨线桥、城市桥或其他特殊桥梁，需设置全封闭式排水系统。

防水层在全桥范围内不宜断开，在通过伸缩缝或变形处应妥善处理，使其既能防水又可以适应变形。

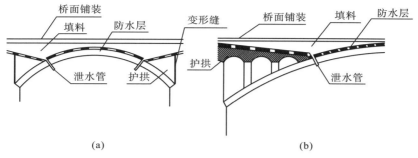

图 11.28 防水层与拱腹泄水管的布置

11.2.2 中、下承式拱桥构造简介

中承式拱桥的行车道位于拱肋的中部(图 11.29)，桥面系(行车道、人行道、栏杆等)一部分用吊杆悬挂在拱肋下，一部分用刚架立柱支承在拱肋上。下承式拱桥是通过吊杆将纵梁和横梁系统悬挂在拱肋下，在纵、横梁系统上设置行车道板，组成桥面系(图 11.30)。

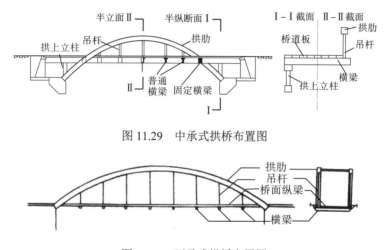

图 11.29 中承式拱桥布置图

图 11.30 下承式拱桥布置图

中、下承式拱桥不仅保持了上承式拱桥的基本力学特性，可以充分发挥拱圈混凝土材料的抗压性能，而且构件轻巧，造型美观，目前已成为桥梁设计方案中优先考虑的桥型之一。中、下承式拱桥还具有广泛的适用性，若桥梁的建筑高度受到严格限制，当采用上承式拱桥有困难或矢跨比过小时，可采用中、下承式拱桥满足桥下净空要求；在不等跨的多孔连续拱桥中，为了平衡左右桥墩的水平推力，可以将较大跨径孔的矢跨比加大，做成中承式拱桥，减小大跨的水平推力；在平坦地形的河流上，采用中、下承式拱桥可以降低桥面高度，有利于改善桥梁两端引道的纵断面线形，减少引道的工程数量；在城市景点或旅游地区，有时为了配合当地景观也可以采用中、下承式拱桥。

1. 拱肋

中、下承式拱桥的桥跨结构一般由拱肋、横向联系和悬挂结构三部分组成。拱肋是主要的承重构件；横向联系设置在两片拱肋之间，用以增加两片分离式拱肋的横向刚度和稳定性；悬挂结构包括吊杆和桥面系等。桥面荷载通过它们将作用力传递到主结构拱肋上。

拱肋结构的常用材料是钢筋混凝土、钢管混凝土、劲性骨架混凝土或者纯钢材，两片拱肋一般在两个相互平行的平面内，有时为了提高拱肋的横向稳定性，也可使两拱肋顶部互相内倾，水平面上的投影呈"X"形(即提篮式拱)，如图 11.31 所示。

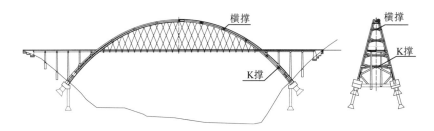

图 11.31　提篮拱桥布置图

由于拱肋的恒载分布比较均匀，因此拱轴线形一般采用二次抛物线，也可采用悬链线。拱肋截面沿拱轴线的变化规律可以为等截面或变截面，有时为了增加拱肋的横向刚度和稳定性，可将拱脚段的肋宽加大。中、下承式拱桥的拱肋一般不采用有铰拱而采用无铰拱型式，以保证其刚度。通常，肋拱矢跨比的取值为 1/6～1/3。

1) 钢筋混凝土拱肋

根据跨径大小、荷载等级和结构的总体尺寸，钢筋混凝土拱肋的截面形状可以采用矩形、工字形和箱形。矩形截面的拱肋施工简单，一般用于中、小跨径拱桥，拱肋高度通常为跨径的 1/40～1/30，肋宽一般为肋高的 0.5～1.0 倍。工字形和箱形截面常用于大跨径的拱肋，拱肋截面高可先取跨径的 1/50 左右，然后根据试算调整。过去常用里特公式来确定拱圈截面惯性矩变化规律，但实践证明对于中、下承式拱桥来说，里特公式不是最优的。截面高度的变化可以采用二次多项式或者其他方式确定。

2) 钢管混凝土拱肋

(1)拱肋横截面型式。钢管混凝土拱肋横截面型式，按钢管的根数及布置方式，通常分为单肋型 [图 11.32(a)]、双肢哑铃型 [图 11.32(b)]、四肢格构型 [图 11.32(c)、(d)]、三角形格构型 [图 11.32(e)] 和集束型 [图 11.32(f)]。

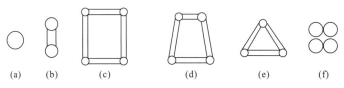

(a)　　　　(b)　　　　(c)　　　　(d)　　　　(e)　　　　(f)

图 11.32　钢管混凝土拱肋横截面型式

拱肋通常做成等高、等宽截面，以方便加工制作。

当拱脚段处于下列情形时，可将拱脚段做成钢管混凝土实腹结构：淹没于水中，或拱脚段受力较大，或有防撞等要求。

(2)钢管。钢管外径不宜小于 30cm，也不宜大于 150cm。选定断面型式后，钢管直径及壁厚尺寸将直接影响结构的强度，考虑到防腐等要求，主拱主管壁厚不宜小于 10mm，横撑、立柱等支管壁厚不宜小于 8mm。

钢管径厚比(外径与壁厚之比)不宜大于 90，其中卷制钢管径厚比不宜小于 40；钢管与混凝土截面面积之比称为含钢率 a_s，其值宜为 4%～20%；约束系数 ξ 不宜小于 0.6，否则不能发挥钢管对混凝土的套箍作用。

因卷制焊接直缝管制造精度高、质量可靠、成本较低，故钢管宜采用卷制焊接直缝管，当钢管径厚比不满足卷制要求时，钢管可采用符合国家和行业现行相关标准的螺旋焊接管或无缝钢管。由于焊接质量直接关系到全桥的安全，对焊缝必须采用超声波或 X 射线检测。

(3)混凝土。钢管内灌注的混凝土强度等级不低于 C30，且应与钢管钢号和含钢率匹配，以使钢管混凝土的力学性能更优良、经济性更好。

钢管混凝土应采用泵送，为了保证混凝土能填满钢管，应采用自密实补偿收缩混凝土，掺加高效减水剂和膨胀剂。

2. 横向联系

为保证两片拱肋的横向刚度和稳定性，一般须在两片分离的拱肋间设置横向联系。横向联系可做成横撑、对角撑或空格式构造等型式。横撑的宽度(短边尺寸)不应小于其长度的 1/15，高度不宜小于 80cm 或者与拱肋同高。横撑主要设置在拱顶、拱脚、拱肋与桥面系交接处，主要作用是将拱肋连接成整体，确保结构稳定。横向联系的设置往往受桥面净空高度的限制，横向联系构件只容许设置在桥面净空高度范围之外的拱段(对于中承式拱肋，还可以设置在桥面系以下的肋段)。有时为了满足规定的桥面净空高度要求，不得不将拱肋矢高加大来设置横向构件。高悬在桥面以上的横向构件，对结构物的外观和行车都有影响。有时为了满足桥面净空要求和改善桥上的视野而取消桥面以上的横向构件，做成敞口式拱桥。

钢管混凝土拱肋的横撑多采用钢管桁架，钢管可以是空心的，也可以内填混凝土，做成钢管混凝土横撑。

横向连接在拱脚段多做成桁式 K 撑或 X 撑，以获得更好的稳定性，在桥面系以上则多采用直撑、K 撑或 H 撑。

3. 吊杆

吊杆分刚性吊杆和柔性吊杆两类，刚性吊杆用钢筋混凝土或预应力混凝土制作，柔性吊杆用冷轧粗钢筋、高强钢丝或钢绞线等高强钢材制作。使用刚性吊杆可以增强拱肋的横向刚度，但用钢量较大，施工程序多，工艺复杂；使用柔性吊杆可以部分消除拱肋和桥面系之间的相互影响，且节省钢材。吊杆的间距一般根据构造要求和经济美观等因素决定。间距大时，吊杆的数目减少，但纵、横梁的用料增多；反之，吊杆数目增多，纵、横梁的用料减少。一般吊杆的间距为 4～10m，通常吊杆等间距布置。

对于柔性吊杆，为了提高钢索的耐久性，必须对钢索进行防护。防护工作主要是防止钢索锈蚀，为此要求防护层有足够的强度而不致开裂，有良好的附着性而不会脱落，并具有良好的耐候性。钢索的防护方法很多，可归纳为两大类型：缠包法和套管法。缠包法的特点是采用耐候性防水涂料、树脂对钢丝进行多层涂覆，采用玻璃丝布或聚酯带缠包，最外层还可以用玻璃布或金属套管护罩。这种方法层次多、工序复杂、施工不便。套管法是在钢索上套上钢管、铝管、不锈钢管或塑料套管，在套管内压注水泥浆或黄油等其他防锈材料。现在更多的是使用 PE 热挤索套防护工艺，将 PE 材料被覆在钢束表面制成成品索。

为了防止车辆撞击吊杆，可在靠行车道一侧设置防撞栏杆。

4. 桥面板和纵梁

行车道系由纵、横梁和桥面板组成。由于横梁的间距一般为 4～10m，纵梁采用简支梁或连续梁结构，多采用矩形截面，并与桥面板连成整体，形成 T 形或 Π 形小梁，也可以直接在横梁上密铺预制空心板或实心板来取代桥面板和纵梁两者的作用。桥面板一般为普通钢筋混凝土结构，也可采用预应力或部分预应力结构。桥面板上铺设桥面铺装、安设人行道和栏杆等。行车道一般布置在两拱肋之间，在桥面净空相同的条件下，中、下承式拱桥的拱肋间距比上承式拱桥大，横向联系设置困难，因此，通常将人行道布置在吊杆的外侧。高速公路上的桥也有仅在中央分隔带上设置一片拱肋的单承重结构，行车道分设在两侧，有利于安全行车且造型美观、轻巧，施工方便。

为避免桥面系受拱肋变形作用而受到附加拉伸，从而导致桥面、防水层和混凝土被拉裂，在适当的位置要设置断缝，或者设置预应力系杆。

5. 横梁

中承式拱桥的桥面横梁可分为固定横梁、普通横梁及刚架横梁三类。

桥面系与拱肋相交处的横梁一般与拱肋刚性连接，其截面尺寸与刚度远比其他横梁大，通常称为固定横梁；通过吊杆悬挂在拱肋下的横梁称为普通横梁；通过立柱支承在拱肋上的横梁称为刚架横梁。

固定横梁由于所处的位置特殊，它既要传递垂直荷载，又要传递水平横向荷载，有时还要传递纵向制动力，承担从拱肋和桥面传来的很大的弯矩、扭矩和剪力，因此受力情况复杂。此外，横梁在两支点位置的弯矩对拱肋来说就是扭矩，这对拱肋的受力是极为不利的，因此，一般中承式拱桥(特别是提篮拱)与行车道系的交会处不宜设与拱肋固结的横梁。也就是说，固定横梁能避免则尽量避免。如果非要设置固定横梁，就必须将其刚度做得足够大，使其不至于给拱肋带来过大的扭矩，并进行空间计算，确保拱肋的稳定性。

普通横梁的截面型式常用矩形、工字形或凸字形，大型横梁也可采用箱形截面，其尺寸取决于横梁的跨度(拱肋中距)和承担桥面荷载的长度(吊杆间距)，一般为钢筋混凝土或预应力混凝土构件。

刚架横梁的构造将在后文加以说明。

6. 拱上门式刚架的构造

拱上门式刚架由拱上立柱和横梁组成。

中承式拱桥桥面纵梁的固定支座一般不设在拱上门式刚架上，以减小刚架所受的纵向水平力。

拱上立柱与拱肋的连接可分为刚接和铰接。刚接时立柱底部的钢筋应插入拱肋且与拱肋主筋绑扎牢固,铰接时一般采用混凝土铰。拱上相邻刚架的立柱高度会出现悬殊的高差,当立柱的高度超出纵向厚度的 20 倍时,即使与拱肋刚接,立柱内的纵向弯矩值也将很小,可忽略不计,而对靠近固定横梁的矮立柱,则宜做成铰接。

11.3　拱桥的计算

在拱桥总体布置、细部尺寸、施工方案等确定后,需进行拱桥计算,计算包括成桥状态受力分析和强度、刚度、稳定验算以及必要的动力分析、施工阶段结构受力分析和验算。

拱桥通常为超静定的空间结构,当活载作用于桥跨结构时,拱上建筑参与主拱圈受力,共同承受活载的作用,这种现象被称为"拱上建筑与拱的联合作用",简称"联合作用"。通常,拱式拱上建筑的联合作用较大,梁式拱上建筑的联合作用较小;腹拱圈、腹孔墩对主拱圈的相对刚度越大,联合作用越显著。目前,为了简化计算,一般偏安全地不考虑联合作用。

在横桥方向,不论活载是否作用在桥面的中心,在桥梁的横断面上都会出现应力分布的不均匀现象,称为"活载的横向分布"。拱上建筑为墙式墩的板拱(包括双曲板拱、箱形截面板拱),如活载横桥向布置不超过拱圈,活载可均匀分布于拱圈全宽。拱上建筑为立柱排架式墩的板拱,以及横向由多个构件组成的肋拱,应考虑荷载横向分布的影响。对于双肋拱桥,一般可偏安全地用杠杆原理法计算;对于拱上建筑为立柱排架式的拱桥,可按弹性支承连续梁(横梁)计算活载的横向分布系数。

11.3.1　拱轴线的确定

拱轴线的形状直接影响主拱截面内力分布与大小,选择拱轴线的原则,即尽可能降低由于荷载产生的弯矩值。最理想的拱轴线是与拱上各种荷载的压力线相吻合,这时主拱截面上只有轴向压力,而无弯矩及剪力作用,应力均匀,能充分利用材料强度和圬工材料的良好抗压性能,我们把这样的拱轴线称为合理拱轴线。但事实上不可能获得这样的拱轴线,因为主拱受到恒载、活载、温度变化和材料收缩等作用,当恒载压力线与拱轴线吻合时,在活载作用下其压力线与拱轴线就不再吻合了,又因为活载的各种不同布置,压力线也是各不相同的。根据混凝土拱恒载比重大的特点,实际上一般采用恒载压力线作为拱轴线,恒载作用越大,这种选择就越显得合理。其实超静定拱在恒载作用下,主拱的轴线将产生压缩变形。因此要选择一条能够使恒载作用下的截面弯矩为零的拱轴线是不可能的。

一般说来,拱桥设计中所选择的拱轴线需满足以下三方面的要求:①尽量减小拱圈截面的弯矩,使主拱圈在考虑各种因素影响下各主要截面的应力相差不大且最大限度减小截面的拉应力,最好不出现拉应力;②满足各施工阶段的要求;③外形美观;④施工简便。

1. 圆弧线

圆弧形拱轴线线形简单,施工方便,但与实际的恒载压力线偏离较大,使拱圈各截面受力不够均匀,因此圆弧线常用于 20m 以下的小跨径拱桥。有些大跨径钢筋混凝土拱桥,为了方便各拱节段的预制拼装,简化施工,也采用圆弧线作为拱轴线。

2. 抛物线

在均布荷载作用下，拱的合理拱轴线是二次抛物线，故对于恒载分布接近均匀的拱桥（如下承式拱桥），可以采用二次抛物线作为拱轴线。

在一些大跨径拱桥中，为了使拱轴线尽量与恒载压力线相吻合，也常采用高次多项式（四次甚至六次抛物线）作为拱轴线。

3. 悬链线

实腹式拱桥的恒载集度是由拱顶向拱脚连续分布、逐渐增大的，其恒载压力线为一条悬链线。因此，一般认为悬链线是实腹拱桥的合理拱轴线。

空腹拱桥的恒载从拱顶到拱脚不再是连续分布的，它既承受拱圈的自重恒载，又承受拱上立柱（横墙）传来的集中恒载，其恒载压力线是一条不光滑的曲线，难以用连续函数来表达。目前普遍采用悬链线作为空腹拱的拱轴线，并使拱轴线与恒载压力线至少在拱顶、跨径四分之一处和拱脚处五个点相重合（称为"五点重合法"）。由于计算软件的应用，现在往往采用反复试算的方法，使得拱圈在恒载和活载组合作用下的拉应力达到最小。计算表明，采用悬链线拱轴对空腹拱主拱的受力是有利的。因此，悬链线是目前大、中跨径拱桥最普遍采用的拱轴线形。

下面介绍悬链线拱轴方程及几何性质。如图 11.33 所示为悬链线拱轴计算图式。

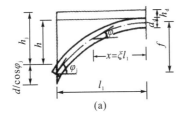 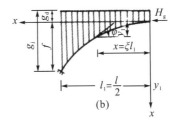

图 11.33　悬链线拱轴计算图式

设拱轴线即为恒载压力线，故在恒载作用下，拱顶截面的弯矩 $M_d=0$，由于对称性，剪力 $Q_d=0$，于是拱顶截面仅有恒载推力 $H_g=0$。对任意截面取矩可得

$$y_1 = \frac{M_x}{H_g} \tag{11.3}$$

式中，M_x 表示任意截面以右的全部恒载对该截面的弯矩值；H_g 表示拱的恒载水平推力。

对 x 求二阶导得

$$\frac{d^2 y_1}{dx^2} = \frac{1}{H_g} \cdot \frac{d^2 M_x}{dx^2} = \frac{g_x}{H_g} \tag{11.4}$$

任意点的恒载集度 g_x 可以表示为

$$g_x = g_d + \gamma y_1 \tag{11.5}$$

式中，g_d 表示拱顶恒载集度；γ 表示拱上材料重力密度。

令：

$$m = \frac{g_\mathrm{j}}{g_\mathrm{d}} \tag{11.6}$$

式中，g_j 表示拱脚处恒载集度。

由式(11.5)、式(11.6)可得：$g_x = g_\mathrm{d}\left[1+(m-1)\dfrac{y_1}{f}\right]$。

联立求解式(11.4)、式(11.5)和式(11.6)，并引入参数 $x = \xi l_1$，则 $\mathrm{d}x = l_1 \mathrm{d}\xi$，可得

$$\frac{\mathrm{d}^2 y_1}{\mathrm{d}\xi^2} = \frac{l_1^2}{H_\mathrm{g}} g_\mathrm{d}\left[1+(m-1)\frac{y_1}{f}\right]$$

解该方程，则得拱轴线方程：

$$y_1 = \frac{f}{m-1}(\mathrm{ch}\,k\xi - 1) \tag{11.7}$$

式中，f 表示矢高；m 表示拱轴系数，$m = g_\mathrm{j}/g_\mathrm{d}$；$k$ 表示系数，$k^2 = \dfrac{l_1^2 g_\mathrm{d}}{H_\mathrm{g}f}(m-1)$。

式(11.7)即为悬链线方程。由悬链线方程可以看出，当拱的矢跨比确定以后，悬链线的形状取决于拱轴系数 m，其线形特征可用 1/4 点纵坐标 $y_{1/4}$ 的大小表示。

拱跨 1/4 点的纵坐标 $y_{1/4}$ 与 m 有下述关系。

当 $\xi = 1/2$ 时，$y_1 = y_{1/4}$，代入悬链线公式［式(11.7)］得

$$\frac{y_{1/4}}{f} = \frac{1}{m-1}\left(\mathrm{ch}\frac{k}{2}-1\right) = \frac{1}{\sqrt{2(m+1)}+2} \tag{11.8}$$

由式(11.8)可见，$y_{1/4}$ 随 m 的增大而减小(拱轴线抬高)，随 m 减小而增大(拱轴线降低)。在一般的悬链线拱桥中，恒载从拱顶向拱脚增加，$g_\mathrm{j} > g_\mathrm{d}$，因而 $m > 1$。只有在均布荷载作用下，即 $g_\mathrm{j} = g_\mathrm{d}$ 时，方能出现 $m = 1$ 的情况，在这种情况下 $y_{1/4} = 0.25f$。

m 与拱轴线(压力线)坐标的关系如图 11.34 所示。

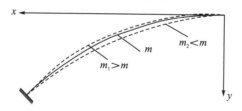

图 11.34　m 与拱轴线的关系

悬链线拱轴方程的主要参数是拱轴系数 m。m 确定后，悬链线拱轴的各点纵坐标就可求得。确定拱轴线一般采用无矩法，即认为拱圈截面仅承受轴力，无弯矩和剪力。

1)实腹式悬链线拱的拱轴系数的确定方法

拱顶和拱脚处的荷载集度分别为

$$g_\mathrm{d} = h_\mathrm{d}\gamma_1 + \gamma d \tag{11.9}$$

$$g_\mathrm{j} = h_\mathrm{d}\gamma_1 + h\gamma_2 + \frac{d}{\cos\varphi_\mathrm{j}}\gamma \tag{11.10}$$

式中，h_d 表示拱顶填料厚度；d 表示拱圈厚度；γ 表示拱圈材料重力密度；γ_1 表示拱顶填

料及路面的平均重力密度；γ_2 表示拱脚位置填料(扣除拱顶填料厚度的那部分)平均重力密度；φ_j 表示拱脚处拱轴线的水平倾角。

由几何关系有

$$h = f + \frac{d}{2} - \frac{d}{2\cos\varphi_j} \tag{11.11}$$

式(11.9)、式(11.10)中除了 φ_j 为未知量以外，其余均为已知量。由于 φ_j 为未知，故不能直接算出 m，需用逐次逼近法确定：先根据跨径和矢高假定 m 值，计算出 $\cos\varphi_j$ 值，代入式(11.10)求得 g_j 后，即可求出 m 值。然后与假定的 m 值比较，如两者相符，即假定的 m 即为真实值；如两者出入较大，则以计算所得 m 值作为假定值，重新进行计算，直到两者接近为止。上述过程也可以编一个小程序来完成，或者用电子表格的自动计算功能，可很直观地求出拱轴系数和画出拱轴线的形状。

2) 空腹式悬链线拱的拱轴系数确定方法

空腹式拱桥中，桥跨结构的恒载可视为由两部分组成，即主拱圈与实腹段自重的分布力与空腹部分通过腹孔墩传下来的集中力 [图 11.35(a)]。由于集中力的存在，拱的恒载压力线是一条在集中力作用点处有转折的曲线，它不是悬链线，甚至也不是一条光滑的曲线。在设计空腹式拱桥时，由于悬链线的受力情况较好，故多用悬链线作为拱轴线。为使悬链线拱轴与其恒载压力线接近，一般采用"五点重合法"确定悬链线拱轴的 m 值。即要求拱轴线在全拱有五点(拱顶、两 1/4 点和两拱脚)与其相应的三铰拱恒载压力线重合 [图 11.35(b)]。欲达此目的，可以根据上述五点弯矩为零的条件确定 m 值。由拱顶弯矩为零及恒载的对称条件知，拱顶仅有通过截面重心的恒载推力 H_g，弯矩及剪力为零。

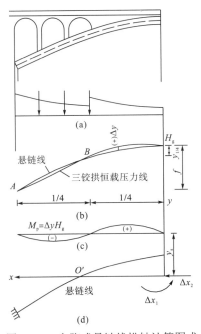

图 11.35 空腹式悬链线拱轴计算图式

在图 11.35(a)、(b)中，由 $\sum M_A=0$ 得

$$H_g = \frac{\sum M_j}{f} \tag{11.12}$$

由 $\sum M_B=0$ 得

$$H_g y_{1/4} - \sum M_{1/4} = 0$$

可得

$$H_g = \frac{\sum M_{1/4}}{y_{1/4}} \tag{11.13}$$

式中，$\sum M_j$ 表示半拱恒载对拱脚截面的弯矩；$\sum M_{1/4}$ 表示拱顶至拱跨 1/4 点区域的恒载对 $L/4$ 截面的弯矩。

联立求解式(11.12)和式(11.13)可得

$$\frac{y_{1/4}}{f} = \frac{\sum M_{1/4}}{\sum M_j} \tag{11.14}$$

求得 $y_{1/4}/f$ 之后，可由式(11.8)反求 m。

空腹式拱桥的 m 值，仍可编制小程序，或者利用现有的计算软件，按逐次渐近法确定。即先假定一个 m 值，定出拱轴线，作图布置拱上建筑，然后计算拱圈和拱上建筑恒载对 1/4 跨和拱脚截面的力矩 $\sum M_{1/4}$ 和 $\sum M_j$，利用式(11.8)算出 m 值，如与假定的 m 值不符，则应以求得的 m 值作为假定值，重新计算，直至两者接近为止。

用上述方法确定的空腹拱拱轴线，仅保证了全拱有五点与恒载压力线(不计弹性压缩)相吻合，在其他截面，拱轴线与其相应的三铰拱的恒载压力线都有不同程度的偏离。计算表明，从拱顶到 $l/4$ 点，一般压力线在拱轴线之上，而从 $l/4$ 点到拱脚，压力线则大多在拱轴线之下。拱轴线与相应的三铰拱恒载压力线的偏离类似于一个正弦波［图 11.35(c)］。

由结构力学知，压力线与拱轴线的偏离会在拱中产生附加内力。对于静定三铰拱，各截面的偏离弯矩值 M_p 可以三铰拱压力线与拱轴线在该截面的偏离值 Δy 表示（$M_p=H_g \cdot \Delta y$），对于无铰拱，偏离弯矩的大小不能以三铰拱压力线与拱轴线的偏离值表示，而应以该偏离值 M_p 作为荷载，算出无铰拱的偏离弯矩值。

由结构力学知，荷载作用在基本结构［图 11.35(d)］上引起的弹性中心的赘余力 Δx_1、Δx_2 为

$$\Delta x_1 = -\frac{\Delta_{1p}}{\delta_{11}} = -\frac{\int_s \frac{\bar{M}_1 M_p}{EI} ds}{\int_s \frac{M_1^2 ds}{EI}} = -\frac{\int_s \frac{M_p}{I} ds}{\int_s \frac{ds}{I}} = -H_g \frac{\int_s \frac{\Delta y}{I} ds}{\int_s \frac{ds}{I}} \tag{11.15}$$

$$\Delta x_2 = -\frac{\Delta_{2p}}{\delta_{22}} = -\frac{\int_s \frac{\bar{M}_2 M_p}{EI} ds}{\int_s \frac{M_2^2 ds}{EI}} = H_g \frac{\int_s \frac{y \Delta y}{I} ds}{\int_s \frac{y^2 ds}{I}} \tag{11.16}$$

式中，M_p 表示三铰拱恒载压力线偏离拱轴所产生的弯矩，$M_p=H_g \cdot \Delta y$；$\bar{M}_1=1$，$\bar{M}_2=-y$；Δy 表示三铰拱恒载压力线与拱轴线的偏离值［图 11.35(b)］。

由图［图 11.35(b)］可见，Δy 有正有负，沿全拱积分 $\int_s \dfrac{\Delta y \mathrm{d}s}{I}$ 的数值不大，由式(11.15)

知，Δx_1 数值较小。若 $\int_s \dfrac{\Delta y \mathrm{d}s}{I}=0$，则有 $\Delta x_1=0$。大量计算表明，由式(11.16)决定的 Δx_2

恒为正值(压力)。任意截面的偏离弯矩为

$$\Delta M = \Delta x_1 - \Delta x_2 \cdot y + M_\mathrm{p} \tag{11.17}$$

式中，y 表示以弹性中心为原点(向上为正)的拱轴线纵坐标。

对于拱顶、拱脚截面，$M_\mathrm{p}=0$，偏离弯矩为

$$\begin{cases} \Delta M_\mathrm{d} = \Delta x_1 - \Delta x_2 \cdot y_\mathrm{s} < 0 \\ \Delta M_\mathrm{j} = \Delta x_1 + \Delta x_2 (f - y_\mathrm{s}) > 0 \end{cases} \tag{11.18}$$

式中，y_s 表示弹性中心至拱顶的距离。

空腹式无铰拱桥采用"五点重合法"确定的拱轴线，与相应的三铰拱的恒载压力线在拱顶、两 1/4 点和两拱脚五点重合，但由于其他截面恒载压力线与拱轴线偏离产生附加弯矩 ΔM，无铰拱的恒载压力线(简称恒载压力线)实际上并不存在与拱轴线五点重合的关系。由式(11.18)可见，由于拱轴线与恒载压力线有偏离，在拱顶、拱脚都产生了偏离弯矩。研究证明，拱顶的偏离弯矩值 ΔM_d 为负，拱脚的偏离弯矩 ΔM_j 为正，恰好与这两截面控制弯矩的符号相反。这一事实说明，在空腹式拱桥中，用"五点重合法"确定的悬链线拱轴，其偏离弯矩对拱顶、拱脚都是有利的。因此，在过去的设计中，中小跨径拱桥一般不计偏离弯矩的影响，是偏于安全的。对于大跨径空腹拱桥，压力线与拱轴线偏离较大，则应计入此项弯矩影响，这时实际压力线将不通过上述五点。现在桥梁都是采用有限元软件验算，偏离弯矩自然而然就考虑进去了。

值得一提的是，以上方法仅仅是针对一次性成型的拱桥，未考虑施工顺序和施工工艺的不同，特别是拱脚位置固结的时间对拱圈受力的影响，且只能保证恒载作用下拉应力最小。大跨径拱桥的施工工艺有很多，不同的施工方法和施工顺序，导致最终拱圈内的弯矩是不同的。现在最常用的做法，是利用有限元软件计算的便利性，先假定 m 值，结合施工顺序和施工工艺，按照分阶段受力的原则，同时考虑永久作用和可变作用的影响，用有限元软件建模计算，然后根据计算结果，反复修改 m 值及其带来的恒载变化，多次计算，直到取得最优的结果，需要注意的是，计算结果主要看拱圈上、下缘的应力包络图，才能确定最优拱轴线，单单看弯矩或者轴力包络图是不够的，因为应力才能反映轴力和弯矩的组合效应。

3) 拱轴线的水平倾角 φ

将悬链线公式(11.7)对 ξ 取导数得

$$\mathrm{tg}\varphi = \frac{\mathrm{d}y_1}{\mathrm{d}x} = \frac{2\mathrm{d}y_1}{l \mathrm{d}\xi} = \frac{2}{l} \cdot \frac{fk}{m-1} \mathrm{sh}k\xi \tag{11.19}$$

由式(11.19)可见，拱轴水平倾角与拱轴系数 m 有关。拱轴线上各点的水平倾角 $\mathrm{tg}\varphi$ 可通过编程软件或者电子表格中的编程计算功能来计算得到。

4) 悬链线无铰拱的弹性中心

由于计算软件的使用，弹性中心在拱桥计算中已经不再使用，但是要了解一下这个概念。在计算无铰拱的内力(恒载、活载、温度变化、混凝土收缩和拱脚变位等)时，为了简

化计算，常利用拱的弹性中心。对于对称拱，弹性中心在对称轴上。基本结构的取法有两种：图 11.36（a）表示以悬臂曲梁为基本结构，图 11.36（b）表示以简支曲梁为基本结构。

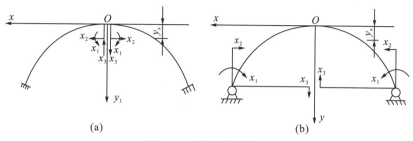

图 11.36　拱的弹性中心

在计算无铰拱的内力影响线时，常以简支曲梁为基本结构。由结构力学可知，拱的弹性中心坐标为

$$y_s = \frac{\int_s \dfrac{y_1 \mathrm{d}s}{EI}}{\int_s \dfrac{\mathrm{d}s}{EI}} \tag{11.20}$$

4. 拟合拱轴线

上述拱轴线的特点是通过少数几个点（如拱脚、1/4 跨、拱顶等）来逼近恒载压力线，这就可能存在拱圈在荷载（如活载）作用下某些截面的压力线与拱轴线偏差太大的情况，从而引起过大的偏离弯矩，对拱圈不利。随着拱桥跨径的不断增大，对其拱轴线合理性的要求越来越高。拱桥在荷载（如活载）作用下的压力线是不定的，但总存在两条压力包络线，拱轴线优化拟合的基本思想就是找出一条在一定约束条件下与压力包络线偏差最小的曲线作为拱轴线，从方法上讲就是一种有约束条件的函数逼近，其具体实现的方法很多，例如建立内力与拱轴线变化函数的关系，以恒载压力线五点重合法拟合的曲线为初始曲线，叠加调整曲线，使截面合力偏心趋于均匀，进行拱轴线优化。这种方法可以获得最优的拱轴线，但是在施工时很难复核，所以使用较少。

11.3.2　拱桥内力计算

过去，将拱桥的荷载、影响线、内力、位移等数据做成计算表格，利用表格来计算拱桥内力，或直接用解析法求解无表格可用的桥梁结构内力。随着计算机的发展，现在已经不再用这种方法。

11.3.2.1　拱桥内力计算方法

1. 永久作用（恒载）内力计算

恒载作用下的内力计算，关键是要结合施工工艺和施工顺序，按照分阶段受力的原则进行计算。

2. 活载作用下的内力计算

由于活载在桥梁上的作用位置不同，拱圈各截面产生的内力也不同，活载内力需要利用内力影响线来加载。

汽车荷载内力或赘余力可由下式计算：

$$S = \xi m(q_k \cdot \omega + P_k \cdot \eta_k) \tag{11.21}$$

式中，q_k、P_k 表示公路车道荷载均布荷载标准值和集中荷载标准值；ω 表示同号影响线面积之和；η_k 表示与 ω 相应的影响线中的一个最大影响线峰值；ξ 表示多车道横向折减系数；m 表示荷载横向分布系数。

《公路钢筋混凝土及预应力混凝土桥涵设计规范》(JTG 3362—2018)规定，计算由车道荷载引起的拱的正弯矩时，按表 11.1 的折减系数对正弯矩进行折减。

表 11.1 正弯矩折减系数

截面	跨径 L/m		
	$L \leqslant 60$	$60 < L < 100$	$L \geqslant 100$
拱顶、1/4 跨	0.7	直线内插	1.0
拱脚	0.9	直线内插	1.0
其他截面		直线内插	

3. 其他内力计算

在超静定拱中，温度变化、混凝土收缩和徐变以及拱脚变位都会产生附加内力。我国许多地区温度变化幅度大，温度变化产生的附加内力不容忽视，尤其是就地浇筑的混凝土在结硬过程中由于收缩变形可使拱桥开裂。在软土地基上建造圬工拱桥，墩台变位的影响比较突出，水平位移的影响更为严重。

1)温度变化产生的附加内力计算

根据热胀冷缩的道理，当大气温度比成拱时的温度(即主拱圈施工合龙时的温度，称为合龙温度)高时，称为温度上升，引起拱体膨胀；反之，当大气温度比合龙温度低时，称为温度下降，引起拱体收缩。不论是拱体膨胀(拱轴伸长)还是拱体收缩(拱轴缩短)，都会在拱中产生内力，只不过两者的符号不同而已。计算拱圈的温度变化，其作用效应应乘以 0.7 的折减系数。

对于箱形拱桥，应考虑拱箱室内外温差作用效应。当无可靠资料时，箱室内外温差可按不低于 5℃计算。

2)混凝土收缩、徐变引起的内力

混凝土在结硬过程有收缩变形，收缩应变应按《公路钢筋混凝土及预应力混凝土桥涵设计规范》(JTG 3362—2018)取用，但是在计算时应根据施工顺序、施工阶段及施工时间等因素确定。

计算拱圈的温度变化和混凝土收缩影响时，可根据实际资料考虑混凝土徐变对温度变化和混凝土收缩在拱圈内引起内力变化减小的影响。

但是，徐变虽然对上述温变、收缩引起的内力有调整作用，但徐变本身也引起拱轴线缩短，因而应按有关规定计算徐变引起的附加内力。

计算混凝土收缩和徐变影响时，其作用效应可乘以 0.45 的折减系数。

3）拱脚变位引起的内力计算

在软土地基上修建的拱桥以及桥墩较柔的多孔拱桥，拱脚变位是难以避免的。拱脚的变位包括拱脚的水平位移、垂直位移（沉降）和转动（角变），每一种变位都会在拱中产生内力。计算超静定拱桥由相邻墩台引起的不均匀沉降或桥台水平位移引起的作用效应时，其计算作用效应可乘以 0.5 的折减系数。

4. 风力或离心力引起的拱脚截面的作用效应计算

计算风力或离心力引起的拱脚截面的作用效应时，可以用有限元软件直接计算出来，也可以按以下假定计算。

（1）拱圈视作两端固定的水平直梁，其跨径等于拱的计算跨径，全梁平均承受风力或离心力，计算梁端弯矩为 M_1。

（2）拱圈视作下端固定的竖向悬臂梁，其跨径等于拱的计算矢高，悬臂梁平均承受 1/2 拱跨的风力，在梁的自由端承受 1/2 拱跨的离心力，计算固定端弯矩为 M_2。

（3）拱的计算弯矩 M 为上述两项弯矩在垂直于曲线平面内拱脚截面上的投影之和：

$$M = M_1 \cos\varphi + M_2 \sin\varphi \tag{11.22}$$

11.3.2.2　利用有限元法进行拱桥计算简介

随着桥梁建设的发展，现代拱桥结构计算有如下特点。

（1）桥梁结构属于空间结构，结构越来越复杂，超静定次数越来越高，若采用解析法手算，就必须进行结构简化，而这些简化与实际结构之间往往存在一定差别，在有的情况下，这些差别还会给结构分析结果带来不被允许的误差，只有采用有限元法才能得到较为精确的结果。

（2）随着建桥材料性能的提高，拱桥跨度越来越大，对大跨拱桥也采用中小跨径拱桥分析计算所用的弹性结构线性分析法已不能反映结构的真实受力情况，而必须考虑非线性的影响（包括材料方面、几何方面），要进行结构非线性分析。

（3）大跨径拱桥除必须满足强度、刚度要求外，结构的稳定性、动力性能往往成为控制因素，大跨径拱桥的稳定与动力分析也必须依靠电算。

（4）拱桥施工方法多种多样，在许多情况下，结构分析计算（包括静、动力及稳定性等）必须考虑结构形成过程（如劲性骨架施工的箱形拱桥主拱圈就是逐渐形成的）、施工加载程序、时间因素（如混凝土徐变）、温度变化、荷载变异等的影响，这些分析计算复杂、量大，且需在施工过程中适时进行。

（5）大跨径拱桥施工必须进行专门的控制，为满足施工需要，也只有采用计算机才能实现。

拱桥结构分析计算可使用专用的桥梁结构有限元分析软件，如桥梁博士（Dr. Bridge）、MIDAS 等，也可直接使用 SAP2000、ANSYS 等结构分析通用程序。但是如果使用通用有限元程序计算，则必须进行二次开发，使其能够自动计算影响线并自动按照我国的荷载规范进行加载计算。

利用有限元法进行拱桥结构分析的过程，大体可分为建立计算模型、数据准备、运行程序和计算结果分析等步骤。

(1)建立计算模型。建立计算模型的任务是把拱桥实际结构理想化为有限单元的集合(模型化)，如图11.37所示。拱桥实际结构型式多种多样，无论哪种结构型式，在分析计算时，必须用某种单元的集合模型来替代原型结构。有限元分析中有多种单元型式，如杆、梁单元(分直杆、曲杆、等截面与变截面杆等)、板单元、实体单元、空间复合梁单元等。在进行拱桥分析时，通常可将其看成是由多个杆单元或梁单元组成的杆系结构，如果只考虑节点在结构平面内的位移(转角 θ、水平位移 M、垂直位移 v)，就可按平面结构进行分析计算(即化空间结构为平面结构)。如果考虑空间作用，则每个节点就有六个自由度，按空间结构进行分析(图11.38)。

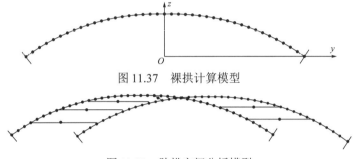

图 11.37　裸拱计算模型

图 11.38　肋拱空间分析模型

在分析实体板拱及箱拱的拱箱时，可根据实际情况将其视为板壳结构，采用板单元进行分析计算。对厚度较大的实体板拱，还可采用实体单元作更为精确的分析。

空间复合梁单元是指单元的组成部分是变化的，单元的形心、扭心不固定且不重合。它是描述主拱圈逐步形成的结构分析所必需的，如劲性骨架施工拱桥分析等。

(2)数据准备(离散化)。通过上面模型化处理后，须按计算程序要求准备数据，并形成数据文件。结构数据主要包括节点数、单元数、约束数、节点坐标、单元编号、材料特性、几何特性、边界条件、荷载(工况)等。单元的划分可大可小，主要应根据计算精度要求、计算机容量等确定。在应力与位移变化比较剧烈的区域、杆件截面发生突变、原结构的杆件自然交接点以及边界比较曲折的部位，单元的划分应当加密或将其离散成节点。

(3)运行程序和计算结果分析。在数据文件准备无误后，就可执行程序进行结构分析计算。根据计算目的，对输出的计算结果进行筛选，获取需要的数据和图形，并对输出的数据和图形进行分析，以保证计算结果准确无误。

11.3.3　主拱验算

求出各种荷载作用下的内力后，即可进行最不利情况下的荷载组合，进而验算拱圈控制截面的强度、刚度及其稳定性。过去，都是在拱桥内力计算出来后，选取控制截面，如拱脚、$l/8$、$l/4$、$3l/8$、拱顶，以及其他不利截面，需要算出最大弯矩及其对应的轴力、最大轴力对应的弯矩，将其组合后，结合轴力及其偏心距，对截面进行验算。有限元软件的使用，使得过去的计算方法不再适用，因为要找出某个截面最大弯矩及其对应的轴力和最大轴力及其对应的弯矩，不仅工作量较大，而且完全没必要。因此，采用有限元软件计算拱桥，应直接求解出拱圈各个截面的应力包络图，应力计算结果事实上就包含了弯矩和轴力的组合。根据拱圈各个截面的最大和最小应力，就可以判断拱圈截面是否满足承载力要求。一般在计算时，先初定一个拱轴系数 m，然后可以反复修改拱轴系数的数值，使拱圈各个截面处于受压状态，最好不出现拉应力，并分析最大应力与材料设计强度的关系，从而判断其是否满足承载力要求。同时，根据规范规定，分别取拱脚及其他必要位置的最大和最小轴力及其对应的偏心距进行验算，对拱圈整体进行强度验算。

11.3.3.1　拱圈强度验算

下面介绍《公路圬工桥涵设计规范》(JTG D61—2005)中有关圬工拱桥主拱验算的方法。对于钢筋混凝土拱桥，则可按照结构设计原理和《公路钢筋混凝土及预应力混凝土桥涵设计规范》(JTG 3362—2018)的要求进行拱圈承载能力验算，在此不再赘述。

1. 正截面小偏心受压

1) 砌体(包括砌体与混凝土组合)拱桥正截面小偏心受压

当砌体(包括砌体与混凝土组合)拱桥主拱圈偏心受压时，如轴向力偏心距不超过规定的容许偏心值，主拱圈正截面受压承载力按式(11.23)计算。

$$\gamma_0 N_d < \varphi f_{cd} A \tag{11.23}$$

式中：γ_0 表示结构重要性系数；N_d 表示轴向力设计值；A 表示构件的截面积，对于组合截面按强度比换算；f_{cd} 表示砌体或者混凝土轴心抗压强度设计值；φ 表示构件轴向力的偏心距 e 对受压构件承力的影响系数，按《公路圬工桥涵设计规范》(JTG D61—2005)中有关规定进行计算，但是在进行截面强度验算时不考虑长细比 β 的影响，即长细比 β 小于 4 时取为 3。

2) 混凝土拱桥正截面小偏心受压

当混凝土拱桥主拱圈的轴向力偏心距在规范规定的受压偏心距值范围内按受压承载力计算时，假定受压区的法向应力图形为矩形，其应力取混凝土抗压强度设计值，主拱圈正截面受压承载力按式(11.24)计算。

$$\gamma_0 N_d < \varphi f_{cd} A_c \tag{11.24}$$

式中，A_c 表示混凝土受压区面积，按规范规定计算；f_{cd} 表示混凝土轴心抗压强度设计值，按《公路圬工桥涵设计规范》(JTG D61—2005)规定采用；φ 表示弯曲平面内轴心受压构件弯曲系数，按《公路圬工桥涵设计规范》(JTG D61—2005)规定采用，在进行截面强度验算时取 $\varphi = 1$。其余符号意义同前，各参数取值见相关规范。

2. 正截面大偏心受压

对于圬工拱圈，当轴向力的偏心距超过规范规定的偏心距限制时，即主拱圈在大偏心受压下工作时，拱圈的承载力按式(11.25)或式(11.26)计算。

单向偏心：

$$\gamma_0 N_d < \varphi \frac{A f_{tmd}}{\dfrac{Ae}{W} - 1} \tag{11.25}$$

双向偏心：

$$\gamma_0 N_\mathrm{d} < \varphi \frac{A f_\mathrm{tmd}}{\dfrac{A e_x}{W_y} + \dfrac{A e_y}{W_x} - 1} \tag{11.26}$$

式中，A 表示构件的截面积，对于组合截面应按弹性模量比换算为换算截面面积；W 表示单向偏心时，构件受拉边缘的弹性抵抗矩，对于组合截面按弹性模量比换算为换算截面弹性抵抗矩；W_x、W_y 表示双向偏心时，构件 x 方向受拉边缘绕 y 轴的截面弹性抵抗矩和构件 y 方向受拉边缘绕 x 轴的截面弹性抵抗矩，对于组合截面按弹性模量比换算为换算截面弹性抵抗矩；f_tmd 表示构件受拉边层的弯曲抗拉强度设计值，按《公路圬工桥涵设计规范》（JTG D61—2005）相关表格采用；e 表示单向偏心时，轴向力偏心距；e_x、e_y 表示双向偏心时，轴向力在 x 方向和 y 方向的偏心距；φ 表示砌体偏心受压构件承载力影响系数或混凝土轴心受压构件弯曲系数，按规范相关条文进行计算。其余符号意义同前，各参数取值见相关规范。

当构件弯曲平面外长细比大于弯曲平面内长细比时，应按轴心受压构件验算其承载力。

3. 正截面直接受剪

正截面直接受剪时，应按如下公式计算：

$$\gamma_0 V_\mathrm{d} \leqslant A f_\mathrm{vd} + \frac{1}{1.4} \mu_\mathrm{f} N_\mathrm{k} \tag{11.27}$$

式中，V_d 表示剪力设计值；A 表示受剪截面面积；f_vd 表示砌体或混凝土抗剪强度设计值，按《公路圬工桥涵设计规范》（JTG D61—2005）相关表格采用；μ_f 表示摩擦系数，取 $\mu_\mathrm{f} = 0.7$；N_k 表示与受剪截面垂直的压力标准值。各参数取值见相关规范。

11.3.3.2 拱的整体"强度-稳定"验算

《公路圬工桥涵设计规范》（JTG D61—2005）规定，拱桥的主拱圈应按要求进行拱的整体"强度-稳定"验算。

在按《公路圬工桥涵设计规范》（JTG D61—2005）规定计算砌体构件长细比和查取混凝土轴心受压构件弯曲系数 φ 值时，拱圈纵向（弯曲平面内）计算长度 l_0，三铰拱取 $0.58L_\mathrm{a}$、双铰拱取 $0.54L_\mathrm{a}$、无铰拱取 $0.36L_\mathrm{a}$，其中 L_a 为拱轴线长度；拱圈横向（弯曲平面外）计算长度 l_0 通过在《公路圬工桥涵设计规范》（JTD D61—2005）中查表得到。

拱的轴向力设计值 N_d 可按下列公式计算：

$$N_\mathrm{d} = \frac{H_\mathrm{d}}{\cos \varphi_\mathrm{m}} \tag{11.28}$$

式中，H_d 表示拱的水平推力设计值；φ_m 表示拱顶与拱脚的连线与跨径的夹角。

轴向力偏心距可取与水平推力计算时同一荷载布置的拱跨 1/4 处弯矩设计值 M_d 除以 N_d，对于有限元软件计算结果，一般根据应力来反算轴力的偏心距，如此一来，反而导致工作量增大，所以，现在都是直接通过有限元软件进行屈曲分析来得到。

随着拱桥所用材料性能的改善和施工技术的提高，其跨径不断增大，致使主拱的长细比越来越大，从而使其在施工阶段以及成桥运营阶段的稳定性问题非常突出，必须引起高度重视。

1. 纵向稳定性验算

(1)对于砌体拱桥可按式(11.23)进行计算。当符合规范要求而考虑拱上建筑与拱圈的联合作用时，纵向长细比 β_y 对构件承载力的影响系数 φ_y 可以不考虑。

(2)混凝土拱可按式(11.24)进行计算。当符合规范要求而考虑拱上建筑与拱圈的联合作用时，纵向稳定可以不考虑，即可取纵向轴心受压构件弯曲系数 $\varphi=1.0$。

(3)拱圈(肋)为钢筋混凝土构件时，其验算公式可采用钢筋混凝土受压构件计算公式。其验算公式为

$$\gamma_0 N_d \leqslant 0.90\varphi\left(f_{cd}A + f'_{sd}A'_s\right) \tag{11.29}$$

式中，γ_0 表示桥梁结构的重要性系数；N_d 表示轴向力组合设计值；φ 表示轴压构件稳定系数，按《公路钢筋混凝土及预应力混凝土桥涵设计规范》(JTG 3362—2018)规定采用；A 表示构件毛截面面积，当纵向钢筋配筋率大于3%时，A 应改用 A_n，$A_n = A - A'_s$；A'_s 表示全部纵向钢筋的截面面积；f_{cd} 表示混凝土轴心抗压强度设计值；f'_{sd} 表示普通钢筋抗压强度设计值。

2. 横向稳定性验算

当板拱拱圈宽跨比大于1/20时，砌体拱可不考虑横向长细比 β_x 对构件承载力的影响，即令 β_x 小于3时取为3；混凝土拱可不考虑横向稳定，即可取横向轴心受压构件弯曲系数 $\varphi=1.0$。

无铰拱的拱圈横向(弯曲平面外)计算长度 l_0 按《公路圬工桥涵设计规范》(JTG D61—2005)中的规定采用，当构件横向(弯曲平面外)长细比大于纵向(弯曲平面内)长细比时，就应按轴心受压构件采用式(11.23)～式(11.29)进行验算。

实验与计算表明，无铰拱的临界荷载比有铰拱的大，对于大量采用的悬链线无铰拱的横向稳定解析求解很复杂，设计中可偏安全地采用双铰拱的计算公式，也可采用圆弧无铰拱的公式计算临界轴向力(通常在 $f/l<1/5$ 时采用)。无论什么样的拱轴形式、截面变化及支承条件的拱均可通过结构有限元程序求出临界轴力。

11.3.3.3　挠度和预拱度

拱桥应按《公路桥涵设计通用规范》(JTG D60—2015)规定的频遇组合，在一个桥跨范围内的正负挠度的绝对值之和不应大于计算跨径的1/1000。同时，拱桥应根据《公路圬工桥涵设计规范》(JTG D61—2005)的规定设置预拱度。

11.3.4　中、下承式钢筋混凝土拱桥吊杆及桥面系计算简述

1. 吊杆计算

中、下承式拱桥的吊杆通常分为柔性吊杆和刚性吊杆两类。柔性吊杆只承受轴向拉力，而不承受弯矩，故按轴向受拉构件计算；刚性吊杆通常采用预应力混凝土制作，与拱肋及横梁的连接一般是刚性连接，吊杆上端固结在拱肋上，下端与横梁形成槽形刚架(图11.39)，吊杆兼受轴力和弯矩，故按预应力混凝土偏心受拉构件计算。

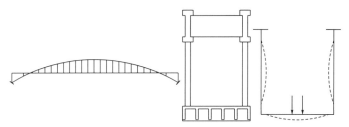

图 11.39　刚性吊杆和桥面横梁的受力变形示意图

2. 桥面计算

对于中、下承式拱桥，桥面系通常包括横梁、纵梁、桥面板等，横梁一般由吊杆支承，而纵梁则是以横梁为支点的弹性支承连续梁，其弹性常数为支点产生单位挠度所需的吊杆拉力，该挠度值中包括拱肋和吊杆的变形，若忽略拱肋和吊杆的变形，则纵梁可近似地按刚性支承连续梁计算。

普通横梁承受桥面静、活荷载，一般可按简支梁进行内力分析；固定横梁承受由拱肋和桥面传来的弯矩、扭矩和剪力，受力情况复杂，通常按固端梁进行内力分析。

通常纵梁与吊杆、拱肋组成多次超静定结构，当跨径较小时，可采用平面杆系有限元法进行内力计算；当跨径较大时，可采用空间有限元法进行内力计算，然后按结构设计原理的方法进行配筋和验算，确保纵梁的承载力和变形满足要求。

桥面板一般有连续纵梁桥面板和简支梁桥面连续两种类型，对于前者，通常要验算纵梁上翼缘的纵向挠曲，同时按单向板或双向板验算桥面板承受车辆荷载时的局部应力；对于后者，一般须计算连续筋的受力情况。

11.4　算　　例

拱桥的计算，经历了手算、半手算半电算、电算的过程。在没有电算软件或者电算软件没有普及时，采用手算，通过查繁琐的表格进行计算，设计荷载采用等代法，然后结合影响线的数据进行计算；后来，计算机的应用逐渐普及，就借助 Excel 等电子表格作为工具来完成，可以一次性把拱轴线确定好，不需要用"假载法"去重新调整拱桥恒载内力；现在，由于有限元软件的普及，基本不考虑前面的过程，直接假定一个拱轴线，然后建模计算，并且不断调整拱轴线，直到得到满意的计算结果。因此，现在的设计计算，不仅可以让拱桥的主拱圈在恒载作用下不出现拉应力，甚至可以让拱桥在永久作用和可变作用共同作用下，主拱圈不出现拉应力，或者拉应力最小，达到最优的计算结果。

11.4.1　计算资料

1. 桥梁概况

某桥主跨采用上承式普通钢筋混凝土箱形拱，拱轴线采用悬链线。两端均设置一跨引跨，引跨和拱上上部结构均采用预应力混凝土简支 T 形梁；拱桥的桥台均采用承台桩基础。本桥平面位于直线上，桥面横坡为双向 2%，纵断面纵坡为 1.3%。全桥上部结构布跨为 (30+15×11+30)m，主拱圈上方全部采用 11m 跨径的简支矮 T 梁，拱顶没有实腹段，直接用 T 梁跨越。本桥采用无支架施工，拱圈分成 7 段，在主拱圈成型后再将拱脚固结，然后再施工拱上建筑。

2. 设计标准

(1) 设计荷载：公路-Ⅰ级，人群荷载 3kN/m²。

(2) 净跨径：l_0=150m，净矢高：f_0=33.3m，净矢跨比 f_0/l_0=1/4.5(图 11.40)。

(3) 桥宽：净 7.5m 车行道+2×0.55m 护栏=8.6m(图 11.41)。

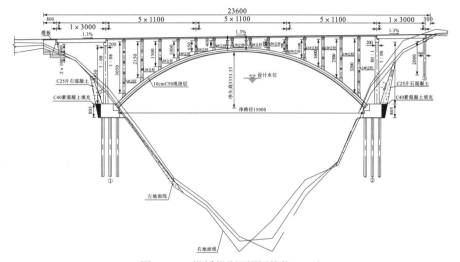

图 11.40　拱桥纵断面图(单位：cm)

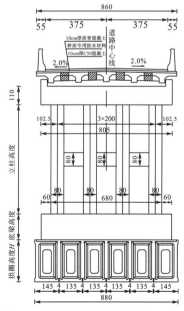

图 11.41　拱桥横断面图(单位：cm)

(4)温度升降取±20°。

11.4.2   主拱圈计算

1. 确定拱轴系数

过去，拱轴系数 m 值的确定用"五点重合法"，这种方法适合一次性成型、不存在体系转换的拱桥，以确保主拱圈在恒载作用下弯矩较小，不出现拉应力或者拉应力很小。对于无支架施工的拱桥，主拱圈在未成型之前，拱脚与拱座之间是铰接；主拱圈成型之后将拱脚固结，在此之后的受力才是按照拱脚固结计算。所以，直接按照拱桥的全部恒载，用"五点重合法"来确定的拱轴系数，事实上不一定是最优的。因此，本桥初定拱轴系数 $m=2.0$，然后反复修改 m 值，将由此带来的拱轴线坐标、拱上立柱恒载的变化输入到计算模型，一直到得到满意的结果。因为整个过程是电算，只要拱桥模型建好，调试拱轴系数 m 值的过程并不复杂，工作量也不会很大。

2. 拟定上部结构尺寸

1) 拱箱截面尺寸

上承式箱形板拱桥，拱箱厚度一般取跨度的 1/60～1/50，随着跨度的增大，拱箱厚度与跨径之比减小。本桥为净跨径达 150m 的特大桥，故初定拱箱厚度为跨径的 1/60，即拱箱厚度 $H=2.5m$。

拱箱宽度一般为 1.2～1.7m，本桥的桥宽 8.6m，按照拱圈宽度在 8.6m 左右计算，分成 6 个箱，每个箱宽度为 1.4m 左右。考虑到边箱边腹板需要加厚，所以边箱一般略厚一些，最终确定边箱宽度为 1.45m，中箱宽度为 1.35m，主拱圈总宽度为 8.5m，如图 11.41 所示。

2) 计算跨径和计算矢高

拱圈的净跨径为确定值，其计算跨径及计算矢高与拱轴系数 m 有关(拱轴系数影响拱脚截面的倾角)，因此，在计算过程中，每次修改拱轴系数，其计算跨径和计算矢高也要随之改变。因此，建模计算时，最好将坐标原点放在拱顶位置，后期的工作量会小一些。

3. 计算模型及应力计算结果

拱桥的施工加载顺序如图 11.42 所示，本桥初定拱轴系数为 2.24，考虑施工顺序带来的荷载、边界条件等各种因素，建立计算模型，如图 11.43 所示。计算发现拱顶下缘拉应力过大，因此不断调整拱轴系数，将由此引起的拱轴线坐标和拱上荷载的变化导入模型，反复试算，最终得到拱轴系数为 2.168 时，主拱圈处于最不利组合(基本组合)，在最不利荷载组合时拱圈均未出现拉应力。拱圈上缘和下缘应力包络图分别如图 11.44 和图 11.45 所示。

从应力包络图可以看出，在运营过程中，主拱圈一直处于受压状态，不出现拉应力。在基本组合下，最大压应力为 13.7MPa，主拱圈混凝土采用 C50，抗压强度设计值为 22.4MPa，承载力满足要求。

阶段	加载程序图形示意	阶段
1		（1）吊装完成，调整标高，各端接头连接。 （2）接头钢板焊死，拱肋松扣； （3）箱拱肋承受自重（按两铰拱模型计算）
2		（1）现浇端接头横系梁，同时封铰； （2）分层浇筑图示阴影部分的肋间混凝土，使其达到设计截面（按示意图，下层初凝后，浇筑上层，待上层混凝土达到强度后可视为封铰）（按两铰拱模型计算）
3		由拱脚向顶对称浇筑肋间混凝土，待下层混凝土达到设计强度的85%后浇筑上层混凝土（按无铰拱模型计算）
4	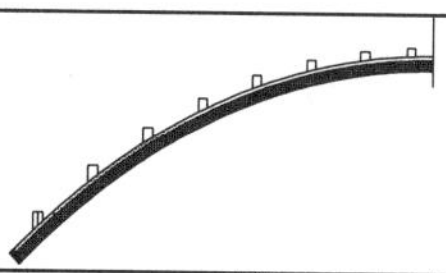	（1）待上层混凝土达到设计强度的85%后，由拱脚向拱顶对称浇筑拱顶现浇层（按无铰拱模型计算）； （2）待现浇层达到设计强度后浇筑垫梁混凝土及拱顶横墙
5	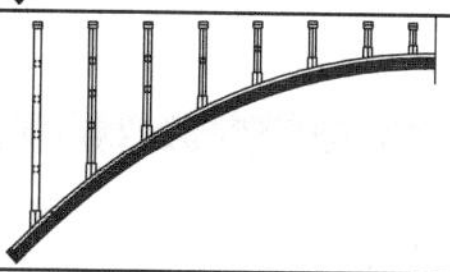	待垫梁混凝土达到设计强度，由拱脚向拱顶对称安装立柱及浇筑盖梁（按无铰拱模型计算）
6	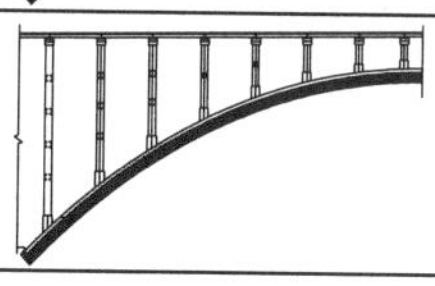	（1）由拱脚向拱顶对称安装T梁及拱顶桥面板； （2）由拱顶向桥面两端施工桥面铺装及墙式护栏

图 11.42　拱桥加载顺序图

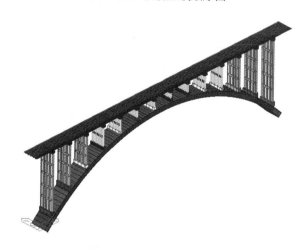

图 11.43　全桥计算模型图

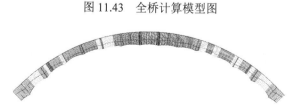

图 11.44　基本组合作用下拱圈上缘应力包络图

图 11.45　基本组合作用下拱圈下缘应力包络图

4. 拱桥稳定验算

（1）整体屈曲分析：用软件进行屈曲分析，得到特征值如图 11.46 所示。

节点	模态	UX	UY	UZ	RX	RY	RZ
				屈曲分析			
	模态	特征值	容许误差				
	1	4.799644	0.0000e+000				
	2	8.950123	1.6055e-051				
	3	10.341616	4.4920e-044				
	4	13.684263	4.5691e-030				
	5	17.034087	2.1689e-015				
				屈曲向量			

图 11.46　屈曲分析特征值

由图 11.46 知整体稳定系数为 4.799644，大于 4，满足规范要求。

（2）横向稳定性分析：该桥梁拱圈宽度为 8.5m，跨径为 150m，宽跨比为 8.5/150=1/17.6＞1/20，故不验算拱的横向稳定性。

（3）纵向稳定性验算。经有限元计算，拱圈水平力 H_d=56671.2kN。钢筋混凝土主拱圈的纵向稳定性验算可表达为强度校核形式，即将拱圈换算为相当长度的压杆，根据平均轴力按钢筋混凝土轴向受压构件强度计算，应满足如下关系：

$$\gamma_0 N_d \leqslant 0.9\varphi\left(f_{cd}A + f'_{sd}A'_s\right)$$

其中：

$$N_d = \frac{H_d}{\cos\varphi_m} = \frac{56671.2}{0.913} \approx 62071.4\text{kN}$$

$$\cos\varphi_m = \frac{1}{\sqrt{1+4(f/l)^2}} = \frac{1}{\sqrt{1.20}} \approx 0.913$$

经计算，拱圈截面总面积为 21135461.2mm^2，从而有

$$0.9\varphi(f_{cd}A + f'_{sd}A'_s)$$
$$= 0.9\times0.7\times(22.4\times21135461.2 + 360\times114538.8)/1000$$
$$\approx 324241\text{kN}$$

因此，

$$\gamma_0 N_d = 1.1\times62071.4 \approx 68278.5 ＜ 324241\text{kN}$$

满足规范要求。

第十二章　缆索承重桥梁

缆索承重桥梁(cable supported bridges)就是以缆索为主要受力构件的桥梁,它是长大桥梁的主要桥型,是桥梁轻型化和跨江海通道的主要方案。

缆索承重桥梁的结构体系,主要分四个主要部分:缆索系统、桥道系(加劲梁)、桥塔、锚固体系。由于在荷载作用下,缆索受拉,不存在受压结构的屈曲问题,所以能够充分发挥材料的强度,这使得缆索承重体系成为跨越能力最强的桥梁结构体系。

根据缆索的布置形状,缆索承重桥梁可以分为斜拉体系、悬索体系、悬索和斜拉混合体系、索网体系,其中悬索体系又有悬索桥、索道桥、索托桥、悬带桥等。为了发挥斜拉桥和悬索桥的优点,又衍生出了斜拉-悬索协作体系桥。

根据缆索锚固体系,又分为地锚体系和自锚体系。

12.1　斜　拉　桥

12.1.1　斜拉桥概述

斜拉桥是由斜拉索(cable)、索塔和主梁(见图 12.1)三大部分组成,属于组合体系桥梁。主梁一般采用混凝土结构、钢-混凝土组合结构或钢结构,索塔大都采用混凝土结构,而斜拉索则采用高强材料(高强钢丝或钢绞线)制成。斜拉桥中荷载传递路径是:斜拉索的两端分别锚固在主梁和索塔上,将主梁荷载传递至索塔,再通过索塔基础传至地基。

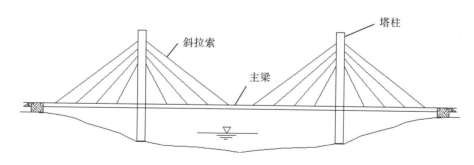

图 12.1　斜拉桥基本组成

索塔基本上以受压为主。从索塔引出若干斜向拉索将主梁吊起,相当于使主梁在跨内增加了若干弹性支承,拉索的竖向分力使主梁受到一个向上的弹性支承反力,这样可以降低梁跨的截面弯矩,使梁高降低,并且结构自重显著减轻,大大提高了桥梁的跨越能力。由于斜拉索的水平分力作用,主梁为偏心受压构件。

现代斜拉桥的发展大致经历了以下三个阶段:

第一阶段：稀索布置，主梁较高，主梁以受弯为主，拉索更换不方便；

第二阶段：中密索布置，主梁较矮，主梁承受较大轴力和弯矩；

第三阶段：密索布置，主梁更矮，并广泛采用梁板式开口断面。

12.1.2 斜拉桥总体布置与构造

1. 孔跨布置

斜拉桥孔跨布置主要可分为双塔三跨式、独塔双跨式和多塔多跨式等三种型式。在特殊情况下，斜拉桥也可以布置成独塔单跨式或者混合式。

1) 双塔三跨式

双塔三跨式(图 12.2)是一种最常见的斜拉桥孔跨布置方式。双塔三跨式斜拉桥通常布置成两个边跨跨度相等的对称型式，也可以布置成两个边跨跨度不等的非对称型式。

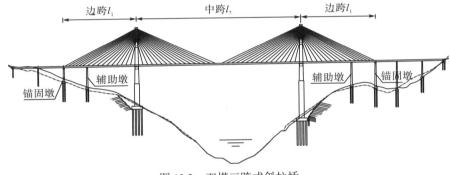

图 12.2 双塔三跨式斜拉桥

双塔三跨式斜拉桥的边跨跨度 l_1 与主跨跨度 l_2 的比值通常取 0.4 左右。根据已建斜拉桥统计，一般跨度比 l_1/l_2 为 0.35～0.5。另外，可以根据需要在两边跨内布置数量相等或不等的中间辅助墩，以提高结构体系的刚度。由于双塔三跨式斜拉桥的主孔跨度较大，一般可适用于跨越较大的河流、河口和海峡。

2) 独塔双跨式

独塔双跨式斜拉桥也是一种常见的孔跨布置方式，重庆石门嘉陵江大桥即为独塔双跨式斜拉桥(图 12.3)。独塔双跨式斜拉桥可以布置成两跨不对称的型式，即分为主跨与边跨；也可以布置成两跨对称，即等跨型式。其中以两跨不对称的型式较多，也较合理。

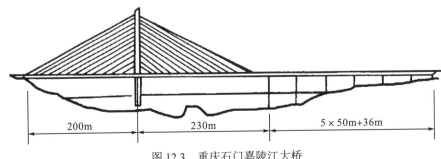

图 12.3 重庆石门嘉陵江大桥

独塔双跨式斜拉桥的边跨跨度 l_1 与主跨跨度 l_2 的比例通常介于 0.5～1.0。由于它的主孔跨径一般比双塔三跨式的主孔跨径小，故特别适用于跨越中小河流、谷地及交通道路，当然也可用于跨越较大河流的主航道部分。

3）三塔四跨式和多塔多跨式

在跨越宽阔水面或谷地时，由于桥梁长度大，必要时也可采用 3 塔或多塔斜拉桥，如宜昌夷陵长江大桥（3 塔）、香港汀九大桥（3 塔，塔高不同）、希腊里翁-安提里翁（Rion-Antirion）桥（4 塔）和法国米约（Millau）高架桥（7 塔）等。三塔四跨式和多塔多跨式的斜拉桥应用较少，其中一个原因是：由于多塔多跨式斜拉桥的中间塔顶没有端锚索来有效地限制它的变位，结构的刚度较低。增加主梁的刚度可以在一定程度上提高多塔斜拉桥的整体刚度，但这样做必然会增加桥梁的自重。在必须采用多塔多跨式斜拉桥时，可将中间塔做成刚性索塔，此时索塔和基础的工程量将会增加很多，或用斜拉索对中间塔顶加劲，但这种长索柔度较大，且影响桥梁的美观。因此已经是柔性结构的斜拉桥采用多塔多跨式将使结构柔性进一步增大，导致变形过大。

2. 结构体系

斜拉桥的结构体系，可以有以下几种不同的划分方式：

(1)按照塔、梁、墩相互结合方式，可划分为漂浮体系、半漂浮体系、塔梁固结体系和刚构体系；

(2)按照主梁的连续方式，有连续体系和 T 构体系等；

(3)按照斜拉索的锚固方式，有自锚体系、部分地锚体系和地锚体系；

(4)按照塔的高度不同，有常规斜拉桥和矮塔部分斜拉桥体系。

现介绍几种主要的斜拉桥体系。

1）漂浮体系

漂浮体系（图 12.4）的特点是塔墩固结、塔梁分离。主梁除两端有支承外，其余全部用拉索悬吊，属于一种在纵向可稍作浮动的多跨弹性支承连续梁。空间动力分析表明，斜拉索是不能对梁提供有效的横向支承的，为了抵抗由于风力等引起的主梁横向水平位移，一般应在塔柱和主梁之间设置一种用来限制侧向变位的板式或聚四氟乙烯盆式橡胶支座，简称侧向限位支座。

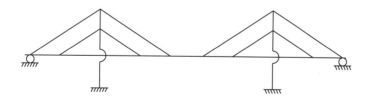

图 12.4　漂浮体系斜拉桥

该体系的主要优点是主跨满载时，塔柱处的主梁截面无负弯矩峰值；由于主梁可以随塔柱的缩短而下降，所以温度、收缩和徐变次内力均较小。密索体系中主梁各截面的变形和内力的变化较平缓，受力较均匀；地震时允许全梁纵向摆荡，作长周期运动，从而吸震消能。目前，大跨斜拉桥(主跨 400m 以上)多采用漂浮体系。

漂浮体系的缺点：当采用悬臂施工时，塔柱处主梁需临时固结，以抵抗施工过程中的不平衡弯矩和纵向剪力。由于施工不可能做到完全对称，成桥后解除临时固结时，主梁会发生纵向摆动，应注意。

为了防止纵向飓风和地震荷载使漂浮体系斜拉桥产生过大的摆动，影响安全，十分有必要在斜拉桥塔上的梁底部位设置高阻尼的主梁水平弹性限位装置。

2) 半漂浮体系

半漂浮体系(图 12.5)的特点是塔墩固结，主梁在塔墩上设置竖向支承，成为具有多点弹性支承的三跨连续梁。可以是一个固定支座、三个活动支座，也可以是四个活动支座，一般均应设活动支座，以避免由于不对称约束而导致不均衡温度变位，水平位移将由斜拉索制约。

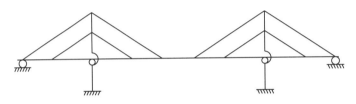

图 12.5　半漂浮体系斜拉桥

半漂浮体系若采用一般支座来处理则无明显优点，因为当两跨满载时，塔柱处主梁有负弯矩尖峰，温度、收缩、徐变次内力仍较大。若在墩顶设置一种可以用来调节高度的支座或弹簧支承来替代从塔柱中心悬吊下来的拉索(一般称"零号索")，并在成桥时调整支座反力，以消除大部分收缩、徐变等的不利影响，这样就可以与漂浮体系相媲美，并且在减小成本和纵向漂移方面将会有一定好处。

3) 塔梁固结体系

塔梁固结体系(图 12.6)的特点是将塔梁固结并支承在墩上，斜拉索变为弹性支承。主梁的内力与挠度直接同主梁与索塔的弯曲刚度比值有关。这种体系的主梁一般只在一个塔柱处设置固定支座，而其余均为纵向可以活动的支座。

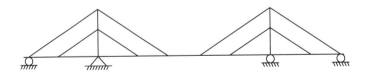

图 12.6　塔梁固结体系斜拉桥

这种体系的优点是显著减小主梁中央段承受的轴向拉力，并且索塔和主梁中的温度内力极小。缺点是中孔满载时，主梁在墩顶处转角位移导致塔柱倾斜，使塔顶产生较大的水平位移，从而显著地增大主梁跨中挠度和边跨负弯矩；另外，上部结构重量和活载反力都需由支座传给桥墩，这就需要设置很大吨位的支座。在大跨径斜拉桥中，这种支座甚至达到上万吨级，这给支座的设计制造及日后养护、更换均带来较大的困难。

4) 刚构体系

刚构体系(图 12.7)的特点是塔梁墩相互固结,形成跨度内具有多点弹性支承的刚构。

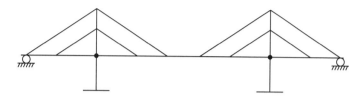

图 12.7 刚构体系斜拉桥

这种体系的优点是既免除了大型支座又能满足悬臂施工的稳定性要求,结构的整体刚度比较好,主梁挠度小。缺点是主梁固结处负弯矩大,使固结处附近截面需要加大。为消除温度应力,该体系应用于双塔斜拉桥中时要求墩身具有一定的柔性,常用于高墩的场合,以避免出现过大的附加内力。另外,这种体系比较适合于独塔斜拉桥。采用刚构体系的斜拉桥有:广东崖门大桥、广东金马大桥、长沙湘江北大桥、美国德姆波因特(Dame Point)桥、美国阳光高架桥(Sunshine Skyway Bridge)等。

主梁除了采用连续梁体系外,也曾有个别斜拉桥采用在跨中无索区段插入一段挂梁的形式,但它不利于桥梁的整体性和桥面的连续性,对行车不利,因此现已很少采用。此外,也有在主梁跨中设铰的布置,这种剪力铰的功能是只传递剪力和轴力,不传递弯矩。它可以起到缓解温度应力的作用,但同样对行车不利,加之剪力铰在设计、施工及养护等方面的难度,故一般很少采用。

斜拉桥多数是自锚体系。只有在主跨很大、边跨很小等特殊情况下,少数斜拉桥才采用部分地锚式的锚拉体系。如西班牙卢纳桥(Barrios de Luna)桥和湖北郧阳汉江桥。

3. 斜拉索

1) 索面位置

斜拉索按其所组成的平面,通常分为单索面、双索面和多索面,其中双索面又可分为平行双索面和空间双索面两种(图 12.8)。多索面往往应用于超宽桥面(桥宽超过 40m)的斜拉桥。

(a)单索面　　　　(b)平行双索面　　　　(c)空间索面

图 12.8 斜拉索面布置

单索面设置在桥梁纵轴线上，这对于设置有中央分车带的桥梁特别合适，基本上不需要增加桥面宽度，具有最小的桥墩尺寸和最佳的视觉效果。但是，单平面斜索只能支承竖向荷载，拉索对主梁抗扭不起作用，由于横向不对称活载和风力产生的作用而使主梁受扭，因此，主梁应采用抗扭刚度较大的断面。

平行双索面又有两种布置方式：一种是将索平面布置在桥面宽度外侧，另一种是将索平面布置在桥面宽度之内。采用双索面时，作用于桥梁上的扭矩可由拉索的轴力来抵抗，主梁可采用较小抗扭刚度的截面。至于空间双索面，它对桥面梁体抵抗风力扭振特别有利（斜向双索面限制了主梁的横向摆动）。倾斜的双索面应采用倒 Y 形、A 形或钻石形索塔。双斜索面的拉索可以提高结构的抗扭刚度，空间双索面体系斜拉桥的抗风动力性能好。

2)索面形状

根据斜拉索在索平面内的布置，它又可以分为辐射形、竖琴形和扇形三种型式(图12.9)。斜拉索的倾角一般为 25°～65°，最小不小于 21°。

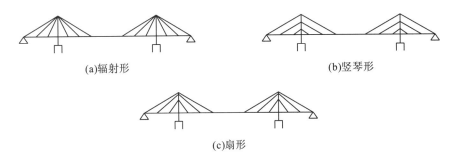

(a)辐射形   (b)竖琴形

(c)扇形

图 12.9　斜拉索立面布置

(1)辐射形布置的斜拉索沿主梁为均匀分布，而在索塔上则集中于塔顶一点。这样各斜拉索都具有可能的最大倾角，故斜拉索的垂直分力对主梁的支承效果也明显。由于索力主要根据垂直力的需要而定，因此斜索拉力较小，索用量最省；而且辐射索使结构形成几何不变体系，对变形及内力分布都有利。这种做法的缺点：有较多数量的斜索汇集到塔顶，将使锚头拥挤，构造处理较困难；塔身从顶到底都受到最大压力，自由长度较大，塔身刚度要保证压曲稳定的要求。

(2)竖琴形布置中的斜拉索平行排列，因此各索倾角相同，外形最美观，具有很好的韵律感；各对斜索分别连接在塔的不同高度上，索与塔的连接构造易于处理；由于倾角相同，各索的锚固构造相同，塔中压力逐段向下加大，有利于塔的稳定性。但是各对索拉力的差别将在塔身各段产生较大的弯矩；由于是几何可变体系，对内力及变形的分布较不利，不过可以用边跨内设置辅助墩的办法来加以改善。竖琴形布置时斜拉索倾角较小，索的总拉力大，故钢索用量较多。

(3)扇形布置的斜拉索是不相互平行的，是介于辐射形和竖琴形之间的拉索布置型式，一般在塔上和梁上分别按等间距布置，兼顾了以上两种型式的优点而减少了其缺点，因此有较多的斜拉桥采用这种型式。

3) 索距的布置

根据斜拉索在主梁上的间距，有稀索与密索之分。在早期的斜拉桥中都为稀索体系，现代斜拉桥则多为密索体系。密索优点：索距小，主梁弯矩小；索力较小，锚固点构造简单；锚固点附近应力流变化小，补强范围小；利于伸臂架设；易于换索；拉索断面纤细，美感度提高。

斜拉桥采用悬臂法架设时，索间距宜为 5～18m。混凝土主梁因自重大，索距应密些，一般不大于 10m。较大的索距适合于钢(12～20m)或钢-混凝土组合主梁(9～18m)。

4) 斜拉索的类型

斜拉索对斜拉桥的工作状态影响很大，而且造价占全桥的 25%～30%。每一根斜拉索都包括钢索和锚具两大部分。在现代大跨度斜拉桥中，斜拉索的构造基本上分为整体安装的斜拉索和分散安装的斜拉索两大类。前者的代表是平行钢丝索，后者的代表是平行钢绞线索(图 12.10)。平行钢丝索由 $\phi 5mm$～$\phi 7mm$ 高强镀锌钢丝组成，一般排列成六边形，整体在工厂制造。将平行钢丝索中的钢丝换成等截面的钢绞线即为平行钢绞线索。将钢绞线成盘运至现场后，截取需要长度，逐根安装和张拉。它适用于跨度大且索也粗的斜拉桥中。

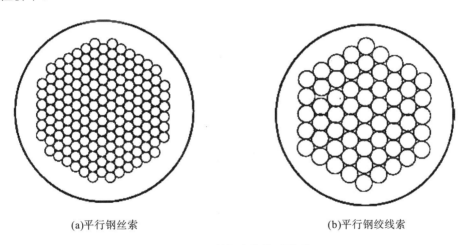

(a)平行钢丝索　　　　　　　　　　(b)平行钢绞线索

图 12.10　斜拉索的截面类型

为了提高斜拉索的耐久性，延长其使用寿命，减少养护的工作量，在斜拉桥中要对斜拉索的防护工作加以重视。目前使用最广泛的防护措施是用热挤法在钢丝束上包一层聚氯乙烯套管(简称 PE 套管)。

4. 主梁

主梁的主要作用有三个方面：①将恒载、活载分散传给拉索。梁的刚度越小，则承担的弯矩越小。②与拉索及索塔一起成为整个桥梁的一部分，主梁承受的力主要是拉索的水平分力所形成的轴压力，因而需有足够的刚度防止压屈。③抵抗横向风载和地震荷载，并把这些力传给下部结构。

当拉索间距较大时，主梁由弯矩控制设计。对于单索面斜拉桥，主梁通过扭转控制设计。而对于双索面密索体系，主梁设计主要应考虑轴压力因素以及整个桥的纵向弯曲。另外，应考虑到主梁有足够的强度和刚度以更换拉索，并需考虑个别拉索偶然拉断或退出工作时结构仍具有足够的安全储备。

主梁一般采用等高度布置，其高跨比正常范围：①对于双索面情形：1/150～1/100；②对于单索面情形：1/100～1/50，且高宽比不宜小于1/10。

1）主梁常用截面

一般说来，梁式桥主梁的很多横截面型式都可用于斜拉桥，但由于在跨间梁被支承在一排或两排斜索支点上，因此要求横截面的抗扭刚度比较好，而且便于斜索与主梁的连接，所以一般不用 T 形截面。

主梁的常用横截面型式如图 12.11 所示。

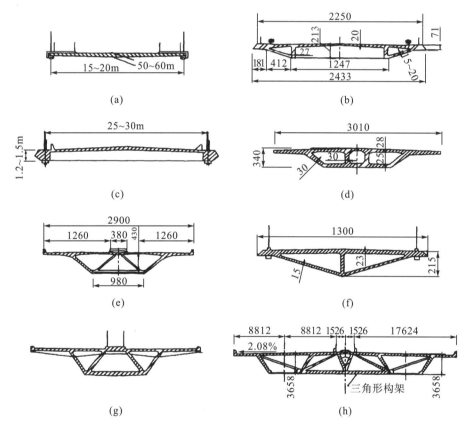

图 12.11   主梁常用截面型式(单位：cm)

图 12.11(a)为板式截面，结构最简单，为锚固斜索，板边时常需要加厚。它的建筑高度小，在索距较密而桥宽不大的情况下，尚能满足一定的抗扭能力要求，因此在条件适合时也可采用。

图 12.11(b)是经过风洞试验分析得到的一种风动力性能良好的半封闭箱形截面。此截面两侧为三角形封闭箱，端部加厚以锚固斜索。两三角形间为整体桥面板，除个别需要的

梁段外，不设底板。此种截面在满足抗弯、抗扭刚度的要求下，有良好的抗风动力性能，特别适合索距较密的宽桥。

图 12.11(c)为板式边主梁截面，是常用双主梁截面的一种改进型式。双主梁可靠边布置，也可向里布置；根据桥面宽度，可设或不设(混凝土或钢)横梁。这种截面型式构造简单，施工方便，用料较省。

图 12.11(d)所示的闭合箱形截面有极大的抗弯和抗扭能力，尤其适用于斜索为单平面布置的斜拉桥。将外侧腹板做成倾斜式，既可改善风动力性能，又可以减小墩台宽度。其缺点是节段重量较大。

图 12.11(e)为较典型的单索面单室箱形截面，箱室内沿纵向设置一对预应力加劲斜杆，借以将索力有效地传至整个截面。将中间腹板改为斜撑并增设横撑，可以减轻梁体重量。

图 12.11(f)为挪威的斯卡尔桑德(Skarnsunddet)桥(主跨 530m)的主梁截面，其为倒三角形，对抗风特别有利。

图 12.11(g)表示两个索面靠近桥中央而两侧伸出较长悬臂肋板的截面型式。

图 12.11(h)为利用三角形构架将两个箱梁连接在一起，加大桥面宽度的一种截面设计。

2) 主梁常用材料

斜拉桥主梁可以是预应力混凝土、钢-混凝土组合梁、钢主梁，或者主跨为钢主梁或钢-混凝土组合梁，边跨为混凝土梁，称为混合式斜拉桥。不同材料制作的主梁所对应的经济跨径是不同的。

主跨主梁和边跨主梁的设计理念是不同的。主跨必须有良好的动力特性，自重较轻。对于大跨度斜拉桥，边跨由于其拉索起着稳定索塔的作用，因而边跨应具有克服上提力的功能，这就需要通过边跨的自重、刚度或设辅助墩的方式来解决。

5. 主塔

1) 主塔的型式与布置

斜拉桥的索塔主要承受通过拉索传递给塔柱的巨大压力和弯矩。斜拉桥主塔结构型式、高度、截面尺寸以及塔底的支承形式，应根据桥位处地质情况、环境条件、斜拉桥的跨度、桥面宽度、斜拉索的布置以及建筑造型等因素来决定。

斜拉桥索塔的布置形式分为沿桥纵向的布置形式和沿桥横向的布置形式，其中后者又因索面的布置位置不同而有所差异。

桥塔的纵向型式一般为单柱形，也可考虑 A 形和倒 Y 形塔，后者刚度较大，能抵抗较大的弯矩。

桥塔的横向型式有单柱式、双柱式、门架式、A 形、倒 Y 形，花瓶形(折线 H 形)和钻石形等，如图 12.12 所示。单柱式桥塔通常用于主梁抗弯、抗扭刚度较大的单索面斜拉桥。门架式桥塔由两根塔柱和横梁(或交叉斜撑)组成，可抵抗较大的横向水平荷载，构造较单柱式桥塔复杂，门架式和双柱式桥塔适用于桥面宽度不大的双索面斜拉桥。花瓶形、A 形、倒 Y 形、钻石形桥塔的特点是结构横向刚度大，但构造和受力复杂、施工难度大。对于抗震、抗风要求较高的大跨度或特大跨度斜拉桥，经常采用这类型式的主塔。A 形、倒 Y 形、钻石形桥塔既适用于单索面，也可用于双索面斜拉桥。

图 12.12 中(a$_1$)为单柱形，(a$_2$)为倒 V 形或 A 形(增设中间横杆时)，(a$_3$)为倒 Y 形，这三种型式都适用于单索面。

图 12.12(b)中的各种型式都适用于双索面，其中(b$_1$)为双柱式；(b$_2$)为门架式(两根塔柱可以竖直，也可以略带倾斜)；(b$_3$)为 H 形(两根塔柱可以是如图所示的折线形，也可以布置成竖直形或倾斜形)；(b$_4$)是倒 V 形，与(a$_2$)基本相同，用于斜向双索面；(b$_5$)是倒 Y 形，与(a$_3$)基本相同，也用于斜向双索面。

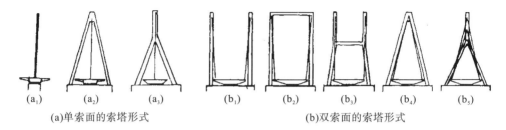

(a)单索面的索塔形式　　　　　　　　(b)双索面的索塔形式

图 12.12　索塔的横向布置型式

图 12.13 所示为桥面较高时索塔的部分横向结构型式。

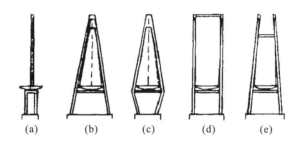

(a)　　　(b)　　　(c)　　　(d)　　　(e)

图 12.13　桥面较高时索塔的横向布置型式

2) 塔高

在斜拉桥的总体布置中，索塔高度(图 12.14)的选取也是涉及工程技术经济指标的一个重要参数。塔的有效高度一般应从桥面以上算起，它与斜索的倾角有关。桥塔越高，斜索的倾角越大，斜索垂直分力对主梁的支承效果就越好，但桥塔与斜索的材料用量也要增加，因此，桥塔的适宜高度要通过经济性比较来决定。根据已有斜拉桥的资料来分析，对于双塔斜拉桥，塔高与主跨之比为 1/7～1/4；对于独塔斜拉桥，该值为 1/4.7～1/2.7。

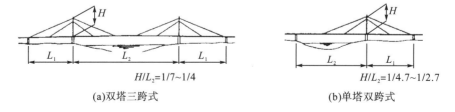

$H/L_2=1/7～1/4$　　　　　　　　$H/L_2=1/4.7～1/2.7$

(a)双塔三跨式　　　　　　　　　　(b)单塔双跨式

图 12.14　索塔在桥面以上的高度

6. 辅助墩

当斜拉桥的边孔设在岸上或浅滩,边孔高度不大或不影响通航时,可考虑设置辅助墩。辅助墩可以改善斜拉桥结构的受力状态,特别是增加施工期的安全性。当辅助墩受压时,减少了边孔主梁弯矩,而受拉时,则减少了中跨主梁的弯矩和挠度,从而大大提高了全桥的刚度。

12.1.3　斜拉桥的计算分析要点

计算机技术的进步对斜拉桥的发展起到了重要的促进作用。由于斜拉桥,特别是密索体系斜拉桥,为高次超静定结构,因此无论是方案比较,还是技术设计,其结构计算都需要采用有限元法,借助计算机来进行。

斜拉桥是一个空间结构,其主梁、桥塔、索相互耦合作用,受力非常复杂,通常在计算中需要根据斜拉桥的结构特性来简化计算图式。例如,在竖向荷载作用下,可以将双索面斜拉桥简化为两片平面结构,而将荷载在两片平面结构间分配。这种做法略去了活载偏心作用下结构的扭转效应,而用横向分布系数来粗略计算空间影响。另外,由于对斜拉索施工阶段所施加的初始张拉力(指活载作用前的索力)足以抵消活载作用下对索产生的压力,斜拉索始终处于张紧状态,因此,即使对于柔性索,计算中仍可将其作为受拉杆单元对待;对于主梁和索塔,则作为梁单元处理。尽管目前已有商用软件可对斜拉桥结构进行精细的空间分析,但许多采用有限元法编制的软件中,仍将斜拉桥作为平面杆系结构来处理。

无论计算图式是否简化,在对斜拉桥进行结构分析时,应注意到这是一个非线性结构体系。结构的非线性主要表现在:结构刚度较小,变形较大;索塔及主梁中有弯矩与轴向压力的相互影响,轴向的压力使得塔柱和主梁弯矩有增大的趋势;斜索自重垂度引起的索力与变形之间的非线性变化影响等。对通常规模(跨度)的斜拉桥,前两种非线性影响并不十分重要,甚至可略去不计,但斜索的非线性影响是必须考虑的。由于斜索存在有一定的自重垂度,故其弹性模量也存在一定的下降或损失。对于大跨度斜拉桥,需要采用大变形理论,考虑索、主梁和塔柱的几何非线性带来的影响;中小跨径斜拉桥,可采用下面的Ernst 公式来计算有效(或修正)弹性模量,以考虑斜拉索的垂度效应:

$$E_{eq} = \frac{E_0}{1 + \dfrac{\gamma^2 l^2}{12\sigma_0^3} E_0}$$

式中, E_{eq} 表示 Ernst 修正的有效(或修正)弹性模量; E_0 表示不考虑斜索垂度影响的弹性模量,也就是斜拉索钢材的弹性模量值; γ 表示斜索的单位体积质量; σ_0 表示斜索的初应力; l 表示斜索的水平投影长度。

与梁式桥一样,斜拉桥的结构内力分析分为恒载内力计算和活载内力计算两部分。但与梁式桥相比,斜拉桥的恒载内力计算更为复杂。一方面,斜拉桥的施工往往不是一次完成的,而是随着施工的进行,体系逐渐变化,最终形成整个结构。因此,恒载内力计算应按施工程序分阶段进行(这往往需要采用桥梁专用结构分析程序),并将各阶段的内力和变形逐次累加,以得到最终的恒载内力和变形。另一方面,由于斜索的拉力大小直接影响到主梁和索塔的内力,且可以在一定范围内调整,因此有条件使结构(尤其是主梁)的恒载内力得到更合理的分布,从而优化设计,取得更好的经济效益,这就是斜拉桥的内力调整。若总弯矩图不太合理,就可以通过调整索力大小,重新分析。在多跨多斜索的情况下,分析就不这么简单了。原则上,成桥后的主梁恒载弯矩及变形应尽可能分布均匀、合理。

此外,计算中还要考虑混凝土主梁的收缩、徐变、预加力等的影响。

斜索初始张拉力(指施工时人为张拉的索力)的确定是恒载内力计算中的关键性问题。它与施工方法有关,且往往要通过反复试算才能得到较理想的数值。目前,通常采用计算机程序来(正向或反向)模拟施工全过程,从中确定比较合理的主梁(也包括索塔)内力及挠度值对应的初始张拉力。连续梁法将各斜索锚固点视为主梁的刚性(或弹性)支承,计算恒载作用下各支承的反力,以其在斜索方向的分力作为初始张拉力。

对于中小跨径斜拉桥,可按平面杆系来分析,其活载内力计算仍是先作出内力及挠度影响线,然后进行影响线加载,并以计入横向分布系数的办法来考虑空间影响。横向分布系数的计算,可根据结构构造的特点采用合适的方法。而大跨径斜拉桥的非线性影响明显增大,叠加原理不再适用,影响线加载法也就不能使用,最不利内力只能通过力学概念判断荷载位置后,通过非线性程序计算。但为避免费时费力,一般先用影响线加载计算不计非线性因素的内力,然后乘以非线性修正系数

斜拉桥的稳定性分析,包括平面稳定、塔墩面内和面外稳定,以及塔柱及主梁在横向荷载作用下的弯压稳定计算。

对于大跨度斜拉桥,还需考虑风振、地震、雨振以及车辆引起的振动对结构的影响。

12.2 悬 索 桥

12.2.1 悬索桥概述

悬索桥也叫吊桥,是以悬索为主要承重结构的桥。它是由桥塔、吊杆、锚碇和桥道系(加劲梁)组成的缆索承重桥,如图12.15所示。其受力特征:荷载由吊索传至缆,再传至锚墩;传力途径简单、明确。悬索桥是大跨桥梁的主要型式,因其主要构件受拉力,材料利用效率最高,且近代悬索桥的主缆采用强度很高的高强钢丝,使得修建大跨度桥梁更为经济合理。目前,全世界跨径大于1000m的桥大部分是悬索桥。

世界公认悬索桥最早出现在中国,公元前3世纪四川已有竹索桥,公元前2世纪陕西已有铸铁修建的铁索桥。

近代悬索桥分美国式、英国式和日本式三种流派。美国式悬索桥的基本特征是采用竖直吊索,并用钢桁架作为加劲梁;英国式悬索桥的基本特征是采用呈三角形的斜吊索和高度较小的流线型扁平翼状钢箱梁作为加劲梁,由于斜吊索易发生剧烈振动,所以慢慢地就用得较少了;日本式悬索桥结合了美国式和英国式的优点。

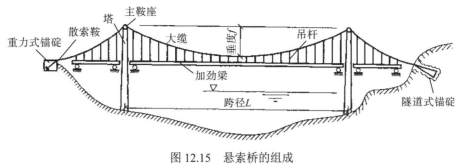

图 12.15 悬索桥的组成

12.2.2 悬索桥的分类

1)按悬吊跨数分

按悬吊跨数可分为单跨悬索桥、双跨悬索桥、三跨悬索桥及多跨悬索桥,如图 12.16 所示。

(a)   (b)

图 12.16 桥跨跨数不同的悬索桥

单跨悬索桥常常是由地形条件或线路平面条件来决定的,它应用于边跨地面较高,采用桥墩来支承边跨的梁体结构比较经济,或者道路的平面线形受到限制,不得不有曲线进入大桥边跨的情况。

当只有一岸的边跨地面较高或线路有平面曲线进入时,也可以采用两跨悬索桥的型式(即一个边跨与主跨的加劲梁是悬吊的,另一边跨的梁体是由桥墩支承的型式)。当建桥需要采用连续大跨布置时,可以用两个三跨悬索桥串连布置,中间共用一座锚碇锚固这两桥的主缆,如日本本州四国联络线中的南北备赞濑户大桥即以两座三跨悬索桥的型式出现,如图 12.17 所示。

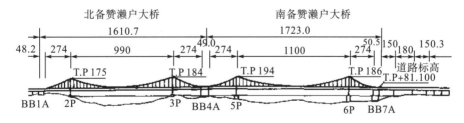

图 12.17 南北备赞濑户大桥(单位:cm)

2)按索塔数量分

悬索桥的索塔数量主要根据桥址地形、桥下船舶通航要求、河势及水深与跨越要求等确定,同时还需考虑施工条件及经济性、景观等因素。一般可分为独塔悬索桥、双塔悬索桥及多塔悬索桥。

3) 按结构体系分

悬索桥的结构体系一般根据环境条件、结构型式、受力变形等要求确定，一般可分为单跨双铰体系、双跨双铰体系、三跨双铰体系、三跨连续体系、多跨连续体系、自锚式体系等。

4) 按加劲梁型式分

悬索桥按加劲梁的型式可分为钢箱梁悬索桥、钢桁架梁（包括单层桥面和双层桥面）悬索桥及薄壁预应力混凝土箱梁悬索桥等。

5) 按锚碇类型分

悬索桥根据主缆锚固形式不同分为自锚式悬索桥和地锚式悬索桥，地锚式悬索桥又根据锚碇的类型不同分为重力式锚碇悬索桥、隧道式锚碇悬索桥。自锚式是将两端锚于悬索桥的加劲梁上，这种方式适用于跨度较小的桥。地锚式是通过锚碇将主缆固定于桥头岸边的岩石或土层中，这也是目前应用最为广泛的形式。

6) 按索塔材料分

悬索桥根据索塔使用材料不同分为钢索塔、混凝土索塔及钢-混凝土组合索塔悬索桥。

7) 按桥面系刚度来分

悬索桥根据桥面系刚度来分可分为刚性悬索桥和柔性悬索桥。柔性悬索桥的桥面系一般不设加劲梁，因而刚度较小，在车辆荷载作用下，桥面将随悬索形状的改变而产生 S 形的变形，对行车不利，但它构造简单、造价低，一般用作临时性桥梁或者经济欠发达地区的通行桥梁。刚性悬索桥的桥面用加劲梁加强，刚度较大。加劲梁能通过桥梁整体架构承受竖向荷载。

12.2.3　悬索桥的总体布置与构造

1. 总体布置

悬索桥的总体布置与一般桥梁类似，也包括平面和纵、横断面设计，同时需要结合桥址处地形、地貌、水文、地质、河势、通航等条件和结构受力合理性，并考虑桥梁美学设计及与环境的协调等因素，综合确定桥跨布置、结构体系和约束条件。其中桥跨布置是大桥总体设计的核心和关键内容，主要是确定桥梁分跨、主跨与边跨的跨度，索塔、锚碇的位置与结构型式，确定主跨的矢跨比、主缆横向间距、主缆至桥面的最小距离、结构体系，以及桥面高程与成桥线形等。

首先应根据功能要求确定主跨跨径，即索塔的位置。其次是根据两岸地形和工程地质条件选择锚碇位置，基本确定桥跨布置。地质条件对结构稳定性和工程量有很大的影响，索塔和锚碇都应选在地质条件较好的位置。

基本确定桥跨布置后，再视结构受力合理性和经济性确定悬索桥的其他参数。悬索桥主缆垂跨比一般为 1/12～1/9，自锚式悬索桥可增大垂跨比。悬索桥吊索间距的确定应综合考虑用材的经济性、加劲梁运输架设条件及吊索运营中各种不利受力情况等因素。主缆跨中与加劲梁间的最小竖向净距，应满足加劲梁安装时施工机械对净空的要求。悬索桥加劲梁的结构及断面型式应满足抗风设计要求。

悬索桥的结构体系主要是确定加劲梁的支承约束体系,一般三跨悬索桥的加劲梁是非连续的,即为三跨双铰悬索桥结构体系。三跨双铰悬索桥在结构受力方面是比较合理的,但该结构体系的梁端伸缩量、跨中挠度和梁端转角均较大,影响行车舒适性。为了适应有铁路通过的悬索桥或对行车舒适性要求较高的城市桥梁,减小桥面变形(包括梁端转角变形、伸缩量和跨中挠度)显得十分重要,这使得多跨连续体系的悬索桥应运而生。20 世纪90 年代建设的厦门海沧大桥、丹麦大贝尔特桥(Great Belt Bridge)、瑞典高海岸桥(Höga Kusten Bridge)均采用了三跨连续悬索桥方案。也有因地形或线形限制而采用双跨连续的,香港青马大桥和舟山西堠门大桥就采用了双跨连续体系的悬索桥方案。

悬索桥结构体系需要综合大桥的使用功能、建设条件、工程规模和经济合理性等确定,并与相应的支承约束措施和构造措施相配套,以满足刚度要求,即不计冲击力的汽车荷载引起的加劲梁最大竖向挠度值不宜大于跨径的 1/300,风荷载引起的加劲梁最大横向位移不宜大于跨径的 1/150。

悬索桥的约束边界条件布置主要有:加劲梁在索塔处竖向支承约束(主要是竖向支座或竖向液压装置)、横向支承约束(主要为横向抗风支座)、纵向位移约束(主要是阻尼限位装置或刚性限位挡块等);加劲梁在中跨跨中处的变形约束装置(主要是主缆中央扣或交叉斜吊索等);多跨加劲梁在锚碇处竖向支承约束(主要是竖向支座或竖向液压装置)、横向支承约束(主要为横向抗风支座、刚性限位挡块或横向阻尼器)、纵向位移约束(主要是阻尼限位装置或刚性限位挡块等)。

2. 构造

1)主缆

主缆是悬索桥的主要承重结构,以索塔、散索鞍支墩为支承,两端锚固于锚碇或梁端,除承受自身恒载外,加劲梁的恒载和活载通过索夹和吊索传递至主缆。此外,主缆还承担一部分横向风荷载,并将它直接传递到索塔顶部,是全桥结构受力的生命线。

(1)主缆的材料。欧洲和美洲早期的悬索桥主缆都采用眼杆式缆链,其主要优点是可以适应缆力沿桥变化而改变截面,用料经济。而这种用眼杆作主缆的悬索桥,若某一眼杆的截面裂缝会导致全桥破坏。所以,随着工业技术的发展,悬索桥主缆多采用抗拉强度和疲劳强度更好的钢丝束。此时,为了方便施工,中、小跨悬索桥多使用钢绞线,但钢绞线的弹性模量小,使得桥梁的变形增大,且钢绞线作主缆时不易按设计截面形状压紧,也难采取有效的防腐措施。主缆先后经历了钢结构眼杆式缆链、钢丝绳缆、封闭钢绞索缆,最终发展为现在的镀锌高强度平行钢丝主缆,满足了现代悬索桥主缆材料必须具有强度高、弹性模量大、耐腐蚀等性能的要求。

(2)主缆的结构。主缆的截面一般是由 $\phi 5mm$ 左右的镀锌平行钢丝组成,为便于施工安装和锚固,主缆被分成索股编制架设,并在两端锚碇处分别锚固,若干根钢丝索股构成一根主缆。主缆截面积是由悬索桥主缆的拉力大小确定的,一旦钢丝直径选定,其主缆所含钢丝总数 n 即随之而定。而具有 n 根钢丝的主缆应有多少股钢束 n,每股钢束含多少根钢丝 n,则需根据主缆的架设成缆方法确定。现代悬索桥的主缆通常采用空中纺线法(air spinning method,AS 法)和预制平行钢丝索股法(prefabricated parallel wire strand method,

PPWS 法) 成缆。图 12.18 所示为钢丝数为 127 的排列形式。在主缆紧缆前，主缆索股通常按正六边形排列，紧缆后主缆为圆形。

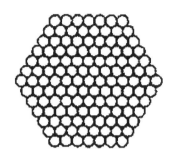

图 12.18　PPWS—127 预制束股截面型式

2) 桥塔

索塔主要是对主缆起支撑作用，分担主缆所受的竖向荷载，同时在风和地震荷载的作用下，为全桥的总体稳定提供安全保障。悬索桥的活载和恒载传递至索塔上，均通过索塔传递到基础。索塔结构，从纵向结构受力可分为刚性塔、柔性塔和摇柱塔 3 种结构型式。刚性塔多出现在早期较小跨度的悬索桥和现代多跨悬索桥中，为提高结构刚度时采用；柔性塔则是大跨度现代悬索桥最常用的结构，为下端固接的单柱型式；摇柱塔只用于跨度较小的悬索桥，下端为铰接式单柱结构。

索塔在横桥方向采用刚构式、桁架式或两者混合的结构型式来连接两侧的立柱，用以抵抗横桥向的风力或地震作用，如图 12.19 所示。

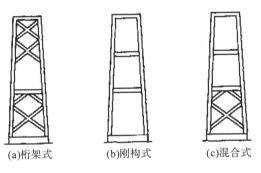

(a)桁架式　　　　(b)刚构式　　　　(c)混合式

图 12.19　桥塔横桥向示意图

索塔可采用钢结构、混凝土结构及钢-混凝土组合形式。早期索塔采用石砌材料，后来以美国为代表的大跨度悬索桥多采用钢结构，近代欧洲各国和我国的悬索桥多采用混凝土结构。日本悬索桥常沿用钢结构索塔，这主要是出于其钢材工业发达、人工费用高以及地震频繁的实际国情考虑。实践证明，混凝土索塔对大跨度悬索桥同样具有适用性和竞争力，随着预应力混凝土和爬模技术的发展，造价经济的混凝土索塔将有更大的发展空间。

3) 锚碇

锚碇是地锚式悬索桥主缆的锚固体，将主缆的拉力传递给地基基础。锚碇按承载类型通常可分为重力式锚碇、隧道式锚碇两种，如图 12.20 所示。

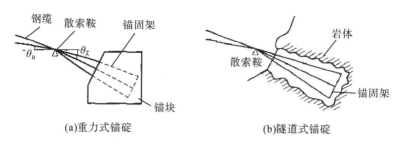

图 12.20　锚碇示意图

重力式锚碇依靠巨大自重来抵抗主缆的垂直分力,水平分力则由锚碇与地基间的摩擦力或嵌固力来抵抗,从而实现对主缆的锚固。隧道式锚碇是先在两岸天然完整坚固的岩体中开凿隧道,将锚碇架置于其中后,用混凝土浇筑而成,这是利用岩体强度对混凝土锚体形成嵌固作用,将主缆中的拉力直接传递给周围的基岩,达到锚固主缆的目的。因而其锚碇混凝土用量较重力式锚碇大为节省,更经济。但迄今为止,大部分悬索桥都由于缺乏坚固的山体岩壁可利用,而一般采用重力式锚碇。

4)加劲梁

加劲梁的主要功能是提供桥面刚度和防止桥面发生过大的挠曲变形和扭曲变形,它直接承担竖向活载,也是悬索桥承受风荷载和其他横向水平荷载的主要构件,所以,必须具有足够的抗扭刚度或自重以保持在风荷载作用下的气动稳定性。加劲梁所承担的活载及本身的恒载通过吊索和索夹传至主缆。加劲梁的变形从属于主缆,它的刚度对悬索桥的总体刚度贡献不大,因而梁高通常不必做得太大。

加劲梁一般都采用钢结构,混凝土结构由于自重太大,从耗材、造价、工期等方面考虑,当跨径大于 200m 的时候就不再采用。钢加劲梁的截面型式主要有美国流派的钢桁梁和英国流派的扁平钢箱梁(图 12.21,图 12.22),钢箱梁的抗风性能较好,风的阻力系数仅为桁架式的 1/4～1/2;耗钢量也较少。但钢桁梁在双层桥面的适应性方面远较钢箱梁优越,因此它适合于交通量较大或公铁两用的悬索桥。

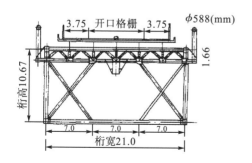

图 12.21　钢桁梁截面(单位:m)

(葡萄牙四月二十五号大桥)

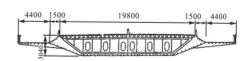

图 12.22　钢箱梁横截面(单位:mm)

(英国威尔士塞文桥)

5) 索夹及吊索

索夹是紧箍主缆并连接主缆与吊索的构件,既对主缆和吊索起连接作用,又对主缆起紧固定型作用。起连接作用的索夹与吊索相对应,有左右对合和上下对合两种基本形式。其与吊索的连接又有鞍槽骑跨式和耳板销接式两种。按是否有吊索划分,索夹可分为有吊索索夹和无吊索索夹。

索夹采用全铸钢结构制造,除承受吊索拉力外,索夹的长度及紧固高强螺栓的数量还根据索夹安装部位所受的抗滑移安全系数确定。索塔两侧部位索夹受力最大、索夹最长,跨中索夹受力最小、索夹也最短。

吊索是将活载和加劲梁的恒载传递到主缆的构件,可采用柔性绳索结构,也可采用刚性吊杆结构,吊索的布置型式有常规的竖直吊索和斜向吊索两种型式。吊索与加劲梁的连接方式常用的有锚头承压式和销接式两种。吊索通常采用镀锌扭绞钢丝绳、封闭钢丝绳或平行钢丝束制作,表面涂装油漆或包裹高密度聚乙烯(high density polyethylene,HDPE)护套防腐。吊索有单吊点和多吊点之分。吊索一般按等间距或等截面布置,其组成可以是一根、两根或4根一组。长度超过20m的吊索,常需设置抑振装置。

吊索与索夹的连接方式一般分为骑跨式和销铰式两种,如图12.23所示。其中,前者不宜采用平行钢丝索,而后者对钢丝绳索与平行钢丝索都能适应。

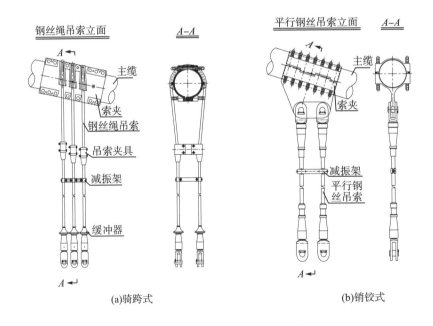

(a)骑跨式   (b)销铰式

图 12.23   吊索与索夹的连接方式

6) 鞍座

鞍座分为塔顶鞍座(亦称主鞍座)和散索鞍座。

塔顶鞍座位于主缆和塔顶之间,其上座设有索槽用以安放主缆(图12.24)。刚性桥塔上的主鞍座,一般在上座下面设一排辊轴,用来调整施工中主缆在塔顶两侧的水平分力,使之接近平衡。辊轴下面设下座底板。柔性塔和摇柱塔上的主鞍座仅设上座，它将通过螺栓与塔固定。

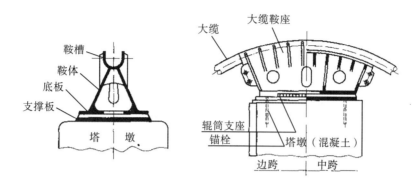

图 12.24　塔顶鞍座

散索鞍座是主缆进入锚碇之前的最后一个支承构件。置于锚碇的前墙处，起着支承转向和分散大缆束股使之便于锚固的作用，如图 12.25 所示。与塔顶主鞍座不同的是，散索鞍座在主缆因活载作用或温度变化而产生长度变化时，其本身能够随主缆同步移动，以调节主缆的长度变化，其结构型式上又有摇柱式和滑移式两种基本类型。

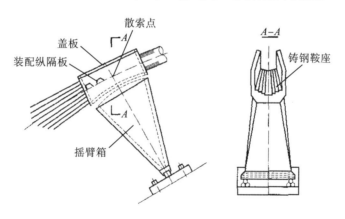

图 12.25　散索鞍座构造示意图

散索鞍座现在一般也是兼用铸焊的方法进行制造，即鞍槽部分采用铸钢件，其他部分用厚钢板焊接。

12.2.4　悬索桥的计算分析要点

悬索桥结构的分析包括静力和动力分析两大部分。静力计算包括：竖直荷载作用下的结构分析、横向荷载作用下的结构分析、扭转及偏心荷载作用下的结构分析、空间分析等。动力计算包括：振动特性分析、地震响应计算、风致振动效应分析。

悬索桥是柔性结构，计算时必须考虑结构在承受荷载后的变形对内力分布的影响，即几何非线性的影响。计算理论的进步为悬索桥跨度的增大奠定了基础，早期的计算均采用解析法，目前采用数值法。大跨径悬索桥加劲梁重力完全由主缆承担，加劲梁只承担自重产生的局部弯矩。因此，自重内力计算只需计算主缆在均布荷载作用下的拉力，这可以简单地通过内外力平衡求解。悬索桥的设计计算难点主要是活载及其他使用荷载作用下的内力计算，此时必须考虑主缆与加劲梁共同受力。

柔性主缆的几何形状是由其在外力作用之下的平衡条件决定的，外力包括恒载和活载。如果恒载相当大，则其由恒载所决定的几何形状就不会因相对较小的活载上桥而有多大改变。于是，对于活载，桥就有了刚度，这叫重力刚度。相对于梁桥刚度主要由截面尺寸决定而言，悬索桥的刚度由初始悬索拉力及形状决定。

悬索桥静力分析方法是以分析悬索桥结构工作时受力情况为目的的计算理论，根据年代与内容的不同，可分为弹性理论、挠度理论和有限位移理论。

1)弹性理论(19世纪末至20世纪初)

它是一种将悬索桥看作主缆与加劲梁结合体的最早期的计算理论。它只考虑由荷载产生的截面内力之间的平衡，其特点是对恒载与活载的作用没有进行本质上的区分。

用弹性理论作悬索桥结构分析时，作了如下假定：

(1)主缆只受拉，其本身不承受弯矩，均布恒载使主缆的几何形状为二次抛物线，恒载完全由主缆承担。一段活载作用于桥上时，主缆的几何形状及长度假定保持不变。

(2)假定梁的抗弯刚度沿梁长不变。

(3)将布置很密的吊索按形成"膜"来考虑，并假定吊索长度不因活载而伸长或倾斜。这样，在活载作用下，沿主缆各点的竖向挠度就和沿梁各相应点的挠度一样。

弹性理论有两个显著的缺点：一是未考虑恒载对悬索桥刚度的有益影响；二是未考虑悬索桥结构非线性大位移的影响。这样，就使得按弹性理论做出的设计太保守，过于安全，浪费材料，所以在现代悬索桥的设计计算中已不再采用。

2)挠度理论(20世纪初至1980年)

挠度理论方法的假设与弹性理论方法假设基本相同，它们都假设吊杆密布，即称为古典膜理论。

挠度理论与弹性理论的不同之处仅在于挠度理论考虑悬索竖向变形对内力的影响，但不考虑纵向变形、剪切变形、吊杆倾斜及伸缩变形等。

挠度理论的确有相当高的精度，已经可以满足工程设计精度的要求。但其计算繁杂，为了简化挠度理论的计算工作，国内外一些学者曾提出一些简化的近似方法，其详细内容及用法可参阅有关资料。

3)有限位移理论(1980年以来)

有限位移理论将整个悬索桥包括缆索、吊索、索塔、加劲梁全部考虑在内，分析时可以综合考虑吊索的倾斜和伸长、缆索节点的水平位移、加劲梁的水平位移及剪切变形等几何非线性的影响和任意的边界条件，从而使悬索桥的分析精度达到新的水平。综合考虑体系节点位移影响、轴力效应，把悬索桥结构非线性分析方法统一到一般非线性有限元法中，这是目前普遍采用的方法。

12.3 索 道 桥

12.3.1 索道桥概述

索道桥(图 12.26)是在锚固于河、谷两岸的一排缆索上铺设桥面而架设成的桥梁。具有结构简单、载重量大、材料用量小、建设周期短等特点。

我国早在公元前 6 世纪末就开始炼铁和铸造铁器,铁链早在战国时期就开始被使用,汉代时就修筑有铁链索道桥。后来这种桥型被传往日本以及西方各国,经过长期发展,世界各国都建成了不同规模的索道桥。但由于索道桥的线形和通行性方面的弱点,以高强钢丝制成的缆索承重的桥,多向悬索桥和斜拉桥方向发展。索道桥虽然材料最省、结构最简单,但一直未引起重视,未有明显进步。

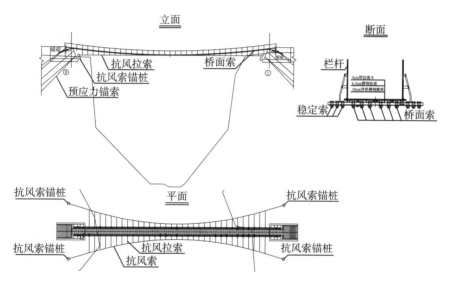

图 12.26 索道桥的组成

1969 年在广西宜山龙江建成的索道桥是我国设计的第一座索道桥。宜山索道桥是一座单跨索道桥,跨度 180m,桥面宽 3.6m,设计最大载重为 12t。宜山龙江索道桥的成功架设,基本确定了索道桥的基本构造,为后来的推广打下了基础。

传统的索道桥系统在结构和使用材料方面存在一些不足之处,大有改进的必要。为此,工程师们提出了很多改进措施,其结构更为简单,施工方便。20 世纪中后期,由于交通建设和大型水电厂施工的需要,将索道桥从军用推广到了民用,取得了较好的经济效益和社会效益。

索道桥和悬索桥有很多相似之处,两种桥型都是以悬索为主要的承重构件,其他重要构造还有桥塔、锚碇、吊杆(吊索)和桥面系。索道桥没有加劲梁,由多根悬索并排布置,与桥面板、护栏等一同构成桥面系,它属于柔性吊桥的一种。由于结构类型的差异,其受力特点也有所区别。悬索桥作为大跨度桥梁的首选桥型,其受力特点是荷载作用在桥面系上，并由吊杆将桥面系荷载传递给主缆，最终传递至锚碇，传力途径简单明确。采用高强钢丝作为主缆，其材料性能得以高效发挥，具有经济合理、技术可靠、桥型美观等特点。然而，对于较偏远山区地形，要架设人行或小吨位车辆通行桥梁，或者在地震、洪水灾害、军事地区需快速架设应急通用桥梁，首选桥型应为索道桥。索道桥的特点是能充分发挥高强度钢索受拉强度大的优点，不需要修筑特别高的桥塔也可以架设跨径较大的桥梁，因此利于快速施工，桥面系结构简单，材料消耗量较少，桥梁的架设及后期维护方便。

12.3.2　索道桥的总体布置

按总体布置方式。索道桥主要可分为单跨索道桥、多跨索道桥、索道浮桥、倒张式索道桥等多种型式。

单跨索道桥是一种最常见的索道桥布置方式。单跨索道桥垂跨比为 1/40～1/30，跨度一般为 40～400m。但由于单跨索道桥会因为跨度增大导致跨中挠度增大，所以跨度较大时，在单跨索道桥的中间设几个支撑，变成多跨桥，桥的下挠成倍地减小。

多跨索道桥中间支墩又分为固定式和浮游式。当中间支墩采用浮游式时，多跨索道桥又可以称为索道浮桥。索道浮桥通常适用于河川水位比较稳定、流速小，有一定深度的情况。浮游支墩用民舟、渡船、轮船、浮箱等浮体结构。

倒张式索道桥是昆明理工大学刘北辰教授提出的一种索道桥。普通索道桥在荷载通过桥面时会产生较大的变形，同时，在偏载作用下，桥面会产生较大的扭转变形，危及行车及行人安全。倒张拱式索道桥在增加少量倒张索及拉杆的条件下，利用荷载替换的方法使其比普通索道桥具有更好的稳定性和抗风性，并且在使用荷载作用下的变形更小，从而提高行人及行车过桥时的安全性及舒适性，具有自重小、刚度大等特点。图 12.27 所示为云南某水电站为跨越峡谷而架设的跨度为 100m 的倒张式索道桥总体布置图。

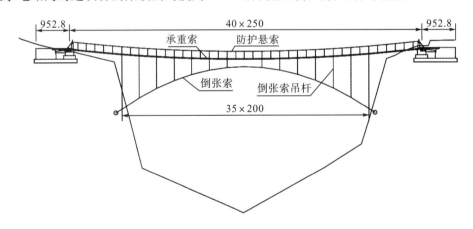

图 12.27　倒张式索道桥(单位：cm)

12.3.3　主要结构

索道桥主要由锚碇、承重索系统、稳定结构、桥面索四大部分组成(图 12.28，图 12.29)。

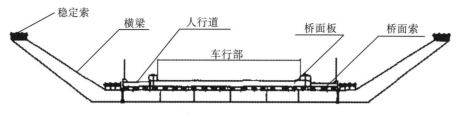

图 12.28　索道桥横断面图

图 12.29　钢丝绳桥面索系统组成

1. 锚碇

锚碇对称布置于江河、沟谷的两岸，用来锚固整座桥梁的承重索，是索道桥的重要基础。锚碇有多种形式，因两岸土壤性质和承重索使用的材料的不同而有所差异。一般在土壤地基中多采用地垄式锚碇，靠土体的被动土压力平衡承重索的拉力；在岩石地基上，多用锚杆锚碇。

2. 承重索系统

承重索(即主索)是索道桥主要承重构件，多索并列，锚固在两岸锚碇中。索道桥的承重索主要用钢丝绳、钢绞线和平行钢丝束制作，承重索分桥面索和稳定索进行布置。

1) 桥面索

桥面索布置在车行部桥面板下，直接承受桥面板传来的荷载。钢丝绳桥面索系统的组成如图 12.29 所示。

2) 连接调节构件

在桥面索和锚碇之间，需要设连接器和长度调节器(亦称松紧器)用以连接和调整索的垂度或长度。其构造随承重索的类型而异。若是钢丝绳则用滑轮连接器和带正反螺丝杆的松紧器，若索是钢绞线，只设连接器(混凝土预应力筋常用的一种构件)，不另设松紧器，其调节的任务由连接器中锚固夹片承担。

3) 支座与础材

在承重索的转折处，均设有支座。支座一般设置在桥础材上，条件许可时也可设置在钢筋混凝土础板上，如图 12.30 所示。支座的作用是保证钢索转折圆滑。支座有单轮的，也有双轮的。当几根承重索布置间距较小时，也可为多轮的。

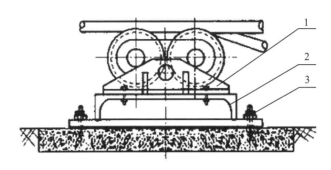

图 12.30 支座

1.支座；2.础材；3.地脚螺栓

3. 稳定结构

现代索道桥与老式索道桥最主要的不同点是设有稳定结构,其主要功能是增强桥梁的稳定性。稳定结构主要有以下构件。

1) 稳定索

稳定索布置在桥梁的两侧,既起稳定作用又起承重作用,其数量随桥的跨径和载重量而异,一般为桥面索的 0.3～1.1 倍,其间距不小于 $L/30$(L 为桥的跨径)。稳定索的构造和材料与桥面索相同。

2) 横梁

横梁是桥面索与稳定索之间的联系构件,用以增强桥梁的横向稳定性,通常做成倒八字形(图 12.31),有的也做成一字形。横梁的长度随桥梁的跨径和荷载不同而异,一般长度为 8～13m,是索道桥最重要的构件之一。为便于运输,常将其分为一个中部和两个端部三段制作。

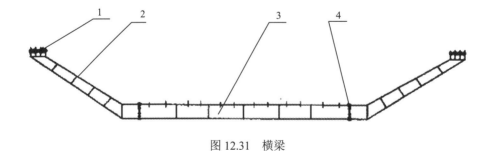

图 12.31 横梁

1.稳定索座；2.横梁端部；3.横梁中部；4.连接构件

3) 抗风索

抗风索上端固定在横梁中部固定桩上,下端与地锚连接在桥的两侧,每隔一定距离对称设置一组。抗风索一般用直径比桥面索略小的钢丝绳制作。

4. 桥面系

桥面系包含桥面板、护轮木、护栏等构件。桥面板（图 12.32）直接铺在桥面索上，构成车行部（有的在其上方还增设纵桥面板），可以用木材或者钢材。现在有高延性混凝土，可以在进一步试验后用作索道桥的桥板。桥面板铺在桥面索上，用螺栓和钢丝绳夹与承重索固定。

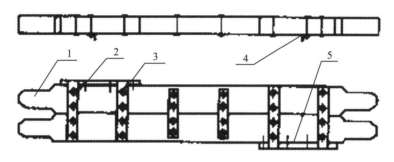

图 12.32　桥面板

1.木板；2.钢板；3.螺栓；4.定位角钢；5.缝隙木

横梁桥板是设在横梁上表面的专用桥板，其宽度与横梁上翼缘相同。横梁桥板上表面设有防滑护铁，下表面刻有与桥面索间距相等的凹槽（图 12.33）。桥面索位于凹槽内，用凹槽控制桥面索的间距。横梁桥板的两侧设有斜对称的缝隙木，以控制与桥板的间隔。用扁铁和螺栓与横梁固定。

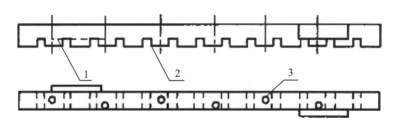

图 12.33　横梁桥板

1.桥板；2.索槽；3.桥板与横梁固定螺栓孔

护栏或栏杆柱可用圆钢或薄壁钢管制作。杆上焊有绳圈，供穿栏杆绳用。栏杆绳作为行人扶手。栏杆柱尾端为锥形，焊有限位垫，用以栏杆柱插入缘材孔内时限位。有的在尾端设有一销孔，插开口销防止装好的栏杆柱脱出。

12.3.4　索道桥的计算要点

索道桥是一种悬索体系桥梁，属于小垂度柔性吊桥，其承重索与锚碇为主要受力构件，桥面结构为次要受力构件。索道桥荷载直接作用在桥面结构上，并传递给承重索，对承重索进行计算需要考虑它的几何非线性，其计算理论和方法与悬索桥类似。

12.4　悬带桥简介

悬带桥(stress-ribbon bridge)是由索道桥演化而来。因索道桥垂度的影响,桥面跨中明显比两端低很多,且刚度偏小,使用功能上受限制。于是人们在承重索上拼装一层混凝土板,用另一组预应力钢索穿过薄板的预留孔,进行张拉并锚固在两端的锚固块上,使板内储存预压应力来承担后加恒载以及活载和温度等产生的拉应力。然后在上方布置立柱,立柱上再布置桥面系,且对主索进行预应力张拉以增加桥梁刚度。因其增设混凝土板后外形如带,所以称为悬带桥。按照悬带的不同锚固方式,悬带桥可分为自锚和外锚两种形式,结构简图见图 12.34。

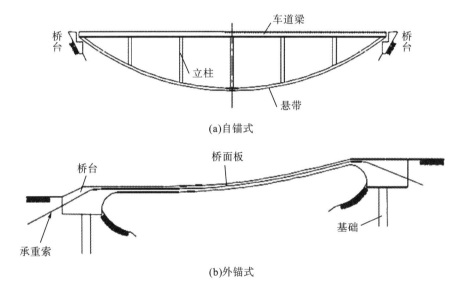

(a)自锚式

(b)外锚式

图 12.34　不同锚固方式的悬带桥结构简图

组成悬带的桥面板具有轴向抗拉刚度,能承担轴向拉力,减轻承重索的负担,桥梁的抗弯刚度、振动阻尼和固有频率均较小,对动力荷载较为敏感,其受力特点介于悬索和梁之间。

第十三章　组合体系桥

根据桥梁结构的受力特性，通常将桥梁结构分为梁式桥、拱桥、刚架桥、悬索桥和斜拉桥等基本体系。随着桥梁建设事业的不断发展，桥梁工程师们在不断完善各种体系桥梁设计理论和建造技术的同时，也将注意力投到了由两种或两种以上的基本结构体系组合而成的组合体系桥上，试图从中获得某种信息，使得组合体系桥在某些方面比基本体系桥更为优越。

组合体系桥并不是简单地将两种或两种以上的基本结构体系组合在一起。当我们将不同结构体系组合在一起时，首先要考虑这种组合是否能获得优势，这种优势是否有价值；其次还要考虑到，各种基本体系桥均有不同的特点，也有各自不同的适应性，当它们组合在一起并获得某些优势时，也常常带来一些新的问题，因此必须分析这些新的问题是否可以通过采取一些措施来解决。

目前，组合体系桥一般是利用拱桥造型美观和造价低、连续梁受力合理和施工方法成熟、连续刚构节省大型支座、悬索桥和斜拉桥跨越能力大等显著特点，充分发挥被组合的基本体系桥的特点及组合作用，使得组合后的桥梁在力学性能、材料和造价指标、施工和养护、桥梁造型等诸多方面优于同等设计条件的单一结构体系桥。

组合体系桥在我国正得到越来越多的应用，发展较快，本章将介绍其中几种有代表性的组合体系桥。值得注意的是，人们对事物的认识有一个逐渐加深的过程，其中有些组合体系桥也许还不够完美，甚至有些还存在较明显的缺陷，但这并不妨碍我们通过它们来认识和学习组合体系桥。希望通过本章的学习，能使读者了解和总结前人经验，扩大视野，激发创造力。

13.1　梁拱组合体系桥

梁拱组合体系是在拱式桥跨结构中，将梁和拱两种基本结构组合起来，共同承受荷载，充分发挥梁受弯、拱受压的特点。根据拱肋和行车道的连接方式不同，梁拱组合体系可划分为有推力拱和无推力拱两种类型。无推力拱又称系杆拱。根据桥道系与拱肋（拱圈）的关系、纵梁（系杆）约束的不同，可以分为简支梁拱、悬臂梁拱和连续梁拱组合体系桥。

13.1.1　简支梁拱组合体系桥

在横断面上，简支梁拱组合体系桥拱肋与纵梁（又称加劲梁或系杆）的位置相对应，可以是独肋、双肋及多肋，肋的多少取决于桥面宽度、横断面布置，以及建筑高度。独肋必须配置箱形梁，以提高梁的抗扭刚度。

简支刚梁刚拱组合体系桥，外部为静定结构，内部为高次超静定结构，主要承重构件除拱肋外，还有纵梁（系杆），它与横梁组成平面框架，由吊杆上下联系以达到共同受力的目的。

过去，为简化计算，根据拱肋与加劲梁的相对抗弯刚度大小，将梁拱组合体系桥分为柔梁刚拱（也称柔性系杆刚性拱）、柔拱刚梁（也称刚性系杆柔性拱）和刚梁刚拱（也称刚性系杆刚性拱）（图 13.1）。当拱的刚度远远大于梁的刚度时（拱肋截面的抗弯刚度与梁截面的抗弯刚度的比值大于 80，弯矩由拱肋承担），梁可视为仅承受轴向拉力的杆件，即为柔梁刚拱；当拱的刚度远远小于梁的刚度时（拱肋截面的抗弯刚度与梁截面的抗弯刚度的比值小于 1/80，弯矩由纵梁承担），拱肋可视为仅承受轴向压力的柔性拱肋，即为柔拱刚梁。对中承式梁拱组合体系桥，可只在机动车道中间隔离带上设置单片拱肋，梁为箱形截面，由于单片拱肋的竖向刚度一般远比箱梁的竖向刚度小，就成了柔拱刚梁组合体系桥。当梁与拱的刚度介于上述两者之间，即设置分离式加劲梁的情况时，弯矩由梁拱按刚度分担，则称为刚梁刚拱。

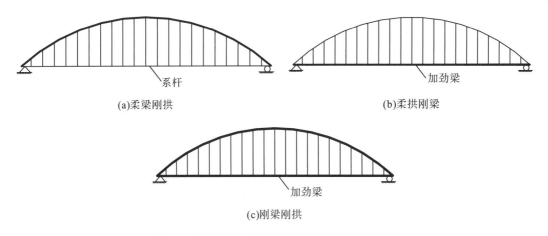

(a)柔梁刚拱   (b)柔拱刚梁

(c)刚梁刚拱

图 13.1   按梁拱相对刚度分类的梁拱组合体系桥

现在由于采用有限元软件进行全桥空间建模计算，一般不考虑将拱肋和系杆分开计算，也就是全部按照刚梁刚拱进行计算。

13.1.2   悬臂梁拱组合体系桥

图 13.2 为预应力混凝土单悬臂梁拱组合体系桥，它实际上是将单悬臂梁桥的实腹梁部分挖空，用立柱代替腹板，由空腹代替实腹，结构受力明确，上弦为加劲梁，承担拉力和局部弯矩，下弦为拱，承受压弯作用，立柱主要传递轴力。加劲梁中配置的预应力束大部分是直束，可以减少摩阻损失，提高预应力束效率。这种组合体系桥只适用于上承式，属外部静定结构，混凝土徐变和张拉预应力时支座不会产生附加反力。

这种桥型在活载作用下悬臂梁的挠度线与简支梁间的线型不连续，由于转折点容易跳车，特别是预拱度不足时，悬臂端局部弯折下挠，使这种跳动加剧，会造成行人的不安全感，因此现在很少使用。

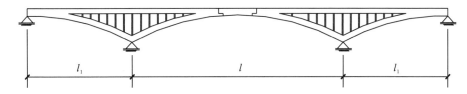

图 13.2 单悬臂梁拱组合体系桥

13.1.3 连续梁拱组合体系桥

连续梁拱组合体系桥(图 13.3)是以连续梁为基体,采用拱来加强,分担梁的弯矩,梁内配置纵向预应力筋,以平衡拱对梁产生的水平力,在边跨拱肋与中跨拱肋交点处,在拱座位置上两者水平力基本上处于平衡,其微小差量由中间支座摩阻力承担,当不设支座时由柔性墩承担。剪力主要由拱轴力的垂直分力承担,一般情况下,剪力不再控制断面设计。梁的纵向预应力筋一般全桥统一布置,采用直束的形状,减少预应力筋的摩阻损失,同时长束节省锚固设施,降低造价。

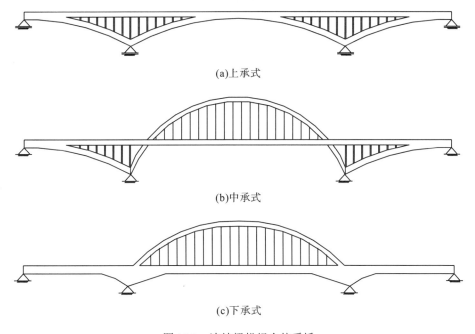

(a)上承式

(b)中承式

(c)下承式

图 13.3 连续梁拱组合体系桥

连续梁拱组合体系桥与连续梁桥相比,降低了材料指标,特别是腹板的混凝土材料以及预应力束的锚具等指标,同时也克服了拱桥存在外部超静定水平约束,对地基要求较高的缺点。

连续梁拱组合体系有上承式、中承式和下承式三种形式,下面分别介绍它们的特点和适用范围。

1. 上承式连续梁拱组合体系桥

与悬臂梁拱组合体系桥相似，上承式的空腹部分由加劲纵梁、拱肋及立柱组成，其余为实腹部分，加劲梁承担拉力及局部弯矩，拱肋承担轴压力及弯矩，立柱主要传递压力，剪力主要由拱肋轴力的垂直分力承担，空腹范围内加劲纵梁产生的拉力与拱内水平分力组成力矩，平衡截面内的连续梁弯矩，同时连续梁中墩附近的高度依靠拱来加大，使跨中弯矩减小，中墩处负弯矩产生的梁内拉力由预应力平衡。

跨径布置时，尽可能减少边跨长度，一般边跨与主跨之比为 $(0.5 \sim 0.7):1$，使得边跨基本上不出现正弯矩，达到配置直线束、节省预应力费用的目的，为了避免端支承出现负反力，避免设拉力支座，可将相邻引桥跨压在边墩上，或设置平衡重。

上承式连续梁拱组合体系桥适用经济跨径为 $50 \sim 120m$。由于上承式连续梁拱组合体系桥建筑高度大，对于桥下有净空要求、桥面标高又受限制的情况可能不适宜采用。

2. 中承式连续梁拱组合体系桥

中承式连续梁拱组合体系桥一般由三跨组成，包括两个半拱、一个全拱和通长的加劲梁，其间设置立柱和吊杆。中承式连续梁拱组合体系桥的力学特点，是在负弯矩区桥面以下用两组主拱腿来加强，在桥面以上正弯矩区用一组拱肋来加强，连续刚梁不仅承担弯矩与剪力，而且还需以轴向拉力来平衡拱的推力。中承式连续梁拱组合体系桥跨径布置原则与上承式相同，一般边跨与主跨之比为 $(0.25 \sim 0.5):1$。

由于中承式连续梁拱组合体系桥结构布置合理，造型美观，施工方便，是目前我国在梁拱组合体系桥的设计与建造中采用较多的一种桥梁型式，其适用经济跨径为 $60 \sim 250m$。

3. 下承式连续梁拱组合体系桥

下承式连续梁拱组合体系桥实际上为三跨变截面连续梁，中孔用全拱来加强，梁拱的弯矩按刚度分配，通过拱的加强，显著地减小了中跨主梁的弯矩，使得加劲梁的建筑高度可以大幅度减小，两个边跨由于受到中孔拱的刚度影响，正弯矩减少，扩大了负弯矩的区域，有利于配置预应力束。下承式连续梁拱组合体系桥跨径布置原则和方法与中承式相同。

下承式连续梁拱组合体系桥主要用于要求桥下净空大，不宜建造中承式连续梁拱组合体系桥的情况，其适用经济跨径为 $40 \sim 120m$，这种桥型目前国内建成的例子不多。

4. 下承式连续刚构拱组合体系桥

下承式连续刚构拱组合体系桥梁是连续刚构桥和下承式拱桥的组合，两者在拱桥拱脚处固结，主梁直接承受荷载作用，并通过吊杆传递给拱肋。它不仅具有连续刚构桥梁整体刚度大的特点，而且还具有拱桥跨越能力强、承载潜力大的优点，同时，两者主梁和拱肋的固结，可以使主梁跨中正弯矩和桥墩部位负弯矩与其余相同跨径的梁拱组合体系桥梁相比得到一定程度的降低，并且提高了桥梁整体的刚度、降低了跨中的挠度，使结构受力更为合理。同时主梁梁体高度得到控制，外形美观，张弛有度，能给人强烈的空间感，提升了桥梁的美学价值。正是由于该桥型具有上述独特的优点，使其在实际工程中应用越来越广泛。

根据连续刚构桥的不同,梁拱刚构组合体系桥梁可以分为连续刚构拱组合体系桥梁和斜腿刚构拱组合体系桥梁。根据拱肋的空间状态,梁拱刚构组合体系桥梁可以分为单肋梁拱刚构组合体系桥梁和双肋梁拱组合体系桥梁。

连续刚构拱组合体系桥梁拱肋产生的水平推力由主梁平衡,拱肋则采用抗压性能好的材料,通常为钢管或者钢箱拱肋,并在里面浇筑混凝土,使其处于三向受压状态,充分利用材料的抗压性能。连续刚构拱组合体系构件受力与主梁、拱肋刚度和柔性吊杆面积大小有关,一般来说主梁承担大部分结构自重,主梁、拱肋共同承担二期恒载和活载,比例由主梁、拱肋之间的刚度决定。在外部看来,该体系为静定结构,作用在桥梁的各种荷载在主梁和拱肋中产生的轴力、剪力等内力可以通过主梁和拱肋之间的相互平衡抵消,拱肋轴压力的竖向分力主要与主梁剪力相平衡,水平分力主要与主梁的轴向力相平衡。连续刚构拱组合体系桥梁受力合理,外形张弛有度,能给人强烈的空间感,在实际工程中越来越具有竞争力。

13.2 部分斜拉桥

部分斜拉桥是一种介于连续梁与斜拉桥之间的新型桥梁,属于梁与斜拉索组合体系。1988 年法国著名设计师 Jacques Mathivat 正式提出部分斜拉桥的概念,日本于 1994 年正式建成世界上第一座部分斜拉桥——小田原港(Odawara Blueway)桥,该桥跨度为74m+122m+74m,桥面宽 13m。此后,部分斜拉桥在日本得到迅速发展,先后建成了 20多座部分斜拉桥。

部分斜拉桥在我国起步较晚,但发展势头迅猛。2001 年 10 月我国建成第一座公路预应力混凝土部分斜拉桥——漳州战备大桥(图 13.4)。目前,我国已建成的部分斜拉桥已有几十座,且数量还在不断增加。

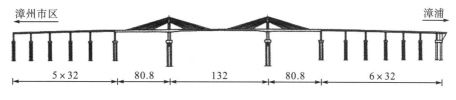

图 13.4 漳州战备大桥(单位:m)

13.2.1 部分斜拉桥结构型式及构造特点

部分斜拉桥外形与一般斜拉桥相似,由塔、梁、索三部分组成,组成的构件名称也与一般斜拉桥相同,但与一般斜拉桥相比,部分斜拉桥结构型式和构造上又有显著的特点,主要体现在塔的高度较矮、主梁刚度大和斜拉索布置较为集中等方面。

部分斜拉桥的塔的高度较矮,故又称为矮塔斜拉桥或低塔斜拉桥。塔高 h 一般采用主跨 L_0 的 1/12~1/8,相当于斜拉桥塔高的 1/3~1/2,提出这种桥型的 Jacques Mathivat 则认为最适宜的塔高为 $L_0/15$。由于塔的高度较矮,拉索倾角也较小。

部分斜拉桥主梁一般宜采用变高度截面，跨中梁高一般为 $L_0/69 \sim L_0/54$，是同跨径斜拉桥梁高的 $2 \sim 2.5$ 倍；塔墩处主梁根部梁高一般为 $L_0/39 \sim L_0/32$。在特殊情况下，主梁亦可采用等高度梁，此时，梁高与跨度之比可采用 $1/45 \sim 1/35$。

与现代密索体系斜拉桥无索区长度基本为零的情况不同，部分斜拉桥的斜拉索布置较为集中，通常布置在边跨跨中及 1/3 中跨附近，中跨跨中无索区长度通常为 $0.129L_0 \sim 0.224L_0$。

此外，在桥跨布置上，主边跨跨度比例更接近连续梁，一般为 $0.42 \sim 0.62$。一般情况下，大部分连续梁桥采用的截面型式都适用于部分斜拉桥；斜拉桥在塔顶上多采用多层式鞍座的形式通过；结构体系可选用塔梁固结并在梁底设支座、塔墩固结并且塔梁分离、塔梁墩固结三种形式。

13.2.2　部分斜拉桥的力学特点

与连续梁桥相比，由于斜拉索的存在，部分斜拉桥的主梁荷载弯矩远比同跨连续梁小，同时还要承受拉索传来的压力。一般斜拉桥，尤其当主梁较柔细时，是以梁的受压和索的受拉来承受竖向荷载。部分斜拉桥由于拉索较少，主梁主要承受弯矩，同时，因斜拉索倾角较小，主梁能获得较大压力，因此，斜拉索主要起到体外预应力束、降低一般刚构桥或连续梁桥支点梁高的作用，即加固主梁的作用，故也将此种桥称为斜索加劲预应力梁。

部分斜拉桥的斜拉索应力变化幅度较一般斜拉桥小，可以不考虑疲劳问题，因此可以采用较高的张拉应力。

13.2.3　部分斜拉桥其他特点及适用性

与连续梁相比，部分斜拉桥跨越能力较大，当中支点梁高相同时，部分斜拉桥跨度可比连续梁桥大 1 倍以上；对大跨度桥梁而言，相同跨度的部分斜拉桥比连续梁桥更经济。与斜拉桥相比，部分斜拉桥优点有：塔的高度较矮，塔身结构简单，施工方便；斜拉索可采用较高张拉应力；主梁抗弯刚度大，可采用梁式桥施工方法，而无须像斜拉桥那样采用大型牵索挂篮，极大地方便了施工；结构整体刚度大，变形小。

由于部分斜拉桥的行为特征介于连续梁桥与斜拉桥之间，其跨越能力比一般斜拉桥小。一般认为，部分斜拉桥的适宜跨度为 $100 \sim 300\text{m}$，若主梁采用钢与混凝土结构，跨径有望突破 400m。部分斜拉桥是一种较新型的桥梁结构，还有待于进一步研究和总结经验。

13.3　刚构-连续组合梁桥

连续刚构桥是墩梁固结的连续结构，它利用高墩的柔性来适应结构由预加力、混凝土收缩及徐变作用等引起的位移，减少由这些作用引起的结构次内力。然而，由于桥位地形因素及桥面标高限制等原因，某些桥墩高度较矮，刚度大，采用墩梁固结并不合适。如果在连续刚构桥的某些刚度较大的矮墩上布置活动支座，释放位移，就成了刚构-连续组合梁桥。图 13.5 为刚构-连续组合梁桥示意图。

图 13.5　刚构-连续组合梁桥示意图

1993 年我国建成了首座长联跨径预应力混凝土刚构-连续组合梁桥——山东东明黄河公路大桥，该桥为九跨一联，跨度为 75m+7×120m+75m。此后，我国陆续修建了多座此种类型的桥梁。

13.3.1　刚构-连续组合梁桥构造特点

刚构-连续组合梁桥是连续梁桥与连续刚构桥的组合。通常是在一联连续梁的中部数孔较高桥墩处采用墩梁固结的刚构，边部数孔为设置支座的连续结构。从构造上可分为在主跨中设铰、其余各跨梁连续和全联梁不设铰两种组合梁桥形式，后者通常称为刚构-连续组合梁桥，最为常见，前者则称为带铰的刚构-连续组合梁桥。

刚构-连续组合梁桥上部结构通常采用变高度箱形截面，截面尺寸拟定原则与连续梁桥及连续刚构桥相似。桥墩可采用板式墩、双薄壁墩［图 13.6(a)］、V 形墩［图 13.6(b)］等型式。刚构-连续组合梁桥通常采用预应力混凝土结构。

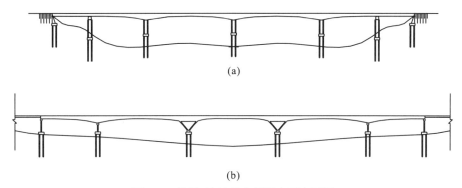

(a)

(b)

图 13.6　刚构-连续组合梁桥立面布置图

13.3.2　刚构-连续组合梁桥的力学特性

在受力方面，刚构-连续组合梁桥上部结构具有连续梁特点，内力与连续梁桥较为接近，但在墩梁结合处仍有刚构受力特点，负弯矩比连续梁大些。桥跨结构应考虑混凝土收缩及徐变作用、温度作用等引起的次内力。

在刚构-连续组合梁桥中，墩梁固结的桥墩高度对结构的内力与位移具有较大的影响。当桥墩较高时，桥墩的刚度减小，使主梁跨中截面的正弯矩、支点截面的负弯矩接近相同跨径的连续梁桥的弯矩，温度作用产生的次内力较小；相反，当桥墩较矮时，由于墩的刚度较大，跨中截面的正弯矩将减小，支点截面的负弯矩将增大，温度作用产生的次内力也较大。

13.3.3　刚构-连续组合梁桥其他特点及适用性

刚构-连续组合梁桥具有连续体系梁桥伸缩缝少、行车平顺等特点，有利于高速行车。与连续梁比，刚构-连续组合梁桥减少了造价较高的大吨位桥梁支座数量，减少了支座养护和更换的工作量，降低了使用期的维护费用；与连续刚构相比，刚构-连续组合梁桥能有效地防止刚构过长而引起温度作用次内力过大的问题。

刚构-连续组合梁桥通常适合于桥墩高度相差较大的情况。对于地势较平坦的大跨径、低矮、长联的桥梁，也可采用刚构-连续组合梁桥，但应采用变换桥墩刚度的方法，增加连续刚构部分桥墩的柔度。

13.4　拱　片　桥

所谓拱片桥，其整体构造其实类似梁桥，只是梁桥的主梁用拱片代替，拱片之间通过横向连接形成整体。拱片可以做成桁架拱或者刚架拱的型式，从力学上来看，桁架拱是桁架和拱的组合，刚架拱是刚架和拱的组合。

拱片桥存在明显的缺点：拱脚有推力，对地基要求较高；构件纤细，施工和运输均须仔细、小心；模板较复杂；钢筋混凝土结构的节点处、拉杆及实腹段下缘易出现裂缝。在较大跨径的拱片桥中，已越来越多地采用预应力混凝土结构，利用预应力混凝土结构的特性改善桥梁的受力状态，消除裂缝，增强结构整体性，增大跨越能力，但同时也增加了节点构造的复杂性。

拱片桥很早就出现了，但由于存在上述较明显的缺点，没有得到广泛使用，偶尔只用于跨度不大的低等级公路桥梁。

13.4.1　桁架拱桥

桁架拱桥又称拱形桁架桥，是一种具有水平推力的桁架结构。桁架拱桥的上部结构一般是由桁架拱片、横向连接系和桥面三部分组成。桁架拱片是桁架拱桥的主要承重结构，由上弦杆、腹杆、下弦杆和拱顶实腹段组成，下弦杆为拱形，上弦杆一般与桥道结构组合成一整体而共同工作。在跨中部分，因上、下弦杆很靠近而做成实腹段。桁架拱的主要组成部分如图 13.7 所示。桁架拱桥通常采用钢筋混凝土结构或预应力混凝土结构。

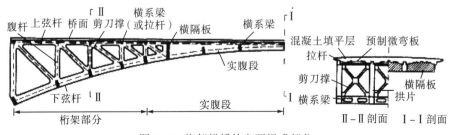

图 13.7　桁架拱桥的主要组成部分

　　桁架拱桥是由拱和桁架两种结构体系组合而成，因此具有桁架和拱的受力特点。拱形结构的水平推力大大减少了跨间弯矩，同时，利用拱上结构与拱圈形成桁架，使之整体受力，能充分发挥各部分构件的作用，因此，桁架拱桥具有结构受力合理、整体性强、节省材料、自重较轻等特点，同时，桥梁大部分构件是预制安装的，施工工序少，吊装能力适应性强，工期较短。

13.4.2　刚架拱桥

　　刚架拱桥是由刚架拱片、横系梁和桥面系组成。刚架拱片是刚架拱桥的主要承重结构，一般由跨中实腹段的主梁、空腹段的次梁、主拱腿（主斜撑）、次拱腿（斜撑）等构成(图 13.8)。总体布置型式主要与桥梁跨径、荷载大小等有关。当跨径小于 30m 时，可采用只设主拱腿、不设次拱腿的最简单型式；当跨径在 30～50m 时，为了减小腹孔段次梁的跨径，可以设置一根次拱腿。随着跨径的增大，为了减小次梁和斜撑的内力，可设置多根斜撑，这些斜撑可以都直接支承在桥墩(台)上，也可以将次拱腿支承在主拱腿上，以减小次拱腿的长度。

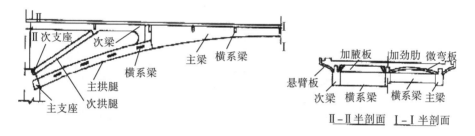

图 13.8　刚架拱桥的主要组成部分

　　刚架拱桥是拱与斜腿刚构的组合体系结构，主要特点有：结构为多次超静定，大部分构件偏心受压，无纯拉构件，充分利用了混凝土抗压能力强的特点；属有推力结构，但结构轻型，故恒载推力较常规拱桥小；结构线条简单，造型美观；与桁架拱比较，混凝土用量和钢筋用量均可减少，经济效益较明显；施工方法适用性强，可采用预制吊装、有支架吊装、悬臂拼装、转体施工法等。

13.5　其他组合体系桥

　　除了前面介绍的几种组合体系桥，还有斜拉-悬索协作体系桥(图 13.9)。它是在悬索桥体系上增设一些斜拉索，使加劲梁的控制弯矩变化不大，从而达到经济的目的。这种将悬索桥和斜拉桥两者结合起来的组合体系，将大大地增加悬索桥的跨越能力和刚度，我国的西堠门大桥、纽约布鲁克林大桥和葡萄牙四月二十五号大桥即采用了这种桥型。这种组合体系桥融合了斜拉桥和悬索桥各自的一些优点，但是尚有一些问题需要进一步研究，因此目前建造不多。

图 13.9 带斜拉索的悬索桥

位于日本东京羽田机场的一座桥梁造型非常独特(图 13.10)，它是拱与斜拉桥的组合。与梁正交的拱作为桥塔，通过斜拉索将相隔 80m 的两座平行的桥连在一起，形成一空间结构。利用拱作为以受压为主的塔，受力合理。桥梁外观造型流畅，新颖独特，但拱有些醒目、拉索线条有些烦杂。

图 13.10 有拱形桥塔的斜拉桥

第十四章 桥梁墩台

14.1 基 本 概 念

桥梁墩台(图 14.1)是桥梁的重要组成部分,承担着桥跨结构的荷载,并连同自身重力有效地传给基础。

桥墩是多孔桥梁中,处于相邻桥孔之间支承桥跨结构,并将荷载传递于基础上的构造物〔图 14.2(a)〕。除了承受桥跨结构的荷载外,还要承受流水压力、风力以及可能出现的地震力或浮冰、漂流物和船只的撞击力等,此外,桥墩还要承受施工时的临时荷载。

桥台除了是支承桥跨结构的结构物外,也是衔接两岸接线路堤的构筑物〔图 14.2(b)〕。它一般既要能承受上部结构的荷载,又要能挡土护岸、承受台背填土及填土上车辆荷载所产生的附加侧压力,使桥梁和路堤连接匀顺、行车平稳。

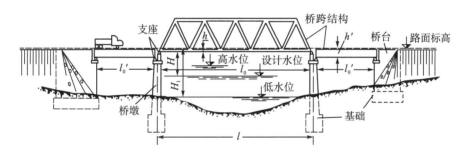

图 14.1 桥梁桥墩、桥台立面图

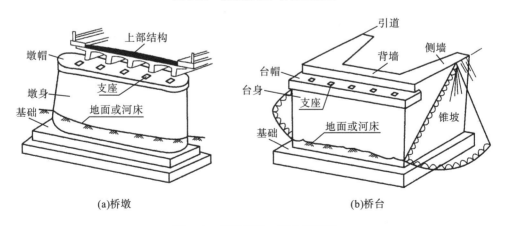

(a)桥墩   (b)桥台

图 14.2 桥梁桥墩、桥台示意图

大多数桥梁的墩台通常由墩(台)帽、墩(台)身和基础三部分组成。墩(台)帽也称作顶帽(帽梁或盖梁),一般为水平的厚板(梁),顶帽上面放置支承桥跨结构的支座,并且将支座传递的竖直反力、水平反力均匀分布到墩(台)身的整个截面。墩(台)身上托顶帽(盖梁),下接基础,不仅是主要的传力部分,还承受外荷载作用,因此,应具有足够的强度、刚度和稳定性。墩(台)基础是连接墩(台)身并坐落在土或岩石地基上的构造物,对地基的承载能力、沉降量、地基与基础之间的摩擦力等都提出了一定的要求,避免在上述荷载作用下产生危害桥梁整体结构的水平位移、竖向位移和转角位移。在桥梁设计中,墩(台)帽、墩(台)身和基础是作为一个整体进行设计的,但在课程学习中,基础部分将在基础工程课程中学习。

在桥梁总体设计中,须遵守安全、耐久、适用、环保、经济、美观的原则。桥墩结构的美学设计,在桥梁总体造型中起着相当重要的作用。对于拱桥、斜拉桥等造型优美、独具风格的桥跨结构,桥墩美学设计需与之相协调,配合桥跨结构的整体建筑风格。对于结构造型相对简单的梁桥,桥跨结构不可能做出较多变化。桥墩的美学设计与变化能够形成不同的桥式风格,给人以鲜明印象,特别是在城市桥梁与高架桥中,桥墩结构的适宜造型,彰显其在桥梁美学中的独特功能。

由于桥梁结构型式不同及所处工程环境不同,墩(台)将设计成不同构造类型,与之相对应的施工方法也不尽相同。如何设计出适合桥梁结构的桥墩(台),应根据路线、地形、地质、水文、气象、环境、桥跨结构、作用效应、材料、施工条件和经济等因素综合考虑。本章将重点介绍工程中几种常用墩台类型的构造、设计、计算和施工方法。

14.2　桥梁墩台主要类型及适用情况

14.2.1　桥墩主要类型及适用条件

桥墩从总体上可分为两大类:重力式桥墩和轻型桥墩。

1. 重力式桥墩

重力式(又称作实体式)桥墩主要靠自身重力(包括桥跨结构重力)平衡外力,保证桥墩稳定,因此,墩身比较厚实,可以不用钢筋而用天然石材或片石混凝土砌筑。适用于地基良好的大、中型桥梁,或流冰、漂浮物较多的河流中。在砂石料方便的地区,小桥也往往采用重力式桥墩。重力式桥墩的主要缺点是圬工体积较大,因而,自重和阻水面积也较大,对地基基础承载力的要求也高。

重力式桥墩按墩身截面形状可分为矩形墩、圆形墩、圆端形墩、尖端形墩等(图14.3)。矩形墩[图14.3(a)]具有圬工量少、施工方便的优点,故被广泛用于无水或流量较小的旱桥、立交桥和不受水流方向影响、不受流冰撞击且靠近岸边的桥墩,以及基础建筑在岩层上、桥孔无压缩和不通航的有水河流上的跨河桥。圆形墩[图14.3(b)]适用于河流急弯、流向不固定和与水流斜交角度不小于15°的桥梁上。圆端形桥墩[图14.3(c)]适用于与水流斜交角度小于15°的桥梁。尖端形桥墩[图14.3(d)]适用于与水流斜交角度小于5°及河床不允许有严重冲刷的小跨径桥梁。

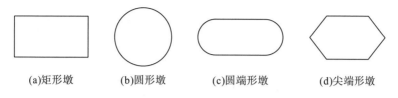

| (a)矩形墩 | (b)圆形墩 | (c)圆端形墩 | (d)尖端形墩 |

图 14.3 重力式桥墩墩身截面型式

2. 轻型桥墩

轻型桥墩一般刚度小，受力后允许在一定范围内发生弹性变形。所用建筑材料以钢筋混凝土和少筋混凝土为主，但也有些轻型桥墩通过验算后可以用石料砌筑。主要型式有柱式墩、空心薄壁墩、钢筋混凝土薄壁墩、柔性排架墩、框架墩等，选用时必须根据桥址处的地形、地质、水文和施工条件等因素综合考虑确定。

1）柱式墩

柱式桥墩是指墩身由单根或多根柱状体组成的桥墩。若柱下是桩基础，则称为桩柱式桥墩。柱式桥墩的型式主要有单柱式、双柱式、多柱式、哑铃式以及混合双柱式，如图 14.4 所示。柱的截面型式有圆形、椭圆形、矩形、多边形等。

单柱式桥墩［图 14.4(a)］，适用于水流与桥轴斜交角大于 15°的桥梁，或河流急弯、流向不固定的桥梁。在具有抗扭刚度的桥跨结构中，这种单根立柱还能参与承受桥跨结构的扭力。在水流与桥轴斜交角小于 15°，仅有较小的漂流物或轻微的流冰河流中，可采用双柱式［图 14.4(b)］或多柱式墩［图 14.4(c)］，配以桩基础，具有施工便利、速度快、圬工体积小、工程造价低和美观等优点，是桥梁结构中较多采用的型式之一。在有较多的漂流物或较严重流冰的河流上，当漂流物卡在两柱中间可能使桥梁发生危险，或有特殊要求时，在双柱间加做 400～600cm 厚的横隔墙，即哑铃式桥墩［图 14.4(d)］。在有严重的漂流物或流冰的河流上，当墩身较高时，可把高水位以上的墩身做成双柱式，高水位以下部分做成实体式的混合双柱式墩［图 14.4(e)］，这样既减少了水上部分的圬工体积，也增加了抵抗漂流物撞击的能力。在桥宽较大的城市桥梁和立交桥中，则常采用多柱式桥墩。

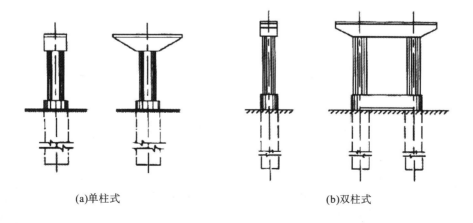

(a)单柱式　　　　　　　　　　　(b)双柱式

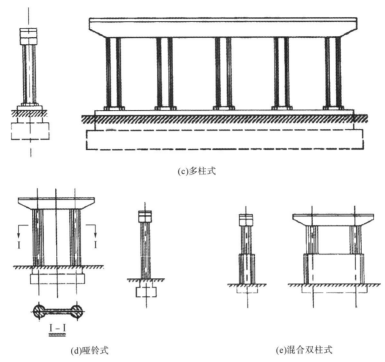

(c)多柱式

(d)哑铃式   (e)混合双柱式

图 14.4   柱式桥墩

2)空心薄壁墩

空心薄壁墩(图 14.5)是重力式桥墩轻型化发展的产物,能够充分利用材料的强度,因此可节省材料,减轻桥墩自重,进而减少基础工程量。采用滑动钢模板施工的空心薄壁墩比重力式桥墩可节省 20%~30%的圬工,钢筋混凝土空心薄壁墩节省圬工 20%~30%,特别对于高桥墩,更显出其优越性。国内高速公路建设发展迅速,由于设计车速大、线形要求高,跨越深沟峡谷的高墩增多,目前国内 50m 以上的高桥墩绝大部分是空心薄壁墩。

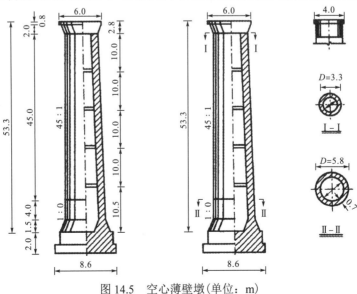

图 14.5   空心薄壁墩(单位:m)

　　空心薄壁墩可以采用钢筋混凝土或预应力混凝土材料建造。流速大并夹有大量泥沙的河流，或可能有船舶、冰、漂浮物撞击的河流中不宜采用空心薄壁墩。钢筋混凝土空心薄壁墩的墩身截面型式有长方形、圆形、圆端形等几种，如图14.6所示。

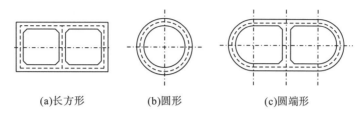

(a)长方形　　　　　　(b)圆形　　　　　　(c)圆端形

图14.6　空心薄壁墩墩身截面型式

　　3）钢筋混凝土薄壁墩

　　为减小重力式桥墩对基底地基的应力，可采用钢筋混凝土薄壁墩，桥墩纵向抗推刚度小，受力后允许在一定的范围内发生弹性变形。墩身截面型式有一字形、工字形、箱形以及适用于高墩大跨径的双薄壁墩等。一字形的薄壁墩构造简单、轻巧、圬工量小、自重轻，可用于软土土层等地基承载力较低的地区，在墩身横向也可做成V形、Y形或其他型式。双薄壁墩多用于桥墩不高的大跨度连续刚构桥。

　　4）框架墩

　　框架墩采用压弯和弯曲构件，组成平面框架作为墩身，支承桥跨结构，可做成钢筋混凝土或预应力混凝土结构的双层或多层框架支承体系。这类墩与实体墩和空心墩相比，结构轻巧，可以适应桥梁美学及建筑艺术，建成纵、横向V形、Y形、X形、倒梯形等墩身。

　　钢筋混凝土和预应力混凝土纵向V形墩、Y形墩与混凝土梁桥配合使用，在同样跨越能力的情况下，这类桥墩结构轻巧、外形优美并有减小桥跨结构计算跨径、降低梁高的优点，因此在城市跨线桥和风景区桥梁中较常采用。图14.7为混凝土连续梁桥采用V形墩、Y形墩的构造，但V形墩和Y形墩因结构构造较为复杂，施工相对较为麻烦。图14.8为双Y形墩一般构造。

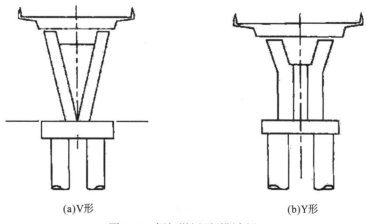

(a)V形　　　　　　　　　　　　(b)Y形

图14.7　框架墩侧面(横桥向)

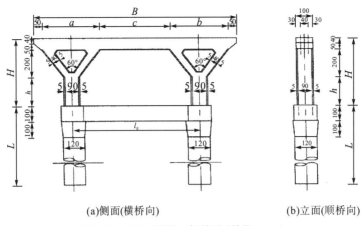

(a)侧面(横桥向)   (b)立面(顺桥向)

图 14.8 双 Y 形墩一般构造(单位：cm)

14.2.2　桥台主要类型及适用条件

桥台按结构形式可分为重力式(又称实体式)桥台、轻型桥台、组合式桥台等。

14.2.2.1　重力式桥台

重力式桥台主要依靠自重来平衡台后的土压力，桥台本身多数由石砌、片石混凝土或混凝土等圬工材料建造，并采用就地浇筑的方法施工。重力式桥台依据桥梁跨径、桥台高度及地形条件的不同有多种形式，其中 U 形桥台使用较多。

1. U 形桥台

U 形桥台(图 14.9)由台帽、台身和基础三部分组成，台身由前墙和两个侧墙构成 U 字形结构。台后的土压力主要靠自重来平衡，故桥台本身多数由石砌、片石混凝土或混凝土等圬工材料建造，并用就地浇筑的方法施工。适用于地质条件较好，且台身高度在 7m 以下的桥梁。缺点是桥台体积和自重较大，也增加了对地基的要求。此外，桥台的两个侧墙之间填土容易积水，结冰后冻胀，使侧墙产生裂缝。所以宜用渗水性较好的土夯填，并做好台后排水措施。当 U 形桥台的侧墙被取消时，则称为"一字形桥台"；侧墙与前墙不是垂直，而是斜向撇开时，则称为"八字形桥台"。

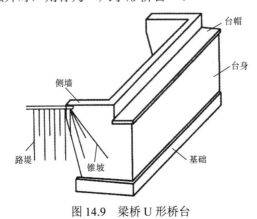

图 14.9 梁桥 U 形桥台

2. 埋置衡重式桥台

埋置衡重式桥台(图 14.10)是利用衡重台及其上的填土重力平衡部分土压力,在高桥中圬工较省。

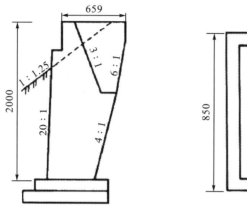
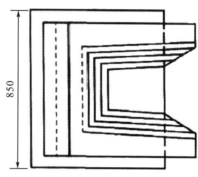

图 14.10　梁桥埋置衡重式桥台(单位：cm)

14.2.2.2　轻型桥台

轻型桥台的体积轻巧、自重较小,一般由钢筋混凝土材料建造,借助结构物的整体刚度和材料强度承受外力,从而可节省材料,降低对地基强度的要求和扩大应用范围,为在软土地基上修建桥台开辟了经济可行的途径。梁桥常用的轻型桥台有支撑梁的轻型桥台、钢筋混凝土薄壁桥台、加筋土桥台和埋置式桥台等;拱桥常用的轻型桥台有八字形桥台、U 形桥台、背撑式桥台和后座式组合桥台等。

1. 梁桥轻型桥台

1) 设置支撑梁的轻型桥台

这种桥台的特点是,台身为直立的薄壁墙,台身两侧有翼墙(用于挡土)。在两桥台下部设置钢筋混凝土支撑梁,桥跨结构与桥台通过锚栓连接,于是便构成四铰框架结构系统,并借助两端台后的土压力来保持稳定。按照翼墙(侧墙)的型式和布置方式,这种桥台又可分为八字形轻型桥台 [图 14.11(a)]、一字形轻型桥台 [图 14.11(b)]、耳墙式轻型桥台 [图 14.11(c)]。

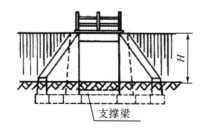
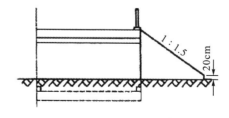

(a)

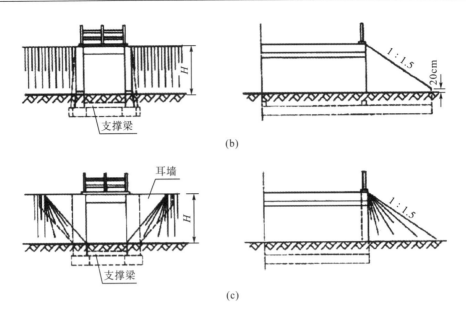

图 14.11 设置地下支撑梁的轻型桥台

2) 钢筋混凝土薄壁桥台

薄壁轻型桥台常用的形式有悬臂式、扶壁式、撑墙式及箱式等, 如图 14.12(a)所示。钢筋混凝土薄壁桥台是由扶壁式挡土墙和两侧的薄壁侧墙构成, 如图 14.12(b)所示。挡土墙由厚度不小于 150mm(一般为 150~300mm)的前墙和间距为 2.5~3.5m 的扶壁所组成。两侧薄壁可以与前墙垂直, 有时也做成与前墙斜交, 前者称 U 形薄壁桥台, 后者称八字形薄壁桥台, 如图 14.12(c)所示。这种桥台不仅可以减少圬工体积 40%~50%, 同时因自重减轻而减小了对地基的压力, 故适用于软弱地基的条件, 但其构造和施工比较复杂, 并且钢筋用量也较多。

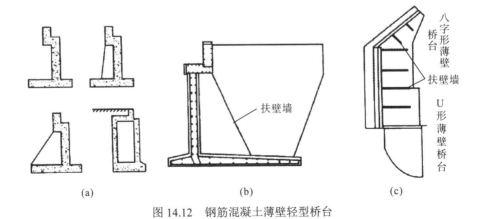

图 14.12 钢筋混凝土薄壁轻型桥台

3) 加筋土桥台

台后路基填土不被冲刷的中、小跨径桥梁, 台高为 3~5m 时, 可采用加筋土桥台, 如图 14.13(a)所示。这类桥台一般由台帽和竖向面板、拉杆、锚碇板及其间填料共同组成的台身组成。拉杆两端分别与竖向面板和锚碇板连接,组成加筋土的挡土结构。其工作原理:竖向面板后填料的主动土压力作用到面板上,再通过拉杆将该力传递给锚碇板,而锚碇板则依靠位于板前且具有一定抗剪能力的土体所产生的拉拔力来平衡拉杆拉力,使整个结构处于稳定状态。

如果桥跨结构的垂直反力直接由单独的桩柱承受的话,则加筋土墙体与桩柱便构成加筋土组合桥台。按照埋置情况,加筋土组合桥台又可分为分离式和结合式两种形式。分离式是台身与锚碇结构分开,台身主要承受桥跨结构传来的竖向力和水平力,锚碇结构承受土压力。锚碇结构由锚碇板、立柱、拉杆和挡土板组成[图14.13(b)]。桥台与锚碇结构间留空隙,上端做伸缩缝,桥台与锚碇结构的基础分离,互不影响,受力明确,但结构复杂,施工不方便。结合式锚碇板式桥台的构造见图14.13(c),锚碇结构与台身结合在一起,台身兼作立柱或挡土板。作用在台身的所有水平力假定均由锚碇板的抗拔力来平衡,台身仅承受竖向荷载。结合式结构简单,施工方便,工程量较小,但受力不明确。

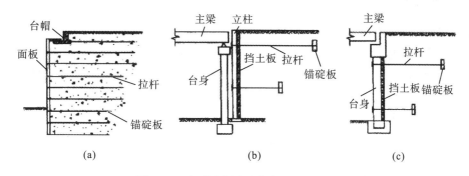

(a)　　　　　　　　　　(b)　　　　　　　　　　(c)

图14.13　加筋土桥台和加筋土组合桥台

4)埋置式桥台

埋置式桥台是将台身埋在锥形护坡中,只露出台帽在外以安置支座及上部构造。这样,桥台所受的土压力大大减小,桥台的体积也就相应地减小了。但是由于台前护坡是用片石做表面防护的一种永久性设施,存在着被洪水冲毁而使台身裸露的可能,故设计时必须进行强度和稳定性的验算。埋置式桥台的缺点:由于护坡伸入桥孔,压缩了河道而减小了排洪面积,或者为了不压缩河道,就要适当增加桥长;同时,锥坡脚也易受到流水冲刷。按台身的结构型式,埋置式桥台可以分为后倾式(图14.14)、肋形埋置式(图14.15)、双柱式(图14.16)和框架式(图14.17)等。

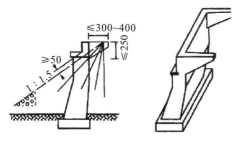

图14.14　后倾式桥台(单位:cm)

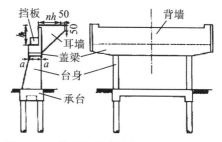

图14.15　肋形埋置式桥台(单位:cm)

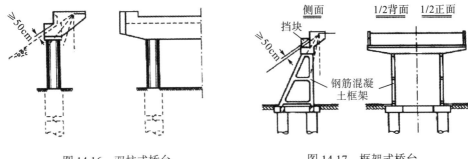

图 14.16　双柱式桥台　　　　　　　图 14.17　框架式桥台

双柱式桥台一般在填土高度小于 5m 时采用，大于 5m 时采用肋形埋置式或框架式，特殊情况下，填土高度也可以达到 8m。框架式桥台适用于地基承载力较低、台高大于 4m、跨径大于 10m 的桥梁。

2. 拱桥轻型桥台

1) 八字形桥台

八字形桥台的构造简单，台身由前墙和两侧的八字翼墙构成，如图 14.18 所示。两者之间通常留沉降缝分砌。前墙可以是等厚度的，也可以是变厚度的。变厚度台身的背坡为 2∶1～4∶1。翼墙的顶宽一般为 40cm，前坡为 10∶1，后坡为 5∶1，为了防止基底向河心滑动，基础应有一定的埋置深度。

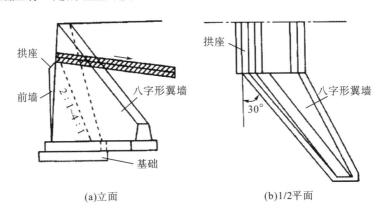

(a)立面　　　　　　　　　　　(b)1/2平面

图 14.18　八字形桥台

2) U 形轻型桥台

U 形轻型桥台是由前墙和平行于车行方向的侧墙组成，构成 U 字形的水平截面，如图 14.19 所示。它与 U 形重力式桥台的差别是，后者是靠扩大桥台底面积以减小基底压力，并利用基底与地基的摩阻力和适当利用台背侧土压力，以平衡拱的水平推力，因此基础底面积比轻型桥台的要大。U 形轻型桥台前墙构造和八字形桥台相同，但侧墙却是拱上侧墙的延伸，前墙与侧墙之间应设变形缝，以适应桥的可能变位。

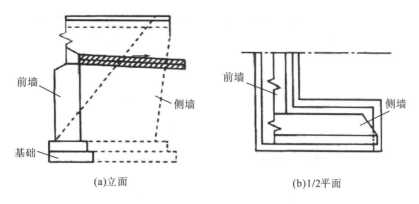

(a)立面　　　　　　　　　　　(b)1/2平面

图 14.19　U 形轻型桥台

3) 背撑式桥台

当桥台较宽时，为了保证结构的强度和稳定性，可以在八字形或 U 形桥台的前墙背后加一道或几道背撑(与扶壁式桥台不同的是，背撑一般受压，而扶壁受拉)，构成 Π 字形、E 字形等水平截面型式的前墙(图 14.20)。背撑顶宽为 30～60cm，厚度也为 30～60cm，背坡为 3∶1～5∶1 的梯形。这种桥台比八字形桥台稳定性要好，但土方开挖量及圬工体积都更大。然而加背撑的 U 形桥台却能适用于较大跨径的高桥和宽桥。

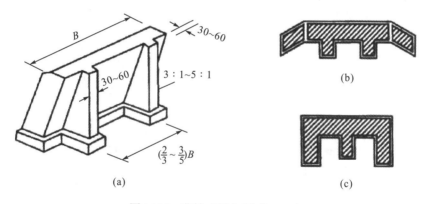

图 14.20　背撑式桥台(单位：cm)

14.2.2.3　组合式桥台

为使桥台轻型化，桥台本身主要承受桥跨结构传来的竖向力和水平力，而台后的土压力由其他结构来承受，形成组合式的桥台。除了前述的加筋土组合桥台外，还有过梁式与框架式组合桥台和桥台与挡土墙组合等形式。组合式桥台一般用于中等跨径的梁桥和拱桥。

1. 过梁式与框架式组合桥台

过梁式桥台是桥台与挡土墙用梁结合在一起的桥台。当梁与桥台、挡土墙刚接时，则形成过梁式与框架式组合桥台，如图 14.21 所示。框架的长度及过梁的跨径，由地形及土方工程比较确定。组合式桥台越长，梁的材料用量就越多，而桥台及挡土墙的材料数量相应地有所减少。

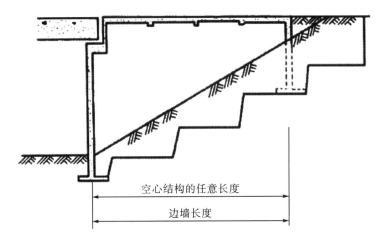

图 14.21　过梁式与框架式组合桥台

2. 桥台与挡土墙组合桥台

桥台与挡土墙组合桥台是由轻型桥台支承桥跨结构，台后设挡土墙承受土压力，台身与挡土墙分离，上端作伸缩缝，使受力明确。当地基比较好时，也可将桥台与挡土墙放在同一个基础之上，如图 14.22 所示。这种组合式桥台可以不压缩河床，但构造较复杂，是否经济，需通过比较确定。

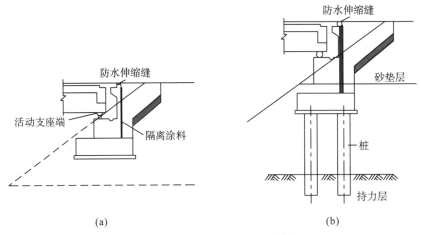

图 14.22　桥台与挡土墙组合桥台

14.3　墩台构造与设计

桥梁墩台的设计包括一般构造设计和钢筋构造设计两部分。设计应满足《公路圬工桥涵设计规范》（JTG D61—2005）、《公路钢筋混凝土及预应力混凝土桥涵设计规范》（JTG 3362—2018）、《公路桥梁抗震设计规范》（JTG/T 2231-01—2020）等规定的结构构造要求、配筋要求和材料等级要求等，再通过结构计算，验算各项指标是否满足规范规定的要求。

14.3.1　桥墩构造与设计

1. 重力式桥墩

1）梁桥重力式桥墩

重力式桥墩（图 14.23）由墩帽、墩身和基础构成。

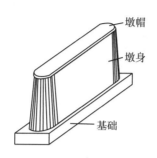

图 14.23　梁桥重力式桥墩

墩帽是桥墩顶端的传力部分，它通过支座承托着上部结构，并将相邻两孔桥上的恒载和活载传到墩身上，因此，墩帽的强度要求较高，一般都采用 C30 以上的混凝土，并配置必要的受力钢筋和构造钢筋，支承垫石内须布置局部承压钢筋网。另外，在一些桥面较宽、墩身较高的桥梁中，为了节省墩身及基础的圬工体积，常常利用挑出的悬臂或托盘来缩短墩身横向的长度。

墩帽长度 L（横桥向尺寸）和宽度 B（顺桥向尺寸）视上、下部结构的型式和尺寸、支座尺寸和布置、上部构造中主梁的施工吊装要求而定，且同时满足抗震构造要求。

根据《公路桥梁抗震设计规范》（JTG/T 2231-01—2020）的要求，梁桥上部结构梁端至墩、台帽或者盖梁边缘应有一定的距离，如图 14.24 所示，其最小值 a(cm) 应按式(14.1)计算，且不应小于 60cm。对于斜交桥和曲线桥梁，还有更多的要求，可参见《公路桥梁抗震设计规范》（JTG/T 2231-01—2020）相关条文。

$$a \geqslant 50 + 0.1L + 0.8H + 0.5L_k \tag{14.1}$$

式中，L 表示一联上部结构总长度，m；H 表示支撑一联上部结构桥墩的平均高度(m)，桥台高度取值为 0；L_k 表示一联上部结构的最大单孔跨径，m。

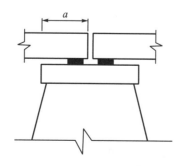

图 14.24　梁端搭接长度

支座边缘至墩(台)顶部边缘的距离(图 14.25),应视墩(台)构造形式及安装、构造的施工方法而定,其最小距离可按表 14.1 中的规定采用。

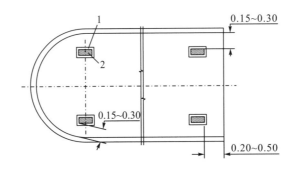

图 14.25　支座边缘至墩(台)边缘最小距离示意图(单位:m)

1.支座垫石;2.支座

表 14.1　支座边缘至墩(台)身边缘的最小距离　　　　　　　　(单位:m)

跨径 l/m	顺桥向	横桥向	
		圆弧形端头(自支座边角量起)	矩形端头
5≤l<20	0.15	0.15	0.20
20≤l<50	0.20	0.20	0.30
50≤l<150	0.25	0.25	0.40
l≥150	0.30	0.30	0.50

注:采用钢筋混凝土或预应力混凝土悬臂墩帽时,可不受本表限制,应以便于施工、养护和更换支座而定。

墩帽长度 L(横桥向尺寸)需要考虑主梁底部总宽度(两边梁或边肋之间的距离)、防震挡块宽度等构造尺寸(图 14.26),防震挡块与边梁之间须留 5cm 以上的空隙,并用橡胶块填塞,橡胶块一般粘贴在防震挡块内侧。

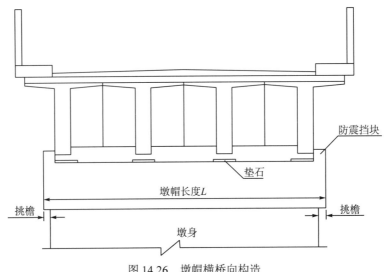

图 14.26　墩帽横桥向构造

关于墩帽的厚度，对于特大、大跨径的桥梁不应小于 50cm，对于中、小跨径的桥梁不应小于 40cm，事实上，一般墩帽厚度都在 60cm 以上。墩帽的四周较墩身出檐 10～15cm，并在其上做成沟槽形以滴水。在墩帽顶放置支座的部位，应设置支承垫石，支承垫石的形式及尺寸视上部构造要求、支座的大小、形式而定，垫石的平面尺寸应比支座底部大 10cm 以上，支座垫石顶面应高出墩帽顶面排水坡的上棱，同时应考虑更换支座所需的空间。

墩身是桥墩的主体，实体墩尺寸主要包括墩高、墩身顶面、底面尺寸及墩身侧坡等。墩高由基础顶面及桥面高程或设计洪水位控制，墩身顶面尺寸由墩帽控制。重力式桥墩的墩身用大于 C25 的片石混凝土浇筑，或用浆砌块石和料石，也可以用混凝土预制块砌筑。重力式桥墩墩身的顺桥向顶宽：对小跨径桥不宜小于 80cm（采用轻型桥台的桥梁的桥墩不宜小于 60cm）；对中跨径桥不宜小于 100cm；对大跨径桥的墩身顶宽，视上部构造类型而定。墩身侧坡坡度常用 20∶1～30∶1，一般应对称设置，只有在承受不对称推力时，才考虑用不对称的墩身坡度，小跨径桥的桥墩也可采用竖直墩身。墩身底面尺寸受顶帽尺寸、墩高、墩身坡度控制。

实体式桥墩墩身的截面型式有矩形、圆形、圆端形、尖端形等，如图 14.27 所示。从水力特性和桥墩阻水来看，圆形、圆端形及尖端形较好。圆形截面对各方向水流的阻水和导流情况相同，适应于潮汐河流和流向不定的桥位，为了便于水流和漂浮物通过，墩身可做成圆端形或尖端形截面。无水的岸墩或高架桥墩可以做成矩形截面；在有强烈水流或大量漂浮物、流冰的河道（冰厚大于 0.5m，流冰速度大于 1m/s）上，桥墩的迎水端应做成破冰棱体（图 14.27），破冰棱可由强度较高的石料砌成，也可以用高标号钢筋混凝土。

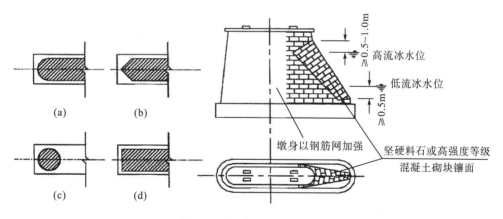

图 14.27　墩身平面及破冰棱

2）拱桥重力式桥墩

拱桥是一种推力结构，拱圈传给桥墩的力，除了垂直力以外，还有较大的水平推力，这是与梁桥最大的不同之处。从抵御恒载水平力的能力来看，拱桥桥墩又可分为普通墩和单向推力墩两种。普通墩除了承受相邻两跨结构传来的垂直反力外，一般不承受恒载水平推力，或者当相邻孔不相同时只承受经过相互抵消后尚余的不平衡推力。单向推力墩又称制动墩，主要作用是在一侧桥孔某种原因遭到毁坏时，能承受住单向的恒载水平推力，以保证另一侧的拱桥不致倾坍。有时为了施工时拱架的多次周转，或者当缆索吊装设备的工作跨径受到限制时，为了能按桥台与某墩之间或者按某两个桥墩之间作为一个施工段进行分段施工，也要设置能承受部分恒载单向推力的制动墩。因此，普通墩的墩身可以做得薄一些［图 14.28(a)、(b)］，为了满足结构强度和稳定的要求，单向推力墩则要做得厚实一些［图 14.28(c)～(e)］。

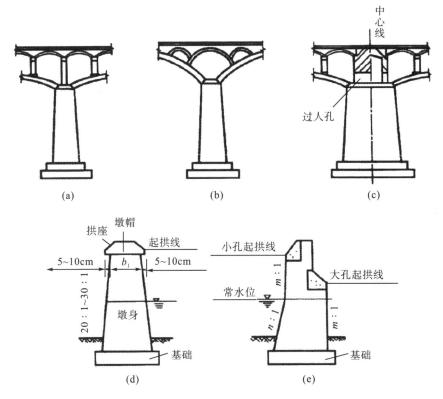

图 14.28　拱桥重力式桥墩

拱桥重力式桥墩也由墩帽、墩身及基础三部分组成。拱桥桥墩与梁桥桥墩不同的是，梁桥桥墩的顶面要设置传力的支座，且支座距顶面边缘保持一定的距离；而拱桥桥墩则在其顶面的边缘设置呈倾斜面的拱座［图 14.28(d)、(e)］，直接承受由拱圈传来的压力。因此拱座总是设计成与拱轴线呈正交的斜面。由于拱座承受着较大的拱圈压力，一般采用 C30 以上的整体式钢筋混凝土。

当桥墩两侧孔径相等时，则拱座均设置在桥墩顶部的起拱线高程上，有时考虑桥面的纵坡，两侧的起拱线高程可以略有不同。当桥墩两侧的孔径不等、恒载水平推力不平衡时，将拱座设置在不同的起拱线高程上［图 14.28(e)］。

由于上承式拱桥的桥面与墩顶顶面相距有一段高度，故墩顶以上结构常采用几种不同型式。对于实腹式拱桥，其墩顶以上部分通常做成与侧墙平齐的形式。对于空腹式拱桥，可采用立墙式、立柱加盖梁式或者采用跨越式［图 14.28(a)～(c)］。对于单向推力墩常采用立墙式和框架式［图 14.28(c)］。当采用立墙式时，为了检修的方便，墙中应设置过人孔；当采用立柱加盖梁或框架式时，则应按照钢筋混凝土结构设计配筋。立柱和盖梁可以做成装配式构件，采用不低于 C30 的钢筋混凝土。普通墩的顶宽，对于混凝土墩一般可按拱跨的 1/25～1/15 估算，石砌墩可按拱跨的 1/20～1/10 估算，其比值将随跨径的增大而减小，且不宜小于80cm。对于单向推力墩，则按计算结果确定。

拱桥重力式桥墩墩身采用材料与梁桥一样。当桥墩两侧孔径相等时，墩身两侧边坡与梁桥相同，也采用 20∶1～30∶1。当桥墩两侧孔径不等时，桥墩墩身可在推力小的一侧变坡或增大边坡，以减小不平衡推力引起的基底反力偏心距，从外形美观上考虑，变坡点一般设在常水位以下［图 14.28(e)］。墩身长度(横桥向)一般与拱圈同宽。

2. 柱式墩

柱式墩是目前公路桥梁中广泛采用的桥墩型式，特别是在桥宽较大的城市桥梁和立交桥中，采用这种桥墩既能减轻墩身重量、节约圬工材料，又能加快施工速度。柱式墩一般由墩帽(或盖梁)与墩柱组成，下接桩基础或扩大基础。

当桥跨结构为装配式梁桥时，柱式墩的墩帽采用盖梁式，便于装配式单梁安放支座。盖梁横截面形状一般为矩形或 T 形，有时也用倒 T 形。盖梁一般采用现浇结构，施工及设计条件允许时，也可采用预制安装的盖梁。盖梁一般设计成 C30 以上的钢筋混凝土构件或 C40 以上的预应力混凝土构件。当桥跨结构为整体式梁桥时，柱式墩的墩帽可不采用盖梁式。

盖梁宽度 B(顺桥向尺寸)和长度 L(横桥向尺寸)、垫石尺寸的确定与重力式桥墩的墩帽相同。盖梁高度 H 及配筋需通过计算确定。典型的双柱墩构造见图 14.29，钢筋混凝土盖梁钢筋构造如图 14.30 所示。

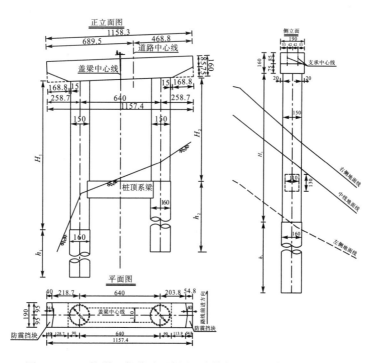

图 14.29　双柱墩一般构造示例(尺寸单位：cm；高程单位：m)

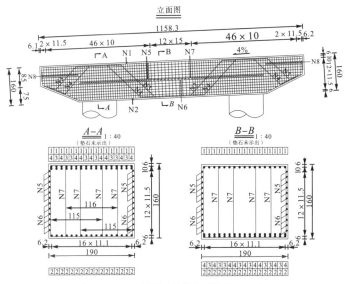

图 14.30　盖梁钢筋构造（单位：cm）

墩柱一般采用 C30 以上的钢筋混凝土结构。对于两根以上墩柱的桥墩，当墩柱较高时，应在桩顶用横系梁加强桩柱的整体性，随着墩柱高度的增加，还需要在墩柱间设置横系梁。地震来临时，塑性铰应先出现在横系梁，然后才出现在墩柱，因此横系梁的尺寸（抗弯惯性矩）和配筋都应比墩柱小。

墩柱配筋一般要求纵向受力钢筋的直径不小于 12mm，且配筋率及锚固长度须满足《公路钢筋混凝土及预应力混凝土桥涵设计规范》(JTG 3362—2018)的要求。墩柱的箍筋一般采用螺旋筋形式，在盖梁、横系梁附近，墩柱的箍筋须加密，如图 14.31 所示。

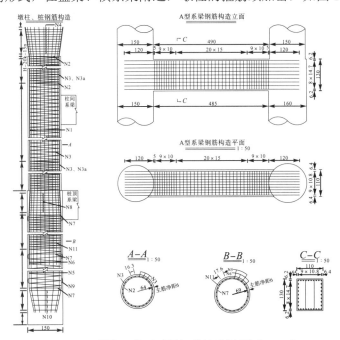

图 14.31　墩柱、桩及系梁钢筋构造图（单位：cm）

3. 空心薄壁墩

在设计桥墩时，采用空心薄壁墩(图 14.32)的型式通常基于三个目的：减少圬工数量，在截面和自重已经足够承担及平衡外力的条件下镂空中心部分；减轻墩身的自重，或地震时有较小的惯性力，或减轻地基的负荷；加强桥墩的整体性。采用空心薄壁墩构造需要注意以下几点：

(1)在陆上或不受船筏撞击、磨损及不受冰冻侵害的高水位以上部分，才宜采用镂空的截面，并须避免空心部分因渗水、积水、冻胀而损坏墩壁。

(2)顶帽下应有足够高度的实体部分，以使支座反力能够均匀地分布到墩壁。

(3)空心部分墩壁与实体部分衔接处应设置必要的构造(倒角)、钢筋或做成斜肋，避免在施工时因受温度影响产生局部应力而在转角处发生裂纹。

(4)根据以上三点，加之内侧设置模板的额外工作，镂空墩身只有在多个大型高墩能以同样构造普遍采用时，才有实际的经济价值。

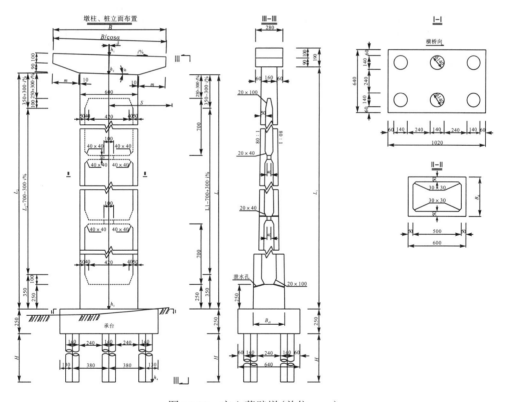

图 14.32　空心薄壁墩(单位：cm)

根据墩高、上部构造的跨径及结构尺寸、线路、河流情况、地质条件、施工方法等因素，选择空心墩的类型及截面和立面形状。需要注意的是：空心墩不等于空心薄壁墩，只有当壁厚较薄的时候(壁厚/短边长<1/5)，才按空心薄壁墩考虑。

空心薄壁墩的墩帽构造跟重力式桥墩相同。墩帽下墩身顶部须有一实体过渡段，使荷载均匀分布到内墙及外壁，其实体段厚度不小于 2.0m。墩身立面侧坡通常为 80∶1～100∶1。陆上墩身在地面 5m 以上部分应设交错的通风孔与泄水孔，以减小内外温差和利于排水。

空心薄壁墩按壁厚分为厚壁和薄壁两种，一般用壁厚 t 与中面直径 D（即同一截面的中心线直径或宽度）（图 14.33）的比来区分：$t/D \geqslant 1/10$ 为厚壁，$t/D < 1/10$ 为薄壁。墩身一般采用钢筋混凝土结构，最小壁厚不宜小于 30cm。

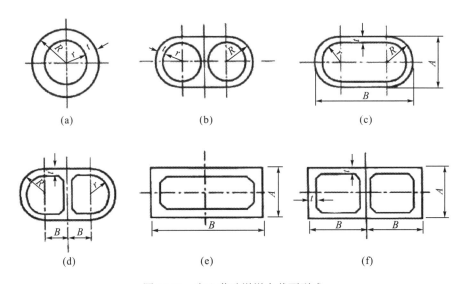

图 14.33　空心薄壁墩墩身截面型式

空心薄壁墩中每隔一定高度应设置一段隔板（图 14.32），对空心结构的抗扭有明显作用。空心薄壁墩的隔板有横隔板和纵隔板两种。对 40m 以上的高桥墩，不论壁厚如何，均按 6～10m 的间距设置横隔板。采用滑模施工时，对于横截面较大的空心薄壁墩，则采用纵向隔板且增大 t/D 值。

4. 钢筋混凝土薄壁桥墩

薄壁桥墩以钢筋混凝土为材料，其截面型式有一字形、工字形、箱形以及适用于高墩大跨径的双薄壁墩等，有些桥还采用 V 形墩。其共同特点是在横桥向的长度基本和其他型式的墩相同，但是在纵桥向的长度很小。其优点是可以节省材料，减轻桥墩的自重，同时双壁墩可以在保证桥墩受压面积和横向刚度的前提下减小其纵向抗推刚度，并减小主梁支点负弯矩，增加桥梁美观性；V 形墩可以间接减小主梁的跨度，使跨中弯矩减小。

1）一字形薄壁墩

一字形的薄壁墩（图 14.34）构造简单、轻巧、圬工量小、自重轻，可用于软土土层等地基承载能力较低的地区。一字形薄壁墩在墩身横向也可做成 V 形、Y 形或其他型式。一字形薄壁墩的墩帽采用不低于 C30 的钢筋混凝土结构，其尺寸参照重力式桥墩，并结合受力需要来确定。

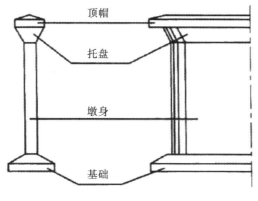

图 14.34　一字形薄壁墩

2)双薄壁墩

大跨度连续刚构桥的上部结构和下部结构之间是固结，为减小下部结构在各种作用下的弯矩，就需要减小桥墩的抗推刚度，往往桥墩较矮时，就采用双薄壁墩。双薄壁墩是一种柔性墩，既能支承桥跨结构、保持桥墩稳定，又有一定柔性，适应桥跨结构位移的需要。

为了减轻墩身的自重以及增加墩身的柔度，可采用空心的薄壁结构(图 14.35)。混凝土强度等级一般采用 C30 以上。

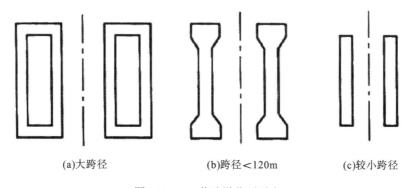

(a)大跨径　　　　　　　　(b)跨径<120m　　　　　　(c)较小跨径

图 14.35　双薄壁墩截面型式

14.3.2　桥台构造与设计

1. 重力式桥台

梁桥和拱桥上常用的重力式桥台大部分采用 U 形，从梁桥(图 14.36)与拱桥(图 14.37)桥台构造比较来看，两者除在台帽部分有所差别外，其余部分基本相同；从尺寸上看，拱桥桥台一般比梁桥大。

梁桥台帽的构造和尺寸要求与相应的桥墩墩帽有许多共同之处，不同的是台帽顶面只设单排支座，在另一侧则要砌筑挡住路堤填土的背墙。现在背墙一般采用钢筋混凝土结构，并与台帽浇筑成整体(图 14.36)。背墙的顶宽须满足抗震、抵抗台后土压力等要求，一般要求不小于 50cm。背墙一般做成垂直的，并与两侧的侧墙连接。在台帽放置支座部分的构造尺寸、钢筋配置及混凝土强度等级可按相应的墩帽构造进行设计。

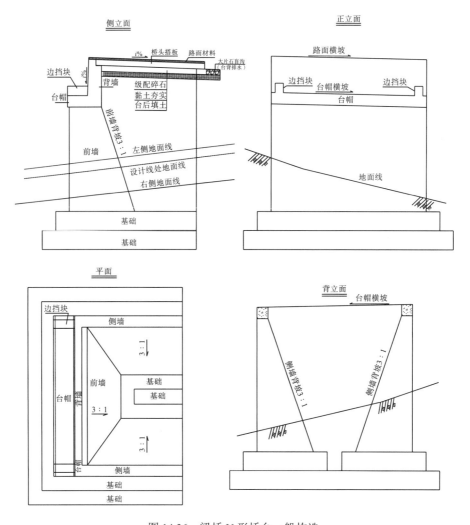

图 14.36　梁桥 U 形桥台一般构造

拱桥桥台只在向河心的一侧设置拱座，其构造和尺寸可参照相应桥墩的拱座拟定。对于空腹式拱桥，在前墙顶面上还要砌筑背墙，用来挡住路堤填土和支承腹拱。台帽钢筋构造与重力式桥墩墩帽设计相同，现在一般将台帽与背墙做成整体，其配筋也整体考虑。台身由前墙和侧墙构成，并结合成一体，兼有挡土墙和支撑墙的作用。侧墙正面一般是直立的，其长度视桥台高度和锥坡坡度而定。桥台越高，侧墙则越长。侧墙尾端，应有不小于 0.75m 的长度伸入路堤内，以保证与路堤有良好的衔接。台身的宽度通常与路基的宽度相同。

无论是梁桥还是拱桥，桥台前墙和侧墙顶面宽度 b_1 不宜小于 0.50m，其任一水平截面的宽度 b_2 不宜小于该截面至墙顶高度的 0.4 倍，如图 14.38 所示。

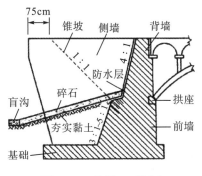

图 14.37 拱桥 U 形桥台

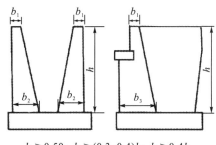

图 14.38 U 形桥台一般构造示意

$b_1 \geq 0.50$; $b_2 \geq (0.3 \sim 0.4)h$; $b_3 \geq 0.4h$

两个侧墙之间应填以渗透性较好的土壤。为了排除桥台前墙后面的积水，应于侧墙间在略高于高水位的平面上铺一层向路堤方向设有斜坡的夯实黏土作为不透水层，并在黏土层上再铺一层碎石，将积水引向设于台后横穿路堤的盲沟内（图 14.36、图 14.37）。

2. 轻型桥台

跨径不大于 13m、桥长不大于 20m 的梁(板)式上部结构，其下部构造可采用轻型桥台，但桥孔不宜多于三孔，桥台的台墙厚度不宜小于 0.6m。与重力式桥台不同，轻型桥台的构造特点是利用钢筋混凝土结构的抗弯能力来减少圬工体积而使桥台轻型化。常用的有薄壁式和支撑梁式两种。

薄壁式轻型桥台是将台身做成钢筋混凝土薄壁墙式结构，利用台身钢筋混凝土的抗力来抵抗外荷载。当桥台较高时，台后土压力随之增大，往往在薄壁式台身后面加肋板或将桥台做成空心薄壁结构，以抵抗台后土压力的影响。

支撑梁轻型桥台的特点是，台身为直立的薄壁墙，台身两侧有翼墙。在两桥台下部设置钢筋混凝土支撑梁，支撑梁设在冲刷线或河床铺砌线以下。桥跨结构与桥台通过锚栓连接，于是便构成四铰框架结构系统，并借助两端台后的被动土压力来保持稳定。支撑梁应对称于桥中心线布置，中距宜为 2～3m。支撑梁也可用混凝土或块石砌筑，以节约钢筋，但截面尺寸不应小于 40cm×40cm。

轻型桥台可采用八字式［图 14.39(a)右、(b)右)］和一字式［图 14.39(a)左、(b)左)］翼墙挡土，如地形许可，也可做成耳墙式［图 14.39(c)］。耳墙式桥台是把翼墙改为附于立柱上的耳墙，在台身两侧设置钢筋混凝土立柱。立柱、台帽和基础共同组成矩形的刚性框架，框架的中空部分用块石砌成整体。耳墙为钢筋混凝土三角形薄壁结构，从立柱上悬出，与锥坡配合起到路堤挡土的作用。耳墙式桥台的优点是用料经济，对于需要经过人工处理的软土地基来说，效果良好；缺点是耳墙不能悬挑过长(不宜大于 4m)，锥坡坡度较陡，必须加强护坡的砌筑处理。为确保台后填土密实，耳墙与台身结合处应加腋。

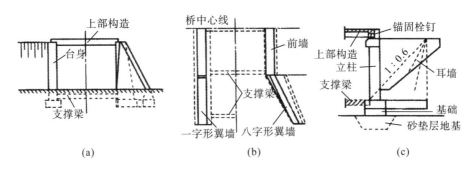

图 14.39　支撑梁轻型桥台

3. 埋置式桥台

埋置式桥台按台身结构型式分为后倾式、肋形埋置式、双柱式和框架式等。

埋置式桥台是由台帽、盖梁、背墙、耳墙和挡(土)板组成，不需要侧墙，仅附有短小的钢筋混凝土耳墙，耳墙厚度一般为 50cm 以上。台帽部分的内角到护坡表面的距离不应小于 50cm，否则应在台帽两侧设置挡(土)板，用以挡住护坡的填土，并防止土、雪等涌入支承平台，影响支座正常工作；或增加耳墙长度，使路堤填土后移。耳墙与路堤衔接，伸入路堤的长度一般不小于 75cm。

双柱式桥台盖梁设计可参照柱式桥墩的相关内容。图 14.40 和图 14.41 分别给出了柱式桥台和肋形埋置式桥台设计实例的一般构造图，供参考。

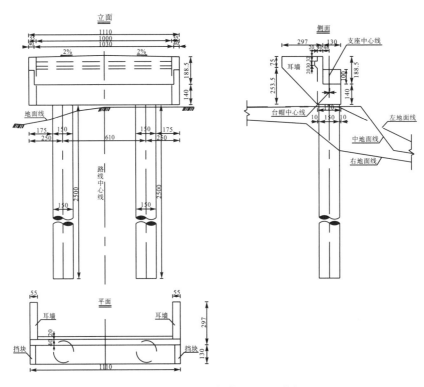

图 14.40　双柱式桥台一般构造示例(单位：cm)

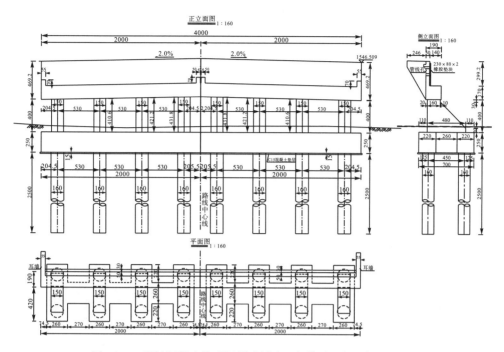

图 14.41　钢筋混凝土肋形埋置式桥台一般构造示例(单位：cm)

14.4　墩　台　计　算

墩台计算分为荷载分析和计算，以及结构计算和验算两部分内容。

荷载分析和计算包括墩台所受外力分析和计算、外力作用下的墩台截面内力计算(包括恒载计算)、荷载组合(作用组合)计算。计算外力时要认真分析墩台所受外荷载的种类、作用形式等，确保计算正确，不可漏项。截面内力计算是分析墩台在外荷载作用下的总体受力特性，找出各个受力控制截面进行各种可能的最不利荷载组合。

结构计算和验算是由控制截面的最不利荷载组合值验算截面承载力、圬工结构截面偏心距(钢筋混凝土结构验算抗裂性)、墩顶的弹性水平位移、墩台身的受压纵向弯曲稳定性等。根据不同墩台结构类型选取验算项目，确保不漏项。

14.4.1　设计荷载分析和计算

常见的永久作用、可变作用、偶然作用和地震作用，在第四章已经做了详细的介绍。需要注意的是，一些不常见的作用，需要根据实际情况进行分析，应考虑修建和使用期间可能发生的各项作用。在进行桥梁墩台地基验算时，需注意：①桥台台背填土的高度在 5m 以上时，应考虑台背填土对桥台基底处的附加竖向压应力；②对于软土或软弱地基，当相邻墩台的距离小于 5m 时，应考虑邻近墩台对软土或软弱地基所引起的附加竖向压应力。

在每种形式的作用效应组合中，会有不同工作状况(简称工况)，像汽车荷载的移动对荷载组合起着支配作用，应根据不同的验算内容(如墩身截面承载力、作用在墩身截面上合力的偏心距及桥墩的稳定性等)布置汽车荷载，选择各种可能的最不利荷载组合。桥墩计算时，预先很难确定哪一种荷载组合对桥墩的影响最不利，通常需要对各种可能的荷载进行组合计算，并按顺桥向、横桥向和竖向分别计算。

1. 桥墩的作用效应组合

1)基本组合

无论是梁桥还是拱桥，桥墩承受最大竖向荷载的组合，其顺桥向荷载布置如图 14.42(a)所示。这种组合用来验算墩身强度和基底最大应力。因此，除了计算永久作用(恒载)外，应在相邻两桥跨满布汽车荷载或人群荷载中的一种或两种。

梁桥桥墩在顺桥向承受最大水平荷载的组合见图 14.42(b)，对于拱桥桥墩，应为相邻两孔的永久作用(或荷载)，在一孔或跨径较大的一孔满布可变作用(或荷载)的一种或几种，例如汽车荷载、人群荷载、汽车制动力、纵向风力、温度影响力等，并计算由此对桥墩产生的不平衡水平推力、竖向力和弯矩(图 14.43)。对于单向推力墩则只考虑相邻两孔中跨径较大一孔的永久作用。在这种组合工况下，桥墩各截面在顺桥向可能产生最大偏心和最大弯矩，用来验算墩身截面强度、偏心距、基地应力及桥墩的稳定性。

桥墩承受最大横桥向偏载、最大竖向荷载，见图 14.42(c)。在这种组合情况下，桥墩各截面在横桥向可能产生最大偏心和最大弯矩，用来验算横桥方向上的墩身强度、基底应力、偏心以及桥墩的稳定性。因此，除了计算永久作用外，应将汽车荷载或人群荷载的一种或两种偏于桥面的一侧布置，并且还应考虑其他可变作用，例如横向风荷载、流水压力或冰压力等。

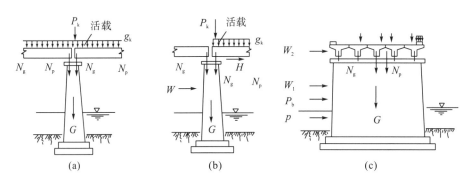

图 14.42　桥墩活载布置图式

G.桥墩重力；P_k、g_k.车道荷载；N_g.上部结构重力引起的在支座上的垂直反力；N_p.活载引起的在支座上的垂直反力；H.制动力或支座摩阻力；W.纵向风力；W_1.横向风力(墩身)；W_2.横向风力(上部结构)；p.流水压力或流冰压力；P_b.撞击力

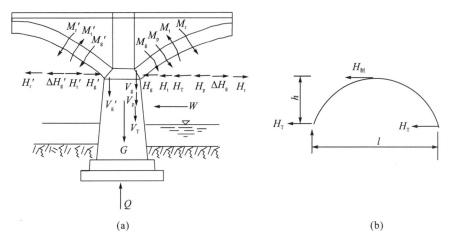

图 14.43　不等跨拱桥桥墩受力情况

G.桥墩重力；Q.水的浮力(仅在验算稳定时考虑)；V_g、V_g'.相邻两孔拱脚处因结构自重产生的竖向反力；H_p.汽车荷载在拱脚产生的水平力；V_p.与汽车荷载产生的 H_p 最大值相对应的拱脚竖向反力，可按支点反力影响线求得；V_T.由桥面处制动力 $H_制$ 引起的拱脚竖向反力，即 $V_T = \dfrac{H_制 h}{l}$，其中 h 为桥面至拱脚的高度，l 为拱的计算跨径；H_g、H_g'.不计弹性压缩时在拱脚处由结构自重引起的水平推力；ΔH_g、$\Delta H_g'$.由结构自重产生弹性压缩所引起的拱脚水平推力，方向分别与 H_g 和 H_g' 相反；H_t、H_t'.温度变化引起的拱脚处的水平推力(图示方向为温度上升，降温时则方向相反)；M_g、M_g'.结构自重引起的拱脚弯矩；M_p.由汽车荷载引起的拱脚弯矩，由于是按 H_p 达到最大值时的活载布置计算，故产生的拱脚弯矩很小，可以忽略不计；M_t、M_t'.温度变化引起的拱脚弯矩；M_r、M_r'.拱圈材料收缩引起的拱脚弯矩；W.墩身纵向风力

2)偶然组合

通航河流上的桥墩：永久作用+汽车荷载或人群荷载的一种或两种(偏于桥面的一侧布置)+流水压力+船舶的撞击作用。

泄洪河流上的桥墩：永久作用+汽车荷载或人群荷载的一种或两种(偏于桥面的一侧布置)+流水压力+漂流物的撞击作用。

对于有凌汛的河流(如黄河西北地区段)还应验算冰压力的作用组合，即：永久作用+汽车荷载或人群荷载的一种或两种(偏于桥面的一侧布置)+冰压力。

应当注意，流水压力(设计洪水位时的计算值)与冰压力(凌汛期的最不利计算值)不同时发生，因此，应取两种组合对桥墩产生最不利影响的一种组合进行结构设计。

立交桥：永久作用+汽车荷载或人群荷载的一种或两种(偏于桥面的一侧布置)+汽车撞击作用。

3)地震组合

地震组合为永久作用+地震作用，不考虑活载组合，作用组合效应系数取 1.0。

如果采用钢筋混凝土或预应力混凝土柱式桥墩，除考虑上述各种组合以外，还应在结构计算中对盖梁和柱身进行抗裂性计算，故应进行频遇组合和准永久组合计算。

2．桥台的作用效应组合

1）梁桥桥台的荷载组合

桥台计算时与桥墩一样，也应根据各种可能出现的情况进行荷载的最不利组合，而汽车荷载可按以下三种情况布置：

(1) 车辆荷载仅布置在桥跨结构上 [图 14.44(a)]。

(2) 车辆荷载仅布置在台后填土的破坏棱体上 [图 14.44(b)]。

(3) 车辆荷载同时布置在桥跨结构、桥台和台后填土的破坏棱体上 [图 14.44(c)]。

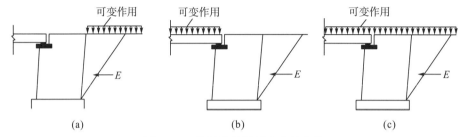

图 14.44　作用在梁桥桥台上的荷载

此外，在个别情况下，还要考虑在架梁之前，台后已填土完毕，在其上布置有施工荷载的荷载组合情形。一般重力式桥台以(2)和(3)两种组合控制设计，但须根据具体情况进行分析比较后才能确定。

需要指出的是，台后的土侧压力，一般按主动土压力计算，其大小与土的压实程度有关。因此，在计算桥台前端的最大应力、向桥孔一侧的偏心和向桥孔方向的倾覆与滑动时，按台后填土尚未压实考虑；当计算桥台后端的最大应力、向路堤一侧的偏心和向路堤方向的倾覆与滑动时，则按台后填土已经压实考虑。

2）拱桥重力式桥台的荷载组合

拱桥桥台一般按以下两种情况布置汽车荷载，并进行组合。

(1) 桥上满布活载，使拱脚水平推力 H 达到最大值，温度上升，制动力向路堤方向，台后按压实土考虑土侧压力，使桥台有向路堤方向偏移的趋势 [图 14.45(a)]。

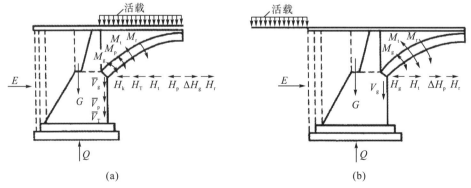

图 14.45　拱桥桥台活载布置图示

E.台后土压力；H_k.恒载作用下的水平推力；$\overline{V}_g$.活载作用下的拱脚竖向反力；其余符号意义同图 14.43

（2）台后破坏棱体上有活载，桥跨上无活载，制动力向桥跨方向，温度下降，台后按未压实土考虑土侧压力，使桥台有向桥跨方向偏移的趋势［图 14.45（b）］。

14.4.2 重力式墩（台）的计算与验算

对于梁桥和拱桥的重力式墩（台）的计算，虽然在荷载组合的内容上稍有不同，但是就某个截面而言，这些外力都可以合成为竖向的和水平方向的合力（分别用 ΣN 和 ΣH 表示）以及绕该截面 $x—x$ 轴和 $y—y$ 轴的弯矩（分别用 ΣM_x 和 ΣM_y 表示），如图 14.46 所示。因此，它们的验算内容和计算方法基本相同。

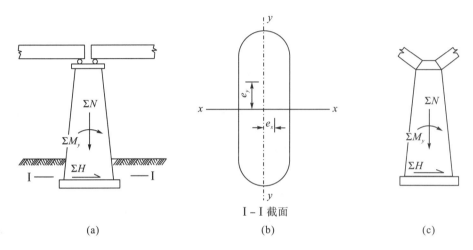

图 14.46 墩身底截面强度验算

1. 墩（台）身强度验算

重力式墩（台）主要采用圬工材料建造，一般为偏心受压构件，结构采用以概率论为基础的极限状态设计方法，采用分项系数的设计表达式进行计算，在不利作用效应组合下，各控制截面的作用效应设计值应小于或等于结构的抗力效应设计值。墩（台）截面的强度验算包括下列各项内容。

1）验算截面的选取

验算截面通常选取墩（台）身的基础顶面和截面突变处。对于悬臂式墩帽的墩身，应对与墩帽交界的墩身截面进行验算。当墩（台）较高时，由于危险截面不一定在底部，需沿墩（台）身每隔 2～3m 选取一个验算截面。

2）验算截面的内力计算

按照各种组合分别对各验算截面计算其竖向力、水平力和弯矩（顺桥向和横桥向），得到相应的纵向力 ΣN、水平力 ΣH 和弯矩 ΣM。对于拱桥，需要选择拱座底截面验算其抗剪强度。绝大多数重力式桥台的横桥向水平力是不需要验算的。

3）截面偏心及承载力验算

在偏心受压荷载作用下，各验算截面在各种组合下应满足 $e \leqslant [e]$。其中，e 为截面轴向力的偏心距，[e]为偏心距限值。基本组合：[e]≤0.6s；偶然组合：[e]≤0.7s。s 值为截面或换算截面重心轴至偏心方向截面边缘的距离，如图 14.47 所示。当混凝土结构单向偏心的受拉一边或双向偏心的各受拉一边设有不小于截面面积 0.05%的纵向钢筋时，[e]值可增加 0.1s。

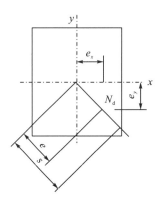

图 14.47　受压构件偏心距

截面验算相关公式参见第十一章的叙述：验算截面在各种荷载组合下的偏心距 e，如轴向力偏心距不超过规定的容许偏心值，各截面受压承载力按式(11.23)或式(11.24)计算，如果超过上述[e]值，截面受压承载力按式(11.25)式(11.26)进行验算。

当 U 形桥台两侧墙宽度之和不小于同一水平截面前墙全长的 0.4 倍时，可按 U 形整体截面验算截面承载力；当 U 形桥台前墙设有沉降缝或伸缩缝时，分隔的前墙和侧墙墙身或基础应分别按独立墙验算截面。

抗剪强度按式(11.27)进行验算。

2. 稳定性验算

稳定性验算一般包括纵向挠曲稳定性验算和整体稳定性验算。在承载力验算时引入了偏心受压构件承载力影响系数 φ，该系数同时考虑了构件轴向力偏心矩和构件长细比的影响，而构件长细比就反映了偏心受压构件在非弯曲平面内的稳定性，也就是说，纵向挠曲稳定性验算在承载力验算中已经反映了。

整体稳定性验算包括抗倾覆稳定性验算和抗滑动稳定性验算两方面内容。

1)抗倾覆稳定性验算

如图 14.48 所示，处于临界稳定平衡状态时，绕倾覆转动轴 A-A 取矩，令稳定力矩为正，倾覆力矩为负，则

$$\sum P_i \times (s - e_i) - \sum (H_i \times h_i) = 0 \tag{14.2}$$

即

$$s \times \sum P_i - \left[\sum (P_i \times e_i) + \sum (H_i \times h_i) \right] = 0 \tag{14.3}$$

式(14.3)左边第一项为稳定力矩，第二项为倾覆力矩。

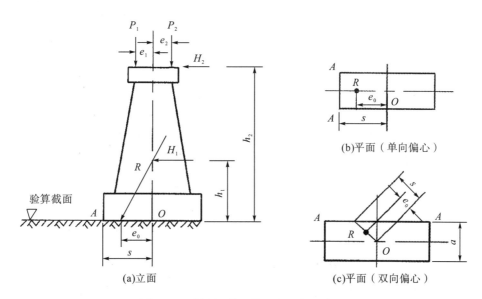

图 14.48　墩(台)基础的稳定验算示意图

O.截面重心；R.合力作用点；A-A.验算倾覆轴

由此可见，抵抗倾覆的稳定系数 k_0 按式(14.4)验算。

$$k_0 = \frac{M_{稳}}{M_{倾}} = \frac{s\Sigma P_i}{\Sigma P_i e_i + \Sigma H_i h_i} = \frac{s}{e_0} \tag{14.4}$$

$$e_0 = \frac{\Sigma P_i e_i + \Sigma H_i h_i}{\Sigma P_i} \tag{14.5}$$

式中，$M_{稳}$ 表示稳定力矩；$M_{倾}$ 表示倾覆力矩；P_i 表示不考虑其分项系数和组合系数的作用标准值组合或偶然作用标准值组合引起的竖向力，kN；e_i 表示竖向力 P_i 对验算截面重心的力臂，m；H_i 表示不考虑其分项系数和组合系数的作用标准值组合或偶然作用标准值组合引起的水平力，kN；s 表示在截面重心至合力作用点的延长线上，自截面重心至验算倾覆轴的距离，m；e_0 表示所有外力的合力 R 在验算截面的作用点对基底重心轴的偏心距，m；h_i 表示水平力对计算截面的力臂，m。

注意，对于矩形凹缺的多边形基础，其倾覆轴应取基底截面的外包线。

2)抗滑动稳定性验算

抗滑动稳定性系数 k_c 按式(14.6)验算。

$$k_c = \frac{\mu \sum P_i + \sum H_{ip}}{\sum H_{ia}} \tag{14.6}$$

式中，ΣP_i 表示竖向力的总和；ΣH_{ip} 表示抗滑稳定水平力总和；ΣH_{ia} 表示滑动水平力总和；μ 表示基础底面与地基土之间的摩擦系数，通过试验确定，当缺少实际资料时，可参照表 14.2 采用。

表 14.2 基底摩擦系数

地基土分类	摩擦系数 μ	地基土分类	摩擦系数 μ
黏土(流塑~坚硬)、粉土	0.25	软岩(极软岩~较软岩)	0.40~0.60
砂土(粉砂~砾砂)	0.30~0.40	硬岩(较硬岩、坚硬岩)	0.60、0.70
碎石土(松散~密实)	0.40~0.50		

ΣH_{ip} 和 ΣH_{ia} 分别为两个相对方向各自水平力的总和，绝对值较大者为滑动水平力 ΣH_{ia}，另一个为抗滑稳定水平力 ΣH_{ip}；同时，$\mu\Sigma P_i$ 即为抗滑稳定力。

抗倾覆与抗滑动稳定性系数 k_0 和 k_c 均不应小于表 14.3 中所规定的最小值。同时，在验算倾覆稳定性和滑动稳定性时，都要分别就常水位和设计水位两种情况考虑水的浮力。对于桥台基础，当台背地基土质不良时，应验算桥台与路堤同时滑移的稳定性。

表 14.3 抗倾覆和抗滑动的稳定系数

	作用组合	验算项目	稳定系数
使用阶段	永久作用(不计混凝土收缩及徐变、浮力)和汽车、人群的标准值效应组合	抗倾覆 抗滑动	1.5 1.3
	各种作用(不包括地震作用)的标准效应组合	抗倾覆 抗滑动	1.3 1.2
	施工阶段作用的标准值效应组合	抗倾覆、抗滑动	1.2

3）位于岩石地基上的拱桥桥台验算

如果拱桥位于岩石地基上，台后基本没有土压力。此时，桥台一般不做成 U 形，而是做成实体桥台，台身直接抵在台后岩石表面。如果地基条件良好，甚至没有台身，拱座直接置于岩石地基上。桥台不再靠自重来保证其稳定性，而是靠台后岩石的承载力。此时需要验算台后岩石的应力。

3. 沉降验算

当墩台建筑在地质情况复杂、土质不均匀、承载力较差的地基上及下卧层为压缩性较大的厚层软黏土时，或相邻跨径差别很大而需计算沉降差，或跨线桥净高需预先考虑沉降量时，均应计算其沉降。对于坐落在多层土上的墩台基础，其最终沉降量可用分层总和法计算。

相邻墩台均匀沉降差(不包括施工中的沉降)，不应使桥面形成大于 2‰的附加纵坡(折角)。对于超静定结构，桥梁墩台间的均匀沉降差除应满足桥面纵坡要求，还应满足结构的受力要求。

4. 地基承载力及基底偏心距验算

1）地基承载力验算

基底土的承载力一般按轴心荷载和偏心荷载分别进行验算，不考虑嵌固作用的基础底面岩土的承载力，可按式(14.7)和式(14.8)进行验算。

(1)当基底只承受轴心荷载时：

$$p = \frac{N}{A} \leqslant f_a \qquad (14.7)$$

式中，p 表示基底平均应力；f_a 表示修正后的地基承载力特征值；N 表示频遇组合或偶然组合在基底产生的竖向力，频遇值系数和准永久值系数均取 1.0，汽车应计入冲击系数；A 表示基础底面面积。

(2)当基底偏心受压时，除满足式(14.7)外，还应符合下列条件：

$$p_{max} = \frac{N}{A} + \frac{M_x}{W_x} + \frac{M_y}{W_y} \leqslant \gamma_R f_a \qquad (14.8)$$

式中，p_{max} 表示基底最大压应力；γ_R 表示地基承载力抗力系数，根据地基条件及不同的工况，γ_R 取 1.0~1.5；M_x、M_y 表示作用于墩台的水平力和竖向力对基底分别绕 x 轴、y 轴的弯矩；W_x、W_y 表示基础底面偏心方向边缘绕 x 轴、y 轴的面积抵抗矩。

当设置在基岩上的基底承受单向偏心荷载，其偏心距 e_0 超过核心半径 ρ 时，可仅按受压区计算基底最大压应力(不考虑基底承受拉力，见图 14.49)。基底为矩形截面时最大压应力 p_{max} 按下式计算：

$$p_{max} = \frac{2N}{3da} = \frac{2N}{3\left(\dfrac{b}{2} - e_0\right)a} \qquad (14.9)$$

式中，b 表示偏心方向基础底面的边长；a 表示垂直于 b 边基础底面的边长；d 表示 N 作用点至基底受压边缘的距离；e_0 表示 N 作用点距截面重心的距离。

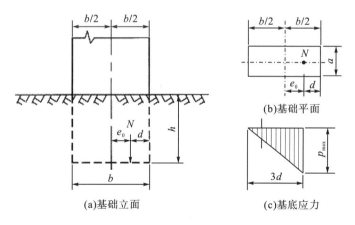

(a)基础立面   (b)基础平面   (c)基底应力

图 14.49   基岩上矩形截面基底单向偏心受压应力重分布图

当设置在基岩上的墩台基底承受双向偏心荷载，且其偏心距 e_0 超过相应的截面核心半径 ρ 时，宜仅按受压区计算基底压应力(不考虑基底承受拉应力)，墩台基底最大压应力可按《公路桥涵地基与基础设计规范》(JTG 3363—2019)附录 G 确定。

2)基底偏心距验算

为了使基底恒载应力分布比较均匀，防止基底最大压应力 σ_{max} 与最小压应力 σ_{min} 相差过大，导致基底产生不均匀沉陷和影响桥墩的正常使用，在设计时，应对基底合力偏心距加以限制，在基础纵向和横向，其计算的荷载合力偏心距容许值 $[e_0]$ 应满足表 14.4 的要求。

表 14.4   墩台基础合力偏心距容许值 $[e_0]$

作用情况	地基条件	$[e_0]$	备 注
仅承受永久作用标准值组合	非岩石地基	桥墩，0.1ρ 桥台，0.75ρ	拱桥、刚构桥墩台，其合力作用点应尽量保持在基底重心附近
承受作用标准值组合或偶然作用标准值组合	非岩石地基	ρ	拱桥单向推力墩不受限制，但应符合表 14.3 规定的抗倾覆稳定系数
	较破碎-极破碎岩石地基	1.2ρ	
	完整、较完整岩石地基	1.5ρ	

基底以上外力作用点对基底重心轴的偏心距 e_0 可按式（14.10）计算，基底承受单向或双向偏心受压的截面核心半径 ρ 可按式（14.11）计算。

$$e_0 = \frac{M}{N} \leqslant [e_0] \tag{14.10}$$

$$\rho = \frac{e_0}{1 - \dfrac{p_{\min}A}{N}} \tag{14.11}$$

其中，

$$p_{\min} = \frac{N}{A} - \frac{M_x}{W_x} - \frac{M_y}{W_y} \tag{14.12}$$

式中，ρ 表示墩台基础底面的核心半径；A 表示墩台基础底面的面积；N 表示作用于基底的合力的竖向分力；M 表示作用于墩台的水平力和竖向力对基底形心轴的弯矩；M_x、M_y、W_x、W_y 的含义同式（14.8）；$p_{\min}$ 表示基底最小压应力，当为负值时表示拉应力；e_0 表示 N 作用点距截面重心的距离。

14.4.3   桩柱式墩（台）计算

桩柱式墩（台）的计算包括盖梁计算和墩身计算两个部分。

1. 计算图式

桩柱式墩台通常采用钢筋混凝土构件，在横桥向由盖梁与柱（桩）组成框架结构，因此，墩台盖梁与柱按刚架计算，盖梁的计算跨径宜取支承中心的距离。为便于计算，可将每根基桩模拟为图 14.50 中固结于底部的等效基础，固结点深度一般取 $(1.8\sim2.2)/\alpha$，其中 α 为桩的变形系数，按《公路桥涵地基与基础设计规范》（JTG 3363—2019）的规定取值。

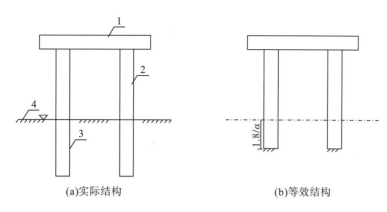

图 14.50　桩柱式墩台结构模拟

1.盖梁；2.柱；3.桩；4.地面

2. 外荷载计算

外荷载包括桥跨结构永久作用(恒载)支点反力、桥墩各部位自重和可变作用(活载)。计算最不利的荷载组合。荷载的横向分布计算：当活载对称布置时，按杠杆法计算；当活载非对称布置时，按刚性横梁法(或偏心受压法、刚接板梁法、G-M 法)计算。在计算盖梁内力时，可考虑桩柱支承宽度对削减负弯矩峰值的影响。盖梁在施工过程中，荷载的不对称性很明显，各截面将产生较大的弯矩，因此要根据当时的施工方案对各截面的受弯、受剪进行验算。

3. 内力计算

公路桥桩柱式墩台的盖梁通常采用双悬臂式，其计算时的控制截面应选取支点和跨中截面。在计算支点负弯矩时，采用非对称布置活载与恒载的反力；在计算跨中正弯矩时，采用对称布置活载与恒载的反力。桥墩沿纵向的水平力以及当盖梁在沿桥纵向设置两排支座时，上部结构活载的偏心对盖梁将产生扭矩，应计入。

桩柱式墩台按桩基础的有关内容计算桩柱的内力和桩的入土深度。

4. 配筋计算

盖梁的配筋验算方法与钢筋混凝土梁配筋类似，根据弯矩包络图配置受弯钢筋，根据剪力包络图配置弯起钢筋和箍筋。在配筋时，还应计算各控制截面抗扭所需要的箍筋及纵向钢筋。当采用预应力混凝土盖梁时，预应力筋普通钢筋的配置同预应力混凝土梁。

盖梁计算跨径 l 与梁高 h 之比，简支梁为 $2.0 < l/h \leqslant 5.0$、连续梁为 $2.5 < l/h \leqslant 5.0$ 时称为"短梁"，应作为深受弯构件，抗弯配筋按式(14.13)进行计算，抗剪按《公路钢筋混凝土及预应力混凝土桥涵设计规范》(JTG 3362—2018)中关于盖梁计算的相关公式进行计算。当墩柱盖梁的外悬臂部分承受集中力作用时，若作用点至柱边缘的距离小于或等于盖梁截面高度，属于悬臂深梁，可按拉压杆模型方法计算。《公路钢筋混凝土及预应力混凝土桥涵设计规范》(JTG 3362—2018)给出了拉杆和压杆内力及其承载力的计算方法。计算盖梁内力时可考虑柱支承宽度的影响。

$$\gamma_0 M_\text{d} \leqslant f_\text{sd} A_\text{s} z \tag{14.13}$$

其中，

$$z = \left(0.75 + 0.05\frac{l}{h}\right)(h_0 - 0.5x) \tag{14.14}$$

式中，M_d 表示盖梁最大弯矩设计值；f_sd 表示纵向普通钢筋抗拉强度设计值；A_s 表示受拉区普通钢筋截面面积；x 表示截面受压区高度；h_0 表示截面有效高度。

墩柱配筋验算，是在计算最不利的内力组合之后，先配筋，再验算，按钢筋混凝土偏心受压构件计算。

5. 抗裂验算

钢筋混凝土盖梁和墩柱的最大裂缝宽度可按下列公式计算：

$$W_\text{cr} = C_1 C_2 C_3 \frac{\sigma_\text{ss}}{E_\text{s}}\left(\frac{c+d}{0.36+1.7\rho_\text{te}}\right) \tag{14.15}$$

式中，C_1 表示钢筋表面形状系数，光面钢筋 $C_1=1.4$，带肋钢筋 $C_1=1.0$；C_2 表示长期效应影响系数，$C_2 = 1+0.5\dfrac{M_\text{l}}{M_\text{s}}$，其中，$M_\text{l}$ 和 M_s 分别为准永久组合和频遇组合计算的弯矩设计值（或轴力设计值）；C_3 表示与构件受力性质有关的系数，$C_3 = \dfrac{1}{3}\left(\dfrac{0.4l}{h}+1\right)$；$c$ 表示最外排纵向受拉钢筋的混凝土保护层厚度（mm），当 $c > 50\text{mm}$ 时，取 50mm；E_s 表示受拉钢筋的弹性模量；σ_ss 表示钢筋应力，按《公路钢筋混凝土及预应力混凝土桥涵设计规范》（JTG 3362—2018）有关公式进行计算；d 表示纵向钢筋直径，mm；ρ_te 表示纵向受拉钢筋的有效配筋率，$\rho_\text{te} > 0.1$ 时取 0.1，$\rho_\text{te} < 0.01$ 时取 0.01。

14.4.4　柔性排架墩计算

梁桥的柔性墩多用于中、小跨径的桥梁上，当桥跨结构采用连续的构造和变形不够完善的支座时，则可近似地按多跨铰接框架的图式计算［图 14.51（a）］。但目前我国的公路桥梁中，比较多地采用较大摩阻力的板式橡胶支座。这种支座在水平力的作用下，将发生较小的水平向剪切变形，故它可按在节点处设置水平弹簧支承的框架图式计算，如图 14.51（b）所示，下面将着重对它的计算特点进行简要介绍。

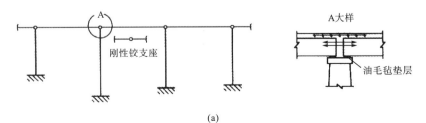

(a)

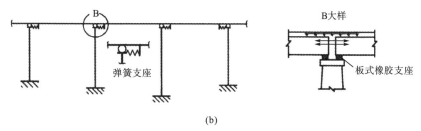

(b)

图 14.51　梁桥柔性排架墩计算图式

1. 基本假定

(1)外荷载除汽车荷载外，还要计入汽车制动力、温度影响力，必要时还包括墩身受到的风力，但梁身混凝土的收缩、徐变等次要因素可忽略不计。

(2)计算制动力时，各墩台受力按墩顶抗推刚度分配。在计算土压力时，如设有实体刚性墩台，则全部由有关刚性墩台承受。如均为柔性墩，则由岸墩承受土压力，并假定此时各个墩顶与上部构造之间不发生相对位移。

(3)计算温度变形时，墩对梁产生的竖向弹性拉伸或压缩影响忽略不计，而只计桩墩顶部水平力对桩墩所引起的弯矩。

(4)在计算梁墩之间橡胶支座的水平力剪切变形时，忽略梁体的偏转角 θ 对它的影响。

2. 计算步骤

1)桥墩抗推刚度 $k_{墩i}$ 的计算

抗推刚度 $k_{墩i}$ 是指使墩顶产生单位水平位移所需施加的水平反力。

$$k_{墩i} = \frac{1}{\delta_i} \tag{14.16}$$

(1)当墩柱下端固定在基础或承台顶面时，有

$$\delta_i = \frac{l_i^3}{3EI} \tag{14.17}$$

式中，δ_i 表示单位水平力作用在第 i 个柔性墩顶产生的水平位移，m/kN；l_i 表示第 i 墩柱下端固接处到墩顶的高度，m；I 表示墩身横截面对形心轴的惯性矩，m^4。

(2)当考虑桩侧土的弹性抗力时，δ_i 则按桩基础的有关公式计算。

2)橡胶支座抗推刚度 $k_支$ 的计算

由材料力学知，剪应力 τ 与剪切角 γ 的关系如下：

$$\tau = G\gamma \tag{14.18}$$

将式(14.18)两边同时乘以 $\Sigma t \cdot \Sigma A_支$，并注意到：

$$\Sigma A_支 \cdot \tau = H \tag{14.19}$$

$$\Sigma t \cdot \gamma = \Sigma t \cdot \tan\gamma = \Delta \tag{14.20}$$

经过整理简化后，则得支座的抗推刚度 $k_支$ 为

$$k_支 = \frac{H}{\Delta} = \frac{G\Sigma A_支}{\Sigma t} \tag{14.21}$$

式中，G 表示橡胶材料的剪切模量；Σt 表示橡胶片的总厚度；$\Sigma A_{支}$ 表示支座承压面积的总和；H、Δ 表示水平力和相应剪切位移。

3）墩与支座的组合抗推刚度 k_{Zi}

$$k_{Zi} = \frac{1}{\delta_{Zi}} = \frac{1}{\delta_{墩i} + \delta_{支i}} = \frac{1}{\dfrac{1}{k_{墩i}} + \dfrac{1}{k_{支i}}} \tag{14.22}$$

4）墩顶制动力的计算

$$H_{iT} = \frac{k_{Zi}}{\sum k_{Zi}} T \tag{14.23}$$

式中，H_{iT} 表示作用在第 i 墩台的制动力，kN；T 表示全桥（或一联）承受的制动力，kN。

于是墩顶水平位移 Δ_{iT} 为

$$\Delta_{iT} = \frac{H_{iT}}{k_{Zi}} \tag{14.24}$$

5）梁的温度变形引起的水平力

当温度下降时桥梁上部结构将缩短，两岸边排架向河心偏移。当温度上升时，桥梁上部结构将伸长，两岸边排架向路堤偏移。因此，无论温度升高或降低，必然存在一个温度变化时偏移值等于零的位置 x_0（称为温度中心）。在求排架的偏移值时，需先求出这个位置，如图 14.52 所示。

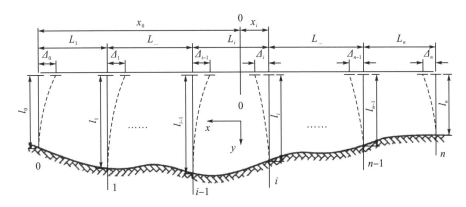

图 14.52　温度变化时柔性排架墩的偏移图式

x_0.温度中心 0-0 线至 0 号排架的距离；i.桩的序号，$i = 0,1,2,\cdots,n$，n 为总排架数减 1；L_i.第 i 跨的跨径。

如果用 $x_1, x_2, \cdots, x_i$ 表示 0-0 线至 $1, 2, \cdots, i$ 号排架的距离，则得各墩顶部由温度变化引起的水平位移为

$$\Delta_{it} = \alpha \Delta t x_i \tag{14.25}$$

式中，α 表示上部结构的线膨胀系数；Δt 表示温度升降的度数。

Δ_{it}、x_i 均带有正负号，以自 0-0 线指向 x 轴正轴为正。

$$x_i = x_0 - \left(L_1 + L_2 + \cdots + L_i\right) = x_0 - \sum_{j=1}^{i} L_j \tag{14.26}$$

各排架桩顶所受的温度力为

$$H_{it} = k_{Zi}\Delta_{it} \tag{14.27}$$

在温变作用下，各墩顶水平力之和必为零，即

$$\sum_{i=0}^{n} H_{it} = 0 \tag{14.28}$$

联立解式(14.25)～式(14.28)便得到：

$$x_0 = \frac{\sum\limits_{i=1}^{n} k_{Zi}\left(\sum\limits_{j=1}^{i} L_j\right)}{\sum\limits_{i=0}^{n} k_{Zi}} \tag{14.29}$$

当各跨跨径相同，都为 L 时：

$$x_0 = \frac{\sum\limits_{i=1}^{n} k_{Zi}(iL)}{\sum\limits_{i=0}^{n} k_{Zi}} = \frac{\sum\limits_{i=1}^{n} ik_{Zi}}{\sum\limits_{i=0}^{n} k_{Zi}} L \tag{14.30}$$

6) 由墩顶不平衡弯矩 M_0 产生的水平位移 Δ_{iM} 为

$$\Delta_{iM} = \frac{M_0 l_i^2}{2EI} \tag{14.31}$$

7) 总水平位移

计入 N 和墩身自重 $q_{自}$ 影响，但不计入支座约束影响的墩顶总水平位移 α，这是一个几何非线性分析的问题，需要在计算中考虑几何非线性的影响。

14.4.5　空心薄壁墩计算

空心薄壁墩一般设计成钢筋混凝土结构或预应力混凝土结构，在力学上属于壳体结构，其受力与重力式桥墩有所不同，可视为空间壳体或组合板结构(一般按壁厚区分)，可按悬壁梁式长壳结构进行计算。大部分空心薄壁墩的壁厚 t 与截面长边尺寸 D 之比 t/D 为 $1/8\sim1/6$，略大于薄壁判据数值 $1/10$，不必按壳体计算，如按薄壳结构处理，也只能是近似的，可按一般材料力学计算其应力和墩顶位移。但是，计算内容除包括一般重力墩的计算内容外，还应验算以下一些特别项目。

1) 空心墩的整体承载力和稳定性

在承载能力计算中，按钢筋混凝土偏心受压构件验算截面承载力和整体稳定性，验算时可依据《公路钢筋混凝土及预应力混凝土桥涵设计规范》(JTG 3362—2018)中的有关规定。配筋率一般在 0.5%左右，按构造配筋，或按承受局部应力或附加应力配筋。计算其应力时，不考虑应力重分布和截面合力偏心距的要求。

2) 墩顶位移

在验算墩顶位移时，要考虑温差产生的位移。空心墩墩顶位移应包括外力(如离心力、制动力、偏心作用的竖向力等)引起的水平位移和日照作用下向阳面与背阳面温差引起的位移及地基不均匀沉降产生的墩顶位移，计算时将墩视为固定在地基上的一等截面(或变

截面)悬臂杆件。

3)墩壁的局部稳定性

作为薄壁结构，混凝土结构和钢结构在原理上是一样的。因此，在构造和计算上，可以借鉴钢结构的一些理论和方法。

4)固端干扰应力

空心墩身与墩帽和基础连接处，相当于固端的边界条件，对墩壁有约束作用，因而产生局部的纵向应力和环向应力，称为固端干扰应力。求解固端干扰应力，现在一般都采用空间有限元软件进行计算，或者简单地把垂直方向的固端干扰应力按弯曲应力平均值的50%计算。

5)温度应力

在桥梁中，温度变化能产生相当大的温度应力，在某种情况下，可与恒载、活载产生的应力属同一个数量级。日照作用下，钢筋混凝土桥墩向阳壁的表面温度因太阳光辐射而急剧升高，背阳面温度随着气温变化而缓慢地变化，待向阳壁表面温度达到最高温度时，由于钢筋混凝土热传导性能很差，空心薄壁墩内表面温度比向阳面温度低得多，而与墩内气温相近。当向阳壁温度较小时，向阳壁内表面温度比相邻两壁的内表面温度高一些，两侧壁靠近向阳壁一端温度也比另一端要高些。总之，空心薄壁墩沿截面的温度分布，略去两侧壁内外表面的很小温度差别，以向阳面为基线，随距离的增大而迅速地减小，并按指数函数规律递减。由于温度效应，导致桥墩产生的应力有：①竖向应力，包括竖向局部温度应力(又称自约束应力)和竖向外约束温度应力；②横向温度应力，空心墩的横向温度应力由横向框架约束应力与横向自约束应力组成。

6)空心墩墩帽

空心墩墩帽是周边支承的厚板，除满足构造要求外，还应通过计算确定墩帽高度。如果墩帽的刚度不够，其弯曲变形将会对空心墩壁产生附加弯矩，并使空心墩颈口处压弯破坏，因此，应根据刚度要求确定墩帽高度。

7)桥墩自振周期

空心墩应特别注意风荷载和地震作用，应考虑风振的影响，并计算其自振周期。空心墩自振周期的计算方法，可参考结构力学教材中相关内容，视空心墩为悬臂梁来考虑。

14.4.6 薄壁式墩(台)计算

1. 薄壁式桥墩

钢筋混凝土薄壁墩只考虑竖向荷载作用，按受压和受弯杆件计算，并考虑压弯的折减影响。荷载计算方法可参照前述重力式桥墩，但应按钢筋混凝土结构进行截面设计。

2. 薄壁式桥台计算

设有支撑梁的梁桥薄壁轻型桥台是利用桥跨结构和底部支撑梁作为桥台与桥台或者桥台与桥墩之间的支撑，以防止桥台受路堤的土侧压力而向河心方向移动，从而使结构构成为四铰框架的受力体系。对于这类桥台的计算主要包括三项内容：

（1）顺桥向，在侧向土压力作用下，台身作为竖梁，进行截面承载能力极限状态验算。

（2）在竖向荷载作用下，台身模拟成水平的弹性地基短梁，按照其平面内发生弯曲的情况，进行截面承载能力极限状态验算。

（3）基础底面下地基应力验算。

第十五章 桥梁施工监控简介

15.1 桥梁施工监控概述

施工监控是依据施工图设计文件和有关技术标准，为确保结构安全、实现设计意图而进行的桥梁信息化动态监测与控制过程。对高次超静定桥跨结构（多跨连续梁或连续刚构，或斜拉桥），其成桥的梁部线形和结构恒载内力与施工方法有着密切的关系，也就是说，不同的施工方法和工序会导致不同的成桥线形和内力。另外，由于各种因素（如材料的弹性模量、混凝土收缩徐变系数、结构自重、施工荷载、温度影响等）的随机影响，结构的原始理论设计值难以做到与实际测量值完全一致，两者之间会存在偏差。尤其值得注意的是，某些偏差（如主梁的标高误差、轴线误差、索力误差等）具有累积的特性。若对偏差不加以及时有效的调整，随着主梁悬臂长度的增加，主梁的标高会显著偏离设计值，造成合龙困难或影响成桥的内力和线形。施工中的不合理误差状态如不能及时地加以识别和处理，主梁、索塔的应力有可能发生积聚而超出设计安全状态发生施工事故。

国外在桥梁施工监控技术方面的研究和应用起步较早，日本在施工监控理论研究以及实际应用方面较为领先，20 世纪 80 年代首次将计算机应用于施工监控中，其工作原理是将现场观测的挠度、应力数据经计算机分析处理后，预测桥梁一些状态参数的发展趋势，用以指导下一阶段施工。到 20 世纪 80 年代后期，日本在修建横滨海湾大桥（Yokohama Bay Bridge）和 Chichby 斜拉桥时，建立了索力调整的自动监控系统以加快施工进度。此后，日本又在该系统的基础上研制出了以施工现场的计算机为核心的斜拉桥施工双控系统，不仅能在现场自动完成测试、分析和控制全过程，而且可以对设计值进行敏感分析以及实际结构行为的预测，该系统应用于秩父桥（Nitchu）和东名足柄桥（Tomei-Ashigara），取得了很好的控制效果。目前，众多发达国家已将施工监控纳入常规施工管理工作中，监控方法已从人工测量、分析与预报，发展到自动监控、分析预报、调整的计算机自动控制，并已形成了较完善的桥梁施工监控系统。即便如此，国外对桥梁施工监控技术的研究还在继续，这是由于影响桥梁施工的因素太多、太复杂，同时，不断涌现的、新型的、规模跨径更大的梁工程也对桥梁施工监控提出了更高的要求。

我国早在 1957 年修建武汉长江大桥时，对施工过程中的箱梁应力以及标高进行了调整，这也是国内首次将施工监控应用于桥梁施工，但由于当时国内没有较为完善的施工监控理论，施工监控的重要性也没有得到人们的重视，因此在国内的发展也很缓慢。直到 20 世纪 80 年代，随着计算机技术的广泛应用，桥梁工作者开始用计算机辅助桥梁施工，国内相关研究才得以迅速发展。在监控理论方面，国内专家学者提出了灰色系统理论和卡尔曼滤波法，并在之后的桥梁建设中予以应用。后来在灰色系统理论的基础上交通运输部公路科学研究院和西安公路交通大学（现长安大学）提出了灰色预测控制法，并在虎门悬索桥的施工应用中取得了较为理想的结果。对于大跨径连续梁桥以及连续刚构桥的施工监控，原上海城市建设学院(现同济大学)李国平等提出大跨连续梁桥线形最优施工控制的方法和理论，将大跨径连续梁桥施工期结构变形状态和成桥线形作为最优控制的对象，根据大跨径连续梁桥悬臂施工的特点，控制约束条件、目标函数、状态与变量以及具体实施方法等，并成功应用于上海吴淞大桥的建设。原重庆交通学院(现重庆交通大学)的顾安邦等也提出了与此类似的随机最优控制理论，并且在重庆黄花园嘉陵江大桥施工控制中予以运用。同一时期，国内相关技术人员第一次提出线性回归方法，并对虎门大桥副辅道连续刚构桥进行了线性控制；随着施工监控理论和技术的不断成熟，施工监控在桥梁建设过程中发挥着越来越重要的作用，施工监控也朝着更高标准、更高精度的方向发展。

桥梁施工监控需要和参建各方紧密配合实施，主要包括前期的计算分析，编制施工监控实施细则；施工过程中进行各类参数的测试，并监测标高、应力等主要指标，进行反馈分析和预测，在误差超限时要分析原因，提出修正方案；桥梁合龙成桥后进行评价，编写施工监控总结报告，并移交至各类测点。总体来说，桥梁施工监控的主要工作可以分解为监测和控制，具体的技术体系见图15.1。

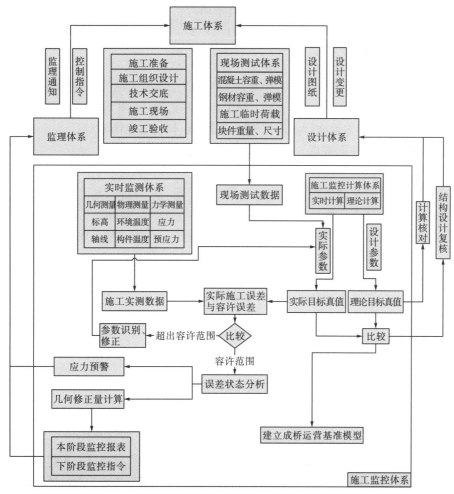

图 15.1 桥梁施工过程监控技术体系

15.2 桥梁施工监控的准备工作

15.2.1 施工监控大纲

施工监控大纲是施工监控工作的原则性文件,作为施工监控合同的一部分,具有法律约束力。施工监控大纲应包括的主要内容有:

(1)工程概况及监控重难点分析。

(2)监控工作依据。

(3)施工监控工作总体思路。

(4)施工监控工作内容及期限。

(5)施工监测断面及测点数量估计、监测精度要求。

(6)施工监控组织(含人员、办公条件、仪器设备、岗位职责)。

(7)施工监控质量保障体系。

(8)施工监控廉政、安全、文明等措施及承诺。

15.2.2 施工监控方案

施工监控方案是施工监控工作的指导性文件,应在监控大纲的基础上编制,原则上工作内容不得少于监控大纲所提出的要求。施工监控方案须经过专家评审及设计单位、监理单位、建设单位审批后方可执行。施工监控方案应包括的主要内容有:

(1)工程概况及监控重难点分析。

(2)监控工作依据。

(3)施工监控工作总体思路及方法。

(4)施工监控具体工作内容。

(5)施工监测断面及测点布置,测点类型及数量统计、测试精度要求。

(6)施工监控计算分析内容、方法、成果,预拱度设置原则。

(7)施工监控反馈控制流程、参数分析方法。

(8)预警指标体系及预警值。

(9)施工监控组织(含项目负责人、技术负责人、测试人员、办公条件、仪器设备、岗位职责)。

(10)施工监控质量保障体系。

(11)施工监控廉政、安全、文明等措施及承诺。

15.2.3 施工监控复核计算报告

主桥施工全过程模拟计算与分析、校核结构安全性是该阶段的核心工作,是施工监控工作的基础,具有特殊的重要性。全过程模拟计算与分析应在"施工图设计"及"施工组织设计"文件基础上进行,同时还要结合第三方试验检测单位出具的材料性能试验结果对设计参数进行修正。施工监控复核计算报告应包括如下四方面内容。

1) 施工监控计算一般要求

桥梁施工监控的目的就是使施工与设计尽可能一致，同时又要采用尽可能真实的参数用于计算，以反映出施工与设计的差异。施工监控复核计算报告中必须采用已确定的、不再更改的挂篮重量与构造，考虑已确定的施工方案、临时施工荷载及合龙方案等对结构行为的影响。

2) 设计校核

施工监控的预测计算首先将采用设计计算参数对施工过程进行分析，计算出监控目标的理论值。理论值由主梁理论挠度、主梁理论轴线、主梁截面理论应力等系列数据组成。在这一计算过程中将与设计计算进行相互校核，以确保监控的目标与设计要求一致。

桥梁的设计和施工中存在着这两种既不相同又相互联系的计算过程，并且在实际工作中这两类计算可能采用不同的计算模型，由不同的单位来完成。为达到施工监控指导的施工能与设计结果相一致，首先要校核设计计算与施工监控计算的闭合性。只有在两者计算结论基本一致的前提下，施工监控的开展才有实际意义。否则，需要与设计单位共同仔细核对两种计算过程，找出并解决存在的问题。

3) 特殊施工条件下的结构安全性计算

施工环境条件复杂多变，要结合具体的施工方案，考虑可能出现的不利因素进行结构安全性计算，从技术的角度对施工过程的风险对策提出建议。一般应对落梁、施工期风荷载等特殊条件下的结构安全性进行复核计算。

4) 结构参数敏感性分析

考虑施工过程的实际情况，分析包括主梁混凝土材料参数(弹性模量、重度)、预应力参数(控制应力、损失值)、临时施工荷载(挂篮、压重)共三大类参数的变化对结构行为的影响，计算主梁线形、主梁应力、主墩墩柱应力等结构行为对上述结构参数变化的敏感程度，得出影响上述结构行为的主要因素，并对可采取的措施进行分析。

15.2.4 施工监控实施细则

施工监控实施细则是施工监控工作的实施性文件，应在监控方案的基础上进行优化和细化，经过相关单位审批后方可执行。施工监控实施细则主要描述有关主桥施工监控的具体方法、组织系统、详细的步骤和指定的数据流程等，对大桥的重点施工环节(如边、中跨合龙)有明确、可行的监控措施，除施工监控方案的内容外，还应包含以下内容：

(1) 对监控的内容，例如高程、应力、桥墩垂直度、温度等测点布置、测量的时机、频度和精度等提出明确要求。

(2) 确定施工监控指令下达的传递程序，明确现场各项测量资料的反馈模式。

(3) 组织及工作程序，监控人员组成与进驻现场时间、联系方式。

(4) 计算预拱度及立模标高。

(5) 对监控的几何、力学要素进行预测。

预拱度的设置及立模标高的计算。连续刚构桥的工后变形 V 需结合计算的汽车活载

最大位移 V_q、人群荷载最大位移 V_r、后期徐变位移 V_x 并考虑一定的预留安全量(安全富余量按 α 倍考虑)进行设置,计算公式如下:

$$V = \left(\frac{V_q}{2} + \frac{V_r}{2} + V_x \right) \times (1 + \alpha)$$

工后变形 V 除按以上公式计算外,还应综合考虑桥梁结构本身的特点、活载准永久值作用对徐变变形的影响、合龙段钢束张拉的实际上挠量一般要小于计算上挠量,并结合远期和近期的排水、视距等要求综合确定,但一般不得小于跨径 L 的 1‰,宜按跨中最大设置值依据余弦曲线进行布置计算,也可按各点在计算活载位移的倍数基础上进行布置计算。

桥梁的成桥线形、施工预拱度、立模标高等按下列关系计算:

(1)合理成桥线形 H_c =设计目标线形 H_0 +工后变形 V 。

(2)浇筑完混凝土后的梁端标高 H_{s1} =合理成桥线形 H_c +施工预拱度 V_s 。

(3)立模标高 H_m =浇筑完混凝土后的设计标高 H_{s1} +挂篮变形 V_g +已成梁段在该阶段的变形量外推值 V_{cz} 。

施工预拱度 V_s 是指浇筑完混凝土后至成桥所有阶段的梁端变形值,需要根据监测实时数据对计算值进行适当修正。挂篮变形根据预加载测量值进行确定,同时也要根据前序梁端施工的实测挂篮变形值进行不断修正。已成梁段在该阶段的变形量外推值一般可以根据前两个梁端的变形量近似计算浇筑梁段的刚性转角而推算得到。立模标高除按上述公式计算外,还应根据施工期温度变化对梁端标高的影响进行修正。

桥梁结构几何、力学监控要素计算。根据桥梁结构计算模型,计算给出桥梁结构几何、力学监控要素。

(1)几何监控要素主要包括安装线形(即施工过程中的每一节段结束时的主梁预测线形)、立模标高、各阶段位移和转角等。应考虑环境条件、边界条件以及荷载条件等因素的影响,详细给出各项几何监控要素的内容及结果。

(2)力学要素包括控制断面的内力、应力、材料强度、张拉力等,需在实施细则中提出各阶段的内力及应力计算结果,并进行富余量分析,找出最不利施工阶段、最不利测试断面。

15.2.5 基准点、联系点、工作基点的布设及测量

桥梁施工监控正式开始前,应建立施工监测的基准点、联系点、工作基点,原则上与设计单位、施工单位所采用的坐标系统一致,需要进行联测。条件许可时,也可使用施工单位设置的控制点作为基准点和工作基点,但施工监控单位应对坐标数据进行独立复核。对于基准点、联系点、工作基点的布设,需要注意以下问题:

(1)基准点设在变形影响范围以外、便于长期保存的稳定位置。使用期间,应定期进行稳定性检查、检验。

(2)工作基点设在靠近观测目标、便于直接测试的稳定或相对稳定位置。使用期间,应视实际情况定期用基准点对其进行坐标测定。

(3)基准点与工作基点间需连接时,应布设联系点。

基准点、联系点、工作基点的控制测量精度要求：对于大桥及以下规模的桥梁，测量精度不得低于三等；对于特大桥梁，测量精度不得低于二等。基准点、联系点、工作基点的平面控制测量：对于大桥及以下规模的桥梁，可采用导线测量的方式进行；对于特大桥，应采用三角网测量的方式进行。基准点、联系点、工作基点的高程控制测量，宜采用水准测量的方式进行，当桥梁跨越河道时，应按跨河水准测量的要求进行。当地形限制不具备水准测量条件时，可采用电磁波测距三角高程测量，但应根据实际布点情况研究保障测量精度的可靠方法。

15.3　桥梁施工监测

随着技术的进步，监测的仪器设备和数据采集传输系统越来越自动化和智能化了。对于应力、位移、结构偏位、轴线、索力等监测参数，目前基本能够做到现场安装好传感器后，通过移动互联网在远程即可对数据进行高频监测。桥梁施工监测对传感器也有一些基本要求，例如施工监测的测量仪器和仪表的分辨率应满足桥梁施工监控的需要；施工监测的测试仪器应进行标定并在有效期内，所用传感器应有出厂合格证，并在现场按 2% 的比例进行抽检，须达到测试精度要求后方可使用；施工监测过程中发现数据异常应进行分析判断，排除仪器原因的测试数据超出警戒值时，应在 12 小时之内报告给监理、施工等参建单位；对温度变化比较敏感的参数的监测，宜选择在温度比较稳定的时间段进行。

15.3.1　施工监测主要内容

施工监测在施工监控中具有非常重要的作用，为施工控制提供分析的基础数据，同时也通过监测反映控制的效果。施工监测主要是材料参数的测试、物理参数监测、几何参数监测、力学参数监测几部分内容。

材料参数的测试是根据工程需要进行锚下有效预应力测试、预应力摩阻系数测试、混凝土强度测试、混凝土表观质量检查、混凝土容重及弹性模量测试、混凝土徐变系数测试、预应力注浆质量检测、钢筋保护层厚度检测、预应力管道偏差测试、结构尺寸测试等。物理参数监测内容包括施工顺序及时间、结构温度、环境温度、环境湿度等。几何参数监测内容主要包括主梁/主缆线型、主墩/塔垂直度、桥梁轴线偏位等。力学参数监测指监测主梁应力、主墩应力、斜拉桥的索力、主缆及吊杆索力等。

15.3.2　监测截面及测点布置

监测截面及测点的总体布置原则主要是能够通过监测，方便施工控制的分析，便于对施工风险进行控制。布设遵循一般的经验规律，例如跨中、支点、1/4 跨截面等位置，这样可以对全桥的总体状况进行有效的控制。也需要结合施工监控的计算结果，在施工全过程变形或应力绝对值较大或变化值较大的控制断面上进行布设。下面以预应力混凝土连续刚构桥施工监控为例，说明监测截面及测点布置的具体要求。

(1)主梁为单箱单室截面时,应力监测点在每个测试断面测点不宜少于 8 个,如图 15.2 所示,对于梁高大于 5m 的截面,还应在腹板中部增加 1～2 个应力测点。需要测试截面上的剪应力、主应力时,还应在腹板中部测点上按空间应力状态布设应变花。

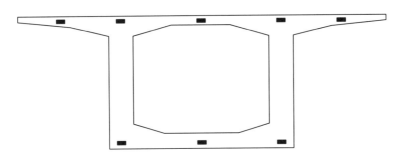

图 15.2　混凝土箱梁截面应力与温度测点布置示意图

(2)主梁温度监测测点布置一般应与主梁应力监测点一致,但日照温差及寒潮温差较大的地区,宜选择部分测试截面加密、单独的温度测点。在监测截面的上、下、左、右位置均应设置温度测点,每个位置应沿混凝土箱壁厚度方向的外、中、内布置且不宜少于 3 个温度测点,如图 15.3 所示。

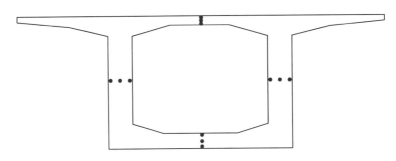

图 15.3　混凝土箱梁温度加密测点布置示意图

(3)主墩应力监测断面上,应在 4 个角点上布设测点,若边长超过 8m,应在该边上增加 1～2 个测点。

(4)当顶板或底板横向跨径较大,受力产生的横向弯曲应力较大时,宜选择部分应力测试截面布置横桥向应力测点。

(5)主梁线形与轴线测点应设在各梁段上表面的前端,一个截面的测点数量不宜少于 3 个,如图 15.4 所示。一般截面底板底面为水平线,由于实际施工过程中顶板顶面不平顺,在施工监测中要以底板底面高程 H_i 为计算和测量的基准标高,需要在浇筑完混凝土测点固定后,及时引测基准标高与测点之间的高差,便于通过实测数据推算底板底面标高。

(6)监控指令中的立模标高数据应注明桥梁里程位置,一般应将立模标高断面测点设置在各梁段模板的前端,一个截面的立模标高测点数量不宜少于 5 个,还应考虑模板及结构在横向上的变形值。

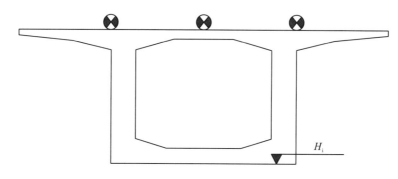

图 15.4 混凝土箱梁标高测点布置示意图

(7)桥墩垂直度监测中，选用倾角仪进行观测时，每个断面布设一个双向测点；选用全站仪或投线仪进行监测时，每个断面需在横桥向和顺桥向布设两个测点。为了确保测试数据的准确性，在测点布设时均应注意要准确测量测点位置和初始值。

15.3.3 监测频率与时间

根据施工监测的频度不同，可分为一般监测、连续监测、通测与联测。某连续刚构桥梁悬臂施工阶段各工况的一般监测内容见表 15.1。

表 15.1 悬臂施工阶段各工况监测内容

监测工况		挂篮前移	模板安置(立模)	浇筑混凝土	张拉预应力
物理监测	内容	温度	温度	温度	温度
	范围	全部测点	全部测点	全部测点	全部测点
力学监测	内容	主梁应力		主梁、桥墩应力	主梁应力
	范围	主梁测点		全部测点	主梁测点
几何监测	内容	主梁线形	主梁线形、轴线	主梁线形、轴线，桥墩沉降、垂直度	主梁线形、轴线
	范围	悬臂端 1 个梁段	悬臂端 1 个梁段	悬臂端 5 个梁段	悬臂端 3 个梁段
监测时间		不作要求	温度恒定的时段	温度恒定的时段	温度恒定的时段

连续监测是根据季节温度变化情况，按有关要求进行 24 小时几何监测及温度场监测的连续观测。合龙前应进行 24～36 小时合龙口主梁高程、轴线、宽度及桥墩垂直度的连续测量及墩、梁温度场连续监测，并在夜间安排两次几何线形通测。连续观测间隔在夜间以 0.5～1 小时为宜，白天以 2～3 小时为宜。

在体系转换、合龙前后、铺装完成等重要桥梁施工阶段，监控单位应按表 15.1 中全部监测内容进行通测，同时也应对主梁标高及轴线进行联测。

15.3.4 监测方法与监测精度要求

线形可以采用高精度水准仪进行测试，主梁轴线可采用经纬仪、全站仪等测量仪器进行测试，桥墩垂直度可采用全站仪、垂准仪、倾角仪等进行测试。在确保精度和稳定性的条件下，也可选用静力水准仪、GPS 测量、测量机器人、雷达干涉成像等方法进行测量。应力监测可采用振弦式传感器、光纤式传感器和电阻应变式传感器。宜选用无线测量设备进行实时数据采集。温度监测宜采用铂式热电阻温度传感器或热电偶点温计。索力监测，可以采用拾振传感器进行频率监测后换算为索力，也可采用压力环或磁通量传感器进行监测。施工监控过程中也可用红外非接触测温仪进行温度辅助测试。

各项监测的分辨率要求如下：

(1) 轴线、垂直度监测的测距分辨率应达到 1mm，测角分辨率应达到 1″。

(2) 高程、竖向变形、沉降的监测读数分辨率应达到 0.1mm。

(3) 应力监测仪器分辨率应达到 1με。

(4) 温度监测分辨率应达到 0.1℃。

变形监测中，对于大桥及以下规模桥梁，精度不低于二级；特大桥精度不低于一级。其中梁体标高、桥墩沉降按沉降观测要求执行；桥墩垂直度、主梁轴线均按照位移观测要求执行。应力监测的应变计，量程应大于 2～3 倍结构极限应变，精度应大于量程±0.2%FS，线性度应优于±0.1%FS。

15.4　桥梁施工控制计算方法

15.4.1　正装与倒装计算方法

正装计算法是按照桥梁结构实际施工加载顺序来进行结构变形和受力分析，它能较好地模拟桥梁结构的实际施工历程，能得到桥梁结构在各个施工阶段的位移和受力状态，这不仅可以用来指导桥梁的设计和施工，而且为桥梁的施工控制提供了依据。同时在正装计算中能较好地考虑一些与桥梁结构形成历程有关的因素，如结构的非线性问题和混凝土的收缩、徐变问题。正因为如此，正装计算法在桥梁的计算分析中占有重要位置，对于各种型式的大跨度桥梁，要想了解桥梁结构在各个阶段的位移和受力状态，都必须首先进行正装计算。

倒装计算法是按照桥梁结构实际施工加载顺序的逆过程来进行结构行为分析。倒装计算的目的就是要获得桥梁结构在各施工阶段理想的安装位置(主要指标高)和理想的受力状态。一般大跨度桥梁的设计图只给出了桥梁结构最终成桥状态的设计线形和设计标高，但是桥梁结构施工过程中各状态的标高并没有明确给出，要想得到桥梁结构施工初始状态和施工过程中各阶段的理想状态，就要从设计图中给出的最终成桥状态开始，逐步地倒装计算得到施工各阶段的理想状态和初始状态。按照桥梁倒装计算出来的桥梁结构各阶段中间状态去指导施工，才能使桥梁的成桥状态符合设计要求。当然，在桥梁结构的施工控制中，除了控制结构的标高和线形之外，同样要控制结构的受力状态，它与线形控制同样重要。正因为倒装计算有这些特点，所以它能适用于各种桥型的安装计算，尤其适用于以悬臂施工为主的大跨度连续梁桥、刚构桥和斜拉桥。

倒装法可方便地用于桥梁施工监控过程中，其本质是以成桥的应力和线形作为施工控制的直接依据，即首先保证竣工成桥时桥梁的应力和线形满足设计要求以便能够使之正常运营。然后由此反向推算各施工阶段的控制参数，以确保桥梁在该参数控制下施工后在成桥竣工时能够达到倒装初始状态（即设计要求）。倒装法就是由"合理的结果"（即设计的成桥状态）来反推"合理的过程"（即与设计的成桥状态相对应的各施工阶段的恰当控制参数）。倒装法根据理想的成桥状态（即理想的恒载状态）反推各施工阶段合理的控制参数，使得监控计算分析工作概念明确、理由充分、方向性强。从理论上说：只要拟定好成桥状态就可以反推出与之相对应的各施工状态。但在计算模型时，倒装是无法考虑收缩徐变的，所以和正装计算不能完全闭合。倒装法单独应用时具有以上缺点，但它与正装法联合应用反复迭代计算可以取长补短，得到较好的计算结果。

15.4.2　无应力状态计算方法

秦顺全院士1992年首次提出了无应力状态法，建立了分段成形桥梁任意施工过程的力学平衡方程，由力学平衡方程推演出分阶段施工桥梁过程控制的核心是构件单元的无应力状态量。通过单元的无应力状态量的控制和调整解决了分阶段施工桥梁的安装计算问题；利用无应力状态量一定的前提下，内力和位移与施工过程无关的原理，实现了施工中多工序并行作业，解决了施工中临时荷载和温度影响的自动过滤问题。

无应力状态控制法原理之一：在结构外荷载、结构体系、支承边界条件、单元无应力长度、无应力曲率一定的情况下，其对应的结构内力和位移是唯一的，与结构的形成过程无关。无应力状态控制法原理之二：结构单元的内力和位移随着结构的加载、体系转换和拉索的张拉而变化，单元无应力长度只有人为地调整才会发生变化，当荷载和结构体系一定时，单元的无应力长度的变化必然唯一地对应一个单元轴力的变化。

基于以上两个无应力状态控制法原理，可以解决传统施工控制方法（正装法和倒装法）的缺点。例如在斜拉桥安装计算时可由成桥最终状态直接计算施工中间状态；可分析杆件工厂制造长度偏差对桥梁结构内力和线形的影响；可解决调索与其他工序并行作业等运用传统方法解决较困难或无法解决的工程问题。

15.4.3　基于状态-过程相关性原理计算方法

秦顺全院士提出并论证了无应力状态法及其原理，其后出现的几何控制法也采用了类似的原理，但同时还包括了误差调整、敏感性分析、结构优化以及几何控制实施方法等内容，形成了一个施工控制体系。无应力状态法原理的理论证明是在结构满足线弹性特性的前提下完成的，但在考虑几何非线性的桥梁结构施工控制和设计计算中也得到了广泛的应用。

这种超前应用对理论研究提出了挑战，不仅亟须从理论上证明无应力状态原理对于几何非线性情况的适用性，还亟须从理论上分析材料非线性、混凝土的收缩和徐变、温度效应等的影响以及影响的程度，即归结为结构状态与其成形过程的相关性问题。这里的结构状态特指结构的静力响应：位移、内力、应力、应变等。

根据这种需求，李乔教授继无应力状态法后，在2020年提出了更为广义的状态-过程相关性原理计算方法，建立了一个更具一般性的理论框架。从该原理出发，根据不同的条件不仅可以导出传统的无应力状态原理，还可以导出扩展的无应力状态原理、强/弱相关性结构以及去相关等概念。

虽然一个受力结构的状态与很多因素有关，但究其本质，可归结为三个基本因素，用集合表示为材料特性 $M(t)$、几何体系 $G(t)$ 和作用体系 $A(t)$，本书称其为结构状态三因素。

几何体系 $G(t)$ 集合包括结构体系 $S(t)$ 及构件的现时无应力构形 $L(t)$ 两个子集，其中结构体系包括结构各构件的几何连接关系和几何约束，而现时无应力构形 $L(t)$ 类似于传统无应力状态原理中的无应力状态量，但含义有所差别。作用体系 $A(t)$ 中包括荷载 $P(t)$、基础不均匀沉降作用力 $Q_d(t)$ 和装配力 $Q_p(t)$。装配力 $Q_p(t)$ 是成对出现的自平衡力系，当增加构件或约束，连接节点两侧相对几何关系与指定连接关系有差别(间隙和角度差)时，为消除这种差别实现连接点处的连接，需施加强迫作用力(或力矩)，该强迫作用力即为装配力 $Q_p(t)$；同理，在撤除构件或约束时，需要施加与内力或反力等值反号的作用力，该作用力也是装配力 $Q_p(t)$。

假设一个结构共分 n 个施工阶段逐步成形，在此过程中，结构状态三因素都可能随着施工阶段和时间 t 发生变化。结构状态(响应)表示为 $U(t)$，施工进程时间表示为 t，则结构的状态-过程相关性原理可表述为：在时间区间 (t_i, t_k) 内，一个非线性时变结构，当其材料本构关系中的加载与卸载路径相同时，结构状态改变量 $\Delta U(t_i, t_k)$ 与几何体系 $G(t)$ 及作用体系 $A(t)$ 在 (t_i, t_k) 内的演变过程无关，否则结构状态改变量与演变过程相关。

在结构的状态-过程相关性原理中令 $t_i = t_0$，则 $U(t_i) = U(t_0) = \{0\}$，于是可得出推论：当结构的材料本构关系中加载与卸载路径一致，即材料为与时间无关的非线性弹性材料，并且当前时刻 t_k 的结构体系 $S(t_k)$ 和作用体系 $A(t_k)$ 已知时，则结构在时刻 t_k 的状态 $U(t_k)$ 就取决于此刻的现时无应力构形 $L(t_k)$，而与结构体系 $S(t_k)$ 和作用体系 $A(t_k)$ 的演变过程无关。

与传统无应力状态原理相比，状态-过程相关性原理一是适用范围从原线弹性材料和几何线性扩展到了非线性弹性材料和几何非线性，二是采用动态的现时无应力构形 $L(t_k)$ 代替了初始无应力构形 $L(t_0)$，三是明确了加载与卸载路径一致这个前提条件。

15.5　桥梁施工监控的误差分析与参数识别理论简介

15.5.1　桥梁施工监控误差分析与对策

施工监控在实施时第一步的工作是要形成控制的目标文件。进行施工监控的预测计算时，将采用设计计算参数对施工过程进行分析，计算出控制目标的理论真值。理论真值由关键节点的理论挠度、理论轴线、构件截面理论应力、拉索理论索力等系列数据组成。在这一计算过程中将与设计计算进行相互校核，以确保控制的目标不失真。

桥梁施工监控的目的就是使施工与设计尽可能一致。在桥梁的设计计算中通常会参考设计规范采用一些假定的参数用于计算，比如：材料的弹性模量、容重、施工时间等。另外，在设计计算中还有大量的虚拟的计算参数，比如：施工顺序、施工临时荷载、临时支撑等。在桥梁的施工监控计算中通常会采用尽可能真实的参数用于计算，以反映出施工实际状态与设计预设状态的差异。

实测数据与结构状态目标预测值的差异就是施工中的采样误差。目前的各类施工监控理论的实质都是基于对采样误差的分析和确定调整方法以控制误差状态。施工误差的出现是不可避免的，但各类施工误差会出现不同的分布形态。常见的误差形态有图 15.5 所示的三类。

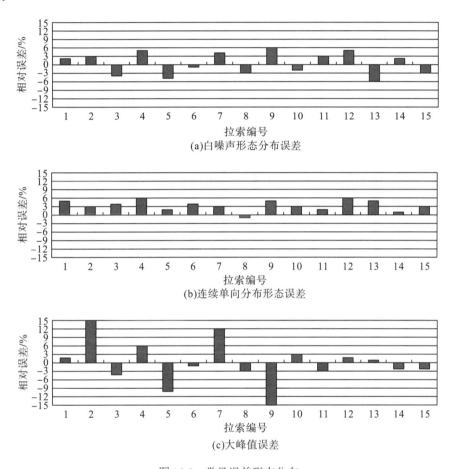

图 15.5　常见误差形态分布

注：纵坐标表示索力测量值与理论计算值的相对误差。

图 15.5(a)中的误差分布，由于其单个误差峰值较小，且正负误差分布均匀，类似于白噪声干扰，它对结构的影响很小，是施工监控所追求的理想状态。

图 15.5(b)中的误差分布，虽然其单个误差的峰值较小，但整体误差出现连续的正向或负向分布，特殊时会呈现积累放大现象。有积累的连续分布误差会对结构线形及内力产生不利影响，应根据具体情况加以控制和调整。

图 15.5(c)中的误差分布，虽然其整体误差均值较小，但出现单个误差峰值较大的情况，会对结构的局部内力和线形产生不利影响，应根据情况加以控制和调整。

施工监控中应根据施工反馈的数据与施工监控预测计算的理论目标真值以及施工监控的实时计算结果的修正目标真值进行比较，确定误差的实际分布状态和误差幅度。对连续分布误差和大峰值误差必须分析其产生原因及对结构的影响，从而确定处理办法。

施工监控目标控制值是指实测值经数据处理后的结果与监控计算值之间的差值不得超过的数值，对施工监控的目标控制值进行设定，其基本原则是确保结构安全，施工处于可控状态。施工监控目标控制值分为全量型和增量型两种，全量型是指从构件形成开始受力起至后续任意施工阶段止全过程的累计变形(应力)量；增量型是指某施工阶段结束至下一施工阶段结束的阶段变形(应力)量。

一般而言，目标控制值分为力学指标和几何指标，力学指标采用材料强度设计值的某一折减值为基准进行控制，或采用理论计算值的上下一定范围进行控制；几何指标与结构长度、高度有关系，一般是长度或高度的某一比例进行控制指标的设置。当超过控制值时，应采取一定的措施，例如在下一施工阶段进行纠偏，严重时可暂停施工进行分析等。

15.5.2　桥梁施工监控参数识别与修正理论

施工中有时会出现有发散趋势的连续分布误差状态，这类误差的产生大多源于计算参数失真引起的目标失真，必须进行参数识别、参数修正或参数拟合，提供合理的目标真值。对于产生参数失真的原因必须进行认真分析，以便在施工中加以控制。在悬臂施工的桥梁中产生误差发散的主要参数是体系刚度和主梁自重，在满堂支架施工的桥梁中产生误差发散的主要参数是结构临时支撑的非线性边界条件的模拟刚度。

值得一提的是，本书所指的参数识别与修正，是施工监控中狭义的概念。更为一般的意义为模型修正，主要是对施工监控所采用的计算模型进行一定的调整，使得计算模型与实际结构处于同样的状态，因此模型修正事实上指对边界条件、计算参数、结构简化方法、结构受力状态等进行全面的修正。也就是说，参数修正是模型修正的其中一种或一项工作，但由于实际操作过程中，参数修正较为普遍，也容易被工程技术人员接受，因此本书仍用参数识别与修正这个说法。

对于局部的大峰值误差情况，也应引起足够的重视，这类误差的产生原因主要是施工的临时荷载、局部焊接残余变形等，由于误差值较大，往往要分析其对结构安全、桥梁线形的局部平顺性等的影响。

参数识别与计算模型的修正本身是一个多目标、多约束、多参数的反演优化过程，主要是利用各种实测结构整体反映数据(位移、应变、内力、频率等)，并结合结构自身的力学特点，通过结构反分析确定相关参数(弹性模量、自重、张拉力、结构尺寸)。由于施工的实际结构和设计的预想结构的刚度、质量、能量等会发生改变，这些改变会导致结构响应的相应变化，所以通过测试结构的响应能够间接得到结构的相关准确参数。

参数识别与计算模型的修正本质上属于反问题。对于反问题，主要是指下面四种情况：①已知全部输入、全部输出，求系统(参数识别)；②已知全部输出、全部系统，求输入(荷载反演)；③已知部分输入、部分系统、全部输出，求余下的输入和系统(第一类复合反问题)；④已知部分输入、部分系统、部分输出，求余下的输入、系统、输出(第二类复合反问题)。对于实际的参数识别与计算模型的修正，常常是第二类复合反问题。反问题有三个特点：①大多数反问题属于非线性问题；②反问题一般都是非适定的；③反问题计算量巨大。反问题的这三个特点也是许多学者研究的主要方面。对于结构的参数识别与计算模型的修正这个具体的反问题，人们从不同角度提出了许多解决方法，但总的来说，能够用于实际工程结构的方法还非常少，还有许多具体问题需要解决。

对于原因较为明确，所涉及的识别参数数量较少(2～4 个)的情况，可采用事先建立的敏感性矩阵进行识别。这种方法要求的先验信息和约束条件较多，所以需要搜集现场材料、构件、结构方面的详细试验结果数据，并加密监测的测试范围和测试频率，尽可能缩小搜索范围，减小识别难度，以提高识别精度。

对于影响因素较多，情况比较复杂的参数识别和模型修正问题，可采用人工神经网络技术进行参数识别与计算模型的修正。利用神经网络控制系统中神经元的学习规则进行逐次地输入、输出、误差分析的训练，以确定神经元间连接的实际权系数。

在进行参数调整拟合后，利用实际的施工参数进行施工监控实时计算，产生施工监控实际目标真值，用于下一阶段的安装标高、张拉索力的确定和误差分析。

监控单位在各施工阶段完成后根据施工监控实时计算的结果在下一施工工序前向监理单位提交结构的安装标高、轴线偏位、张拉索力等数据以及容许误差。对应力测试结果按一定的阶段提交应力测试汇总资料。参数识别与修正常采用最小二乘法、卡尔曼滤波法、灰色系统理论法、人工神经网络法。下面简要对灰色系统理论法、人工神经网络法进行介绍。

1. 灰色系统理论法

许多系统都是根据学科的领域和范围来命名的，如社会、经济、农业、工业、生态学、生物学等，而灰色系统实际上是根据颜色来命名的。我们用"黑"表示信息未知，用"白"表示信息完全明确，用"灰"表示部分信息明确、部分信息不明确。利用灰色系统理论方法和模型技术，人们可以通过生成"部分"已知信息来开发和挖掘系统观测数据中包含的重要信息，以实现对现实世界的正确描述和理解。

邓聚龙教授于 1982 年提出了灰色系统理论。在灰色系统理论中，定义了所有随机变量都是灰色量(它们在一定的范围内)，这个随机过程被认为是一个灰色过程(它可以在一个事件中发生变化且与时间有关)。灰色系统理论是利用数据生成的方法，将混沌的原始数据经过一定的规律排序后，生成具有较强规律的数列，然后对其进行研究。对于原始数据由于外部环境对目标系统的干扰，数据之间呈离散性和无关联性，但灰色系统理论认为，系统内部存在暗含的联系，杂乱无章的数据和现象背后有一种规律性。灰色预测控制是通过已发生的行为特征来找出系统的内部规律。根据规律，对下一阶段的行为特征进行预测，再根据预测值采取相应的控制措施。因为灰色预测控制理论是对系统未来行为的预测，它属于超前控制模型，具有实时性和适用性，所以具有广阔的前景。

为了清晰、具体地研究系统的结构、功能和表达系统的特点，有必要建立合适的数学模型来描述系统，但前提是分析这些因素并找出它们之间的关系。由于它们的影响因素也是多方面的,因此不可能也不必要知道各因素之间的整体关系。在这种情况下,弄清与决策因素有关的其他因素就显得尤为重要了。系统分析中,常用回归分析、方差分析、主成分分析等数理统计法做定量分析,然而,它们通常基于大量、典型的概率分布。灰色关联分析方法不受这些因素的限制,它通过一定的数据处理,可以找出随机因素序列之间的相关性及其主要影响因素,对每个因素的不完全信息进行分析和研究。灰色关联分析是一种基于行为因素序列的微观或宏观几何逼近方法,可以用来分析和确定影响因素的影响程度。

原始数据是建立灰色模型的基础条件,但当原始数据中的某些数据存在明显的误差时,必须消除这些数据,并通过生成数据原理补充新生数据再进行建模,从而使数据呈现较强的规律性。这种将原始数据列 X^0 中的数据 $x^0(k)$ 按某种要求作数据处理的过程,称为生成数据。

根据要求分类,灰色数据生成可分为整体生成(转换或处理整个序列)和局部生成(部分转换)。根据数据的性质分类,灰色数据生成可分为累加生成、累减生成、初值化生成、均值化生成、插值生成、灰数生成等。

在灰色系统里面,应用最多的预测模型为 GM(1,1),也是该系统中最基本的预测模型,其他模型都是在此基础上进行拓展延伸来的。当对多个因素的系统进行全局、动态分析时,需要采用多变量的 GM(1,N) 模型进行系统分析,以此来提高预测精度。GM(1,N) 模型是在 N 个相关因素下形成的一阶线性动态模型。

桥梁施工控制主要是利用灰色系统的预测能力,对施工控制的重要参数(例如索力、标高等)进行合理的预测,通过预测结果,对未来的施工误差进行分析,为提前干预和修正提供基础。

2. 人工神经网络法

人工神经网络(artificial neural network,ANN)是 20 世纪 80 年代以来人工智能领域兴起的研究热点。它从信息处理角度对人脑神经元网络进行抽象,建立某种简单模型,按不同的连接方式组成不同的网络。下面以最为简单的 BP 神经网络(back propagation neural network)为例介绍其在施工监控中的应用。

BP 神经网络是一种前向无反馈神经网络,也称为误差反向传播网络。它是可以反向传输并纠正误差的一种多层映射网络。它的神经网络理论结构简单,可塑性强,具有较强的非线性拟合能力,在函数逼近、模式识别等领域得到了广泛的应用。

BP 神经网络的学习过程分为前向传播和反向传播两阶段。第一阶段是由输入经过隐含层到输出方向进行,第二阶段是经过权值、阈值的调整后进行的从输出到输入的反向传播。经过反复训练,提高精度,使网络输出值与实际样本给出的值尽量接近。

典型的三层 BP 神经网络拓扑结构如图 15.6 所示。从图中可以看出,BP 神经网络包括输入层、中间层(隐藏层)和输出层。它实现了上层和下层之间的完全连接,每层神经元之间却无连接。

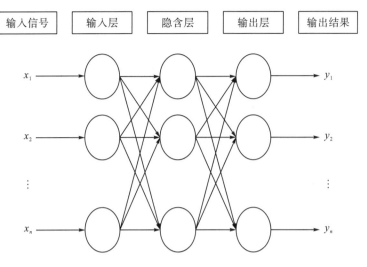

图 15.6 BP 神经网络拓扑结构

由于传导函数是从误差反向传播求导得出的，BP 神经网络的传递函数必须是可微分的，因此不能使用感知器网络中的阈值传递函数。由于传递函数是可微的，对于 BP 神经网络，一方面，划分区域不再是线性，而是由非线性超平面分区，是一个相对光滑的表面，因此它的分类比线性划分更准确，容错性也优于线性划分。另一方面，可以通过梯度下降法对网格进行精确求解，并且权值和阈值修正的解析公式也非常清楚。

基于 BP 神经网络的施工监控参数识别和预测，主要步骤如下：

(1) 对施工过程中的各项可变参数(如容重、尺寸等)进行适当变化，在计算模型中计算结构的响应量(如变形、应力等)，建立大量的映射样本。

(2) 利用神经网络对样本进行学习，使误差降到可以接受的水平，其中输入为结构的响应量，输出为各项可变参数。

(3) 在施工监测过程中发现与计算结果不符合时，利用训练好的神经网络，对可变参数进行识别，结合工程实际情况判断结果的可信度。

(4) 利用识别的参数修正计算模型，重新进行计算，用以指导后续施工监控的实施。

习　　题

(一)桥梁总体设计

第一部分：论文

查阅资料，写一篇关于桥梁发展现状及未来展望的论文，题目自拟。要求参考文献不少于 15 篇。必须有自己的观点，不能直接照抄。

第二部分：设计

一、设计项目

根据地形图、地质、道路等级等条件，构思设计三种桥型方案进行比较，并选出你认为最优的设计方案。

二、设计资料

(1)设计时速：60km/h，双向车道。

(2)桥面宽度：4 车道+2m×2.0m 人行道或 2m×0.5m 墙式护栏(人群荷载按规范进行计算选取)。

(3)荷载等级：公路-I 级。

三、设计内容及要求

(1)对桥梁进行总体布置，包括平面布置、立面布置及横截面布置，绘制桥梁总体布置图。

(2)绘制栏杆或护栏的构造图。

(3)绘制桥梁的三维效果图(加分项)。

(4)采用 CAD 绘制图纸。

(5)标明桥梁的主要尺寸(如标高、跨径、桥宽、截面、栏杆、护栏)，要求所有尺寸满足规范要求。

(6)图纸一般采用 A3 标准，如设计景观桥的建筑图，可考虑采用适宜的图纸标准。

四、编制设计说明书

设计说明书的要求：

(1)方案构思：说明设计方案构思的思路特点，对所选择桥型的考虑。

(2)桥型方案的比选。

①说明设计准则。说明在本桥梁设计中,是如何遵循安全、耐久、适用、经济、环保、美观的基本原则,以及施工可能性。

②对桥型的对比分析。按一种桥型为一小节,配上相应的图表,分节叙述本方案设计时的选型过程,通过对所设计的几种桥型优缺点的对比分析,最终得出采用本方案桥型的结论。要求语言简洁、准确、清晰。

(3)说明对最优桥型的特色处理,要求有自己独特的思路。

五、完成时间

两周。

注:本次作业占平时总成绩的30%。

(二)桥梁上部结构设计

第一部分:论文

查阅文献,做理论分析,写4篇论文,题目自拟,内容从下面选择:

(1)结构计算假定在单跨100m以上的大跨度桥梁中的适用性分析。

(2)大跨度变截面连续梁桥(或者连续刚构桥)的缺陷状态及理论分析。

(3)拱桥计算理论及方法探讨。

(4)斜拉桥的静动力受力特点。

(5)悬索桥的静动力受力特点。

第二部分:设计计算

一、设计题目

《预应力混凝土简支梁桥上部结构》。

二、设计技术标准

(1)设计时速:60km/h。

(2)单跨跨径:20~70m。

(3)桥面净空:双向4车道+2m×2.0m人行道(或2m×0.5m墙式护栏)。

(4)设计荷载:公路-I级。

(5)施工方法:预制安装。

三、材料

(1)混凝土:C50

(2)预应力束筋:$\phi^S 15.24$钢绞线,$f_{pk}=1860MPa$,采用OVM群锚,每束根数可根据具体设计要求自定。预应力钢束对应的锚具和波纹管直径,可自行查阅相关资料。

(3)非预应力钢筋：受力钢筋采用 HRB400 钢筋，构造钢筋采用 HPB300。

四、设计依据

1.《公路桥涵设计通用规范》（JTG D60—2015）

2.《公路工程技术标准》（JTG B01—2014）

3.《公路钢筋混凝土及预应力混凝土桥涵设计规范》（JTG 3362—2018）

4.《公路桥涵地基与基础设计规范》（JTG 3363—2019）

5.《公路桥涵施工技术规范》（JTG/T 3650—2020）

6.《公路桥梁抗震设计规范》（JTG/T 2231-01—2020）

7.《城市桥梁抗震设计规范》（CJJ 166—2011）

8. 其他需要参考的规范

五、设计要求

（一）截面布置

1. 横截面布置及横剖面图

(1)桥面布置：确定并标明车行道、防护撞栏的尺寸及桥面总宽度。

(2)确定主梁横截面的型式并标明其间距。

(3)标注横坡大小。

2. 平面布置及平面图

标注桥梁的主要平面尺寸(栏杆、车行道、人行道或墙式护栏)。

3. 主要材料数量及各项说明。

（二）结构设计

(1)确定主梁截面型式及拟定尺寸(要考虑构造的影响)。

(2)确定主梁间距。

(3)确定主梁片数。

(4)行车道板计算和配筋：恒载、活载内力计算及组合。

(5)横向分布系数计算。综合考虑桥梁宽跨比、所选定的主梁截面型式、横向连接方式等，选择横向分布系数计算方法，计算横向分布系数。

(6)主梁内力计算和配筋：

①主梁内力计算：

◇ 恒载内力计算

◇ 活载内力计算

◇ 内力组合

◇ 绘制内力包络图

②配筋设计：对预应力筋进行估算及布置后，再进行钢束的预应力损失计算。

③强度与应力验算。

④裂缝宽度验算。

⑤主梁变形验算。

⑥横隔梁的计算。

⑦行车道板的计算。

⑧栏杆的计算。

(三)绘图内容

(1)行车道板钢筋构造图。

(2)主梁构造图：反映上部承重结构的构造布置和配筋布置的各个相关立面、平面、侧面剖面图。

(3)主梁普通钢筋配筋图：根据主梁的主要构造，反映配筋情况的各个相关立面、平面、侧面、细部剖面图及材料工程数量。

(4)主梁预应力钢束布置图：根据主梁的主要构造，反映预应力筋束布置及张拉顺序的各个相关立面、平面、侧面、细部剖面图及材料工程数量。

(5)桥面铺装钢筋构造图。

(6)人行道或墙式护栏设计图(防撞等级 SB 级以上，根据防撞等级进行设计)。

(四)计算及计算书要求

(1)列出结构设计计算的各步骤和主要计算过程及全部计算结果。

(2)编制计算过程的计算机程序。

(3)采用桥梁有关软件分析计算过程。

(4)附有必要的图表(计算图式、内力包络图、材料数量图)。

(5)采用桥梁通用的设计符号和国际计量单位。

(6)对设计体会进行总结。

六、参考书目

(1)刘夏平.2007.桥梁工程(修订版).北京：科学出版社.

(2)中华人民共和国交通运输部.2020.公路工程结构可靠性设计统一标准：JTG 2120—2020.北京:人民交通出版社.

(3)刘效尧,徐岳.2011.梁桥(第二版).北京:人民交通出版社.

(4)易建国.2008.混凝土简支梁(板)桥(第三版).北京：人民交通出版社.

(5)胡兆同.2001.桥梁通用构造及简支梁桥.北京：人民交通出版社.

(6)邵旭东.2007.桥梁设计与计算.北京：人民交通出版社.

七、要求完成时间

随着课程进度完成，相应内容完成后一周内完成相关作业。

注：本次作业占平时总成绩的 30%。

(三)桥梁墩台设计

一、设计资料

1. 墩台布置

根据第一次作业的地形图,按照第二次作业设计的桥跨结构布置桥梁。

2. 桥墩台结构型式

根据上部结构的设计和地质条件,选择双柱(或多柱))、空心薄壁墩、墙式桥台、柱式桥台,U形桥台等。

3. 基础要求

钻孔灌注桩。

4. 支座型式

桥墩设置板式橡胶支座,伸缩缝及桥台设置滑板橡胶支座。

5. 桥墩高度

见第一次作业。

6. 地质条件

根据地质剖面,查找桥梁地基规范上有关土或岩石的相关物理力学指标。为简化起见,不考虑冲刷,考虑横向水平力。

也可参考下表桩基设计参数。

桩基设计有关参数

名称	数值	单位
地基土的比例系数 m	50000	kN/m^4
桩身与土的极限摩阻力 τ_p	38	kPa
土的内摩擦角 φ	29°	
土的弹性抗力系数 K	800000	kN/m^3
桩尖以上土的容重 γ_2	20	kN/m^3
桩底土的比例系数 m_1	50000	kN/m^4
地基土的承载力 σ_0	400	kPa
考虑桩进入土中长度影响的修正系数 λ	0.70	
考虑桩尖以上土层的附加荷载作用系数 K_2	3.0	
清底系数 m_0	0.75	
台背填土的地基系数	60000	kN/m^3
台背填土的容重 γ_1	20	kN/m^3

7. 支座型号

根据上部结构承载力、变形等要求,参考《公路桥梁板式橡胶支座》(JT/T 4—2019)

进行支座的选取，并按照选定的支座相关参数，与下部结构联合计算。

8. 主要材料

混凝土：C30。

钢筋：直径 12mm 及以上采用 HRB400，直径 12mm 以下采用 HPB300。

二、设计内容与要求

(1) 拟定盖梁(或耳墙、台帽)、墩身(或台身)尺寸。

(2) 内力计算与组合。

(3) 盖梁(台帽)强度验算与配筋计算。

(4) 墩身(台身)强度、稳定性验算与配筋计算。

(5) 墩身裂缝验算。

(6) 按 m 法计算桩基础。

(7) 拟定承台(或系梁)构造尺寸及配置钢筋。

(8) 验算承台强度。

(9) 桩基础配筋计算与强度验算。

(10) 桩身裂缝验算。

(11) 绘制施工图：

◆ 桥墩一般构造图

◆ 桥台一般构造图

◆ 盖梁(台帽)、墩(台)身配筋构造图

◆ 桩基础构造图(包括承台)

◆ 桩基础钢筋构造图

三、题目选择要求

每人根据布置情况，任选一种形式的桥墩或桥台。

四、参考资料

(1) 江祖铭. 2000. 公路桥涵设计手册：墩台与基础. 北京：人民交通出版社.

(2) 中华人民共和国交通运输部. 2005. 公路圬工桥涵设计规范：JTG D61—2005. 北京:人民交通出版社.

(3) 中华人民共和国交通运输部. 2018. 公路钢筋混凝土及预应力混凝土桥涵设计规范：JTG 3362—2018. 北京：人民交通出版社

(4) 中华人民共和国交通运输部. 2019. 公路桥涵地基与基础设计规范：JTG 3363—2019. 北京:人民交通出版社

五、完成日期

课程结束前。

注：本次作业占平时总成绩的 40%。

参 考 文 献

陈宝春. 1999. 钢管混凝土拱桥设计与施工. 北京: 人民交通出版社.

陈仁福. 2015. 大跨悬索桥理论. 成都: 西南交大出版社.

范立础. 1999. 预应力混凝土连续梁桥. 北京: 人民交通出版社.

顾安邦, 孙国柱. 1997. 公路桥涵设计手册: 拱桥(下册). 北京: 人民交通出版社.

国家铁路局. 2017. 铁路列车荷载图式: TB/T 3466—2016. 北京: 中国铁道出版社.

国家铁路局. 2017. 铁路桥涵设计规范: TB 10002—2017. 北京: 中国铁道出版社.

贺栓海, 谢仁物. 1996. 公路桥梁荷载横向分布计算方法. 北京: 人民交通出版社.

江祖铭, 王崇礼. 1997. 公路桥涵设计手册: 墩台与基础. 北京: 人民交通出版社.

金成棣. 2001. 预应力混凝土梁拱组合桥梁. 北京: 人民交通出版社.

金吉寅, 冯郁芬. 1999. 桥梁附属结构与支座. 北京: 人民交通出版社.

李国平. 2000. 预应力混凝土结构设计原理. 北京: 人民交通出版社.

林元培. 1995. 斜拉桥. 北京: 人民交通出版社.

刘夏平. 2005. 桥梁工程. 北京: 科学出版社.

刘效尧, 赵立成. 2000. 公路桥涵设计手册: 梁桥(下册). 北京: 人民交通出版社.

刘效尧, 徐岳. 2011. 梁桥(第二版). 北京: 人民交通出版社.

毛瑞祥, 程翔云. 1995. 公路桥涵设计手册: 基本资料. 北京; 人民交通出版社.

钱冬生. 陈仁福. 2015. 大跨悬索桥的设计与施工. 成都: 西南交通大学出版社.

裘伯永. 2001. 桥梁工程. 北京: 中国铁道出版社.

盛洪飞. 1999. 桥梁建筑美学. 北京: 人民交通出版社.

铁道部大桥工程局桥梁科学研究所. 1996. 悬索桥. 北京: 科学技术文献出版社.

王文涛. 1997. 刚构-连续组合梁桥. 北京: 人民交通出版社.

项海帆, 刘光栋. 1991. 拱结构的稳定与振动. 北京: 人民交通出版社.

徐岳. 2000. 预应力混凝土连续梁桥设计. 北京: 人民交通出版社.

严国敏. 1996. 现代斜拉桥. 成都: 西南交通大学出版社.

李国豪. 1999. 中国土木建筑百科辞典: 桥梁工程. 北京: 中国建筑工业出版社.

袁伦一. 1997. 连续桥面简支梁桥墩台计算实例. 北京: 人民交通出版社.

中华人民共和国住房和城乡建设部. 2021. 工程结构通用规范: GB 55001—2021. 北京: 中国建筑工业出版社.

中华人民共和国住房和城乡建设部. 2021. 混凝土结构通用规范: GB 55008—2021. 北京: 中国建筑工业出版社.

中国铁路总公司. 2018. 铁路桥涵设计规范(极限状态法): Q/CR 9300—2018. 北京: 中国铁道出版社.

中华人民共和国交通运输部. 2005. 公路圬工桥涵设计规范: JTG D61—2005. 北京: 人民交通出版社.

中华人民共和国交通运输部. 2014. 公路工程技术标准: JTG B01—2014. 北京: 人民交通出版社.

中华人民共和国交通运输部. 2015. 公路桥涵设计通用规范: JTG D60—2015. 北京: 人民交通出版社.

中华人民共和国交通运输部. 2015. 公路钢管混凝土拱桥设计规范: JTG/T D65-06—2015. 北京: 人民交通出版社.

中华人民共和国交通运输部. 2017. 公路交通安全设施设计规范: JTG D81—2017. 北京: 人民交通出版社.

中华人民共和国交通运输部. 2018. 公路钢筋混凝土及预应力混凝土桥涵设计规范: JTG 3362—2018. 北京: 人民交通出版社.

中华人民共和国交通运输部. 2019. 公路工程混凝土结构耐久性设计规范: JTG/T 3310—2019. 北京: 人民交通出版社.

中华人民共和国交通运输部. 2019. 公路桥涵地基与基础设计规范: JTG 3363—2019. 北京: 人民交通出版社.

中华人民共和国交通运输部. 2019. 公路与铁路两用桥梁通用技术要求: JT/T 1246—2019. 北京: 人民交通出版社.

中华人民共和国交通运输部. 2020. 公路工程结构可靠性设计统一标准: JTG 2120—2020. 北京: 人民交通出版社.

中华人民共和国交通运输部. 2020. 公路桥涵施工技术规范: JTG/T 3650—2020. 北京: 人民交通出版社.

中华人民共和国交通运输部. 2020. 公路桥梁抗震设计规范: JTG/T 2231-01—2020. 北京: 人民交通出版社.

中华人民共和国交通运输部. 2020. 公路桥梁抗撞设计规范: JTG/T 3360-02—2020. 北京: 人民交通出版社.

中华人民共和国交通运输部. 2020. 公路斜拉桥设计规范: JTG/T 3365-01—2020. 北京: 人民交通出版社.

中华人民共和国住房和城乡建设部. 2019. 混凝土结构耐久性设计标准: GB/T 50476—2019. 北京: 中国建筑工业出版社.

中华人民共和国住房和城乡建设部. 2019. 城市桥梁设计规范(2019 年版): CJJ 11—2011. 北京: 中国建筑工业出版社.

附录　铰接板荷载横向分布影响线竖坐标表

说明：

1. 本表适用于横向铰接的梁或板，各片梁或板的截面是相同的；

2. 表头的两个数字表示所要查的梁或板号，其中第一个数目表示该梁或板是属于几片梁或板铰接而成的体系，第二个数目表示该片梁或板在这个体系中自左而右的序号；

3. 横向分布影响线竖坐标以 η_{ij} 表示，第一个脚标 i 表示所要求的梁或板号，第二个脚标 j 表示受单位荷载作用的那片梁或板号，表中 η_{ij} 下的数字前者表示 i，后者表示 j，η_{ij} 的竖坐标应绘在梁或板的中轴线处；

4. 表中的 η_{ij} 值为小数点后的三位数字，例如 278 即为 0.278，006 即为 0.006；

5. 表值按弯扭参数 γ 给出：

$$\gamma = 5.8 \frac{I}{I_{\mathrm{T}}} \left(\frac{b}{l} \right)^2$$

式中，l——计算跨径；

b——一片梁或板的宽度；

I——梁或板的抗弯惯性矩；

I_{T}——梁或板的抗扭惯性矩。

铰接板　3-1

γ	η_{ij}			γ	η_{ij}			γ	η_{ij}		
	11	12	13		11	12	13		11	12	13
0.00	333	333	333	0.08	434	325	241	0.40	626	294	080
0.01	348	332	319	0.10	454	323	223	0.60	683	278	040
0.02	363	331	306	0.15	496	317	186	1.00	750	250	000
0.04	389	329	282	0.20	531	313	156	2.00	829	200	-029
0.06	413	327	260	0.30	585	303	112				

铰接板　3-2

γ	η_{ij}			γ	η_{ij}			γ	η_{ij}		
	21	22	23		21	22	23		21	22	23
0.00	333	333	333	0.08	325	351	325	0.40	294	412	294
0.01	332	336	332	0.10	323	355	323	0.60	278	444	278
0.02	331	338	331	0.15	317	365	317	1.00	250	500	250
0.04	329	342	329	0.20	313	375	313	2.00	200	600	200
0.06	327	346	327	0.30	303	394	303				

铰接板 4-1

γ	η_{ij}				γ	η_{ij}			
	11	12	13	14		11	12	13	14
0.00	250	250	250	250	0.15	484	295	139	082
0.01	276	257	238	229	0.20	524	298	119	060
0.02	300	263	227	210	0.30	583	296	089	033
0.04	341	273	208	178	0.40	625	291	066	018
0.06	375	280	192	153	0.60	682	277	035	005
0.08	405	285	178	132	1.00	750	250	000	000
0.10	431	289	165	114	2.00	828	201	-034	005

铰接板 4-2

γ	η_{ij}				γ	η_{ij}			
	21	22	23	24		21	22	23	24
0.00	250	250	250	250	0.15	295	327	238	139
0.01	257	257	248	238	0.20	298	345	238	119
0.02	263	264	246	227	0.30	296	375	240	089
0.04	273	276	243	208	0.40	291	400	243	066
0.06	280	287	241	192	0.60	277	441	247	035
0.08	285	298	239	178	1.00	250	500	250	000
0.10	289	307	239	165	2.00	201	593	240	-034

铰接板 5-1

γ	η_{ij}					γ	η_{ij}				
	11	12	13	14	15		11	12	13	14	15
0.00	200	200	200	200	200	0.15	481	291	130	061	036
0.01	237	216	194	180	173	0.20	523	295	114	045	023
0.02	269	229	188	163	151	0.30	583	296	087	026	010
0.04	321	249	178	136	116	0.40	625	291	066	015	004
0.06	362	263	168	115	092	0.60	682	277	035	004	001
0.08	396	273	158	099	073	1.00	750	250	000	000	000
0.10	425	281	150	085	059	2.00	828	201	-034	006	-001

铰接板 5-2

γ	η_{ij}					γ	η_{ij}				
	21	22	23	24	25		21	22	23	24	25
0.00	200	200	200	200	200	0.15	291	320	222	105	061
0.01	216	215	202	187	180	0.20	295	341	227	091	045
0.02	229	228	204	176	163	0.30	296	374	235	070	026
0.04	249	249	207	158	136	0.40	291	399	240	055	015
0.06	263	267	211	144	115	0.60	277	440	246	031	004
0.08	273	281	214	133	099	1.00	250	500	250	000	000
0.10	281	294	216	123	085	2.00	201	593	241	-041	006

铰接板　5-3

γ	η_{ij}					γ	η_{ij}				
	31	32	33	34	35		31	32	33	34	35
0.00	200	200	200	200	200	0.15	130	222	295	222	130
0.01	194	202	208	202	194	0.20	114	227	318	227	114
0.02	188	204	215	204	188	0.30	087	235	357	235	087
0.04	178	207	230	207	178	0.40	066	240	389	240	066
0.06	168	211	243	211	168	0.60	035	246	437	246	035
0.08	158	214	256	214	158	1.00	000	250	500	250	000
0.10	150	216	268	216	150	2.00	-034	241	586	241	-034

铰接板　6-1

γ	η_{ij}						γ	η_{ij}					
	11	12	13	14	15	16		11	12	13	14	15	16
0.00	167	167	167	167	167	167	0.15	481	290	129	058	027	016
0.01	214	192	168	151	140	135	0.20	523	295	113	043	010	009
0.02	252	212	168	138	119	110	0.30	583	295	086	025	008	003
0.04	312	239	165	117	090	077	0.40	625	291	065	015	003	001
0.06	358	257	159	101	069	055	0.60	682	277	035	004	001	000
0.08	394	270	152	088	055	041	1.00	750	250	000	000	000	000
0.10	423	278	146	078	044	031	2.00	828	201	-034	006	-001	009

铰接板　6-2

γ	η_{ij}						γ	η_{ij}					
	21	22	23	24	25	26		21	22	23	24	25	26
0.00	167	167	167	167	167	167	0.15	290	319	219	098	046	027
0.01	192	190	175	157	146	140	0.20	295	340	226	087	035	017
0.02	212	209	182	149	129	119	0.30	295	373	234	069	021	008
0.04	239	238	192	137	105	090	0.40	291	399	240	054	012	003
0.06	257	259	200	127	087	069	0.60	277	440	246	031	004	001
0.08	270	276	206	119	074	055	1.00	250	500	250	000	000	000
0.10	278	291	210	112	064	044	2.00	201	593	241	-041	007	-001

铰接板　6-3

γ	η_{ij}						γ	η_{ij}					
	31	32	33	34	35	36		31	32	33	34	35	36
0.00	167	167	167	167	167	167	0.15	129	219	288	208	098	058
0.01	168	175	179	170	157	151	0.20	113	226	314	217	087	043
0.02	168	182	190	173	149	138	0.30	086	234	356	230	069	025
0.04	165	192	210	179	137	117	0.40	065	240	388	238	054	015
0.06	159	200	227	186	127	101	0.60	035	246	437	246	031	004
0.08	152	206	243	191	119	088	1.00	000	250	500	250	000	000
0.10	146	210	257	197	112	078	2.00	-034	241	586	243	-041	006

铰接板　7-1

γ	η_{ij} 11	12	13	14	15	16	17	γ	η_{ij} 11	12	13	14	15	16	17
0.00	143	143	143	143	143	143	143	0.15	480	290	128	057	025	012	007
0.01	200	177	152	133	120	111	107	0.20	523	295	113	043	017	007	003
0.02	244	202	157	125	102	088	082	0.30	583	295	086	025	007	002	001
0.04	309	235	159	109	078	059	051	0.40	625	291	065	015	003	001	000
0.06	356	255	156	096	061	042	034	0.60	628	277	035	004	001	000	000
0.08	293	268	151	085	049	031	023	1.00	750	250	000	000	000	000	000
0.10	423	278	144	076	040	023	016	2.00	828	201	-034	006	-001	000	000

铰接板　7-2

γ	η_{ij} 21	22	23	24	25	26	27	γ	η_{ij} 21	22	23	24	25	26	27
0.00	143	143	143	143	143	143	143	0.15	290	318	219	097	043	020	012
0.01	177	175	158	139	125	115	111	0.20	295	340	225	086	033	013	007
0.02	202	198	170	135	111	096	088	0.30	295	373	234	068	020	006	002
0.04	235	232	185	127	091	069	059	0.40	291	399	240	054	012	003	001
0.06	255	256	196	121	077	053	042	0.60	277	440	246	031	004	001	000
0.08	268	275	203	115	067	041	031	1.00	250	500	250	000	000	000	000
0.10	278	290	209	109	058	033	023	2.00	201	593	241	-041	007	-001	000

铰接板　7-3

γ	η_{ij} 31	32	33	34	35	36	37	γ	η_{ij} 31	32	33	34	35	36	37
0.00	143	143	143	143	143	143	143	0.15	128	219	287	205	092	043	025
0.01	152	158	161	150	134	125	120	0.20	113	225	314	216	083	033	017
0.02	157	170	176	156	128	111	102	0.30	086	234	356	229	067	020	007
0.04	159	185	201	167	119	091	078	0.40	065	240	388	237	053	012	003
0.06	156	196	222	176	112	077	061	0.60	035	246	437	246	031	004	001
0.08	151	203	239	184	107	067	049	1.00	000	250	500	250	000	000	000
0.10	144	209	255	191	102	058	040	2.00	-034	241	586	243	-042	007	-001

铰接板　7-4

γ	η_{ij} 41	42	43	44	45	46	47	γ	η_{ij} 41	42	43	44	45	46	47
0.00	143	143	143	143	143	143	143	0.15	057	097	205	282	205	097	057
0.01	133	139	150	157	150	139	133	0.20	043	086	216	310	216	086	043
0.02	125	135	156	169	156	135	125	0.30	025	068	229	354	229	068	025
0.04	109	127	167	193	167	127	109	0.40	015	054	237	387	237	054	015
0.06	096	121	176	213	176	121	096	0.60	004	031	246	436	246	031	004
0.08	085	115	184	231	184	115	085	1.00	000	000	250	500	250	000	000
0.10	076	109	191	248	191	109	076	2.00	006	-041	243	586	243	-041	006

铰接板 8-1

γ	η_{ij}							
	11	12	13	14	15	16	17	18
0.00	125	125	125	125	125	125	125	125
0.01	191	168	142	122	107	096	089	085
0.02	239	197	151	117	093	076	066	061
0.04	307	233	156	106	073	052	040	034
0.06	355	254	155	094	058	037	025	020
0.08	392	268	150	084	048	028	017	013
0.10	423	277	144	075	039	021	012	008
0.15	480	290	128	057	025	011	005	003
0.20	523	295	113	043	016	006	003	001
0.30	583	295	086	025	007	002	001	000
0.40	625	291	065	015	003	001	000	000
0.60	682	277	035	004	001	000	000	000
1.00	750	250	000	000	000	000	000	000
2.00	828	201	-034	006	-001	000	000	000

铰接板 8-2

γ	η_{ij}							
	21	22	23	24	25	26	27	28
0.00	125	125	125	125	125	125	125	125
0.01	168	165	148	127	111	100	092	089
0.02	197	193	163	127	101	083	071	066
0.04	233	230	182	123	085	060	046	040
0.06	254	255	194	119	073	047	032	025
0.08	268	274	202	113	064	037	023	017
0.10	277	290	208	108	057	030	017	012
0.15	290	318	219	097	043	019	009	005
0.20	295	340	225	086	033	013	005	003
0.30	295	373	234	068	020	006	002	001
0.40	291	399	240	054	012	003	001	000
0.60	277	440	246	031	004	001	000	000
1.00	250	500	250	000	000	000	000	000
2.00	201	593	241	-041	007	-001	000	000

铰接板　8-3

γ	η_{ij}							
	31	32	33	34	35	36	37	38
0.00	125	125	125	125	125	125	125	125
0.01	142	148	150	137	120	108	100	096
0.02	151	163	168	147	116	096	083	076
0.04	156	182	197	162	111	079	060	052
0.06	155	194	219	173	107	068	047	037
0.08	150	202	238	182	103	060	037	028
0.10	144	208	254	190	099	053	030	021
0.15	128	219	287	205	091	041	019	011
0.20	113	225	314	215	082	032	013	006
0.30	086	234	356	229	067	020	006	002
0.40	065	240	388	237	053	012	003	001
0.60	035	246	437	246	031	004	001	000
1.00	000	250	500	250	000	000	000	000
2.00	-034	241	586	243	-042	007	-001	000

铰接板　8-4

γ	η_{ij}							
	41	42	43	44	45	46	47	48
0.00	125	125	125	125	125	125	125	125
0.01	122	127	137	143	134	120	111	107
0.02	117	127	147	158	142	116	101	093
0.04	106	123	162	185	156	111	085	073
0.06	094	119	173	208	168	107	073	058
0.08	084	113	182	227	178	103	064	048
0.10	075	108	190	245	186	099	057	039
0.15	057	097	205	281	203	091	043	025
0.20	043	086	215	310	214	082	033	016
0.30	025	068	229	354	229	067	020	007
0.40	015	054	237	387	237	053	012	003
0.60	004	031	246	436	246	031	004	001
1.00	000	000	250	500	250	000	000	000
2.00	006	-041	243	586	243	-042	007	-00

铰接板　9-1

γ	η_{ij}								
	11	12	13	14	15	16	17	18	19
0.00	111	111	111	111	111	111	111	111	111
0.01	185	162	136	115	098	086	077	072	069
0.02	236	194	147	113	088	070	057	049	046
0.04	306	232	155	104	070	048	035	026	023
0.06	355	254	154	094	057	035	023	015	012
0.08	392	268	150	084	047	027	015	010	007
0.10	423	277	144	075	039	020	011	006	004
0.15	480	290	128	057	025	011	005	002	001
0.20	523	295	113	043	016	006	002	001	000
0.30	583	295	086	025	007	002	001	000	000
0.40	625	291	065	015	003	001	000	000	000
0.60	682	277	035	004	001	000	000	000	000
1.00	750	250	000	000	000	000	000	000	000
2.00	828	201	-034	006	-001	000	000	000	000

铰接板　9-2

γ	η_{ij}								
	21	22	23	24	25	26	27	28	29
0.00	111	111	111	111	111	111	111	111	111
0.01	162	158	141	119	102	090	081	075	072
0.02	194	189	160	122	095	075	062	053	049
0.04	232	229	181	121	082	057	040	031	026
0.06	254	255	194	118	072	044	028	019	015
0.08	268	274	202	113	063	036	021	013	010
0.10	277	290	208	108	056	029	016	009	006
0.15	290	318	219	097	043	019	008	004	002
0.20	295	340	225	086	033	013	005	002	001
0.30	295	373	234	068	020	006	002	001	000
0.40	291	399	240	054	012	003	001	000	000
0.60	277	440	246	031	004	001	000	000	000
1.00	250	500	250	000	000	000	000	000	000
2.00	201	593	241	-041	007	-001	000	000	000

铰接板 9-3

γ	η_{ij}								
	31	32	33	34	35	36	37	38	39
0.00	111	111	111	111	111	111	111	111	111
0.01	136	141	142	129	111	097	087	081	077
0.02	147	160	164	141	110	087	072	062	057
0.04	155	181	195	159	108	074	053	040	035
0.06	154	194	219	172	105	065	041	028	023
0.08	150	202	237	182	102	058	033	021	015
0.10	144	208	254	190	099	052	028	016	011
0.15	128	219	287	205	090	040	018	008	005
0.20	113	225	314	215	082	031	012	005	002
0.30	086	234	356	229	067	020	006	002	001
0.40	065	240	388	237	053	012	003	001	000
0.60	035	246	431	246	031	004	001	000	000
1.00	000	250	500	250	000	000	000	000	000
2.00	-034	240	586	243	-042	007	-001	000	000

铰接板 9-4

γ	η_{ij}								
	41	42	43	44	45	46	47	48	49
0.00	111	111	111	111	111	111	111	111	111
0.01	115	119	129	133	123	108	097	090	086
0.02	113	122	141	152	134	106	087	075	070
0.04	104	121	159	182	151	104	074	057	048
0.06	094	118	172	206	165-3	102	065	044	035
0.08	084	113	182	226	176	099	058	036	027
0.10	075	108	190	244	185	097	052	029	020
0.15	057	097	205	281	202	089	040	019	011
0.20	043	086	215	310	214	082	031	013	006
0.30	025	068	229	354	229	067	020	006	002
0.40	015	054	237	387	237	053	012	003	001
0.60	004	031	246	436	246	031	004	001	000
1.00	000	000	250	500	250	000	000	000	000
2.00	006	-041	243	586	243	-042	007	-001	000

铰接板　9-5

γ	η_{ij}								
	51	52	53	54	55	56	57	58	59
0.00	111	111	111	111	111	111	111	111	111
0.01	098	102	111	123	131	123	111	102	098
0.02	088	095	110	134	148	134	110	095	088
0.04	070	082	108	151	178	151	108	082	070
0.06	057	072	105	165	203	165	105	072	057
0.08	047	063	102	176	224	176	102	063	047
0.10	039	056	099	185	242	185	099	056	039
0.15	025	043	090	202	280	202	090	043	025
0.20	016	033	082	214	309	214	082	033	016
0.30	007	020	067	229	354	229	067	020	007
0.40	003	012	053	237	387	237	053	012	003
0.60	001	004	031	246	436	246	031	004	001
1.00	000	000	000	250	500	250	000	000	000
2.00	-001	007	-042	243	586	243	-042	007	-001

铰接板　10-1

γ	η_{ij}									
	11	12	13	14	15	16	17	18	19	1,10
0.00	100	100	100	100	100	100	100	100	100	100
0.01	181	158	131	110	093	080	070	063	058	056
0.02	234	192	146	111	085	066	052	043	037	034
0.04	306	232	155	103	069	047	032	023	018	015
0.06	355	254	154	094	057	035	021	014	009	007
0.08	392	268	150	084	047	026	015	009	005	002
0.10	423	277	144	075	039	020	011	006	003	001
0.15	480	290	128	057	025	011	005	002	001	000
0.20	523	295	113	043	016	006	002	001	000	000
0.30	583	295	086	025	007	002	001	000	000	000
0.40	625	291	065	015	003	001	000	000	000	000
0.60	682	277	035	004	001	000	000	000	000	000
1.00	750	250	000	000	000	000	000	000	000	000
2.00	828	201	-034	006	-001	000	000	000	000	000

铰接板 10-2

γ	η_{ij}									
	21	22	23	24	25	26	27	28	29	2,10
0.00	100	100	100	100	100	100	100	100	100	100
0.01	158	154	137	114	097	083	073	065	060	058
0.02	192	188	157	120	092	071	056	046	040	037
0.04	232	229	181	121	081	055	038	027	020	018
0.06	254	255	193	117	071	044	027	017	012	009
0.08	268	274	202	113	063	035	020	012	007	005
0.10	277	290	208	108	056	029	015	008	005	003
0.15	290	318	219	097	043	019	008	004	002	001
0.20	295	340	225	086	033	013	005	002	001	000
0.30	295	373	234	068	020	006	002	001	000	000
0.40	291	399	240	054	012	003	001	000	000	000
0.60	277	440	246	031	004	001	000	000	000	000
1.00	250	200	250	000	000	000	000	000	000	000
2.00	201	293	241	-041	007	-001	000	000	000	000

铰接板 10-3

γ	η_{ij}									
	31	32	33	34	35	36	37	38	39	3,10
0.00	100	100	100	100	100	100	100	100	100	100
0.01	131	137	137	123	104	090	078	070	065	063
0.02	146	157	162	138	106	082	065	054	046	043
0.04	155	181	195	158	106	072	049	035	027	023
0.06	154	193	218	171	104	064	039	025	017	014
0.08	150	202	237	181	101	057	032	019	012	009
0.10	144	208	254	189	098	051	027	014	008	006
0.15	128	219	287	205	090	040	018	008	004	002
0.20	113	225	314	215	082	031	012	005	002	001
0.30	086	234	356	229	067	020	006	002	001	000
0.40	065	240	388	237	053	012	003	001	000	000
0.60	035	246	437	246	031	004	001	000	000	000
1.00	000	250	500	250	000	000	000	000	000	000
2.00	-034	241	586	243	-042	007	-001	000	000	000

铰接板　10-4

γ	η_{ij}									
	41	42	43	44	45	46	47	48	49	4,10
0.00	100	100	100	100	100	100	100	100	100	100
0.01	110	114	123	127	116	100	087	078	073	070
0.02	111	120	138	148	129	100	080	065	056	052
0.04	103	121	158	180	149	101	069	049	038	032
0.06	094	117	171	205	163	100	062	039	027	021
0.08	084	113	181	226	175	098	056	032	020	015
0.10	075	108	189	244	185	096	050	027	015	011
0.15	057	097	205	281	202	089	040	018	008	005
0.20	043	086	215	310	214	082	031	012	005	002
0.30	025	068	229	354	229	067	020	006	002	001
0.40	015	054	237	387	237	053	012	003	001	000
0.60	004	031	246	436	246	031	004	001	000	000
1.00	000	000	250	500	250	000	000	000	000	000
2.00	006	-041	243	586	243	-042	007	-001	000	000

铰接板　10-5

γ	η_{ij}									
	51	52	53	54	55	56	57	58	59	5,10
0.00	100	100	100	100	100	100	100	100	100	100
0.01	093	097	104	116	123	114	100	090	083	080
0.02	085	092	106	129	142	126	100	082	071	066
0.04	069	081	106	149	175	146	101	072	055	047
0.06	057	071	104	163	201	162	100	064	044	035
0.08	047	063	101	175	223	174	098	057	035	026
0.10	039	056	098	185	241	184	096	051	029	020
0.15	025	043	090	202	280	201	089	040	019	011
0.20	016	033	082	214	309	214	082	031	013	006
0.30	007	020	067	229	354	229	067	020	006	002
0.40	003	012	053	237	387	237	053	012	003	001
0.60	001	004	031	246	436	246	031	004	001	000
1.00	000	000	000	250	500	250	000	000	000	000
2.00	-001	007	-042	243	586	243	-042	007	-001	000